# CINEMATOGRAPHOS

# FUNDAÇÃO EDITORA DA UNESP

*Presidente do Conselho Curador*
Mário Sérgio Vasconcelos

*Diretor-Presidente*
Jézio Hernani Bomfim Gutierre

*Editor-Executivo*
Tulio Y. Kawata

*Superintendente Administrativo e Financeiro*
William de Souza Agostinho

*Conselho Editorial Acadêmico*
Áureo Busetto
Carlos Magno Castelo Branco Fortaleza
Elisabete Maniglia
Henrique Nunes de Oliveira
João Francisco Galera Monico
José Leonardo do Nascimento
Lourenço Chacon Jurado Filho
Maria de Lourdes Ortiz Gandini Baldan
Paula da Cruz Landim
Rogério Rosenfeld

*Editores-Assistentes*
Anderson Nobara
Jorge Pereira Filho
Leandro Rodrigues

GUILHERME DE ALMEIDA

# CINEMATOGRAPHOS
## Antologia da crítica cinematográfica

Organização
Donny Correia e Marcelo Tápia

Seleção e notas
Donny Correia

Posfácio
Erika Lopes Teixeira

© 2015 Editora Unesp

Direitos de publicação reservados à:
Fundação Editora da Unesp (FEU)
Praça da Sé, 108
01001-900 – São Paulo – SP
Tel.: (0xx11) 3242-7171
Fax: (0xx11) 3242-7172
www.editoraunesp.com.br
www.livrariaunesp.com.br
feu@editora.unesp.br

CIP-Brasil. Catalogação na publicação
Sindicato Nacional dos Editores de Livros, RJ

A447c

Almeida, Guilherme de
  Cinematographos: Antologia da crítica cinematográfica/ Guilherme de Almeida; organização Donny Correia, Marcelo Tápia. – 1.ed. – São Paulo: Editora Unesp, 2016.

  ISBN 978-85-393-0619-0

  1. Almeida, Guilherme de – Crítica e interpretação.  2. Crítica cinematográfica. I. Correia, Donny.  II. Tápia, Marcelo.  III. Título.

16-30078                                                      CDD: 791.430981
                                                              CDU: 791.43(81)

Agradecemos ao jornal *O Estado de S. Paulo* pela disponibilização de seu acervo, que foi de importância inestimável para a realização da pesquisa que resultou neste livro.

Editora afiliada:

# SUMÁRIO

Apresentação – A voz da arte muda e da arte que mudou .................. 7
    *Marcelo Tápia*

Introdução – Guilherme de Almeida e sua metodologia da crítica
cinematográfica ............................................................................. 11
    *Donny Correia*

TEXTOS ESCOLHIDOS .................................................................. 19

APÊNDICES ...................................................................................... 615
I. Memórias de um fã ........................................................................ 617
II. O "mito" de Olympio Guilherme ................................................. 637

Posfácio – *Cinematographos*, de Guilherme de Almeida: mediação do
cinema como hábito cultural .......................................................... 641
    *Erika Lopes Teixeira*

Fonte de pesquisa para as notas ....................................................... 655

Índice dos textos escolhidos............................................................ 657

Índice onomástico ........................................................................... 665

Os organizadores.............................................................................. 679

# APRESENTAÇÃO
# A voz da arte muda e da arte que mudou

*Marcelo Tápia*

Visto pela perspectiva atual de especialidades cada vez mais circunscritas, as atividades múltiplas (mesmo) de Guilherme de Almeida podem sugerir um "amador" multifacetado no amplo campo das artes: são muitas e variadas as áreas de sua atuação, além de seu ofício primeiro, a poesia, como podem facilmente atestar seus dados biográficos. Mas de "amador", o poeta tem apenas o vínculo amoroso intenso e estreito com tudo a que se dedicou, sempre com a competência de um "especialista".

Entre suas atividades, destaca-se uma pela qual é pouco lembrado: a de crítico de cinema, na qual exerceu (de 1926 a 1942, na coluna "Cinematographos", do jornal *O Estado de S. Paulo*) uma função pioneira: a de ver e comentar as produções como obras de uma arte nascente, defendendo sua importância e sua especificidade num contexto em que a valorização das transformações, das máquinas, de novas linguagens, da reprodutibilidade e da síntese era atributo daqueles empenhados na instauração da modernidade, de um mundo novo. Num contexto em transformação, haveria, claro, quem resistisse a mudanças e quem negasse possibilidades e conquistas: "Há quem negue seja o cinema uma arte. Por quê? – Porque ele é novo demais, é ainda muito de nossos dias para que o possamos julgar desassombradamente" (13 nov. 1926).

Mas ainda que sujeito às mesmas restrições do presente, Guilherme demonstrava, em sua coluna, uma visão que transcendia a circunstância, alçava voos para alcançar o horizonte, enxergar, no "calor da hora", o significado de uma obra no curso da arte: em *O Encouraçado Potemkin*, de S. M. Eisenstein (em cujo nome lia "Sua Majestade" do cinema), por exemplo, o crítico divisou "um filme definitivo. Ele define o cinema como o cinema devia sempre ter sido definido: a Arte do movimento silencioso".

Defensor de tal arte, pôde distinguir – outro exemplo, entre tantos – em *Luzes da cidade* "a obra-prima de Charles Chaplin e, talvez, do cinema" (12 jun. 1936), que "destrói como só o humor sabe destruir: pelo ridículo, pela deformação, pelo processo da 'redução *ad absurdum*', de Novalis [...] Destrói todas as coisas mais ou menos sérias em que alguns homens ainda acreditam". É claro, no entanto, que seu próprio tempo e seu empenho pela assunção do cinema como arte, e, particularmente, "arte do movimento silencioso", o levaria (a exemplo de tantos outros, incluindo-se Chaplin) a acreditar nos filmes mudos e a subestimar o futuro do então incipiente cinema sonoro: aponta, entre os objetos de "destruição" de *Luzes da cidade*, "o frouxo sucesso do cinema falado, negando a necessidade de qualquer voz humana no filme e substituindo-a vantajosamente, como nos desenhos animados, pelo comentário cômico-musical"... Assim pensando, afinado com as ideias do cineasta que comentava, Guilherme anima-se com a crítica satírica de *Tempos modernos* ao cinema e àquilo em que se convertia a modernidade:

> O último filme de Charlie Chaplin é, todo ele, pura e grande sátira. Sátira, em primeiro lugar e acima de tudo, contra o próprio cinema. [...] A tal ponto leva Charlie Chaplin a sua sátira contra o cinema de hoje que [...] inventou [...] aquela interpretação do *Je cherche après Titine* que ele canta (?) com palavras que não são de língua nenhuma [...] para provar que o velho Silêncio estava certo, pois a atitude e a máscara são capazes de dizer mais, muito mais do que a pobre palavra humana...

Ainda que apegado a convicções relativas à natureza da arte que defendia, sua abertura para mudanças (também representada, depois, por seu empenho em novas perspectivas para o teatro brasileiro, mediante o TBC, e, mesmo, no início da televisão em São Paulo) certamente o levaria à adequada apreciação crítica dos filmes falados, e, portanto, a repensar o papel da palavra no cinema – palavra à qual, diga-se, dedicou prioritariamente a sua vida. Observe-se, no caso de sua crítica a *Cidadão Kane* (21 set. 1941), a apreensão da importância das novidades que o filme trazia:

> [...] neste propício período de reconstrução, a semente de *Citizen Kane* cai como uma bênção das mãos do semeador. Ela traz em si, sintetizados, comprimidos, uma porção de milagres que amanhã rebentarão por aí tudo, numa portentosa multiplicação.

Sobre a obra marcante de Orson Welles – a quem qualificaria como um "audacioso 'homem dos sete instrumentos' numa época de especializações" –, Guilherme apontava o contraste entre a dificuldade de apreciação por parte do público no momento de sua exibição e o papel que representaria na história do cinema:

> [...] isso tudo que fez quinta-feira última, à noite, esvaziar-se quase, em 20 minutos de projeção, a sala do Bandeirantes, isso mesmo há de fazer, num futuro que não tarda, encher-se e transbordar milhares e milhares de salas de um cinema que há de vir.

Por tudo que pôde distinguir em sua apreciação durante quase duas décadas de coluna, considerando e respeitando o passado, aberto ao presente e preparando-se para o futuro, este "homem dos sete instrumentos" que foi Guilherme de Almeida merece um lugar ímpar no panorama de nossa crítica cinematográfica, como se poderá constatar por meio desta seleção levada dedicadamente a termo por Donny Correia, por meio de consulta sistemática, durante mais de um ano e meio, ao acervo digitalizado de *O Estado de S. Paulo*. Tal antologia – publicada, em cooperação, pela Casa Guilherme de Almeida e pela Editora Unesp, a quem muito agradecemos por sua efetivação –, ainda que representativa e utilíssima, não excluirá o interesse que poderá despertar uma edição com a totalidade dos artigos do crítico, que seguramente constituirá uma rica fonte de pesquisa a estudiosos e apreciadores de cinema.

# INTRODUÇÃO
## Guilherme de Almeida e sua metodologia da crítica cinematográfica

*Donny Correia*

O livro que o leitor ora tem em mãos cumpre algumas funções. A primeira, e mais importante, é colocar em evidência o papel crucial que o poeta Guilherme de Almeida exerceu no contexto da historiografia da crítica cinematográfica no Brasil.[1] Após o amplo reconhecimento e a notoriedade obtidos em vida, a obra de Guilherme tem passado por um relativo ostracismo no panorama da literatura nacional; é necessário rever sua produção em todos os âmbitos em que atuou, para promover uma revisão crítica e histórica de seu legado intelectual.

A segunda função desta edição é, portanto, documentar o essencial de sua atuação como crítico de cinema e possibilitar a compreensão de seu ponto de vista a partir da análise fílmica que empreendia a cada texto seu.

---

1 Segundo informação obtida na monografia "Viagem ao Oriente Mais do que Próximo", de autoria de Frederico Ozanam Pessoa de Barros, Alípio Correia de Franca Neto e Sandra Mara Franca (in: *Monografias – Guilherme de Almeida*. São Paulo: Aliança Cultural Brasil-Japão, 2010, p. 32), o poeta publicou um total de "2.713 crônicas", ou críticas, em suas colunas dedicadas ao cinema no jornal *O Estado de S. Paulo*. Barros organizou, conforme temos notícia, obra contendo o conjunto completo das críticas cinematográficas de Guilherme, que aguarda publicação.

Do ponto de vista histórico, cabe-nos estabelecer a posição de Guilherme como desbravador de um novo segmento no jornalismo cultural brasileiro, que coincide com tantas novidades da cultura apresentadas pelos participantes do modernismo de 1922, movimento do qual o poeta foi um dos arquitetos e divulgadores.

Um dos principais méritos que esta edição carrega consigo é resgatar o momento em que Guilherme de Almeida assume a seção "Cinematographos", do jornal *O Estado de S. Paulo*, em novembro de 1926, até então uma nota de rodapé cuja função era informar ao leitor quais filmes estavam em cartaz em tais cinemas e em tais horários, e a transforma num espaço de reflexão diária sobre as produções que o leitor havia visto, ou veria, instigado pelos comentários.

Para um modernista, na São Paulo dos anos 1920, o cinema certamente representava o bastião maior da evolução tecnológica. Além das grandes mudanças sociais, políticas e arquitetônicas pelas quais a cidade passava, o cinema destacava-se como entretenimento mais apelativo ao gosto do público, e encontrava-se espalhado por toda a capital, desde os primeiros anos do século XX. A autora Márcia Camargos distingue o cinema – em sua obra *Belle Époque na garoa, São Paulo entre a tradição e a modernidade* – como "coqueluche da estação" dentre todos os entretenimentos caros à população paulista no início do século. Mais popular que corsos dos desfiles de carnaval, mais popular que os bailes,

> O cinema – que, no período era ambulante como o circo – ganhou local fixo para exibir a produção nacional, quando o espanhol Francisco Serrador teve a ideia de abrir um estabelecimento na atual Avenida São João. [...] Não é de se estranhar, portanto, que, embora ausente da Semana de 22, o cinema ganharia coluna própria [...] na revista *Klaxon* [...]. (Camargos, 2013, p. 121)

*Klaxon*, a revista porta-voz do modernismo, da qual Guilherme de Almeida era um dos editores e principal *designer*,[2] abordava largamente o cinema,

---

2 Guilherme de Almeida concebeu o *layout* da capa de *Klaxon* e dois então controversos anúncios publicitários publicados nos números 1 e 2 da revista (para os chocolates Lacta e o Guaraná Espumante), hoje considerados precursores da propaganda moderna.

concebendo-o como algo muito além do mero entretenimento; propunha-se a discutir a nova arte como instrumento de criação e fruição.

Já em seu primeiro número havia uma exaltação ao moderno instrumento: "KLAXON sabe que o cinematógrafo existe. [...] A cinematografia é a criação artística mais representativa de nossa época. É preciso observar-lhe a lição" (*Klaxon*, n.1, 15 maio 1922, p.2). Nos números seguintes, as considerações a respeito da interação entre arte e cinema continuaram: na edição de número 6, um colunista que assina G. de N., e que suspeitamos seja nosso poeta assinando com um pseudônimo, apontou para o antigo problema do cinema como arte e do cinema como produção em massa para entretenimento. Utilizando-se do tema "a palavra no cinema", não a da "fala", por questões evidentes para o tempo do qual tratamos, mas a dos "intertítulos", G. propunha uma reflexão que justificasse a dissociação entre o cinema e a literatura:

> [...] O cinema é mudo; e quanto mais prescindir da palavra escrita, mais se confinará ao seu papel e aos seus meios de construção artística. [...] E não se diga que tirar a palavra escrita do cinema seja privá-lo dum meio de expressão. Primeiramente: quanto mais uma arte se conservar dentro dos meios que lhe são próprios, tanto mais se tornará pura. Além disso: tantos são os meios de expressão propriamente seus de que pouco ainda se utiliza a cinematografia! A cinematografia é uma arte. Ninguém mais, sensato, discute isso. As empresas produtoras de fitas é que não se incomodam em produzir obras de arte, mas objetos de prazer mais ou menos discutíveis que atraiam o maior número de basbaques possível. (G. de N., *Klaxon*, n.6, 15 out. 1922, p.14)

Ainda, o colunista que assina simplesmente A., na edição dupla 8-9, observou que:

> O cinema deve ser encarado como algo mais que um mero passatempo, quase por táxi, ao alcance de todas as vistas, com a utilidade prática de auxiliar as digestões e preparar o sono. Já se foi o tempo em que servia somente para a demonstração da cronofotografia. Evoluiu, tornou-se arte, e veio acentuar

ainda mais a decadência do mau hábito dos serões em família, enfadonhos e intermináveis, mesmo quando se fala da vida alheia. (A., *Klaxon,* n.8-9, dez. 1922-jan. 1923, p.30)

Somente o fato de Guilherme de Almeida ter assumido uma coluna quase que diária sobre cinema durante duas décadas (ausentando-se somente entre 1932 e 1933, período em que esteve exilado em Portugal por ter participado da Revolução Constitucionalista de 1932), já seria um motivo mais que legítimo para empreendermos este resgate de seu trabalho e da memória cultural brasileira nele contida.

No entanto, para sedimentar este exame revisionista, optamos por não publicar a íntegra da contribuição do poeta ao jornal; nosso intento foi produzir um volume referencial, com uma seleção refletida de seus artigos, de modo a oferecer um vivo panorama de sua relevância para a descoberta dos interessados, e não uma coletânea que esgotasse a sua produção com a finalidade de converter-se em fonte de pesquisa histórica.

Tendo obtido acesso ao índice de toda a contribuição do poeta Guilherme de Almeida ao periódico, entre 1926 e 1962, gentilmente franqueado à Casa Guilherme de Almeida por *O Estado de S. Paulo,* por meio do responsável pela hemeroteca do jornal, Edmundo Leite, procedemos à leitura atenta, por mais de um ano, de cada uma das críticas escritas entre 1926 e 1942, em acesso digital, recolhendo, concomitantemente, o material que nos apontava um recorte possível para esta antologia.

Algo evidente, que se pôde perceber durante a leitura, é que Guilherme de Almeida nunca teve preconceitos com quaisquer que fossem o gênero, o estilo, a nacionalidade ou a procedência dos filmes a que assistia. Era um crítico plural: via a tudo com igual curiosidade e avaliava objetivamente cada película conferida. É certo que tinha um gosto que tendia mais às grandes produções de Hollywood – avaliava com entusiasmo o esmero técnico e estético com que "aquela fábrica de sonhos" brindava seu espectador com dramas, comédias rasgadas e musicais extasiantes. Chegou a compilar, em 1929, num volume chamado *Gente de cinema,* algumas exaltações a ídolos daqueles filmes, como Douglas Fairbanks, Dolores del Rio, Charles Chaplin e Greta Garbo.

Mas o que descobrimos, e que os contrários à crítica de Guilherme parecem nunca ter percebido, é que o poeta também via o cinema de outros países com entusiasmo, atribuindo-lhes igual importância. Comentava os filmes alemães, os suecos, os russos, os argentinos e até... os brasileiros.

Tivemos, portanto, de proceder criteriosamente quanto a este recorte, obedecendo-se à cronologia da seção, a fim de facilitar o acompanhamento dos textos, escolhidos com base na consideração dos seguintes aspectos da produção de Guilherme de Almeida:

1) Seus textos se constituem, muitas vezes, em crônicas da "sociedade cinematográfica paulistana": o poeta se mostrava esmerado observador dos frequentadores das salas de cinema, numa época em que assistir a um filme era um evento social que mobilizava toda a família – vestida com suas melhores roupas –, os bondes, os táxis, os automóveis próprios. Em meio ao público, distinguiam-se aqueles a quem caberia uma etiqueta própria do autêntico cinéfilo. Guilherme descreveu, em vários artigos, as figuras que frequentavam cotidianamente os cinemas do centro da cidade, suas expectativas, suas reações e seu modo de ver o cinema em contraste com a vida real, o que traz uma valorosa contribuição para o entendimento de São Paulo naqueles dias. Não poderíamos deixar de lado as séries de debates – que se estendiam por dias – em que o poeta incitava os leitores a lhe enviarem cartas comentando suas opiniões a respeito do advento do cinema falado, ou a respeito de tal e tal artista, recurso sofisticado que utilizava para, ao mesmo tempo, colher um material que atendesse à sua necessidade imediata de trabalho, e lhe proporcionasse um estudo preciso sobre o público de seu objeto de estudo.

2) A escrita de Guilherme, em sua coluna "Cinematographos", oferece um registro importantíssimo: o das salas de cinema do centro velho da cidade, das quais algumas realizam hoje sessões de filmes pornográficos, muitas já demolidas e transformadas em prédios corporativos, estacionamentos ou igrejas. Por intermédio de Guilherme,

podemos saber que os cinemas Marabá, Alhambra, Metro, Paissandu, UFA e Arouche, para citar alguns poucos, foram palcos de grandes estreias, receberam produções glamourosas, foram pioneiros dos filmes sonoros no país e concentraram a elite da sociedade em sessões beneficentes e voltadas às mais importantes autoridades do contexto paulistano.

3) Como dissemos, se era profundo entusiasta do cinema hollywoodiano e seu *star system*, Guilherme de Almeida não desprezou a importância artística das produções mundiais, e talvez tenha sido ele o responsável por hoje sabermos que por nosso país passaram produções como *A última gargalhada* e *Fausto*, de Murnau, *Dom Quixote*, do dinamarquês Lau Lauritzen, ou o consagrado *Potemkin*, de Eisenstein, numa época em que eram apenas alguns filmes entre tantos outros, embora sejam hoje obras referenciais e obrigatórias. Atente-se, por exemplo, para a ansiedade e o entusiasmo do poeta ao anunciar a estreia de *Metrópolis*, de Fritz Lang, em três salas da cidade, a chegada do "poema da máquina", como define no melhor estilo modernista. O "sentido do tempo" é algo fantástico na empreitada de Guilherme, já que comenta, com olhos da época, algo do cinema cotidiano, que, hoje, quase noventa anos depois, há muito passou a ser lição de casa para qualquer aspirante a espectador qualificado. O mesmo se passa, por outro lado, com as produções americanas, já que o poeta talvez tenha sido o primeiro a reconhecer as virtudes de *Cidadão Kane*, marginal em seu tempo, ou os traços de crise de identidade de Chaplin (devo, ou não, me render à fala e matar meu personagem?) em *O grande ditador*.

4) Considerado por décadas um detrator do produto nacional, Guilherme de Almeida, durante nossa pesquisa, revelou-se um crítico objetivo, justo e exato. Sabemos que a produção nacional foi sempre errática, particularmente nas primeiras décadas do século XX. Guilherme de Almeida parece ter tido pouco acesso às produções brasileiras, já que em sua época o nosso país vivia um período de "ciclos":

os filmes produzidos no Nordeste (importante polo de produção nos anos 1920) eram exibidos somente lá; o mesmo ocorria no Sul, no Centro-Oeste e mesmo em estados próximos, como Minas Gerais e Rio de Janeiro. Guilherme de Almeida comentou, em sua coluna, aquilo que pôde ver. Assim, criticou a pieguice de temas e personagens, como o Pery loiro e de olhos claros de Vittorio Capellaro, mas também enalteceu sua reconstituição da época das bandeiras em *O caçador de diamantes*; condenou as interpretações exageradas advindas do teatro para os filmes nacionais, mas engrandeceu José Medina (talvez o maior cineasta brasileiro nos anos 1920), com sua direção simples e segura em *Fragmentos da vida*; reconheceu a importância da influência da vanguarda europeia em *São Paulo, sinfonia da metrópole*, ao proferir "Afinal! Afinal, acreditei no cinema nacional!". Apontou, até mesmo, virtudes estéticas num simples comercial da Casa Alemã, loja de departamentos da época. É uma pena que Guilherme de Almeida não tenha tido a chance de ver *Limite*, de Mário Peixoto, pois certamente teríamos uma revisão crítica do clássico muito mais cedo do que de fato ocorreu, já que nada escapava ao seu olhar atento. Afirmar que era um desdenhoso crítico do – visivelmente parco – cinema brasileiro é um julgamento errôneo que deve ser revisto.

5) Finalmente, em seu percurso crítico, Guilherme de Almeida talvez tenha sido o primeiro a ver o cinema como Arte verdadeira, como expressão superior da criação. Sabemos que o país contava com algumas importantes publicações sobre cinema, desde os anos 1910, mas tais publicações circunscreviam se apenas ao âmbito do fanatismo e da cinefilia colonizada. Eram revistas que davam notas sobre a vida dos galãs e das divas mundiais, seus próximos filmes, nada além do que um fã quisesse saber. Filmes para entretenimento. Guilherme de Almeida, visivelmente munido das publicações internacionais sobre o tema, propunha-se a pensar sobre a legitimidade do cinema como arte, ousando oferecer ao filme um status superior, que refletia a

vida e o sonho, sobrepostos e em conformidade com os anseios da modernidade da qual ele mesmo fazia parte.

Assim, caro leitor, resta-nos convidá-lo a conhecer aquele que foi o precursor, o pai da crítica cinematográfica nacional minimamente constituída de uma metodologia coerente. Guilherme de Almeida criou uma forma única e insuperável de assistir a um filme e identificar valores e problemas, sem comprometer o prazer simples e mundano de aproveitar umas duas horas de diversão. Aqui estão algumas de suas mais importantes incursões no mundo da sétima arte, e esperamos que este trabalho de prospecção sirva para diverti-lo e para ensiná-lo. Esperamos que, ao final, o poeta modernista tenha retornado ao lugar que sempre deveria ter ocupado: o lugar de um iniciador da arte de escrever sobre a sétima arte.

# Textos escolhidos

**1926**

# Sexta-feira, 19 de março de 1926[1]
## CINEMATOGRAPHOS

## Novas e velhas

Paris celebrou, anteontem, o 30º aniversário da invenção do cinema, pelos irmãos Lumière, que, em 17 de março de 1896, realizaram, no "Café Riche", a primeira exibição de figuras em movimento. Comemorando esse acontecimento, foi anteontem inaugurada uma placa no lugar onde, pela primeira vez, foi exposta uma fita cinematográfica.[2]

---

1 O índice de autores do jornal *O Estado de S. Paulo* traz como primeira colaboração de Guilherme de Almeida estes dois textos de março de 1926. É provável, portanto, que ele tenha colaborado esporadicamente com a coluna antes de assumi-la em definitivo, em novembro daquele ano, razão pela qual os textos de 19 de março foram incluídos.

2 Desconhecemos a origem da referência à data de 17 de março de 1896, já que historicamente se considera que o "cinematógrafo" dos irmãos Lumière foi oficialmente apresentado em sessão pública no Grand Café de Paris, localizado no número 14 da Boulevard des Capucines, em 28 de dezembro de 1895. Em março do ano seguinte, o cinematógrafo já excursionava por diversas cidades francesas e europeias, segundo observa Stephen Herbert em seu livro *When the Movies Begun...A Chronology of theWorld's Film Productions and Film Shows Before May, 1896.*

# Terça-feira, 9 de novembro de 1926
# CINEMATOGRAPHOS

Uma sala escura, um silêncio, uma projeção forte sobre uma tela branca: e o milagre súbito se opera. Cria-se a vida, mais do que a vida.

Mais do que a vida? — E por que não? Antigamente, o teatro, na ânsia humana da verdade, procurava imitar, com gestos, vozes e cores, a vida. Veio um dia, o cinema: e, simplesmente, sem vozes nem cores, ele, o silencioso movimento branco e preto, foi mais do que a vida, foi melhor que a vida. Porque hoje... é a vida que procura imitar o cinema.

Ele é a síntese da existência atual. Que somos nós no mundo vertiginoso destes tempos? — Sombras rápidas, que uma luz mais ou menos intensa projeta, mais ou menos nítidas, na superfície inquieta da Terra. E a sala goza ou dorme... Dormem os que a indiferença ou a morte esfriaram, entorpeceram: gozam os que a curiosidade anima, ou os novos, os futuros, os que virão amanhã... Temos que passar: estamos no programa. O que nos importa é cuidarmos atentamente da caracterização: cuidado com o colete vistoso. O colarinho duro e o bigodinho do vilão; ou com os olhos orientais, as "*aigrettes*"[3] caríssimas e as golas pelicanos dos vampiros...

---

3  Em francês no original: "Penachos."

# Sábado, 13 de novembro de 1926
# CINEMATOGRAPHOS

# [Cinema como arte][4]

Há quem negue seja o cinema uma arte. Por quê? – Porque ele é novo demais, é ainda muito de nossos dias para que o possamos julgar desassombradamente. O troglodita maciço que, acocorado à entrada do dólmen megalítico, riscava num chifre de bisão ou num dente de foca a silhueta galga de uma rena passante, ou o voo reto de uma ave, ou uma atitude esperta de caça ou de pesca; o bom vovô peludo da caverna não sabia também que naquela tosca, primitiva reprodução da natureza agressiva que o cercava, estriavam-se as raízes de uma arte futura.

Isto quer dizer, evidentemente, que o cinema ainda está em plena idade do... metal, e que nós somos um pouco mais civilizados, um pouco menos peludos do que o simpático Zambaar...

Já é alguma coisa. Há vinte anos, o cinema estava na pura idade da pedra lascada. Pois não eram verdadeiras pedras, brutas e pesadas, aquelas fitas de um trágico engraçadíssimo, "posadas" em palcos de bastidores e bambinelas, com

---

4 Originalmente o texto desse dia foi publicado sem título. Com a finalidade de mantermos a uniformidade da edição e facilitarmos a busca de assuntos pelo leitor, atribuímos um título que sintetize o conteúdo.

casais reconciliando-se fatalmente na última cena ao abraço ridículo e cor-de-rosa do filhinho comovedor? Depois veio a pedra polida, com as chacotas tristes de Boireau,[5] Max[6] e Bigodinho, os beijos excomungadíssimos dos artistas da Nordisk,[7] os vestidos de cauda, os olhos de abismo e as paixões loucas de Bertini[8] e Pina...[9] Finalmente, veio a era metálica: o ferro e o bronze – a pedra filosofal – que os laboratórios alquimistas de Los Angeles, Universal City, Hollywood estão inventando para cunhar dólares em ouro puro. Depois... Quem sabe? Depois virá, talvez, a idade do *radium*, a idade das forças invisíveis, a idade do absurdo lógico, do impossível realizado. Então, talvez o homem

---

5   Personagem cômico criado pelo ator francês André Deed (1879-1940), um dos precursores do cinema de humor. Estreou nas telas em 1905 e logo se tornou um dos ícones do cinema francês. No entanto, por volta de 1915 sua carreira já entrara em declínio e suas aparições foram ficando cada vez mais escassas. Morreu pobre e esquecido.

6   Max Linder (1883-1925) foi um ator nascido na França, frequentemente citado como precursor da primeira geração de cômicos no cinema, influenciando sobretudo a Charles Chaplin. Sua marca registrada é um personagem galanteador um pouco malandro. Já em 1912 era o ator mais bem pago do cinema em seu país. Durante a Primeira Guerra Mundial foi motorista no fronte. A experiência nos conflitos o levou a sofrer de constantes crises de depressão. Em 1923 casou-se e fez um pacto de morte com sua esposa. Linder a matou e cometeu suicídio em 1925.

7   Produtora dinamarquesa fundada em 1906, é uma das mais antigas ainda em funcionamento.

8   Francesca Bertini (1892-1985) foi uma importante atriz italiana dos primeiros anos do cinema. Interpretou papéis como Salomé e Lucrécia Bórgia.

9   Pina Menichelli (1890-1984) deixou o cinema em 1925. Integrou o elenco da superprodução *Cabíria*, de 1914, dirigida por Giovanni Pastrone, considerada um dos mais importantes filmes italianos de todos os tempos. O roteiro foi escrito por Gabriele D'Annunzio e retrata o período babilônico.

esquisito de Wells acreditará piamente, ardentemente, na arte, na linda arte silenciosa da luz e da sombra. E a sua crença será tão grande, tão grande, tão forte, tão selvagem, tão bárbara, que, por uma prolação étnica e histórica, voltará "*tout simplement*" à boa, saudosa idade da pedra, para atirar todas as pedras da sua vaia a todas as outras artes…

# Quinta-feira, 18 de novembro de 1926
# CINEMATOGRAPHOS

# Rei morto, rei posto

Nem sempre. Pois não se explicaria o trono ainda vago pelo tão doloroso desaparecimento de Rudolph Valentino. Debalde os reclamistas aclamam, diariamente, sucessores que a *vox populi* não consagra. Novarro, Barthelmess, Cortez – já foram anunciados substitutos do lindo Rudy dos olhos árabes. Em vão. Não são as cores gritantes de um cartaz, nem o mando imperioso de um empresário abarrotado de ouro e de autoridade, que fazem uma majestade. Não se pode negar valor, um grande, um alto valor àqueles indigitados príncipes-herdeiros. O que se pode perfeitamente negar é que a coroa de Valentino se adapte a qualquer cabeça. No "Reino de Celuloide", a coroa não é hereditária. A queda de um soberano produz, virtual e tacitamente, uma mudança de regime e a criação de uma nova coroa... "*Tot capita quot... coronae*"... não existem dinastias. Não há I, nem II, nem III... há apenas a alcunha "O Único". Cada qual é único – primeiro e último – no seu gênero, Rudolph não herdou as insígnias nem a soberania de Wallace. Este foi o moderno, o esportista, o chofer, o pândego, o meninão delicioso, bem-humorado, alegre, apertado nas chaviotes escocesas dos seus *martingales*, bem feitos, inverossimilmente capaz de devotamentos sublimes, de sacrifícios heroicos... Aquele foi o apaixonado fogoso, o romântico formosíssimo: foi todo um grande coração precipitado, quente como a areia do deserto ou do picadeiro ensanguentado das "corridas", batendo, descompassado, sob o albornoz listado do Sheik, ou ardendo, incendiado, sob o bolero curto do *manolo*... Acaso, quando Wallace se apagou para sempre na brancura de sepulcro da tela, alguém proclamou o seu sucessor? Não. Rudy veio por si mesmo, porque devia vir.

E, tal como veio – belo e nervoso como um deus pagão – foi-se, diluiu-se, dissipou-se, sumiu na grande sombra final do País das Sombras. Quem poderá agora, que pretensiosa força humana se julgará capaz de, rivalizando com o poder soberano do destino, eleger, proclamar, coroar, imortalizar o substituto de Rudolph?

Deixemos, maometanamente entregues ao fatalismo cego, que venha o Prometido, o Desejado, sozinho, por si mesmo. E se alguma coisa podemos agora fazer por ele, é orar com fé ao deus Acaso, para que, do tropel heroico do cavalo daquele Sheik, ou do gosto de porcelana e seda daquele Monsieur Beaucaire, não surja, para a glória da nossa admiração humilde, um cavalheiro qualquer de costeletas, cabeleira, polainas e monóculo...

**1927**

# Terça-feira, 4 de janeiro de 1927
# CINEMATOGRAPHOS

## Cinema = Cinema

Dizem teoristas e críticos de arte: "Estamos numa época de especialização". A Enciclopédia esfarelou-se carcomida por cerca de duzentas traças de 365 patas roedoras. O homem dos sete instrumentos estourou de apoplexia soprando seus pistões, batendo seus bombos, arranhando suas rabecas, no circo em que uma assistência digna, toda feita de senhores suficientemente incrédulos, práticos e eficazes resolveu pateá-lo numa vala pulverizadora. Época de especialização... O médico dr. A. só trata de lumbago ou de água na rótula; o advogado dr. B. só se ocupa de "outorga uxória"; o engenheiro dr. C. só entende de freios de locomotivas; o armador sr. D. só fabrica caixões para defuntos de 1,72 m de comprimento; o operário E. só sabe tornear tambores de revólver etc. Nas artes, idem. Um pintor é só um pintor. Nunca ouviu falar em Praxíteles ou em Freud nem nunca tomou chope numa cervejaria filosófica discutindo Spinoza com murros peludos sobre o mármore.

Todas as artes se especializam: reintegram-se em si mesmas. Por exemplo: a poesia deixou de imitar a pintura, a escultura ou a música, para ser só poesia – *poésie pure*.

Ora, é justamente nesta época de afirmações individuais que o cinema – flor branca e preta de celuloide – viceja. Mas para que ele se torne – como deve, como tem que se tornar – a mais moderna das artes, é preciso que se especialize também. Cinema = Cinema. Nada de outros sinais algébricos: mais, menos, maior que, menor que, está para, assim como etc. Nada disso.

Toda esta monótona mas útil lenga-lenga foi escrita com o propósito único de chegar a umas tantas conclusões, que se seguem. Para que se observe a fórmula modernista Cinema = Cinema, é preciso:

1º) que os assuntos dos filmes se limitem às realidades rápidas de hoje, isto é, que se condene para sempre todo o supérfluo teatral;

2º) que os cenários sejam exatos, isto é, representem sinteticamente apenas o que devem representar, sem orientalismos, latinismos e outras exuberâncias inúteis;

3º) que se expulsem das salas de exibição as orquestras, principalmente as que pretendem "interpretar" os filmes;

4º) que se reduzam ao mínimo (a zero, se possível) os letreiros: bordões inúteis, recursos abomináveis de uma arte MUDA, e que só servem de pretexto para ridículas literatices que, não raro, comprometem todo o filme; finalmente:

5º) que se examine, à entrada, rigorosamente, de garrucha engatilhada, o trajo das pessoas que chegam, proibindo-se terminantemente decotes *pendentifs*,[10] cartolas, binóculos, convicções e outras espetaculosidades líricas do saudoso, ingênuo e janota século XIX dos tenores e dos cavanhaques...

---

10  Em francês, "pingentes".

# Quinta-feira, 6 de janeiro de 1927
# CINEMATOGRAPHOS

## Versos...

Não é apenas o hipnótico do Baudelaire, não são apenas os perfumes, as cores e os sons que "*se répondent*".[11] As artes também – e isto é uma novidade velha como o guarda-chuva – se relacionam, se completam. Quantos poemas não têm inspirado músicas, e quantos quadros, esculturas, e vice-versa! E quantos vice-versa!

Ora uma legítima, verdadeira marca de arte é justamente essa reciprocidade, essa mútua relação. Nada garante mais a autenticidade de uma arte do que o fato de haver ela inspirado uma outra. É como um *poinçon*[12] em metal de lei. E essa marca, esse "contraste", descobre-se agora no cinema, sem auxílio de uma lente muito poderosa. Ainda há pouco, um dos maiores escultores americanos inspirava-se na épica figura cinematográfica do Sheik para esculpir o monumento de Rudolph Valentino. E, sem ser preciso transpor as dilatadíssimas fronteiras destes 9 milhões de terra morena e gorda, aí está, em todas as livrarias, já deve haver um ano, um interessante livro de arte de um escritor novo de São Paulo, todo inspirado na grande arte muda: *Pathé-Baby*, de A. de Alcântara Machado. Mas não somente prosa, senão também poesia, tem o

---

11  Aqui, no sentido de "interagem", "se relacionam".
12  Em francês no original. Espécie de marca gravada.

cinema sugerido aos espíritos brasileiros. Uma prova são, por exemplo, estes versos do livro *Encantamento*, de Guilherme de Almeida, obra recentemente coroada pela Academia Brasileira:

CINEMA

*Na grande sala escura,*
*só teus olhos existem para os meus:*
*olhos cor de romance e de aventura,*
*longos como um adeus.*
*Só teus olhos: nenhuma*
*atitude, nenhum traço, nenhum*
*gesto persistem sob o vácuo de uma*
*grande sombra comum.*
*E os teus olhos de opala,*
*exagerados na penumbra são*
*para os meus olhos soltos pela sala,*
*uma dupla obsessão.*
*Um cordão de silhuetas*
*escapa desses olhos, que, afinal,*
*são dois carvões pondo figuras pretas*
*sobre um muro de cal.*
*E uma gente esquisita,*
*em torno deles como de dois sóis*
*é um sistema de estrelas que gravita*
*— são bandidos e heróis,*
*são lágrimas e risos;*
*são mulheres com lábios de bombons;*
*bobos gordos, alegres como quisos;*
*homens maus e homens bons...*
*É a vida, a grande vida*
*que um deus artificial gera e conduz*
*num mundo branco e preto, e que trepida*
*nos seus dedos de luz...*

# Quinta-feira, 20 de janeiro de 1927
# CINEMATOGRAPHOS

## *Rien que les heures*

Alberto Cavalcanti, um fino artista brasileiro, pintor de raro talento, residente em Paris, dedicou-se, já faz tempo, a coisas de cinema. Começou pintando cartazes para grandes filmes franceses; do cartaz passou aos cenários; e, agora, de cenógrafo, chegou a produtor.[13] Eis o que, a propósito da sua última criação, escreveu o sr. Vicente Avelino no *Brazil* de 18 de dezembro passado:

A convite especial do autor, assisti, na sala de conferências do Grand Palais, à exibição do último filme de Alberto Cavalcanti, jovem produtor brasileiro.

A película apresenta, logo à primeira vista, a particularidade de não ter, propriamente falando, nem enredo, nem atores. Em *Rien que les heures*, o sr. Cavalcanti não quis senão fixar os diferentes aspectos de Paris, entre meio-dia e meia-noite. Veem-se, nesse estranho filme, tipos, aspectos, fatos que não têm, muitas vezes, perfeita correlação entre si, mas que são, entretanto, tipos, aspectos e fatos que formam a grande vida obscura de uma grande cidade. Por

---

13 Embora Cavalcanti tenha sido também o produtor deste filme, a palavra "produtor" nessa época se referia sobretudo ao papel que hoje tem o diretor de uma película.

exemplo: pobres coitados que dormem sobre os bancos dos jardins públicos: uma mulher que passeia, na caça ao homem; um "apache" que, numa esquina mal iluminada, ataca e "alivia" uma transeunte... Sucedem-se as cenas rápidas, umas sobre as outras, sem darem ao espectador tempo para fixá-las, proporcionando-lhe apenas uma impressão da velocidade do tempo. Torna-se o filme, por isso, uma espécie de caleidoscópio fantástico, em que as mais diferentes imagens passam num minuto.

Bem se pode imaginar a capacidade de observação que uma produção deste gênero exigiu do seu *metteur en scène*.[14] De parte as qualidades puramente artísticas e técnicas, o que mais me impressionou, neste filme, foi esse agudo poder de observação que ele revela. Sob este aspecto, *Rien que les heures* é um trabalho verdadeiramente notável.

A ideia da fita é, antes, metafísica, e poderia se resumir nestas palavras: "Podemos *fixar* um ponto no espaço; podemos *imobilizar* um momento no tempo, posto que o espaço, como o tempo, não nos pertença". Para provar a sua tese, o sr. Cavalcanti fixou um ponto no espaço: Paris; e imobilizou um momento no tempo: a vida de Paris em vinte e quatro horas. Não será esta "imobilização do tempo" pela imagem uma das maiores maravilhas da arte cinematográfica, no futuro? Penso que sim. A expressão um tanto vaga, até hoje, "fazer parar o tempo", deixará de o ser, pois que a fotografia, que fixa um tempo no espaço, imobiliza, por isso, um momento no tempo.

Talvez não seja *Rien que les heures* muito apreciada pelo "grande público", esse grande público que vai ao cinema para "divertir-se"... Falta-lhe, para agradar à multidão, justamente aquilo que a multidão prefere: um enredo atraente e "estrelas" famosas... *Rien que les heures* será, antes, uma produção para as elites, pequenos grupos que sabem saborear o que vem da inteligência e da arte...

*

---

14  Responsável pelo *mise-en-scène* da produção teatral, "encenador".

Adeus lindos tempos em que o brasileiro, em Paris, não era mais que o *métèque*[15] cor de oliva de camisa verde, gravata amarela, meias azuis, luvas cor-de-rosa, com estrelas de brilhantes cintilando nos 21 dedos[16] do corpo humano, e ouros e pedrarias cascateando, colete abaixo, por essa simpática e fascinante cachoeira de Paulo Afonso ambulante...

---

15 Um estrangeiro cujo comportamento é considerado displicente.
16 Aqui, Guilherme de Almeida faz referência às estrelas da bandeira nacional, que à época eram vinte e uma.

# Domingo, 6 de fevereiro de 1927
# CINEMATOGRAPHOS

## Dois filmes

Nós, homens muito resignados deste muito surpreendente século, de tal maneira nos submetemos, nos habituamos ao inesperado, ao imprevisto cotidiano, que nada mais nos espanta, nada nos atordoa. Todas as coisas misteriosas da civilização e do progresso chegam a nós muito naturalmente, em silêncio, como coisas perfeitamente plausíveis. Freud, Einstein, televisão – excelentes invenções que facilitam e tornam menos estúpida a vida. Tudo é natural, tudo se explica, tudo se admite sem discussões nem assassínios, mansamente, passivamente.

Ora, amanhã, o público de São Paulo – que, como todos os povos do tempo, também está envenenado por essa apatia universal – o público de São Paulo, que se interessa e acompanha o movimento cinematográfico, vai ver dois filmes *calientes*, em dois excelentes cinemas. Dois filmes, num só dia! É muito. Estávamos tão habituados a uma relativa mediocridade em matéria de "programação" (neologismo cinematográfico), que, se não vivêssemos no adiantado ano de 1927, segundo quartel do século *blasé* do tédio e da melancolia, daríamos pulos doidos, como os homens de suspensório do século passado deram pinotes ante as prestidigitações de Pasteur e Graham Bell. O República vai exibir, amanhã, pela primeira vez, *A última gargalhada* – um trabalho extraordinário da UFA, com Emil Jannings – filme que marca o início de uma nova era na técnica cinematográfica: a era da reintegração do cinema em si mesmo, isto é, da verdadeira arte muda. *A última gargalhada* não tem letreiros: os personagens falam por si mesmos, sem muletas. É um exemplar único das últimas tendências alemãs. Em contraposição a este filme, para que o público coteje as duas artes – a tedesca e a *yankee* –, o Sant'Anna[17] fará passar na sua tela uma grandiosa produção da First National, *O novo mandamento*,[18] com essa branca e doce Blanche Sweet e, mais, com Ben Lyon, Holbrook Blinn e George Cooper.

Para a gente que, viciada com a mania das comparações (São Paulo tem mais automóveis do que o Rio; o Rio é mais bonito do que Buenos Aires etc.) vive traçando paralelas na vida, eis aí uma excelente ocasião de pôr em prática as suas habilidades de dar largas à sua inocente gana.

G.


## O FILME JUDICIÁRIO DE CARLITO E SUA MULHER[19]

Nova York, 5 (H.) – Os jornais tratam ainda hoje longamente da questão entre Charles Chaplin e sua esposa, que há pouco obteve sentença de divórcio.

Alega a esposa divorciada que Charles Chaplin recusa dar-lhe a parte da sua fortuna que o tribunal lhe concedeu e, por isso, pede que o célebre cômico seja preso e obrigado a fornecer-lhe os meios necessários para se sustentar, ela e seus dois filhos.

---

17  Sala inaugurada nos anos 1920, localizada à rua 24 de Maio, 77.

18  Drama dirigido por Howard Higgin, em 1925.

19  A notícia refere-se ao tumultuado divórcio entre Charlie Chaplin e a atriz Lita Grey (1908-1995), que alegou, na época, que o marido havia se envolvido com uma garota de 15 anos e proposto às duas um relacionamento aberto, a três.

Os advogados de "Carlito", por seu lado, afirmam que têm enviado, pontualmente, à esposa, 20 libras por semana, para sustento dos filhos, mas que ela sempre se tem recusado a receber o dinheiro. Parece que o caso vai ser levado de novo aos tribunais.

# Quarta-feira, 9 de março de 1927
# CINEMATOGRAPHOS

## Cinematografia nacional

Falando levianamente das teorias de Darwin, deixamos ontem alguns macacos encarapitados na cornija desta frouxa coluna cinematográfica. Precisamos completar, com algumas considerações sisudas, o interessante assunto, para que se não pense que isto aqui, em vez de coluna, é tronco de bananeira.

Afirmamos que o defeito único do brasileiro era o hábito de macaquear, isto é, imitar, talvez um pouco demais, outras gentes de outros hábitos etc. E citamos, como adubo Polysú[20] desse mimetismo étnico, o cinema. De fato, o cinema provoca, açula, atiça, estimula em nós esse terrível espírito de imitação. Mas, neste particular, é preciso fazer-se uma restrição que esclarecerá aquela afirmativa. Nós imitamos o cinema apenas na vida: sobre um filme empolgante de heroísmos e paixões, aplicamos e decalcamos inconscientemente, instintivamente a nossa vidinha transparente. Ainda não cogitamos de imitar o cinema no cinema. Todas as nossas indústrias progrediram, exceto a cinematográfica. Enquanto a cinematografia brasileira dormita na caverna, em plena idade da pedra lascada (pedra que a nossa vala íntima atira contra todas as telas brancas, cada vez que assistimos a um filme nacional); enquanto, em

---

20  Marca de adubo muito conhecida à época.

matéria de cinema, continuamos a nos lembrar, com saudade, e a promover reprises constantes do *O crime de Cravinhos*[21] ou da *Vida, paixão e morte do barão do Rio Branco*;[22] em compensação, fabricamos, por exemplo, meias finíssimas, para pernas grossíssimas (ou não), iguaizinhas às francesas "44"; casimiras tão perfeitas que chegam a convencer aos próprios alfaiates e às suas tabelas de que foram tecidas nos velhos e sábios teares da velha e sábia Albion; versos e romances tão d'annunzianos,[23] que...

Mas não falemos em literaturas. Ou antes, por falar em literatura (é melhor assim), por que não haveríamos de ter também uma filmagem brasileira, mesmo copiada da estrangeira, uma filmagem que, pelo menos, se dissesse "nacional" ou "nacionalista", "brasileira" ou "brasileirista", a exemplo de certos livros modernos, ainda pouco conhecidos, de certa literatura arara, que, explorando um Brasil macarrônico, anda "voando" por aí? (Estes filmes, é claro, não poderiam ter letreiros: seriam mudos como *A última gargalhada*).[24]

G.

---

21  Um dos filmes nacionais de maior sucesso nos primórdios do cinema brasileiro, dirigido por Arturo Carrari.

22  Aqui, Guilherme de Almeida deve estar se referindo ao filme *A vida do barão do Rio Branco*, de 1912, dirigido por Antonio Leal.

23  Referência ao poeta e dramaturgo italiano Gabriele D'Annunzio (1863-1938), cuja obra é grande representante do decadentismo. Foi soldado na Primeira Guerra Mundial e fez carreira política, também.

24  Filme dirigido por Murnau em 1926, com Emil Jannings no elenco, revolucionário por não conter intertítulos (Veja-se a crítica de Guilherme ao filme nesta compilação).

# Quinta-feira, 10 de março de 1927
# CINEMATOGRAPHOS

*"Eppur si muove..."*[25]

Derreado nos couros bons da sua Packard de esporte, Archibaldo teve um gemido doloroso para trançar as pernas magras que dançavam dentro das imensas pantalonas de flanela neutra.

– Ora, São Paulo!

Os pneus duros e silenciosos moíam os asfaltos molengos de calor. Toda a avenida ficou um cartão-postal no espelho redutor, junto ao para-brisa. 17 horas: hora dos chás lânguidos e das ideias felizes.

– São Paulo é uma cidade cinematográfica. Logo, é moderna. É moderna, porque tudo nela é movimento. Você não ignora (lembre-se um pouco de *Eulalie, ou Le Grec sans larmes*, de Salomon Reinach...) que cinematógrafo vem de *kino* = movimento. Gostosa, esta erudição colegial... Tudo, em São Paulo, é moderno, porque tudo nele é movimento. O moderno, essa consciência do presente, esse contínuo efêmero, sendo, na essência, o próprio movimento, tem, como este, um único sintoma, um único aspecto, uma característica única: a instabilidade...

---

25 "No entanto ela se move", frase que Galileu Galilei teria dito após ter sido condenado pelo tribunal de Inquisição por afirmar que a Terra não era o centro do universo.

Sobre o Pacaembu cortado em vermelho na terra verde, um sol desfalecente pintava um céu teatral de alegoria. Archie aspirou o ar lavado do vale. E prosseguiu:

— São Paulo é moderno, isto é, move-se, porque nada nele é definitivo: tudo é provisório. É moderno, por que nada nele se "completa": tudo "continua". O definitivo, o estável, o acabado estão no pó e na estagnação dos museus: não estão nas chispas vivas das usinas, na poeira de cal dos andaimes. O definitivo é da Europa: o provisório é da América. Eu não "vejo" São Paulo: eu "prevejo" São Paulo. Ele não "fica" numa fotografia: ele "move-se" num filme...

Ficou para trás, empolhada de borbulhas enormes de plátanos verdes, a praça da República. A Packard silenciosa insinuava-se na reta plana da rua Barão de Itapetininga.

— Esse viaduto frágil torna-me cardíaco. Precisa desaparecer. Desaparecer, não: mudar. Transformar-se, por exemplo, numa rua suspensa... Este cenário permanente estraga o filme paulistano. Não é de cinema. Tem um ar de ópera: lembra-me os carros, as vitórias, os tílburis, os bondes a burro, os 100 mil habitantes de 1896. Não pode mais esta ponte assumir as responsabilidades de quase um milhão de cidadãos modernos... E não é prático, e não é razoável (pense um pouco nos suicídios!), e não é estético. A nossa "Rue de la Paix", que deveria seguir, reta, da praça da República ao largo da Sé, sofre, aqui, uma lamentável solução de continuidade... Eu disse que São Paulo era cinematográfico: que se movia. E veja você como até esta ponte está se movendo sob os pneumáticos leves... Mas — ai de mim! — eu não queria dizer que São Paulo se movesse numa fita cômica: isto é, que algum dia houvesse neste vale, que sepulta o rio canalizado, um grande estardalhaço, correrias, atropelos, tombos — e criaturas engraçadas, em trajes menores, saindo tontas e encarvoadas dos escombros da ponte desmoronada...

G.

# Sábado, 12 de março de 1927
## CINEMATOGRAPHOS

## "Nada novo sob o sol..."

O fabuloso, o fantástico, o espantoso, o incrível, o inverossímil – foram sempre o sonho, a tentação, a ideia fixa, a obsessão dos homens. Necessidade de admiração... Dir-se-ia que, insatisfeitos das boas realidades do mundo, incontentados das naturalidades simples da vida, os descendentes do povo sacrílego que furou o céu acintosamente, com uma torre, em Babel, guardam, no fundo inquieto de sua alma, uma hereditária e constante cobiça, uma inata e atrevida vontade de ser Deus. E são uma prova da nossa origem divina essa saudade de um outro mundo, essa nostalgia do maravilhoso. Para esquecer a terra humilde e bonita, prostrada a seus pés, a humanidade visionária e caprichosa inventou mitologias cheias de deuses falsos e de heróis duvidosos, fabricou lendas, imaginou histórias de fadas e dragões e príncipes e bruxas, edificou os balcões floridos, os luares tísicos e os amores hospitalares do romantismo, criou os sonhos proféticos de Júlio Verne e as hipóteses avançadas de H. G. Wells... – e chegou até estes tempos, bêbada de sonhos, cansada de imaginações, farta de fantasias. Porque começou a ver realizados, materializados aqueles seus sonhos, aquelas suas imaginações, aquelas suas fantasias. Viu Ícaro, vibrante, de alumínio, passar no céu, tangível, material, útil; viu a Besta do Apocalipse vomitar fogo nas terras disputadas pelos homens ruins; viu argonautas de linho branco, boné e binóculo, nos cascos de ferro de navios equilibrados, indestrutíveis e grandes como cidades; viu príncipes desencantados virarem atores de cinema e "estrelas" encantadas virarem princesas; viu o Nautilus, de verdade, descendo ao fundo verde e bravo do mar; viu o rádio operar os milagres impossíveis de Wells... Viu – e deu de ombros. Desinteressou-se. Porque, com a realização do sonho, veio o tédio, a apatia, a insensibilidade, a astenia. Não teve mais surpresas. Não conheceu mais o *frisson* de uma novidade, não gozou mais o sabor do inédito, não provou mais a acidez estimulante do imprevisto. Acostumou-se ao maravilhoso. Começou a achar tudo natural, tudo possível, tudo explicável. Bocejou para a vida e para o mundo, resmungando a filosofia de Salomão...

\*

Essas considerações pessimistas nasceram em nosso espírito quando, com um gesto de indiferença educada do século, chegamos ao fim de uma notícia fria, rápida, que nos manda a Metro-Goldwyn-Mayer. Da Califórnia, onde Lon Chaney e Renée Adorée estavam "posando" para o filme *Mr. Wu*,[26] Pete Smith, do departamento de publicidade do litoral Oeste, enviou, pela telefotografia, a Nova York, no extremo Leste do país, as cenas do filme. Em sete minutos, as imagens tinham atravessado a grande República do Norte...

A televisão...

"Nada novo sob o sol".

G.

---

26 Filme dirigido por William Nigh, lançado no Brasil em 22 de agosto de 1927 sob o título *O mandarim*.

# Sexta-feira, 18 de março de 1927
# CINEMATOGRAPHOS

## A lição inglesa

A velha Inglaterra – a puritana de óculos, gola alta e *mitaines*, dos desenhos de H. Robinson – acaba de reconhecer, no cinema, o seu grande valor de arte nova, fundando, sob os auspícios de seu governo, uma poderosa organização que, com um capital inicial de 1 milhão de libras, propõe-se produzir em larga escala, filmes de assuntos exclusivamente britânicos, em cuja confecção só serão admitidos pessoal e material do Reino Unido e seus domínios.

De grande inteligência e superior patriotismo é esse empreendimento, pelo qual interessou-se e combateu toda a boa imprensa londrina. O inglês não poderia ignorar a alta função social de toda arte, nem deixar de reconhecer que o cinema é, hoje, uma das mais avançadas, mais interessantes, mais representativas das artes. Se se fundam museus e galerias para a tutela do patrimônio artístico de um povo, se se auspiciam oficialmente artistas para que se não perca a beleza e o espírito de uma raça, por que não se havia de conceder à mais moderna das artes esse natural, merecido, justo privilégio?

A associação de ideias é uma fatalidade do espírito humano. Não podíamos tratar de tal assunto, sem que logo nos ocorresse à lembrança o fato de termos aqui, em São Paulo, um "Pensionato Artístico", subvencionado pelo governo. Esse pensionato tem produzido, em quase todos os ramos da arte, excelentes frutos. Guiomar Novaes, Souza Lima, Wasth Rodrigues, Victor Brecheret, e dezenas e dezenas de outros artistas que fizeram nome e hoje desfrutam de uma popularidade consagrada, bastam para evidenciar a utilidade dessa instituição. Ora, limita-se essa pensão do governo a pintores, escultores e musicistas. Logo, para nós, oficialmente, a arte só compreende três ramos: pintura, escultura e música. Arquitetura, parece-nos, não é arte... Poesia, tampouco... (Seria interessantíssimo mandar-se um poeta estudar poesia na Europa...). Cinema, nem se fala!

No entanto, nós – país novo e gente nova –, que vivemos imitando tantas coisas interessantes de outros velhos países e outras velhas gentes, ainda não tivemos a tentaçãozinha de arremedar esse gesto moderno da milenária, respeitável Albion...

G.

MORALIZAÇÃO DO CINEMATÓGRAFO EM CUBA – Havana, 17 (U.P.) – O presidente da República, sr. Machado, assinou ontem um decreto, estabelecendo uma comissão cinematográfica que fiscalizará os cinemas de modo que os menores de 14 anos neles não possam assistir a exibições noturnas. Também caberá à comissão não permitir a exibição de filmes injuriosos ou ofensivos a outras nações.

## A REABERTURA DO SANTA HELENA

Com um grande filme, que vem precedido de pouco vulgar renome – *O grande desfile* (*The Big Parade*),[27] da Metro-Goldwyn-Mayer, reabre-se amanhã o Theatro Santa Helena,[28] que acaba de sofrer importantes melhoramentos.

---

27  Filme realizado em 1925, com direção de King Vidor, estrelado por John Gilbert.
28  Inaugurado em 1923, localizado na praça da Sé, 261.

Para esse espetáculo de reabertura do elegante cinema da praça da Sé, foram convidados, além do mundo oficial, representantes da imprensa e artistas do nosso meio intelectual.

Exibido em grande espetáculo, pelas Empresas Reunidas Metro-Goldwyn-Mayer Ltda., *O grande desfile* vai, certamente, abrir com chave de ouro a nossa *season*[29] cinematográfica de 1927.

Cineteatro Santa Helena (1935).

---

29 Termo em inglês para "temporada".

# Terça-feira, 26 de abril de 1927
# CINEMATOGRAPHOS

## ... Mais l'art est difficile

Em *Don Juan*[30] – que desde anteontem o Santa Helena[31] vem exibindo – somos forçados a ver uma nova interpretação, uma encarnação *yankee* do tipo clássico desse aventureiro que, através de séculos e de povos, tem "posado" para todas as artes. Fidalgo sevilhano, o lindo Tenório tem que ser, para a nossa inteligência escaldada e para a nossa sensibilidade mórbida de latinos, um homem ardente, romântico, violento como os cravos vermelhos e as arenas ensanguentadas da Espanha. John Barrymore, tipicamente britânico, realizou – parece-nos – de propósito, um novo Don Juan: o homem que uma hereditariedade viciosa, uma educação desordenada e o ambiente infeccioso de uma época devassa revestiram de uma camada isoladora de parafina e armaram de uma perversidade inconsciente, vingadora talvez do infortúnio de seus pais. Não é o conquistador legendário de capa e guitarra, apaixonado, corrupto, insaciável, escalando, sem escrúpulos, janelas e felicidades; nem o romântico cerebral do poema inacabado de Lord Byron. Não. É o ímã indi-

---

30 Filme de Alan Crosland, que tem no elenco, ainda, Mary Astor e Myrna Loy.
31 Sala inaugurada em 1923, localizada na praça da Sé, 261.

ferente e irresistível, ao qual o magnetismo frio da beleza inexpressiva atrai a admiração mecânica e o sacrifício automático das mulheres. John faz do seu homônimo espanhol, do "eterno conquistador" o "eterno conquistado". Entrega-se, passivo, à fúria feminina... De um só esforço é capaz: repelir, quando saciado.

Assim, examinado apenas na sua tese, o filme da Warner Bros. é, para nós, decepcionante, falho. Quanto à técnica, porém, não seria demais adjetivá-lo de excelente. Dê-se aqui à palavra "técnica" um mais amplo e mais inteligente sentido. Estenda-se o seu significado além dos trabalhos fotográficos de filmagem: entra nesse termo a execução total da película – direção, interpretação, montagem...

Direção: os episódios sucedem-se lucidamente, presos por um fio invisível, desenrolado – dir-se-ia – da atenção crescente do espectador. Interpretação: igual, homogênea, adapta-se com exata precisão à intenção do filme; todos os personagens vestem com elegância o seu papel. Montagem: irrepreensível, historicamente certa, suntuosa às vezes, sempre agradável e bela. Filmagem: cheia de excelências. Duas delas, apenas, como exemplo: a perfeita expressão do som pela imagem, naquele bimbalhar atormentador de sinos, que se aproxima, crescendo da janela de Don Juan; e certos detalhes do duelo tremendo, *very exciting*, quando a objetiva, tomando o lugar do esgrimista, focaliza de muito perto as lâminas, recebendo, quase, as estocadas...

Mas... Este "mas" vai ser terrível: cabe nele toda a enormidade do nosso protesto contra o fim do filme. O *Don Juan* da Warner Bros. acabou "americana-do-nortemente" bem! Uma ofensa à lenda e à moral. À lenda, porque o grande símbolo donjuanesco – "o não amar sendo amado" – esfarelou-se na poeira que levantou pelas estradas que levavam à Espanha o ginete da fuga e do beijo no final. À moral, porque o eterno, incorrigível *gaspilleur d'aveux*[32] bem merecia, para exemplo, um corretivo da sorte.

---

32  "Gastador confesso."

Entretanto, para muita gente linda, sentimental, que, vestida de *kasha* e perfumada por Worth admirou John e detestou Juan no Santa Helena, aquele "*point rose sur l'i du cinéma*"[33] foi o melhor da fita. Os psicólogos *yankees* – reis modernos das finanças – sabem disso e inteligente e praticamente exploram isso.

G.

---

33 "Ponto rosa sobre o 'i' do cinema". Guilherme de Almeida parafraseia, aqui, uma frase da peça *Cyrano de Bergerac*, de Edmond Rostand, "*le point rose qu'on met sur l'i du verbe aimer*", substituindo o "verbo amar" por "cinema".

# Sábado, 18 de junho de 1927
# CINEMATOGRAPHOS

## O cinema do futuro

Muito de passagem, neste [espaço] da coluna, referi-me, há dias, ao filme *Napoléon*, no qual o diretor francês Abel Gance[34] inaugura processos inteiramente novos, uma técnica surpreendente, inesperada, que abre horizontes desconhecidos para a arte cinematográfica.

Considerando que o cinema não tem feito senão incorrer nos mesmos defeitos que se condenam no teatro – convencionalismos, preconceitos, banalidades –, que a câmera deve deixar de ser meramente objetiva, para tornar-se puramente subjetiva, isto é, tomar o lugar de um ator, funcionar como uma retina humana: a do próprio espectador, bem pesando todas estas razões, Abel Gance chega a resultados estupendos, nunca imaginados. Eis aqui, como exemplificação, alguns modernos, admiráveis efeitos obtidos na filmagem de *Napoléon*:

O aparelho portátil, funcionando automaticamente sobre o peito do operador, conseguiu registrar a visão exata, trêmula, oscilante, que tem das

---

34 Abel Gance (1889-1981) é considerado um dos cineastas mais importantes da vanguarda francesa, ou Impressionismo cinematográfico francês, durante os anos 1920. Suas principais obras são *La Roue* (1923) e o épico, pensado para ser projetado em três telas diferentes simultaneamente, *Napoléon* (1927).

coisas um homem enquanto caminha. Para representar a sensação de Napoleão, a cavalo, fugindo dos inimigos, na Córsega, coloca esse aparelho, movido por um motor de ar comprimido, sobre a sela de um cavalo a galope. Na tela, esse sistema produziu prodígios: o espectador ocupa o lugar do herói, galopa com ele, vê, como ele, as paisagens vertiginosas – árvores, céus, nuvens, poeiras – dançando numa farândola louca... Em Brienne, os aparelhos, fixados em trenós, conseguiram a toda velocidade, apanhar vistas alucinantes. No grande *décor* do estúdio dos Cordeliers, por exemplo, esses mesmos aparelhos automáticos corriam em todos os sentidos, subiam, desciam, rodavam, giravam, funcionando sobre pequenas carretas em trilhos de madeira, imiscuindo-se no meio dos figurantes, roçando por eles, surpreendendo-lhes os rostos inesperadamente, fixando-lhes expressões naturais, não "posadas" etc. No cenário da *Convention*, o aparelho, sobre uma prancha metálica flexível, de uns 10 metros de extensão, que oscilava como um pêndulo ou como o bojo de um navio, apanhou uma impressão movimentadíssima: toda a *Convention* dança, arrasta-se, joga do lado, sacudida por uma tempestade. O diretor quer com isso significar a inquietude, a luta, o entrechoque das paixões políticas exacerbadas de então... Em Toulon, para as cenas de batalha, colocaram-se pequenas câmeras carregadas de 5 metros de filme dentro de bolas de futebol com objetivas. No melhor da luta, entre estampidos e fumaças, essas boias eram atiradas entre os combatentes. E assim se obteve a visão do soldado que, voando espatifado por uma granada, dá uma ou duas voltas no ar, antes de cair por terra...

Mas, o mais extraordinário efeito obtido talvez seja o do Mur des Otages, em que Fréron faz fuzilar oitocentos homens. Há um momento em que a objetiva, tomando o lugar de uma bala de fuzil, como que penetra no peito de uma vítima, atravessa-lhe as carnes, as vísceras, às vezes mesmo o próprio cérebro...

G.

# Quinta-feira, 23 de junho de 1927
# CINEMATOGRAPHOS

## Independência ou morte!

"Destruir para refazer" – tal é a lei que, soberana, preside a todas as lucubrações, todas as realizações humanas. Na sua ânsia incontida de sempre se renovar, vai a inquieta humanidade repetindo inconscientemente o estafante símbolo mitológico da Fênix que das próprias cinzas ressurge. Nas artes então – tão à mercê dos tempos mudáveis e das gentes insatisfeitas anda o conceito, isto é, o preconceito do belo –, nessas superiores atividades do nosso engenho, tem ainda mais acentuada atuação aquela inevitável lei de renovação de transformação contínuas. Foi preciso que em sucessivas camadas superpostas se estratificasse a poeira dos tijolos assírios, dos pilones egípcios, dos plintos gregos, das gárgulas góticas, para se obter um subsolo seguro capaz de suportar a base de concreto e ferro dos desrespeitosos fura-céus de hoje. De igual modo, foi necessário que as máscaras barbudas e sensuais de Ésquilo, os espectros malucos de Shakespeare, os rígidos classicismos de Racine e Molière e as carpintarias bobas dos seus desnaturados herdeiros destes dias cedessem a imprestável celulose do papel livresco em que têm dormido, para que a moderna indústria a precipitasse no celuloide palpitante e vivo dos filmes... Dos escombros ainda quentes do teatro nasceu o cinema. O teatro, cheio de convenções, de preconceitos, de estabelecidos colocou-se tão longe da vida, que a vida e ele se perderam de vista. Para aproximá-lo da realidade humana foi que se inventou o cinema – óculo de alcance,[35] traço de união entre a horrenda verdade e a linda mentira.

(Isto, estas enfáticas palavras, estas frases campanudas estão parecendo o prefácio de algum escandaloso panfleto demolidor de tradições sagradas ou instituições consagradas. O que se segue dirá que não, que as aparências iludem sempre.)

Muito bem. Mas eis que o cinema vai resvalando pelo mesmo declive, vai caindo no abismo dos mesmos preconceitos, das mesmas rotinas em que se atolou o teatro – rotinas e preconceitos contra os quais se levantara como salutar protesto. No comum dos filmes banais de todos os dias, o que se vem fazendo é apenas teatro. Sente-se nas suas cenas uma disciplina rígida, docilmente permitida pelos atores: uma passiva subordinação destes às contingências técnicas; pose, pose e nada mais. Criaturas convencidas por alguém – um alguém superior e onipotente – de que deviam representar uma cena, colocam-se em frente dos vidros de uma câmera, e movem-se, e fingem viver sem sair do "campo" das objetivas, sem se afastar das "zonas luminosas". A própria câmera – que substitui o espectador – instalada sobre um trípode,[36] quase imóvel, torna-se tributário cego, escravo humilde deste despótico suporte. Salvo algumas deslocações horizontais ou verticais, sobre plataformas panorâmicas, alguns avanços ou recuos do aparelho, o campo fotográfico é sempre rigorosamente fixo. Para uma arte libertária, moderna, de movimentos e ritmos, compreende-se o estorvo que causa esta falsa, acanhada técnica. Daí o bocejo de enfado que não podemos conter diante da maioria das produções cinematográficas de hoje.

Agora, concluímos: ou o cinema se emancipará dessas estreitezas inadmissíveis, ou terá que ceder lugar a qualquer coisa de novo que se está entrevendo, longe, entre as possibilidades incomensuráveis do rádio...

G.

---

35  Termo utilizado para "luneta".
36  Antigo nome para "tripé".

# Quinta-feira, 7 de julho de 1927
## CINEMATOGRAPHOS

## Ideia esquisitíssima

Diz-se que uma desgraça nunca vem só. O pessimismo dos homens, vesgo e unilateral, não tem, naturalmente, o bom humor dos extremos compensadores, do consolador "*a contrario sensu*": recusa-se reconhecer que, se isso é verdade, não é menos certo que, em compensação, uma felicidade também nunca vem só. Nós, entretanto, podemos, hoje, afirmar isto. Porque, depois da carta-reclamação de ontem (e é uma felicidade para um cronista em crise de assunto, receber assim, gratuitamente, um motivo interessante), ontem mesmo chegou-nos às mãos outra queixa sugestiva. E esta, completa: é dizer, com o respectivo, sábio alvitre sobre as providências a tomar. A carta, escrita à máquina e assinada V. V., sem um único adjetivo denunciador do sexo do epistológrafo, pode ser tanto de um homem como de uma mulher. É bem verdade que *le style est l'homme*.[37] Mas essa carta não tem estilo. Tem apenas graça. Apenas? Meu Deus, a graça é tudo!

Reclama a carta contra o mau costume de levarem os espectadores aos cinemas as suas bengalas e os seus guarda-chuvas. Coisas incômodas, que ora se engancham, nos apertões das entradas, pelos braços e pernas das pessoas

---

37 Algo como "o estilo faz o homem".

sérias: ora caem, com estrondo, durante a projeção, desviando a atenção religiosa dos fãs; ora, penduradas no encosto da cadeira da frente, produzem desconfortos e cócegas insuportáveis nas costas do próximo; ora, em momentos trágicos de luta, podem ocasionar mortes físicas e morais (pois que a bengala é arma assassina, e o guarda-chuva, arma infamante)... Reconhece o missivista a necessidade desses objetos: ninguém pode prever se o tempo será chuvoso (guarda-chuva), ou se haverá "tempo quente" (bengala). E lembra a medida única a tomar: instalar-se, nos saguões dos cinemas, uma espécie de vestiário, como nos museus, onde todo mundo será obrigado a abandonar por cinquenta minutos esses aparelhos. É costume deixarem-se essas coisas à entrada dos museus, para que, lá dentro, não se faça mau uso delas: por exemplo, bater com bengalas de ferro em vitrinas de cristal, espetar a ponta de aço dos guarda-chuvas no estofo antigo e frágil de um trono precioso onde um bom rei costumava dormitar; servir-se dos panos do *paraguas* fechado como de um saco, para dentro deles ir despejando raridades surripiadas etc. Ora, no cinema existem também essas mesmas tentações (há tanta preciosidade de museu numa sala de projeções!) agravadas ainda com a circunstância de se passarem aí as coisas numa profunda, propícia escuridão...

G.

# Terça-feira, 12 de julho de 1927
# CINEMATOGRAPHOS

## Literatura...

No 2º número do opúsculo parisiense *Le Tout Film*, que olha tão de mau humor para a indústria cinematográfica americana, um dos colaboradores comenta um recente projeto, apresentado à Câmara Sindical pelo sr. Delac, sobre a "criação e manutenção de vedetes francesas". Parece que em França – diz o articulista – compreende-se afinal a necessidade de dar a um filme o nome de um artista que seduza a multidão. O que atrai o povo – prossegue – não é o título do filme, que muda de país para país; nem o autor do entrecho, muitas vezes desconhecido; é a vedete, o astro.

Na nossa muito simples e obscura opinião, popularidade não é apenas uma questão de resoluções burocráticas, não é um *business*, não é o fruto de uma habilidade comercial de reclames custosíssimos, de que tão acusados têm sido os norte-americanos. Não se improvisam celebridades. Para o colaborador de *Le Tout Film*, Gloria Swanson[38] deve a sua popularidade unicamente "ao

---

38 Estrela dos filmes de Cecil B. DeMille, Gloria Swanson (1899-1983) começou como figurante em 1915 em produções da Keystone, do produtor Mack Sennett, o mesmo que descobriu Chaplin. Trabalhou com os principais diretores de seu tempo. Colecionou maridos e amantes ao longo das décadas de 1920 e 1930. Sua carreira como atriz passou por um hiato de quase 10 anos, até que em 1950 estrelou ao lado de William Holden o

amor próprio nacional desejoso de propagar o seu nome na América e fora dela". Pode ser, deve ser mesmo assim. Mas, como é difícil ter-se essa espécie de amor próprio! O que isso exige de força, de inteligência, de capacidade e, sobretudo, de saúde moral! Uma máquina de fabricar estrelas parece-nos uma coisa muito possível e útil. Mas – que diabo! – é preciso inventar essa máquina!

E essa máquina, os americanos inventaram-na. Não somos basbaques ante o cinema americano; mas também, graças a Deus, não temos contra ele *une dent*. Não temos, contra ele, as razões especiais que parece ter o pequeno *magazine* francês, para o qual Mae Murray (compreensão exata da mulher moderna), é apenas uma excêntrica![39] Douglas Fairbanks (exemplar sadio de homem destes tempos), um acrobata: o Tom Mix[40] (espécime de uma raça atual, generosa e forte), ironicamente, espirituosamente, um *chevalier défenseur* moderno de *la veuve et de l'orphelin...*[41] Somos plateia, somos público: essa mesma plateia, esse mesmo público que aplaude os filmes americanos, justamente porque eles *nous apparaissent puérils*[42] e porque nós gostamos de

---

filme *Crepúsculo dos deuses*, de Billy Wilder, no qual interpreta uma atriz decadente que pensa ainda ser uma estrela. Foi empresária do ramo de cosméticos e fez diversas aparições em programas de TV na década de 1960.

39 Guilherme de Almeida refere-se a Mae Murray (1889-1965), conhecida sobretudo pelo filme *A viúva alegre* (1925), de Erich von Stroheim, citando sua excentricidade, pois durante os anos 1920 e 1930 a atriz esteve constantemente envolvida em polêmicas, na maioria das vezes devido aos vários casamentos que contraiu em curtos períodos. No último deles, seu ex-esposo apelou para a justiça para tomar controle da partilha financeira do casal e da guarda de seu filho. Como Mae Murray não tinha uma voz suficientemente atrativa para os filmes sonoros, a partir dos anos 1930 sua carreira entrou em declínio e ela passou quase duas décadas morando num asilo de artistas em Hollywood, até falecer.

40 Tom Mix (1880-1940) atuou em seu primeiro filme em 1910, um dos precursores dos filmes de *cowboy* e referência para os cineastas que adotaram esse gênero nas décadas seguintes. Faleceu num acidente de automóvel.

41 "cavaleiro defensor [...] da viúva e do órfão" (expressão em francês equivalente a "dos fracos e oprimidos").

42 Em francês no original: "Nos parecem pueris."

*nous délasser dans cette candeur*.[43] *Nous délasser*, sim, da canseira intelectual em que até há pouco nos estafamos com outras artes e outras distrações antigas. Complicadas, nada pueris – isto é, velhas e pouco saudáveis – continuam a ser certas outras artes, com a literatura de *boudoir*[44] à frente e o teatro de adultério à retaguarda. O cinema é novo, é uma criancinha do século e precisa agradar gerações novas, gerações crianças do século: gente que prefere o futebol, o automobilismo, a aviação às complicadas intrigas de salão com bigodes torcidos sob abajures, biombos camaradas que escondem coisas inconfessáveis, duelos de cartola e fiacre, e outras bobagens doentias, velhas, cansadas, nada pueris...

Esporte, saúde: estes, os verdadeiros segredos das coisas que agradam ao século.

*Et tout le reste est littérature...*

G.

---

43 Em francês no original: "Gostamos de repousar nesse candor."
44 Em francês no original: "Literatura de alcova."

# Terça-feira, 19 de julho de 1927
# CINEMATOGRAPHOS

## *Ben Hur*

Fomos ontem à *première* de *Ben Hur*[45] no República. Apesar do muito que já havíamos lido e ouvido sobre este trabalho (e quem sabe se por isso mesmo) íamos prevenidos contra ele: parecia-nos uma dessas imensas películas, de incomensurável metragem, que se impõem quantitativamente, pela força do número: o que, numa nova gíria, chamaríamos de "fitão".[46] Tivemos a maior e a melhor das surpresas: o adjetivo "ótimo" foi inventado para qualificar este filme.

Mas, sem grandes, ineficazes exageros latinos, vamos por partes:

1. A apresentação
2. O assunto
3. A direção
4. A fotografia
5. A montagem
6. O desempenho

---

45 Nos Estados Unidos, *Ben Hur* estreou originalmente em 30 de dezembro de 1925, e foi sendo lançado aos poucos, mundialmente, ao longo dos dois anos seguintes.

46 A versão de 1925 contava com 143 minutos de projeção, muito além dos 80 ou 90 minutos padrão de uma fita de longa-metragem.

1. Com um bom cenário de J. Prado e um corpo coral bem acertado, sob a direção do maestro Leo Ivanoff, o prólogo, com que as Empresas Reunidas Metro-Goldwyn-Mayer nos apresentaram este filme, produz o desejado efeito: cria ambiente. Ouvem-se com prazer os hinos hebraicos de uma estranha unção religiosa.

2. É bastante conhecido o romance de Lew Wallace, *Ben Hur*. Emparelha-se com *Quo Vadis?*, *Fabiola*, *Os últimos dias de Pompeia*. Uma história sabiamente urdida, do início da era cristã, escrita com grave respeito e quase mística imaginação. Ganha 80% na versão cinematográfica de June Mathis o romance do general americano. O cinema tem recursos técnicos de que nenhuma das outras artes dispõe, e que dia a dia, mais e mais, se vão descobrindo e aproveitando.

3. À direção de Fred Niblo deve o grande filme de Metro-Goldwyn-Mayer o melhor do seu valor. Niblo apreendeu, assimilou com rara inteligência a época: soube encadear as cenas numa suave continuidade que prende e encanta e, principalmente, soube tratar com carinho e reverência o assunto. Inventivo, imaginoso, emotivo, colaborou com todo o mundo no filme: com o autor do romance, com o tradutor cinematográfico,[47] com os intérpretes e com o público. Simples e natural, sem os artifícios alegóricos do pomposo Cecil B. De Mille,[48] o seu trabalho, por isso mesmo, emociona e faz crer. A Niblo se deve a máxima *trouvaille*[49] do filme: a ausência da figura material do Cristo. Cristo aí não se vê: adivinha-se. É um clarão, é um espírito, é Cristo mesmo. "O meu reino não é deste mundo" – Niblo compreendeu superiormente estas palavras: deu ao Rei dos Reis a majestade celeste e onipotente das coisas invisíveis. É de extraordinária reverência e

---

47 Referência à adaptação cinematográfica como ato tradutório.

48 Em 1925, ano de produção de *Ben Hur*, Cecil B. DeMille (1881-1959) já se tornara o nome mais importante na produção de filmes bíblicos, com *Os dez mandamentos* (1923). Ainda, em 1927 realizaria *O rei dos reis*, e a partir daí uma série de outros dramas inspirados pelos Evangelhos.

49 Termo em francês para "O máximo achado."

delicadeza esta concepção. Materializada num ser humano, perecível, a meiga, divina sombra do Salvador, perderia aquele umbo de mistério, de divina sabedoria que a torna toda poderosa e convincente. Referindo-se a *Ben Hur*, disse um sacerdote: "Esta fita convence mais do que toda uma quaresma pregada por um grande pregador". É exato.

4. A fotografia de *Ben Hur*, desprezado o colorido mais ou menos inútil de algumas partes, tem maravilhosos segredos. Há maravilhosos segredos no aparecimento e evolução da estrela de Belém; na dolorosa jornada para as galés, de um realismo pungente, mas que não enoja: em toda a composição do quadro das galeras romanas, desde aquele extraordinário ritmo de músculos e movimentos dos remadores nos porões, até as cenas de carnificina e detalhes fortíssimos de combate, como a quebra sistemática dos remos pelo esporão metálico das naves piratas; nos conjuntos de multidão heterogênea, colorida, de uma agitada verossimilhança; nas corridas, no imenso *stadium* de Antióquia, que é onde mais se apura a técnica fotográfica, com efeitos arrojados e possantíssimos, que colocam o espectador entre os disputantes e provocam a mais excitante "torcida" que se possa imaginar; e com focalizações em projeção vertical, de baixo para cima, que fazem com que as quadrigas se precipitem sobre a assistência: na suavidade mística, serena, do Domingo de Ramos, com a multidão policrômica e pequenina junto às imensas portas de pedra de Jerusalém, no quadro vivo da Ceia do Senhor: transposição admirável, para o *screen*[50] e para a vida, do célebre afresco de Da Vinci: enfim, em todo o patético final, a começar pelos horrores do Vale dos Leprosos, ou por aquela comoventíssima cena de carícia e do beijo de uma mão sobre uma pedra e sobre uma sombra, nos umbrais do solar dos Hur, e a terminar pelo milagre suave na "Via Crucis"... – em tudo isto há descobertas, inesperadas, surpreendentes invenções fotográficas que nos desconcertam e arrebatam.

---

50  Termo em inglês para "tela".

5. Sobre a montagem irrepreensível, tratada com elevação, suntuo-sidade e verdade históricas, basta-nos confessar que, visto o filme, acreditamos que ele tenha custado 32 mil contos de réis. Em toda a indumentária, rica e fiel; nos cenários faustosos, de uma construção forte e de uma arquitetura monumental (o Circo de Antióquia, as muralhas de Jerusalém, pedaços de ruas de Roma, o Vale dos Lepro-sos, à maneira de Doré, a Pretoria de Pilatos...); na confecção das galeras e das quadrigas – que não são galeras nem quadrigas de men-tira –; em tudo, enfim, tem-se a impressão de que não há cenários: nem gangas, nem estopas, nem papelões, nem tintas falsas. Não há ilusões de ótica: há dinheiro, há verdade, há arte.

6. Ramón Novarro, ao aceitar o convite para o primeiro papel deste filme, declarou: "Ben Hur inspirou-me". Disse bem. Sente-se nele o orgulho de ter sido escolhido para esse *rôle*.[51] Pôs aí o melhor da sua arte, da sua beleza e da sua carreira. May McAvoy é a sua meiga, lin-da parceira. Contra ele, levanta-se a figura imponente de Francis X. Bushman, no papel de Messala, suficientemente antipático, satisfa-toriamente vilão... Betty Bronson, nas poucas vezes em que aparece como a Virgem, é perfeitamente angélica: uma Madona de Murillo. Uma figura admirável em *Ben Hur* é a de Simonides, encarnada por Nigel de Brulier: tem um sentimento exato de tragédia, um poder extraordinário de caracterização.

Por tudo isso, não hesitamos em considerar *Ben Hur* um dos maiores espetáculos cinematográficos a que temos assistido.

---

51  Termo francês para "papel", ou "personagem".

# Terça-feira, 9 de agosto de 1927
# CINEMATOGRAPHOS

## Mais ideias

Mais cartas! Umas sérias, outras pilhéricas, outras absurdas, vão-nos chegando, dia a dia, trazendo todas elas uma ideia, uma sugestão para o nome com que se deve crismar, no cinema, Olympio Guilherme.[52] Olympio só terá, agora, uma dificuldade a vencer: "*l'embarras du choix*".[53]

Escrevem-nos:

Glauco Bonazzi (Taquaritinga): "O nome de Olympio Guilherme é, em verdade, simples e elegante".

Celia (capital): "Um nome do jornalismo é sempre bastante conhecido e torna-se consagrado, quando, num jornal, esse nome aparece assinando a seção das moças... E muito mais quando o redator é homem e, sobretudo, quando é Olympio Guilherme, ator de cinema e rapaz bonito... Portanto, sou de parecer (aliás, somos) que o sr. Olympio Guilherme deve ficar com o seu verdadeiro nome. Escrevo com a opinião de dezesseis moços e onze moças...".

---

52 Para saber detalhes sobre Olympio Guilherme e sua história em Hollywood, veja o apêndice deste volume.
53 Em francês no original: "O embaraço da escolha."

Agora, duas cartas que tomamos a liberdade de considerar apenas "pilhéricas". Em todo caso, não é nenhuma delas o que se pode chamar uma brincadeira de mau gosto:

, Juquinha (Itu): "Um nome que me parece preencher perfeitamente todas as condições exigidas – ser curto, sonoro e brasileiro – é este Juck Pat, acomodação, em inglês, do nosso célebre Juca Pato. Que tal?".

Aviador (Araras): "... Nomes genuinamente nacionais, breves, de fácil pronúncia em qualquer língua e que digam ao mundo inteiro que Olympio Guilherme é brasileiro? – Aí vão alguns: 1) Olympio Passarola; 2) Olympio Gusmão; 3) Olympio Dumont; 4) Olympio Chaves; 5) Olympio Jaú. (Este último é o meu predileto)".[54]

Afinal para liquidar, por hoje, com esta questão, vamos transcrever aqui o trecho final de uma ponderosa carta que nos vem de Campinas. É séria, criteriosa, sensata, parecendo-nos fruto de graves cogitações, embora o missivista, extremamente modesto, injusto para consigo mesmo, qualifique de "fraca" a sua ideia. Aí vai a epístola:

A. V. Costa (Campinas): "... Acho que Olympio Guilherme forçosamente deve soar mal para os norte-americanos; e também não seria um nome genuinamente brasileiro, portanto, não corresponderia ao nosso ideal. Proponho que Olympio Guilherme se chame Ruy Barbosa!".

G.

---

54 A sugestão faz referência a vários nomes ligados à aviação, como "passarola" de Gusmão, Santos Dumont, Edu Chaves e o avião Jaú.

# Sábado, 20 de agosto de 1927
# CINEMATOGRAPHOS

## Os retardatários

Esta "seção" é bem uma "sessão" de cinema. Obscura, trêmula, com raros intervalos lúcidos. Comédias, dramas, tragédias. Muita gente. Alguns namoros. E um "operador" invisível...

Ora, como toda sessão de cinema, também está sujeita a retardatários. Os retardatários! Gente, quase sempre muito boa, que precisa de mais tempo do que os outros para pôr a camélia de pelica no *renard argenté*, ou para enrolar o cachecol escocês, ou para escolher um bom estacionamento para o seu auto "P"; ou então... ou então, gente que perdeu o bonde ou que veio a pé.

Todo retardatário causa transtornos: mas há transtornos agradáveis e transtornos desagradáveis.

Aqui estão, sobre esta mesa, alguns retardatários agradáveis. A gente gosta de dar loga a essas pessoas... Vieram a esta seçao atraídas pelo filme *Questão de nome* (ou *Olympio quer ser batizado*). A primeira retardatária veio de longe: veio de Copacabana, veio de lá onde, sobre a curva branca da areia e sob a curva azul do céu, a curva das ondas canta; de lá, onde os poetas penumbristas reviram os olhos e "vão na onda", cantando alexandrinos processionais:

"De tarde, ao pôr do sol, Copacabana é linda..."

Da praia brasileira, esparramada e bonita, veio a retardatária toda perfumada com aquele perfume quente que vive, às 5 horas, nas salas da Colombo, da Cavé, da Lallet... E veio para dizer, entre outras coisas, isto:

"É indiscutível a fascinação que têm os americanos pelos nomes latinos, tão sonoros a seus ouvidos, nomes melodiosos como: Dolores del Rio, Rodolpho Valentino, Ricardo Cortez, Barbara La Marr... Até o nome de duas lindas francesinhas da tela a gente ouve com simpatia: Renée Adorée e Arlette Marshal. É, pois, um nome latino (português) que Olympio deverá escolher. O 'R' é um *porte-bonheur*[55] para artistas de cinema (Rod La Rocque, Ricardo, Rodolpho, Ronald, Ramon, os dois Richard – Dix e Barthelmess). Olympio não é um nome bonito. Ele poderia ser um Ruy Ramos, Roberto Rudge, ou melhor: Ribeiro do Rio. Esse 'do Rio' tem um poder de fascinação bem grande no espírito *yankee*... (a) Paulista Exilada."

Essa questão do "R" é bem séria para os supersticiosos. E Olympio deve ser desses: não há artista que não tenha, na sua vida, pelo menos uma mascote (com M maiúsculo ou minúsculo)...

Agora, entra para a seção um grupo de "Melindrosas", barulhentas, chiques, perfumadíssimas. Vêm de Sampaio Vidal, no interior do estado. Dizem elas:

"O nome de guerra de Olympio Guilherme deve ser: 1º) Paulo, por ser esse primeiro artista brasileiro filho de São Paulo; 2º) um sobrenome terminado em 'ão', que é uma sílaba bem nossa. Torna-se, assim, um nome original, além do interesse que despertará nos estúdios a sua sonoridade estrangeira. Por exemplo: Brandão, Galvão, Gusmão..."

Chegam agora dois rapazes delicados que passam pedindo desculpas: os srs. Salisbury Cunha e Pradoliveira. O primeiro quer que Olympio se chame "Gavião do Brasil" ou "Sol do Brasil" ou "Vital Brasil" etc.; o segundo, mais modesto, propõe "O. G. Índio do Brasil", "Américo Brasiliense" ou "Brasílio Amado".

---

55  Termo francês para "amuleto de sorte".

Numa sessão de cinema, os retardatários desagradáveis são sujeitos apressados, que gostam da palavra "urgente" e entram pisando em todo mundo, empurrando tudo, incomodando todos. São criaturas que erraram de porta: em vez de entrarem no cinema, deveriam ter entrado numa casa de chá, para tomarem aquilo que não tomaram quando crianças. Está neste caso um sr. Affonsucco.

G.

# Sábado, 27 de agosto de 1927
# CINEMATOGRAPHOS

## Censura ao censor (I)

O senhor censor cinematográfico de São Paulo, muito contra a sua e muito contra a nossa vontade, vai agora aparecer nesta seção. Contra a sua vontade, porque há de ser bem desagradável a um sacerdote da moral, que, em vez de báculo ou turíbulo, empunha uma tesoura litúrgica, não poder se servir desse seu puritano instrumento para cortar também toda esta tira de papel. Contra a nossa vontade, porque não temos nem poderíamos ter prazer algum em pregar pró ou contra essa sua discutibilíssima e desinteressante religião.

O senhor censor vai aparecer em público. O seu *metteur-en-scène*[56] não somos nós – pobres esbanjadores de papel e tinta; é uma pessoa coletiva e onipotente contra a qual não há rebelar-se, sob pena de linchamento: é o clamor público. Ele tem essa dupla, divina soberania do que se impõe "*par la beauté du Verbe et la force du Nombre*".[57] Ele é a "*vox populi...*" (conclua o senhor censor a corriqueira sentença).

---

56 Termo que se pode traduzir por "encenador", para se referir a um diretor que possui competência para dirigir uma cena, mas não agrega a ela nenhuma especificidade estética que a diferencie. Aqui, Guilherme parece recorrer ao termo para se referir a "objeto de interesse".

57 Em francês no original: "Pela beleza do Verbo e a força do Número."

Meses e meses vimos calando, em nós, o que vamos ouvindo e também observando. Agora, porém, já não é possível qualquer diplomática mudez. Somos jornal: isto é, somos do povo e para o povo. O silêncio, neste momento, ser-nos-ia repugnante como uma traição.

Não tem conta as cartas e recados telefônicos que nos chegam diariamente, como "itens" inúmeros de um libelo contra o senhor censor. Entretanto, antes de enumerá-los e analisá-los, queremos que o digno funcionário da polícia creia que o consideramos sempre um verdadeiro moralista. Moralista, não no sentido estreito, unilateral, catônico, ortodoxo da palavra; mas na sua única, legítima significação: um conhecedor exato dos nossos costumes, um nosso mentor justo, um nosso guia seguro; enfim, um homem de hoje, que vivendo numa cidade de hoje, entre gente de hoje, uma vida de hoje, conhece bem todas as etimologias, principalmente a da palavra "moral", que vem de "*mos*" (costume) e quer dizer: conforme aos costumes. Ora, assim atilado, culto, inteligente, criterioso e moderno como é, parece-nos que o senhor censor seria incapaz de praticar uma insensatez: um desses muitos absurdos que têm sido cometidos na censura cinematográfica e que atribuímos a algum subalterno seu. Pensamos apenas que, se alguma censura merecesse o censor, essa seria a de não ser ele bastante rigoroso para com esse seu empregado. Esse seu imediato é ignorante, vesgo, fanático. Adulterou, como mau apóstolo, a boa religião de seu mestre: a Moral. Nem há religião que não sofra dessas plebeias *anemizações*. Todo fanatismo é inevitável. É preciso que esse seu subalterno seja corrigido ou despedido imediatamente.

Amanhã começamos a enunciar todo o libelo que nos é apresentado contra ele...

(Continua)

G.

# Domingo, 28 de agosto de 1927
# CINEMATOGRAPHOS

## Censura ao censor (II)

Eis as principais alegações que se formulam contra a censura:

1) Intenção religiosa, e não moral, que preside aos cortes (intolerância);
2) Efeitos contraproducentes dos mesmos;
3) Falta absoluta de critério;
4) Catonismo tolo;
5) Injustiça.

Mas vamos por partes.

O primeiro erro de que se acusa a censura cinematográfica de São Paulo é o critério intolerante, por isso mesmo mais religioso do que moral, que tem ditado certos violentos cortes em muitíssimos inofensivos filmes.

Esse critério – parece-nos – não tem, não pode ter, neste século e neste país, nenhuma razão de ser. Já não existe, nesta terra livre, nenhuma religião oficial. E São Paulo, além de "essencialmente agrícola", é também essencialmente cosmopolita. As pessoas que enchem uma sala de cinema são de raças e crenças diversas: há aí católicos, como há protestantes, ortodoxos, muçulmanos, judeus, positivistas, espíritas, ateus... São incontáveis os filmes americanos que escarnecem, com espírito, dos maometanos e dos seus costumes religiosos; do hipócrita "carolismo" protestante (tagarelices, maledicências à porta dos templos) etc. Se a nossa censura tivesse um caráter religioso geral, independente, superior, seria forçada a sacrificar também todos esses inocentes pretextos para um sadio bom humor, que, a seus olhos, ofenderiam essas religiões e seus adeptos. Mas não. A censura limita-se a condenar, a "pôr no índice", unilateralmente, apenas as raras coisas que, no seu acanhado entender, lhe parecem anticatólicas. Bastará um exemplo. Quando, há meses, se exibiu, em São Paulo, um interessantíssimo filme da UFA, *As maravilhas da criação*[58] – trabalho puramente didático, científico, educativo – a angelical tesoura achou de bom aviso eliminar da película um episódio histórico que todos nós estamos fartos de saber: o caso Galileu. O filme expõe toda a formação do universo, desde a nebulosa primitiva. Mostra como se constituiu a terra e como foi que Galileu teve a má ideia de pensar e afirmar que ela se movia. A censura não pôde engolir essa grande pílula dinâmica: zás! Galileu para a cesta! O que a censura queria e esperava era que nós todos, muito toscamente enfeitados de penas de papagaio e comendo bifezinhos tradicionais de carne humana, ficássemos por aqui, neste canto do mundo, esquecido e atrasadão, continuando a pensar que este planeta era uma planície imensa, imóvel, rasa, quadrada e chata como a mentalidade da criatura que cortou aquela fita. Mas... qual! Não se doma assim, com uma simples tesourada, o animal inteligente, feito à imagem e semelhança de Deus. Saímos todos do cinema repetindo, convencidos e sem medo de ninguém: "*Eppur si muove!*"

(Continua)

G.

---

58 *Wunder der Schöpfung* (1925), de Hanns Walter Kornblum, é um filme repleto de ficção científica e efeitos complexos, que pretendia traçar a origem e a evolução de todo o conhecimento humano. No Brasil é também conhecido como *Milagres da criação*.

# Terça-feira, 30 de agosto de 1927
# CINEMATOGRAPHOS

## Censura ao censor (III)

Prosseguindo na exposição dos graves erros de que comumente se acusa a censura cinematográfica de São Paulo, vamos hoje tratar do segundo "item" do nosso libelo: efeitos contraproducentes dos cortes. Isto é: vamos provar que a moral da nossa censura é imoral. I-mo-ra-lís-si-ma.

Aceitando o bom e salutar exemplo dos oradores sacros que, para melhor, mais fácil inteligência dos seus doutos conceitos, fazem preceder seus sermões de uma parábola, de uma historieta simbólica, começaremos hoje por contar-vos também, "caríssimos leitores", um pequeno, banal incidente que cotidianamente se repete nos nossos doces lares.

Era uma vez um menino que gostava muito de ler contos de fadas. Um dia, a sua mamãe deu-lhe um lindo livro de histórias, tão bonito quanto mal traduzido do alemão e do francês. Antes, porém, que o infante mergulhasse na leitura, a mamãe, sábia e prudentemente, submeteu a obra a uma indispensável censura. De pena em punho, assanhada por encontrar e riscar uma porção de inconveniências que certamente devia haver naquelas linhas e naquelas entrelinhas, a puríssima senhora teve um certo desapontamento: só topou, lá pelo fim, num dos últimos contos, com uma palavra condenável. Narrando o nascimento de um principezinho, a versão lisboeta usava de um verbo bestial, mas absolutamente incompreensível para uma criança. A boa matrona cancelou por completo a medonha palavra, formando esta inofensiva frase:

"A rainha 'teve' um filhinho...". Inofensiva, aparentemente. Porque a criança, ao chegar a essa página censurada, sentiu uma atração irresistível por aquele pequeno borrão. Que seria que estava escrito ali? Passou toda a noite em claro, matutando. No dia seguinte, curiosa e inteligente, saiu de casa e, sorrateira, penetrou numa livraria, pediu outro exemplar daquela mesma obra, abriu-o na página terrível – e leu. Leu, com todas as letras e todas as sílabas, o verbo brutal. Terá agido bem aquela maliciosa senhora? Não vos parece, "caríssimos leitores", que se a mamãe não tivesse riscado aquela tremenda palavra, nunca talvez seu inocente filhinho teria reparado nela? É evidente.

A nossa censura cinematográfica é como aquela censurável matrona. Vamos ao exemplo: quem não se lembra do filme *Um certo quê (It)*,[59] há pouco mais de um mês exibido em São Paulo? Havia aí, logo no início, a seguinte cena: Antonio Moreno e Clara Bow estão num automóvel, ao lado um do outro. Prelúdio de romance. De repente, Tony não resiste, agarra a pequena *flapper*[60] e dá-lhe um beijo. Clara, revoltada, responde-lhe com um formidável bofetão. E retira-se com dignidade. Quadro perfeitamente moral: quadro que ensina "como deve agir uma casta e pudibunda donzela ao receber o aleive de ousado peralvilho". Pois bem, a censura cortou o beijo, mas conservou a bofetada. Ora, a fotografia (observa o sr. Piraju, em carta de 20 do corrente, endereçada a esta seção) é apanhada de muito perto, de cima do motor do auto, deixando ver "apenas os bustos" dos namorados. Resultado: o povo – a curiosa criança – assistindo àquela repentina, explosiva agressão, notando o efeito e ignorando a causa, maliciou terrivelmente...

– Nossa Senhora! Que horror! Para dar causa a semelhante bofetada, que se terá passado ali, embaixo, atrás do motor, junto àqueles invisíveis assentos de couro?...

Censura contraproducente. Moral imoral.

(Continua)

G.

---

59  Filme dirigido por Clarence Badger, para a Paramount Pictures, em 1927, também conhecido em português como *O não sei quê das mulheres*.

60  Termo que pode ser traduzido por "melindrosa", um estilo de se vestir e se comportar característico dos anos 1920.

# Quarta-feira, 31 de agosto de 1927
# CINEMATOGRAPHOS

## Censura ao censor (IV)

"Falta absoluta de critério" – é a terceira das acusações que vimos aduzindo contra a censura cinematográfica paulista.

Uma definição colegial de "critério": o conjunto de motivos e condições INVARIÁVEIS que determinam a certeza na ordem intelectual.

Ora, faltando, como vamos mostrar que faltam, à nossa censura esses "motivos e condições invariáveis", o seu juízo é incerto. Isto é: a nossa censura não tem critério.

Ainda ontem nos referimos ao corte de um beijo quase inicial no filme *Um certo quê (It)*, corte imoral que, adulterando o sentido da peça, despertou séria malícia no espírito da assistência. No entanto, nessa mesma película – observa o nosso já citado missivista, sr. Piraju – há um beijo final, regularmente escandaloso, de cinco minutos, que não foi cortado. Ou se cortam, por nocivos à moral e à saúde, todos os beijos, ou não se corta nenhum. Tanto mais que este último beijo era muitíssimo menos importante e mais exagerado do que o primeiro – Que critério é esse?

Caso interessante é o que se deu com a fita *Um beijo num táxi*.[61] Todos os cartazes, todas as fotografias-reclames, amplamente divulgadas, ou afixadas

---

61  *A Kiss in a Taxi* (1927), dirigido por Clarence Badger para a Paramount Pictures.

nos *placards* dos cinemas, ou publicadas nas revistas cinematográficas, exibiam um beijo: um beijo, leve, gracioso, sobre a... meia de seda de Bebe Daniels. No filme, esse beijo... pernicioso foi amputado. Ora, que é mais pernicioso: uma cena que passa, dinâmica, momentânea, rapidamente, ou uma fotografia e um desenho estáveis, imóveis, estagnados? – Que critério é esse?

Em *A fera do mar*,[62] com John Barrymore, aconteceu isto: várias pessoas viram-no duas vezes: na primeira vez, havia certo beijo audacioso e longo; na segunda vez, esse beijo desapareceu. – Que critério é esse?

Em cada um dos recentes filmes *Louca por Paris* (*Subway Sadie*)[63] e *Capacetes de aço* (*Tin Hats*),[64] há um beijo eliminado. Toda a sequência das histórias prende-se a esses beijos, aliás decentes, banais, comuns, como a maioria desses que temos visto dar por aí... Os filmes ficaram sem sentido. – Que critério é esse?

Ao passo que alguns filmes são inutilizados com a supressão de um simples beijo, outros, como *A mana de Paris*,[65] exibem só beijos, de princípio a fim. Por que não adaptou a censura o engraçado alvitre lembrado ontem pelo nosso colega do *Diário Nacional*: reduzir a película a um título e um "fim"? – Que critério é esse?

*A mulher que eu amo*[66] foi largamente anunciado como abordando um ponto da teoria freudiana. Esta palavra, "Pansexualismo", assustou a censura que, sem nem saber de que se tratava, "pôs no índice" a pequenina colaboração do sr. Freud. Resultado: o filme ficou "sem razão de ser" – Que critério é esse?

Em *Don Juan*,[67] a censura achou de bom aviso suprimir um letreiro que explicava satisfatoriamente a aparente frieza, o cinismo e a perversidade do legendário amante. Era o conselho de seu velho pai ao morrer, traído por uma

---

62  *The Sea Beast* (1926), de Millard Webb, produzido pela Warner Bros.
63  Filme de Alfred Santell, de 1925, produzido pela Al Rockett Productions.
64  Filme de Edward Sedgwick, de 1925, produzido pela MGM.
65  *Her Sister from Paris* (1925), de Sidney Franklin, produzido pela Joseph M. Schenck Productions.
66  *His Supreme Moment* (1925), de George Fitzmaurice, produzido pela Samuel Goldwyn Company.
67  Filme de Alan Crosland, de 1926, produzido pela Warner Bros.

mulher: "Goza-as, a todas, mas não ames a nenhuma!". Sem esse dístico, o filme tornou-se imoral: ensinou que todo homem deve ser... deve ser misógino... – Que critério é esse?

Mas a principal ojeriza da nossa censura é contra o beijo. Esperamos, com ansiedade, o grande filme de De Mille: *O rei dos reis*. Se a censura não cortar o beijo de Judas, imoral e traidor, ainda havemos de lhe perguntar, implicantemente, repetindo o refrão desta coluna: – Que critério é esse?

(Continua)

G.

# Quinta-feira, 1º de setembro de 1927
# CINEMATOGRAPHOS

## Censura ao censor (V)

O rigor excessivo do velho e austero Catão inspirou esse triste pejorativo que fomos forçados a empregar no item 4º de nosso libelo: "Catonismo".[68]

Dessa afetada integridade, condenável como qualquer exasperação, ressente-se fundamente a censura cinematográfica. Dir-se-ia que ela ignora o áspero "visto" com que a cuidadosa vigilância norte-americana, sempre zelosa da eficaz propaganda nacional, carimba o passaporte de todos os filmes que exporta. Ignora talvez que o americano descende do inglês puritano de 1648: desses mesmos presbiterianos de Inglaterra e Escócia, que, com suas pretensões exegéticas e seus exagerados rigorismos, tanto irritaram a sanha dos Stuarts, que tiveram de partir, sobraçando Bíblias, num êxodo deplorável, para a fascinante América... Ignora, mais, que há, no bom sangue *yankee*, alguns intransigentes glóbulos vermelhos, remanescentes do sangue exaltado dos *Quakers*, a fanática seita de Georges Fox, William Penn e Robert Barclay, daquele mesmo agitado século XVII, que nunca tiravam o chapéu a ninguém, que a todos tratavam por tu, que não reconheciam hierarquias eclesiásticas,

---

68 Catão, o Velho, foi um político e censor romano que se distinguia por sua austeridade em defesa absoluta da tradição romana.

que fugiam ao serviço militar por julgarem a guerra um fratricídio: mas que, entre todas essas violentas, duras atitudes, conservavam uma suave doçura de alma, uma grande pureza moral e um sincero espírito de filantropia... Ignora talvez que, com tais ancestrais, o atual norte-americano é bem um poço de fortes qualidades, de retidão exata, de severos costumes (vide a "Lei Seca"): um povo moço, sadio, esportivo, limpo, bem-humorado e ingênuo, incapaz de latinas maldades e malícias... Ignora também que desses bens lhe advêm a força e o prestígio no mundo, na vida e na moral de hoje: mundo, vida e moral que ele deixa refletir nos seus filmes – a sua verdadeira arte – aceitos e vitoriosos em toda a terra...

Ora, mais do que faz em seus próprios filmes a censura puritana e *quaker* da Norte-América nunca poderá fazer a nossa. Basta citar um fato comprobativo da austeridade da sindicância *yankee*: apareceu, há pouco menos de um ano, nos Estados Unidos, um filme alemão tendencioso, verdadeiramente imoral, que pregava sofismadas teorias malthusianas.[69] A crítica norte-americana, tão farta e loquaz, e que com tanto carinho acolhe quaisquer produções, mesmo estrangeiras (*Miguel Strogoff*, *Variété*, *Metropolis* etc.), teve, para essa fita, apenas duas simples palavras de digna repulsa. Textualmente, eis o que disseram os jornais: "*Madame Wants no Children – Made in Germany. Just an insult. Stay away!*".[70] O filme morreu em seu primeiro cartaz.

Esquece-se disto, finge ignorar estas coisas a nossa censura. É mau. E não é convincente. Pelo contrário: irrita e dá vontade da gente... ir tomar tóxicos ou jogar boliche...

(Continua)

G.

---

69 Teoria formulada por Thomas Malthus, economista britânico do século XIX, pai da demografia. Segundo ele, o avanço da produção de alimentos e da melhora do saneamento e da saúde elevariam o número da população mundial a um nível que implicaria um colapso social. Por isso defendia a castidade, mesmo depois do casamento, e pregava que os pais tivessem somente o número de filhos que pudessem criar.

70 Em inglês no original: "*Madame Wants no Children* – feito na Alemanha. Simplesmente um insulto. Fique longe!"

# Sexta-feira, 2 de setembro de 1927
# CINEMATOGRAPHOS

## Censura ao censor (VI)

Chegamos ao último capítulo – "Injustiça" – das acusações populares contra a censura, de que nós fizemos eco.

Injusta a nossa censura? – Sim. Injusta, não só por todos aqueles excessos que vimos comentando – preconceito religioso, efeitos contraproducentes, falta de critério e excesso de catonismo – como também, e principalmente, pelo mal que vem fazendo à filmagem brasileira. Não somos nós que o vamos dizer: é o correspondente, em São Paulo, do *Cinearte*,[71] a melhor publicação cinematográfica nacional. Ouvindo o sr. José Medina,[72] um dos nossos mais esforçados cinematografistas, diretor de vários filmes bons produzidos em São Paulo (*Gigi*, por exemplo), faz-nos o sr. Pedro Lima certas revelações que não podem deixar de ser dolorosas para todos os brasileiros interessados no assunto.

---

71 Importante revista nacional de cinema que circulou entre 1926 e 1942. Um de seus editores era o produtor e diretor Adhemar Gonzaga, que fundaria a produtora Cinédia nos anos 1930.

72 José Medina (1894-1980) é um dos cineastas brasileiros mais importantes do período de formação cinematográfica em São Paulo. Sobre ele, Guilherme escreveria – anos depois, ao comentar *Fragmentos da vida*, de 1929 – texto que se se encontra adiante, nesta antologia.

Ao partir para os Estados Unidos, amargamente se queixa o sr. Medina da censura paulista cuja tesoura – diz ele – tem sido um verdadeiro instrumento de injustiça contra quase todas as produções que aqui dirigiu. E enumera a interessante revista carioca vários cortes injustificáveis que deitaram a perder algumas películas nacionais. Por exemplo: de *Gigolette*,[73] da Benedetti Film, suprimiu todo um maxixe perfeitamente comum e inofensivo; e de *Mocidade louca*,[74] da Selecta Film de Campinas, recentemente concluída, cortou inexplicavelmente o "beijo final", esse lugar-comum de todo filme, em que não havia maldade alguma, ficando a fita sem um desfecho aceitável e, pois, de desagradável efeito para a assistência.

Isto basta. Não podemos ter prazer nem interesse algum em transcrever todos os violentíssimos protestos que, tanto nesta crônica como em cartas inúmeras que diariamente nos são dirigidas, se levantam contra a nossa censura. Apenas o que não podíamos fazer era deixar sem registro todas aquelas fraquezas e, mais, estas desoladoras injustiças que põem nos lábios de todos nós uma única, lamentável interrogação:

– É, ou não, para se desanimar?

Não, não é. Porque temos certeza de que estas tristes considerações que tão "*à contre coeur*"[75] e com tantos escrúpulos vimos, há uma semana fazendo, hão de valer alguma coisa. Elas, que tanto nos custaram, hão de valer, pelo menos, o que pode valer um conselho sincero, amigo, desinteressado: que a censura tenha sempre olhos de carinho e de estímulo para o que é nosso; que tenha, para o que é estrangeiro, a boa, hospitaleira generosidade paulista; que tenha agora essa verdadeira sabedoria, essa elevada bondade intelectual que se chama tolerância; que, de hoje em diante, seja mais do seu tempo, da sua terra e da sua gente: inteligente como este século, grande como este país, boa como este povo.

G.

---

73 Melodrama dirigido em 1924 por Vittorio Verga, que se encontra totalmente perdido.
74 Filme dirigido por Felipe Ricci (1900-1988), em 1927, que se encontra desaparecido.
75 Em francês no original: "a contragosto".

# Sábado, 10 de setembro de 1927
# CINEMATOGRAPHOS

## Cinema – obsessão do século

Parece mesmo que a humanidade *blasée*, cansada de se ouvir, enjoada de se ver em carne e osso, encontrou no cinema aquilo de que precisava: apenas a sua sombra intangível, silenciosa e rápida. Trocou o teatro pelo cinema. É significativo isto que se observa em todo o mundo de hoje: não só se constroem, dia a dia, novas salas de projeção, como também se vão adaptando à arte muda os edifícios construídos para o teatro, São Paulo prova isso com exemplos inúmeros: o Sant'Anna, o Santa Helena e, inaugurados este ano, o Capitólio, o Cambucy e, agora, mais um.

Sim, hoje, em São Paulo, um novo *shadow stage* receberá o batismo da luz e da sombra: o Cine São Bento.

Nessa estreita e reta rua de São Bento, "*ubi Radium fuit*"[76] nos meados do longínquo primeiro quartel do século XX, hoje se ergue uma construção moderna, de linhas direitas e simples, paredes ásperas, portas largas e acolhedoras – todo esse conjunto nítido e confortável das coisas utilíssimas, quase

---

76 A frase, que significa "onde foi Radium", modifica a expressão latina "ubi Troia fuit" ("onde foi Troia"); alude, possivelmente, ao teatro (depois transformado em cinema) Radium, que ficava na rua São Bento.

mecânicas, destes bons tempos. Dentro, amplidão, ar, comodidade, higiene. Beleza? – Também. Essas decorações, essas estilizações que Munique lançou antes da guerra, só depois da Grande Trégua invadiram o mundo. São geométricas, sombrias, neutras, repousantes, agradáveis.

O Cine São Bento é assim: uma boa amostra do *standardised*[77] gosto atual. Ele dará, com a alegria de seus *placards* e de seus cartazes luminosos, uma nota viva de cores e luzes nesse trecho fútil e indeciso da rua de São Bento. Ele era uma necessidade ali, entre casas de modas, papelarias, lojas de armarinho, perfumarias...

A fita inaugural? *Tristezas de Satanás* (*The Sorrows of Satan*). Muito bem escolhida no ótimo catálogo da Paramount. Uma novela de Marie Corelli, com um demônio tentador, um Mefistófeles de casaca (Adophe Menjou), duas lindas mocidades feitas para serem tentadas (Carol Dempster e Ricardo Cortez) e uma séria, um vampiro deliciosamente perigoso que veio da Alemanha do Fausto (Lya De Putti). *Picture Play* de março deste ano coloca esta fita entre as de "boa escolha" listadas no seu rigoroso *Confidential Guide*. E *Photoplay Magazine*, qualificando de "excelente" o seu desempenho, marca-a com um asterisco – aquela terrível, rara e tão desejada estrelinha que indica "*that the photoplay was named as one of the six best upon its month of review*".[78]

Estamos adivinhando a fila de automóveis, as *fourrures*[79] de Max e os sobretudos escoceses que farão viver um instante, esta noite, a santíssima rua de São Bento...

G.

---

77  Em inglês no original: "padronizado."

78  Em inglês no original: "Que o *photoplay* foi nomeado um dos seis melhores em seu mês de avaliação."

79  Termo em francês: "Roupas feitas de pele animal".

# Sábado, 26 de novembro de 1927
# CINEMATOGRAPHOS

## *Minas antiga*

Esse latim pedante de quem pensa que sabe latim, esse horroroso e repetidíssimo "*nihil est in intellectu quod nun prius fuerit in sensu*",[80] parece que quase sempre dá certo. Em tudo. Até em cinema. O cinema nacional, por exemplo, ainda está no *sensu*: vistas pitorescas, filmes naturais, coisas para agradar os olhos. Para criações, isto é, para *intellectu*, ainda é cedo. Somos um povo criancinha e eu detesto "*enfants prodiges*". Naqueles filmes naturais – isto a gente diz com gosto – vamos indo muito bem. Até agora, eles se têm limitado a aspectos da nossa terra e da nossa gente, da nossa vida, do nosso trabalho, e, supostamente, de acontecimentos [...] [trecho ilegível], [...] [trecho ilegível]. Agora, entretanto, aparece um novo gênero natural: filmagem de documentos artísticos. É uma transição, um *intermezzo* entre o *sensu*, que está passando, e o *intellectu*, que vem aí. Graças a Deus!

Faço estas reflexões à margem do filme *Minas antiga*, da Bonfioli Filme, de Belo Horizonte,[81] a que anteontem assisti, em exibição reservada, numa

---

80  Em latim no original: "Nada há no intelecto que não passe antes pelos sentidos."

81  Documentário produzido em 1925 pelo governo de Minas Gerais, com roteiro de Djalma Andrade e fotografia de Igino Bonfioli.

cabine do Teatro Santa Helena. Esta película é um álbum fotográfico da obra de Antônio Francisco Lisboa, o Aleijadinho.

Bobagem grossa querer repetir aqui (em matéria de repetição banal, basta aquele latinório de Seminário, lá em cima desta coluna) quem foi esse homem. Só quem não é brasileiro, ou quem finge ser brasileiro, ou quem é semibrasileiro, tem direito a esse estado de inconsciência, a essa cômoda ignorância.

*Minas antiga* exibe, nitidamente e com fidelidade, a nossos olhos, e comunica à nossa alma o que deixou de si, no Brasil macambúzio e beato do século XVIII, o Aleijadinho, o arquiteto e entalhador iluminado, o intuitivo genial que saiu puro, espontâneo e natural como uma flor, do fundo da nossa raça inquieta e do nosso sangue agitado. A obra do grande santeiro – obra religiosa, de um misticismo humilde e sincero, de uma doce piedade de procissão – está plantada em Minas, como uma sempre-viva no canteiro de um jardinzinho ingênuo de convento. Ouro Preto, São João del Rey, Congonhas, Sabará – são praças brasileiras, são "largos da matriz". Não são cidades: são pretextos para justificar uma igreja. Isto é lindo. E isto é lindo porque são lindas e dignas disso essas igrejas. Igrejas do Aleijadinho... Num século fátuo que, artisticamente, não fez mais do que criar moldura para o galante e engraçadinho rococó de gentes empomadas, empoadas, espartilhadas, como bibelôs – houve no Brasil um homem que ofereceu a Deus os malabarismos arrebatados do século, com aquela mesma candura daquele angélico "Jongleur de Notre Dame". Eis aí a sua *jonglerie*:[82] escadarias, portais, altares, cúpulas, púlpitos, tetos, [nichos], pias, coros, "passos" etc., entalhados largamente em madeira, e encarnados: ora cortados nessa pedra mole e rústica, que é menos ilustre mas que eu acho mais nobre do que o mármore. Há um primitivismo não "posado" e, por isso mesmo, delicioso e sempre vivo, naquelas conchas, rocalhas, paquifes, florões e outros retorcimentos barrocos de uma arquitetura pernóstica; e há primitivismo em todas aquelas grandes imagens fortes,

---

82 Termo em francês para "malabarismos."

rijas, sobre-humanas, dos Passos e dos Profetas, em Bom Jesus de Matosinhos (Congonhas),[83] por exemplo.

Tudo isso o filme mineiro ilustra e nos mostra com clareza e simplicidade. E a legítima gente brasileira, de boa-fé e bom sangue, sente, através disso, na distância de quase dois séculos, o Aleijadinho, o grande santeiro, sorrir, profeticamente, um sorriso de desdém para certos aleijões pouco brasileiros destes dias incertos.

G.

---

83  No original desta crítica, consta "São João de Matosinhos"; optamos por corrigir o nome da cidade nesta transcrição.

**1928**

# Quinta-feira, 26 de janeiro de 1928
## CINEMATOGRAPHOS

## *Made in Brazil*

Esse gênio ruim, esse mesmo espírito pessimista que anda, há séculos, enchendo de coisas desanimadoras e de maus conselhos os ouvidos crédulos dos brasileiros – "Isto aqui é um vasto hospital"... "País irremediável"... "Natureza fatigante e esmagadora"... "Mal de Chagas"... etc. –; esse triste e desconsolador fantasma que assombra de preconceitos as nossas noites verdes e quentes juntou agora mais um pregão à sua bocejante ladainha: "Não é possível o cinema no Brasil! Povo antifotogênico! Luz desfavorável...".

Mentira. Pior que mentira: maldade.

Convenci-me disto uma noite, há meses, no República. Eu tinha, como todo o mundo, um horror visceral, uma repugnância instintiva, uma fobia inata pelo filme nacional. E com toda a razão. Depois de um célebre *Tiradentes*,[84] filmado em Santo Amaro, com um bonde amarelo da Light apitando no meio da cena, justamente no momento em que o mártir punha a língua de fora; depois de um *Crime da mala*,[85] com dois soldados mulatos fazendo gestos de mico

---

84  Filme de 1918 dirigido por Alberto Botelho.

85  Pela data em que foi escrita esta crítica, Guilherme de Almeida deve estar se referindo à primeira versão do filme, feita em 1909, por Alberto Botelho. Uma segunda versão de *O crime da mala* seria lançada em outubro de 1928.

num cenário de algodãozinho pintado; depois de meia dúzia de *Guaranis*,[86] com italianos nus, tingidos de azeitona e enfeitados de penas, como na ópera; depois dessas degradações todas – que diabo! – a gente fica *escramentado*, ou, pelo menos, prevenido.

Mas, felizmente, isso tudo passou. Passou aquele horror, passou aquela repugnância, passou aquela fobia. Passou tudo isso numa das noites agitadas e repletas do República. Grande noite. Havia exposição de modas e pernas nas frisas e nos camarotes, e exposição de automóveis na praça da República. Constava do programa – na lista dos *hors d'oeuvres* aperitivos – além da fita cômica, o infalível "jornal". Era um jornal nacional: *Sol e sombra*. Variedades regulares, vistas naturais, reportagens de todo gênero. E, no fim, um reclame da Casa Alemã.[87] Um *sketch* cômico, admiravelmente bem feito. Gente bonita. Cenários bonitos. Grande nitidez. Direção correta. Lindos efeitos fotográficos. Enfim, qualquer coisa muito melhor que muitos filmes europeus. E, principalmente, mais interessante. Bravo!

Mas – que pena! – era somente um anúncio. Somente? Não: eu vi nisso, não só um anúncio de casa de modas, como também o anúncio de um futuro cinema nacional. Nada é impossível sob este lindo sol brasileiro. Deus está em toda parte: no Brasil também. Boa vontade pode existir em toda parte: no Brasil também. Glória, pois, a Deus nas alturas! E cinema, nesta terra, aos homens de boa vontade!

G.

---

86  Desde 1912, *O guarani* foi filmado várias vezes por vários diretores. Aqui, Guilherme de Almeida faz referência a Vittorio Capellaro, imigrante italiano que filmou a história de Peri e Ceci em duas ocasiões, 1916 e 1926. Em ambas as ocasiões, Capellaro é quem interpreta o índio guarani, a despeito de ser loiro e ter olhos claros.

87  Importante casa da capital, pioneira no ramo das lojas de departamentos de luxo.

# Sábado, 28 de janeiro de 1928
# CINEMATOGRAPHOS

## Filme nacional

Há dois dias – anteontem mesmo – eu profetizava, nesta coluna vadia, uma possibilidade de cinema no Brasil.

Estou agora com uma íntima vaidosa esperança de que essa profecia se vai realizar. Por quê? Oh! Por bem pouca coisa... Porque eu vi, ontem à tarde, algumas fotografias de *Morphina*[88] que a U.B.A. acaba de produzir. Eu não quero, não posso, não devo dizer que fiquei maravilhado, extasiado, deslumbrado, obumbrado – e outros exageros latinos – diante das cenas estagnadas no papel... Uma coisa é, por exemplo, o sr. Arthur Bernardes "posando" para o *Fon-Fon*, e outra coisa será o mesmo sr. Arthur Bernardes "movendo-se" num *screen*...

Gostei muito das fotografias (nítidas, limpas, carinhas bonitas, atitudes felizes, expressões boas...); não sei ainda o que elas serão movendo-se encadeadas, enfiadas como pérolas no fio invisível de um enredo, e, como pérolas, habilmente escolhidas e dispostas pelos dedos sábios de um ourives. Não sei.

---

88 Filme de Francisco Madrigano e Nino Ponti que pertence ao ciclo do cinema paulista. Era um filme, como se dizia a seu tempo, "para senhores", já que abordava temas como prostituição, promiscuidade, adultério e drogas. *Morfina* é considerado um filme perdido; dele só restaram algumas fotografias de cena.

Mas é justamente quando a gente não sabe, que a gente espera. Quando a gente não sabe e quando a gente deseja. Ora, o que eu sei de *Morphina* é quase nada: que é toda paulista, que tem 2 mil metros, que foi filmada em dois meses (de outubro a dezembro de 1927), que foi dirigida artisticamente por A. Mastrangola e C. Nacarato e tecnicamente por A. Medeiros,[89] que foi encenada por F. Madrigrano, que tem como "vampira" Milda Rutzen e como ingênua Iris Maraino... nada mais. E o que eu desejo... O que eu desejo é o que todo brasileiro de verdade deve desejar no instante cinematográfico deste século cinematográfico: que comece a haver cinema no Brasil. Mas... nada de precipitações! Que comece pelo começo. E essa minha esperança está toda nesse "filme". Estou "torcendo"...

G.

---

89 A nomenclatura das funções técnicas na época pode causar confusão. Na realidade esses eram os produtores do filme, ou, aproximando-se da intenção de Guilherme, diretores de produção.

# Quarta-feira, 14 de março de 1928
# CINEMATOGRAPHOS

## *O gato e o canário*

Tenho certeza de que não me engano nem desagrado a nenhum fã afirmando que vi ontem, no República, o melhor filme que os 73 dias de 1928 até hoje nos mostraram.

Há apreciadores que vão ao cinema seduzidos pelo nome das "estrelas"; outros, fascinados pelo assunto ou pela época; outros… (Mas, para que mexer aqui com os esnobes, os namorados, os *blasés* e outras classes equívocas de frequentadores de cinema?) Poucas pessoas, no Brasil, deixam-se atrair pelo valor do "diretor" – figura máxima na arte do celuloide. *O gato e o canário* é uma prova, uma belíssima prova da importância capital da direção numa fita. Pondo-se de lado todo o *cast*, aliás um dos bons conjuntos ultimamente apresentados em São Paulo (Laura La Plante, Arthur Edmund Carewe, Forrest Stanley, Creighton Hale, Tully Marshall, Flora Finch, Gertrude Astor, George Siegmann, Martha Mattox, Lucien Littlefield e Joe Murphy); pondo-se de parte certas admiráveis *performances*, notadamente a de Laura La Plante[90] no papel da angustiada herdeira Anabelle West; de Creighton Hale, como Paul

---

90  Laura Isobel La Plante (1904-1996) iniciou sua carreira cinematográfica aos 15 anos. Foi uma das atrizes que conseguiu ser bem-sucedida na transição do cinema mudo para o sonoro, porém, em 1935, aposentou-se precocemente, e nas décadas seguintes fez apenas

Jones, um *yellow-boy* muito convincente; de Martha Mattox, na difícil e antipática figura de Mammy Pleasant etc.; pondo-se de parte a violência e sedução do entrecho, *tremendously thrilling*,[91] da peça teatral de John Willard, adaptada com muita segurança e muita força por Alfred Cohn; amputada a fita de todas essas excelências, restar-lhe-á sempre como recomendação máxima a soberba direção de Paul Leni,[92] que, em *O gato e o canário*, diz a crítica americana, "*is a director to be reckoned with*".[93] Leni tem aí ocasiões inúmeras de surpreender e encantar o espectador com uma técnica nova, maravilhosa e, por isso mesmo, desconcertante. Certa ingênua apreciação americana deixou-se desnortear, perdeu a tramontana ante a interminável sucessão de novidades chocantes que Leni obtém a cada passo. "*He uses trick angles galore!*"[94] — exclama, assustada. "*Trick angles*"? Não. Focalizações admiráveis, efeitos estonteantes, vertiginosos, originais, desacostumados. Um *ultimatum* permanente à rotina cine-teatral. Como diretor, Paul Leni, em tese, revolta-se contra o arbitrário preconceito de se interromper uma cena para se mostrar outra que se passa ao mesmo tempo relacionada à primeira, mas em lugar diferente. Usa, pois, de um processo curioso de sobreposição de imagens. É sintético, essencial e, portanto, fortemente expressivo. Recorrendo a este método, num filme de mistério, consegue efeitos de extraordinária angústia. Leni cria, por assim dizer, um "simultaneísmo" delicioso, se é que o cinema já precisa, como as outras artes, de algum "ismo" para fazer escândalo... A mão que bate a aldraba de uma porta; o mecanismo emperrado de um velho relógio, que subitamente se põe em movimento; um grito de "Socorro!" que enche todo o ambiente... — tudo isso vai acontecendo "sobre" as cenas que já se estavam desenrolando normal-

---

breves aparições em poucas produções. Seu maior sucesso foi o filme de Paul Leni, *The Cat and the Canary* (1927).

91 Em inglês no original: "Tremendamente emocionante".

92 Importante cineasta alemão, nascido em 1885 e falecido em 1929, autor de alguns dos mais representativos filmes influenciados pelo expressionismo no cinema, entre eles *O gabinete das figuras de cera* (1924) e o *O homem que ri* (1928).

93 Em inglês no original: "É um diretor a ser reconhecido/considerado."

94 *Trick angles* pode ser traduzido por "tomadas de efeito". "Ele frequentemente usa tomadas de efeito".

mente, sem entre estas estabelecer solução de continuidade. Já se tem feito, é verdade, muito disto em cinema; mas não tão lindamente e com tanto efeito e tanta inteligência como o conseguiu o diretor Leni.

Recomendo a todos este filme. Principalmente aos céticos da arte muda. Eles terão aí uma visão nítida das possibilidades, dos recursos e do futuro que espera esta arte vencedora, quando manejada por um verdadeiro artista.

G.

# Domingo, 25 de março de 1928
# CINEMATOGRAPHOS

## *O rei dos reis*

São Paulo vai começar a assistir amanhã, em dois dos seus mais queridos cinemas – o Sant'Anna e o São Bento – a um grandioso espetáculo: *Jesus Cristo, Rei dos Reis* (*The King of Kings*).

É a obra-prima de Cecil B. De Mille. *O Rei dos Reis* é um filme que precisava existir. Neste momento de febril desenvolvimento e quase perfeição da arte cinematográfica, não nos podia mais satisfazer aquela velha e colorida *Vida, paixão e morte de N. S. Jesus Cristo*, que, há vinte Semanas Santas, vem sendo exibida invariavelmente, todos os anos, em todas as nossas cidades. Cristo, o meigo Deus humanizado, que já viveu e vive em todas as artes de todas as épocas – desde o primitivismo italiano até este atualíssimo neoprimitivismo – devia também inspirar a mais capaz e moderna das artes – o cinema – uma obra digna da sua figura infinita e eterna. Cecil B. DeMille atirou se a essa arrojadíssima empresa. E venceu. Venceu pela sua sinceridade, pela sua alta inspiração e concepção, pela atmosfera de verdade, grave e reverente, que soube criar em torno da imagem divina do Salvador.

*O Rei dos Reis*, entretanto, não dispensa certas advertências preliminares ao espectador. Aí vão elas, na véspera de apresentação do grande filme em São Paulo.

Todos os letreiros, sem exceção, são fielmente transcritos da Bíblia. Muitas vezes, porém, por necessidade de correlação dos fatos no filme, sofreram essas inscrições apenas alterações de ordem, o que, entretanto, não lhes diminui a espiritual e dramática beleza.

Também para que não se prejudicasse a fluência natural dos episódios, foi preciso condensar alguns deles num mínimo essencial. Por exemplo: os quarenta dias seguintes à Ressurreição concentram-se todos numa cena única.

Não se deve julgar a ação de *O Rei dos Reis* pelos padrões habituais (*"familiar standards"*). Nesse filme não há propriamente artistas revelando livremente as suas capacidades individuais. Não. São imagens humanas obedecendo a ordens irrevogáveis: históricas, sociais, artísticas e religiosas.

Por isso mesmo, também não se devem procurar *performances* aí. Nenhum artista se destaca especialmente. Todos eles são como que autômatos a serviço de uma inspiração superior.

Este filme precisa ser visto com o mesmo espírito com que o idealizou e executou Cecil B. DeMille: elevação, austeridade e respeito.

Um grande crítico americano, apreciando a obra máxima do famoso diretor, escreveu: "Não se terá visto tudo de que é capaz o cinema hoje em dia, enquanto não se vir *O Rei dos Reis*".

G.

# Quarta-feira, 28 de março de 1928
# CINEMATOGRAPHOS

## Os dez mandamentos de Hollywood

Hollywood! A cidade da Perdição... A nova Sodoma... Babilônia moderna...

É isso o que se pensa por aí.

— *"Ollywood... Une ville débauchée!"*[95] exclama o francês *hedonant* da província — Bouvard ou Pécuchet — retorcendo o bigodinho puro e sem pecados...

— *"Alleywood!"*, suspira um árabe de Biskra piscando um olho pecaminoso e coçando a cabeça cheia de haréns...

— *"Hollywood, re-al-ly?"* pergunta o inglês arrebitando o nariz fino e sutil sempre disposto a farejar enxofre no ar...

— *"Rollywood! Eta inferneira!"*, assobia o maganão nacional, na porta da farmácia, dando tapas na barriga do amigo e chocando uma ideia libidinosa no coco incorrigível...

Mas isso tudo é exagerado.

Naturalmente, Hollywood deve "parecer" assim. A Cidade do Cinema é um *rendez-vous* de raças, uma encruzilhada de destinos. Aí se encontram e se chocam passados e futuros, saudades e esperanças, ilusões e desenganos. Mas

---

95  Em francês no original: "Uma cidade devassa."

a gente anônima que vem ali lembrar ou esquecer, sorrir ou chorar, vencer ou resignar-se, enfim, lutar; essa gente não tem, como se pensa, a liberdade dos incultos. Também não carrega a golilha dos preceitos férreos puritanos, *quakers*, mormônicos. Não. Essa gente tem "a sua" lei. Tem o seu Decálogo.

Como o mundo dá voltas, e a cabeça dos homens também; como o bom rapazinho que hoje entra em casa todas as noites às 9 horas, amanhã poderá despertar a bordo de um navio branco da Munson Line atracando nas pedras de Manhattan; como você, meu leitor, não está livre de ir morar, contra todos os desejos de todas as suas tias solteironas, nas colinas escuras de Beverly, com Hollywood e o mundo a seus pés; como tudo é possível sob o sol – aí vai, para seu uso, leitor, o Decálogo de Hollywood:

I

Não serás ingrato.

II

Não maltratarás os "extras".

III

Não cobiçarás o "papel" ("*rôle*") do teu vizinho.

IV

Não serás mau esportista.

V

Honrarás tua mãe.

VI

Não será grosseiro.

VII

Tratarás com consideração teus empregados e servidores.

VIII

Não indagarás o passado do próximo.

IX

Não pedirás dinheiro emprestado a uma "extra".

X

Não te vangloriarás de conquistas.

Estes dez preceitos nasceram, espontâneos, das necessidades do ambiente; e imperam tácitos, onipotentes, insofismáveis. Não são divinos; mas são humanos. Não foram revelados por um Deus tempestuoso, no cume terrível de um Sinai coroado de relâmpagos, enquanto lá embaixo, sob as tendas de [linho] torcido e pintado, os homens impacientes fundiam as joias da tribo para esculpir um bezerro de ouro... Por isso, nunca serão despedaçadas com ódio as tábuas. Os idólatras do bezerro moram longe da iníqua Hollywood.

G.

# Quinta-feira, 5 de abril de 1928
## CINEMATOGRAPHOS

## Ver para crer

É um velho e repisado conceito esse de que a arte não é moral nem imoral; moral ou imoral é o espectador.

Por mais verdadeira, porém, que seja uma verdade, ela nunca satisfaz o nosso espírito exigente, nem vence a nossa incredulidade teimosa sem uma demonstração prática, até mesmo material, tangível. Há sempre um pequeno são Tomé, sacudindo a cabeça cética, no fundo de todos nós.

Ora, eu conhecia milhares de demonstrações, mais ou menos teóricas, daquela tese. Sabia, por ouvir dizer, que um artista puro, de cabeleira longa como a arte (*ars longa*) e rendimentos curtos como a vida (*vita brevis*), colocado diante, por exemplo, da "Vitória do Cisne", experimenta uma sensação estética que não se parece em nada com a sensação inconfessável que, diante do mesmo quadro, experimentariam um estivador, um "almofadinha" ou um soldado raso. Aquele homem veria com olhos platônicos e estes homenzinhos veriam com olhos de alcova a harmoniosa nudez de Leda e a atrevida atitude do cisne... Entretanto, como eu, simples cronista cinematográfico, não posso, por mais que me esforce, encarnar-me em nenhum daqueles contemplativos seres, continuarei incrédulo, duvidando da velha verdade, e à espera de que uma boa oportunidade viesse, "*deus ex machina*", produzir em mim uma fé inabalável.

E essa oportunidade veio. Veio por acaso, como vêm todas as grandes coisas: Cabral ou as maçãs de Newton. Foi num domingo vagabundo, durante a inevitável matinê infantil, num esquisitíssimo cinema de arrabalde. Eu estava ali, entre um menino à marinheira, cheio de balas e cotoveladas, e uma mulher sorridente, cheia de mamadeiras e de beliscões. Acabava um filme. Há sempre um filme acabando, quando eu entro numa matinê infantil. O herói estava lutando contra o vilão pela libertação da heroína. Buck Jones,[96] com certeza. Tasca do Faroeste. Capatazes armados encostados ao balcão. Xerifes gordos escondidos atrás de barricas. No centro, a briga. Cadeiras partidas sobre clavículas e omoplatas. Mesas esborrachadas sobre occipitais. Garrafas espatifadas sobre a 13ª vértebra da coluna dorsal... O filme era altamente moral: a vitória insofismável da virtude sobre o vício. Mas tornou-se a fita mais imoral a que assisti até hoje, nos meus vinte e tantos anos de cinema. Culpa dos espectadores, que se entregaram cegamente a uma barulhentíssima "torcida". Das arquibancadas, principalmente, e também de algumas frisas, partiam, contra o herói, que errava um golpe, os piores palavrões, os nomes mais impronunciáveis que há no farto vocabulário português. Injuriaram profundamente toda a família – antepassados e descendentes – do pobre herói. Do vilão, nem se fala!

Quando deixei a sala, onde acabava de ver a mais inconveniente obra que produziu até hoje a sublime arte muda, li esta tabuleta sobre o guichê da bilheteria: "É permitida a entrada de menores"... Quatro soldados namoravam, na esquina, oito amas...

G.

---

96 Buck Jones (1891-1942) foi um grande astro dos filmes *westerns* do tipo B, produções baratas destinadas à exibição que antecedia o programa principal das salas de cinema.

# Quarta-feira, 11 de abril de 1928
# CINEMATOGRAPHOS

## *Fausto*

Cinema puro. Afirmação de uma arte nova, e consequente negação do "já feito".

Este filme da UFA não é a lenda daquele mágico taumaturgo do século XVI, que chegou a abalar, com as suas bruxarias de laboratório, os organizadores da Reforma: também não é esse Doktor Johann Faust da novela anônima de 1587: nem tampouco é o drama quase material do inglês Marlowe; não é o primeiro nem o segundo *Fausto* de Goethe, exploradíssimos, com seu perfume loiro de misticismo e seu halo luminoso de alegorias; nem é o romance pessimista de Klinger ou o poema lírico-filosófico de Lenau; não é a ópera de Gounod, nem a de Spohr, nem o *Mephistopheles* de Boito, nem a legenda musical de Berlioz; nem os quadros de Scheffer, Laurens e Tissot e nem as estampas litográficas de Delacroix... Não. Este *Fausto* é apenas o filme de Murnau. E, como tal, como exemplar raro de uma arte livre e nova, ficará figurando na extensa galeria das obras de pensamento e beleza que a sombra simbólica do cabalístico alquimista tem inspirado à inteligência criadora e incontentável dos homens.

Murnau criou uma coisa à parte, pessoal, desembaraçada, superior. *Fausto* não é um filme feito para "estrelas" ou "estrelos". Não se devem destacar

nomes e *performances* nessa película: A não é melhor do que B. Ela tem um conjunto igual, homogêneo, equilibrado. Todas as figuras estão no seu lugar, justapostas, engrenadas com exatidão mecânica, para produzirem com presteza e eficácia o seu resultado. Todas se equivalem, são indispensáveis e insubstituíveis. E movem-se sobre cenários úteis, iguais a elas. Este filme não tem partes: é um todo. É a primeira fita que me dá esta impressão de unidade.

Disse que não se devem destacar personagens e interpretações nesta película. É certo. O que neste *Fausto* se deve destacar é o que nele há de invenção, é o seu coeficiente pessoal inconfundível. É a nota original e moderna pela qual se afina toda a produção. Há originalidade e modernidade do melhor *poinçon* na concepção e desenvolvimento geral do tema que, com aquele conceito final sobre o amor, por exemplo, foge ao já explorado; na fotografia belíssima, surpreendente, insuperável mesmo, onde o claro, o escuro e o vago (*flou*) jogam jogos imprevistos e deslumbrantes nas mãos acrobáticas do grande artista que é Murnau; na disposição proposital de certos quadros, em planos simples, com muita sombra no 1º e muita luz no 2º, dando a impressão de uma casualidade feliz e criando valores fortes pela violência dos contrastes (neste ponto, é de notar-se, sobretudo, uma cena em que um cadáver é visto em *raccourci*,[97] com os pés demasiadamente grandes e escuros no 1º plano); nos cenários artificiais sintéticos, essenciais, de construção geométrica (por exemplo, o laboratório do sábio; a rua da pequena aldeia, de tetos muito oblíquos e muito baixos; certos interiores da casa de Margarida etc.); na escolha altamente artística dos *décors* naturais, inesquecíveis, como aquela encruzilhada de salgueiros e lua (aprenda-se: para se dar ideia da noite, não é preciso que o celuloide seja tingido de verde ou azul); enfim, na despreocupação de uma erudita e livresca reconstituição de época, isto é, no desprezo pelas tais fidelidades históricas, trabalho de museu, tolice inútil, em que se empenham os que gostam mais de copiar que de criar...

É urgente ir-se ao República ou ao Colyseu ver este *Fausto* de Murnau. Ele faz do cinema aquilo que o cinema deve ser.

---

97 Pela descrição de Guilherme de Almeida, comparando-se com a cena original, esse termo ["atalho", em francês] deve referir-se a um plano em perspectiva, em que a câmera é colocada na mesma posição do corpo deitado, conferindo profundidade à cena.

# Quarta-feira, 18 de abril de 1928
# CINEMATOGRAPHOS

## Filmagem nacional
## (*Sol e sombra*)

É o desânimo, é o desconsolo, é o abatimento que murcha as asas e pousa sobre nós como um corvo ruim, cada vez que aparece na tela um filme nacional. Saímos desanimados, desconsolados, abatidos do cinema. E – o que é pior – envergonhados. Então, olhamos a rua noturna da cidade moderna: casas altas de cimento, cartazes luminosos, mulheres lindas e finas, homens como todos os homens, asfaltos, autos, autos e autos... Entramos em casa. Dormimos um sono de pesadelos. E ao despertar, na manhã seguinte, sob o sol insolente, entre as cores atrevidas do bairro novo, olhamos outra vez a cidade ativa e atual, perfeitamente idêntica a todas as grandes cidades do mundo. *Eppur*[98] não temos cinema! E não compreendemos, e ficamos enganchados neste ponto de interrogação, como uma sobrecasaca negra num cabide:

– Se temos gente, material e luz igual às gentes, materiais e luzes de outras terras, por que não havemos de ter também uma filmagem nossa, igual à boa filmagem de outras terras?

E continuamos sempre detestando fitas nacionais e sacudindo a cabeça pesada de desalento.

---

98 Em italiano no original: "Entretanto".

No entanto existe, quase desconhecida, humilde, talvez até incompreendida, uma realização cinematográfica no Brasil. Aqui perto, em São Paulo mesmo. Creio até que no Triângulo... Tinha sentido isso, há alguns meses, e senti ontem, de novo, mais convincente e fortemente, no República. Iam passar *A fera do mar*,[99] com aquele perfil clássico de Barrymore, que parece ter se despregado de uma medalha grega. Mas, antes do grande filme, antes mesmo da comédia, passou pela tela um novo número de *Sol e sombra*. E, encerrando este nosso bem feito jornal cinematográfico, projetou-se o melhor filme nacional, o único bom filme nacional a que até hoje assisti. Era a historieta rápida de um marajá enfastiado de sua favorita, que acaba voltando aos braços da *huri*[100] graças ao mágico sortilégio de um faquir que transformou aquele orientalismo *suranné*[101] numa mulher simples deste século simplicíssimo. Como se vê, um pequenino assunto – nada mais que um habilidoso reclame da Casa Alemã – mas explorado com que arte! Ninguém, na sala, acreditou que aquilo fosse nacional! Cenário rico e exato; figuras bonitas, nítidas, limpas, bem pintadas, sem aqueles exageros de alvaiade e glicerina, barbas e cabeleiras tresandando insuportavelmente a falso e barato; guarda-roupa fiel e agradável; e, principalmente, fotografia rigorosa, límpida, com excelentes iluminações, cheia de novidades, acertados "*camera angles*",[102] magníficos *trucs*, efeitos imprevistos e corretos...

Tenho visto em muitos filmes estrangeiros – "jornais", sobretudo – desfiles de figurinos, de modelos em manequins vivos; mas ainda não vi nada melhor do que aquela apresentação final de *toilettes* sobre um fundo metálico de prata e veludo.

Esse filme não devia ser tão modesto: devia trazer, pelo menos, o nome do diretor... Essa modéstia é o seu único defeito.

---

99 *The Sea Beast*, filme de 1926, dirigido por Millard Webb, com John Barrymore e Dolores Costello.
100 Na cultura islâmica, *huris* são donzelas que se mantêm perpetuamente virgens à espera de seus prometidos.
101 Termo em francês para "antiquado".
102 Termo técnico em inglês para "ângulo de câmera".

Aí está. Não considero essa fita apenas um anúncio da Casa Alemã. Considero-a, sim, o anúncio de um estimulante para os incrédulos das nossas capacidades cinematográficas; o reclame de um tônico reconstituinte para as mentalidades debilitadas que têm tentado, até hoje, filmagem no Brasil. Vão ver essa fita! Experimentem o remédio! *"L'essayer, c'est l'adopter!"*[103]

G.

---

103 Ditado em francês: "Se experimentar, vai gostar" ou, dependendo do contexto, "vai se convencer".

# Quinta-feira, 26 de abril de 1928
# CINEMATOGRAPHOS

## Jogo de empurra

Acabo de receber e publico integralmente a seguinte carta:

Sr. G. – Como jornalista e, o que é pior ainda, como redator cinematográfico, o sr. não pode deixar de ter notado o quanto as mulheres gostam de fazer perguntas. Quantos pontos de interrogação recebe o sr. por dia? Ora, uma gota de água não pode fazer transbordar o oceano...

Com certeza, o sr. já percebeu que eu também vou fazer-lhe uma pergunta. Mas não se assuste! Não é daquelas que costumam aparecer nos "consultórios" melindrosos das revistas do cinema. O sr. vai ver.

O caso é este: eu também, como o sr., como quase todo o mundo por aqui, leio, devoro as revistas norte-americanas dos *movies*. Sei todas as fitas que se fizeram, que se estão fazendo e que se farão... Ora, assim bem informada como sou, muito me intriga o fato de não serem dados aqui, em São Paulo, inúmeros filmes já meio velhuscos, quando até produções de janeiro e mesmo de fevereiro deste ano já passaram ou estão passando pelas telas paulistas.

Quer uma lista? Aí vai: *Flesh and the Devil*, da Metro-Goldwyn-Mayer, com Greta Garbo e John Gilbert, lançado há mais de um ano nos Estados Unidos; *The Silent Lover*, da First National, com Milton Sills (fevereiro de 1927);

*Potemkin*, filme russo da Amkino, exibido nos EUA em 1926!; *Tell it to the Marines*, da MGM, com Lon Chaney, William Haines e Eleanor Boardman (março de 1927); *The Show*, MGM, com John Gilbert e Renée Adorée (março de 1927); *Stark Love*, da Paramount, grande sucesso nos Estados Unidos (maio de 1927); *The Venus from Venice*, com Antonio Moreno e Constance Talmadge (maio de 1927)... Não basta?

Agora, sr. G., deixe-me escrever o meu terrível "por quê" e esperar a sua resposta.

Leitora de todos os dias – Rita Rio.

Um homem do século passado, chamado laconicamente Oscar Fingall O'Flahertie Wills Wilde, escreveu, uma vez, entre outras verdades bem disfarçadas, esta: "As perguntas nunca são indiscretas: as respostas é que o são". Ora, o sr. G. é muito discreto: basta dizer-se que é jornalista. Por isso, não cometerá a imprudência de responder à discretíssima pergunta de Rita Rio. E, ladinamente, empurra a outrem a medonha responsabilidade: tenham a palavra os srs. importadores e exibidores de filmes!

G.

# Sexta-feira, 27 de abril de 1928
# CINEMATOGRAPHOS

## A questão dos letreiros

Se você, meu leitor, ou – o que me seria bem mais lisonjeiro – minha leitora, ainda duvida da importância dos letreiros num filme, vá correndo, vá ver imediatamente, num dos cinemas Serrador, os *Dois cavaleiros árabes*,[104] com William Boyd e Louis Wolheim. Você terá ocasião de assistir à melhor comédia deste ano (isto é indiscutível), ilustrada pelas mais espirituosas, mais bem escritas legendas que ultimamente se têm exibido em São Paulo. E você notará que excelente colaboração trazem à película, já de si magnífica, aqueles escritos!

Por enquanto, com o cinema, tal como ele é hoje (quer dizer: imperfeito, pois ainda não conseguiu emancipar-se das letras, fazer-se pura arte muda), tem que se dar exatamente o contrário do que se dá com os romances, as novelas, os contos, os poemas e outras literaturas. Isto é: nestas letras, o texto é o principal; as estampas, os desenhos, as ilustrações, as iluminuras são o acessório. São simples auxiliares, enfeites ou chamarizes. No celuloide, as figuras são o essencial; o texto, o secundário. Mas quantas vezes não se tem visto um ótimo principal estragado completamente por um péssimo acessório? Imagine

---

104 Filme de 1927, produzido pela Caddo Company, com direção de Lewis Milestone.

só que coisa tão dolorosa e desgostante que não seria avistar você, no Prado da Mooca ou no Paulistano,[105] por exemplo, a calma e sadia perfeição de um vestidinho esportivo de hoje – *jersey* e *tweed* – irremediavelmente arruinado por um horrendo lenço de *batik* no pescoço, ou duas excomungadas *boules--d'argent* nas orelhas, ou uma recém-passada bolsa de pele de cobra nas mãos! Pois é. Tenho visto filmes bons, muito bons mesmo, perdidos, assassinados por letreiros dignos de piedade. E o contrário, o avesso, o vice-versa também é verdadeiro.

Mas eu não quero que este contrário, este avesso, este vice-versa seja mal interpretado. Nada de exageros! "*Est modus in rebus.*"[106] Por melhores que sejam os letreiros, o filme, não sendo pelo menos regular, será sempre um atentado à nossa paciência, aos nossos nervos, ao nosso fígado, à nossa bolsa e às nossas convicções… Conheço um novo-rico das letras que encomendou a um livreiro a sua biblioteca: "Mande-me 80 contos de livros, contanto que sejam grandes, dourados e com estampas".

G.

---

105 Sala de cinema inaugurada em 1928, localizada à rua Vergueiro, 510. Mas aqui, Guilherme de Almeida pode estar se referindo, também, ao Clube Paulistano, local frequentado
pela alta sociedade.

106 Expressão em latim: "Há um limite nas coisas."

# Quarta-feira, 2 de maio de 1928
# CINEMATOGRAPHOS

## *Brasil animado*

Há uma semana, em casa do sr. Gustavo Zieglitz, fui apresentado a um lindo Brasil: *Brasil animado*, uma série de seis jornais do programa Urania, destinados à verdadeira propaganda do país aqui mesmo e no estrangeiro.

Quando ouço falar em "filmes nacionais de propaganda", sinto, no rosto, o mesmo rubor que sentiria uma dona de casa que descobrisse a visita de cerimônia espiando, às ocultas, a sua copa ou a sua cozinha... Porque os nossos propagandistas são uns homens poéticos que ainda acreditam no "pitoresco". É preciso, é urgente negar o "pitoresco". O "pitoresco" é um horror. O "pitoresco" é a palmeira desgraçada prometendo tropicalismos suados; é a choupana de sapé e pau a pique, com "baratões-barbeiros" ameaçando papo e amarelão; é o carro de boi estragando o macadame[107] da boa estrada; é o Jeca Tatu enlambuzado de terra vermelha, picando fumo e afugentando *touristes*... O "pitoresco" é a desgraça do Brasil. É a desmoralização do brasileiro. É o "Brasil desanimado"; não é o "Brasil animado" que eu vi, há uma semana, em casa do sr. Gustavo Zieglitz.

---

107 Tipo antigo de pavimentação de estradas, criado por John Loudon McAdam, engenheiro escocês, no século XIX.

O programa Urania trouxe para aqui uma preciosidade: o desenhista Luis Seel. Este raro artista, domiciliado no Rio, teve o seu espírito, a sua inteligência imediatamente naturalizados brasileiros. Viu a bonita capital das praias, dos asfaltos, dos palácios, dos morros aproveitados e das mulherinhas deliciosas (as "boas"), com olhos lúcidos, envaidecidos, de quem sabe ver o que é seu. E, sobre as melhores fotografias do que nós temos de melhor, sobre o filme da nossa civilização, Luis Seel desenhou figurinhas animadas, comentários amáveis, oportunos, lindos, inteligentes. Criou uma carioca – a que deu o nome de Olivette Thomas – que ora é desenho, ora é realidade nesses seis "jornais" espirituosos da Urania. E com tanta arte, com tamanha novidade maneja a filha fascinante do seu lápis, que, às vezes, a gente não sabe bem onde acaba o desenho e onde começa a fotografia. Olivette move-se no cenário moderno do Rio com o desembaraço e a familiaridade de qualquer menina bonita dos grandes Luís XVI de São Clemente. Ora ela é a banhista iodada de Copacabana, fazendo "jacaré" no Posto 6; ora, a florzinha de seda, *rouge* e *flirt* dos grandes cinemas da Ajuda; ora, o sorriso claro de sol e de loucura, no "corso" carnavalesco, sobre o toldo do automóvel, entre nuvens de éter e serpentinas; ora, o *pullover* esportista, o *kasha* matinal que vai ver o mundo e a vida de cima do Pão de Açúcar ou do Corcovado, para acreditar no mundo e acreditar na vida...

O desenho animado de Luis Seel não é o mesmo dos velhos *Mutt & Jeff* ou do *Gato Félix*. É coisa diferente, mais nova. Não tem a rigidez, o movimento brusco e trêmulo daquelas criaturinhas. Não. Move-se "continuadamente". Não é reto, é curvo. Não salta, anda. É uma pequena, viva, adorável obra de arte.

G.

# Domingo, 6 de maio de 1928
# CINEMATOGRAPHOS

## Celuloide

O mundo mudou...

Escrevo, muito propositalmente, para ser lida na manhã banal e vadia de um domingo paulistano, essa frase vadia e banal.

O mundo mudou... Não foi a sua forma: foi a sua essência que mudou.

Aparentemente, ele continua a ser aquela geográfica "esfera ligeiramente achatada nos polos" que causava tantos zeros nos boletins dos meninos quadrados, meigamente convencidos de que a terra era também como eles... Mas a sua essência, a sua matéria-prima já não é a mesma.

Eu acho que, neste século, neste instante – ou, melhor, neste domingo – o globo terrestre é simplesmente feito de celuloide. É uma dessas bolinhas leves e tontas que dançam equilibradas na ponta desfolhada da líquida varinha de um repuxo...

O mundo é de celuloide. É de celuloide a base sobre que assentamos a nossa vida. Celuloide impressionado e impressionante dos filmes. Parece-se com a vida que o filme projeta, a vida que nós vivemos. A nossa casa é copiada daquelas casas "missionárias", brancas entre cactos escuros, no dorso calmo de Beverly Hills... As nossas roupas – jérsei feminino ou *tweed* masculino – são decalcadas sobre as roupas daquelas figurinhas trepidantes, bonequinhas de corda que dançam *blacks* frenéticos, bebem uísque em xícaras de chá, jogam golfe, mergulham e brilham como peixinhos de raça nas piscinas douradas pelo sol esportivo da Califórnia... Os nossos sentimentos, as nossas qualidades, as nossas graças são educados, "controlados" por aqueles sentimentos rápidos, aquelas qualidades práticas, aquelas graças enérgicas dos filmes: e o namoro ingênuo do Mês de Maria à porta da igreja ficou sendo *flirt* sem intenções e com cigarros pálidos e *shake hands* violentos nos *courts* de tênis; e o velho encanto literário de salão de "assustado", o dengo mulato das ruas ficaram sendo simplesmente *it*, ou simplicissimamente *sex appeal*...

O mundo mudou. O mundo é de celuloide... *Just a lot of cellulloid*!

G.

# Quinta-feira, 17 de maio de 1928
# CINEMATOGRAPHOS

## *Aurora*

Acabo de ver este filme (*Sunrise*), em exibição reservada. E a convicção que ele me deixa é esta: F. W. Murnau inventou o cinema. Inventou uma beleza nova. Inventou uma arte.

*Aurora*, "*made in U.S.A.*", traz, fortemente marcado agora, aquele mesmo *cachet* de inconfundível personalidade, que já se esboçava em *Fausto*, *Variété* e *A última gargalhada*, criações "*made in Germany*" do grande diretor alemão. Acentua-se e fixa-se aqui, indelevelmente, esse *cachet*. O que antes era "possibilidade", agora é "realização".

Falando deste filme, a crítica americana, mais ou menos desnorteada, ou melhor, intimidada, usa, pela primeira vez, de certas palavras raras e misteriosas: *Art, soul, beauty, genius*, "*profound penetration into human emotion*"... Isto é significativo.[108]

---

108 Aqui, Guilherme de Almeida faz referência à diferença clara de orientação quanto ao cinema na América, onde o filme era antes de tudo um produto comercial voltado à diversão, portanto de fácil assimilação e em diálogo direto com o espectador, em contraste com a Europa, onde as produções cinematográficas sempre buscaram o esmero estético, influenciados pelos movimentos artísticos de vanguarda, e a profundidade filosófica e psicológica das estórias. *Aurora* foi o primeiro e único filme americano a receber um

Com *Aurora*, Murnau criou, em cinema, o "vago". Ficam ainda intangíveis, para a sua arte também, e solidamente encaixados como as barras de aço de uma prisão em que tem que se debater toda arte pura, estes versos sem fim, de Verlaine:

> *...Rien de plus cher que la chanson grise*
> *Où l'Indécis au Précis se joint.*
> *... ... ... ... ... ... ... ... ...*
> *Car nous voulons la Nuance encor,*
> *Pas la Couleur, rien que la Nuance!*
> *Oh! la Nuance seule fiance*
> *Le rêve au rêve et la flûte au cor!*[109]

E essa *nuance*, esse *flou*, esse indefinível, esse vago, que nunca afirma e, por isso mesmo, sugere e faz pensar, aparece insistentemente, a cada passo, em toda *Aurora*. Há esse "vago", no simbolismo indeciso do título, que tanto pode traduzir materialmente o breve lapso em que brota, desdobra-se e expira, como uma flor, o romance, de aurora a aurora; como também pode querer significar a aurora deslumbrante em que desperta uma alma angustiada por um pesadelo, ou – o que eu prefiro – a aurora de uma nova arte; – no assunto pequeno e verdadeiro, sem determinação de época ou local, como "a história que não tem pátria", e para o que Murnau edificou casas, aldeias e cidades que são de todo o mundo: e com tal arte o fez que nunca, nem pelo estilo de uma construção, ou pelo aspecto de uma paisagem, ou por qualquer letreiro, por um cartaz entrevisto ou por um anúncio luminoso aceso, se poderá localizar a ação, pois esses aspectos e esses estilos são de toda parte, e as palavras, que às vezes se conseguem ler, são palavras universais, mais ou menos iguais em todas as línguas: "Central", "Café", "Nacional", "Auto" etc.; – na apresentação a descrição física dos personagens,

---

prêmio da Academia de Artes e Ciências Cinematográficas de melhor filme na categoria "Qualidade artística de produção".

109 "Nada de melhor do que o poema fluido / Que ao Indeciso o Preciso unir. [...]
Nós só queremos o meio-tom, / Nada de Cor, somente a Nuança! / Oh! a Nuança é que faz a aliança / Do sonho ao sonho e do som ao som!"
[Tradução de Guilherme de Almeida].

que não têm tipo, nem costumes, nem nomes, que possam trair a sua nacionalidade (O Homem, A Esposa, A Mulher da Cidade, O Fotógrafo...), pois não são personagens de livro, de teatro ou de fita: são imagens eternas da vida; – no desenho moral dessas figuras: gente normal, como toda a gente, de uma psicologia geral, ilimitada, e não indivíduos tarados, excepcionais, casos patológicos, espécimes lombrosianos; – na ausência quase total de letreiros, libertando a imaginação do espectador e deixando à sua subjetiva interpretação os sentidos de todas as coisas e ações;[110] – enfim, na fotografia, toda ela apanhada por uma lente míope, que não se fixa, que põe um halo de espiritualidade em torno da matéria, esfumando, esbatendo os contornos e, por isso mesmo, separando da terra as coisas e as gentes, e dando ao espectador uma excitante vontade de "ver" o que foi feito apenas para ser "adivinhado"; fotografia em que o elemento "beleza" pela primeira vez se define em cinema: fotografia inteligentíssima, que determina o verdadeiro limite entre a arte e a ciência: fazer com que a gente "fique imaginando", e não "fique sabendo"...

Outra original contribuição que Murnau trouxe para o cinema é a unidade na construção. Já notei isso mesmo, tratando de *Fausto*. Em *Aurora*, porém, é mais frisante e patente essa criação. Aqui, não só não há personagens, como também não há cenas. Isto é: não há partes. Há um todo. Este filme é como uma máquina: cada peça é indispensável e está no seu lugar, destinada a produzir, com eficiência, um trabalho próprio. E, como numa máquina não se pode dizer que tal peça é melhor, ou mais perfeita, ou mais útil que tal outra, assim também em *Aurora* não se podem distinguir intérpretes, destacar *performances*, salientar cenários. Tudo, todos se equivalem. Não é melhor que a visão do juncal prateado de lua o interior rústico da casa do homem; nem vale mais nem menos que Janet Gaynor um tipo anônimo de rua com que a objetiva cruza, casualmente, na calçada.

Quem aparece, quem faz relevo, quem sobressai nessa produção é somente Murnau. Poder-se-ia, pois, dizer que o que se vê em *Aurora* é apenas o

---

110 Murnau era avesso ao uso de intertítulos em seus filmes, para que a linguagem fílmica pudesse ser universal. Em *Aurora*, eles vão se tornando escassos ao longo das cenas, até que, ao final do filme, tornam-se vitualmente inexistentes.

invisível: o diretor... São transparentes as figurinhas com que ele joga. Dentro delas, como dentro de dóceis bonequinhos de *guignol*, estão sempre os dedos poderosos e maleáveis de Murnau.

No seu sentido moral e filosófico, *Aurora* é bem esse "cântico de dois humanos", dolorosamente feliz, que, como uma fuga de harmônio, escapa e voa da "*Die Reise nach Tilsit*"[111] de Hermann Sudermann. Um estudo de almas, para a glorificação do amor. Intelectualismo? Cerebralismo? Realismo? – Para que essa livresca e pernóstica coleção de "ismos"? Nada disso. Vida só. E já é muito. Eu disse, aí em cima, que as figuras do filme são transparentes. Está certo. Vê-se bem claro, através delas, a descida psicológica de um homem ao fundo tenebroso de todos os homens. Os bonecos se tornam de cristal. Tudo é inteiro e nítido, dentro deles.

Esquecendo mil outros valores, faço esta final observação a respeito de *Aurora*: – Murnau quebrou o último fio que prendia o cinema ao teatro, renunciou ao derradeiro legado que acenava ainda, como uma tentação, no testamento do velho palco. Murnau desprezou o gesto. Gesto, bem entendido: mímica falante, que sublinha, auxilia e completa a palavra. Não há gestos em *Aurora*: há "Movimentos". Movimentos essenciais, de massas conjuntas. Murnau justifica a etimologia de "cinema": o *kine* grego é a sua essência. Põe o cinema no seu lugar. *Aurora* é o filme "silencioso".[112]

Por isso tudo – e por mil outras coisas que já não cabem aqui, eu, de hoje em diante, começo a dividir a produção cinematográfica universal em dois grandes grupos: 1º grupo: todos os filmes fabricados até agora, em todo o mundo; 2º grupo: *Aurora*.

---

111 História original na qual se baseia o filme de Murnau.

112 Embora o sentido de "silencioso" seja figurado, há que se dizer que o filme foi o primeiro em que se utilizou o sistema Fox Movietone, que permitia sincronização de trilha sonora com imagens, semelhante ao Vitaphone, desenvolvido pela Warner para *O cantor de jazz*. O filme de Murnau não contém diálogos, mas sua música, ao invés de executada por orquestra ao vivo, vinha gravada em discos para sincronização. Apesar de enorme sucesso de crítica, *Aurora* saiu-se mal nas bilheterias, pois à época de sua estreia, um mês apenas depois de *O cantor de jazz*, o espectador parecia interessar-se somente por filmes que fossem verdadeiramente falados, e não apenas musicados.

# Sexta-feira, 25 de maio de 1928
## CINEMATOGRAPHOS

## Reclamação – Sugestão

Há ocasiões em que todos nós nos sentimos verdadeiros microcosmos: sentimos, dentro de nós, povos, séculos e continentes inteiros vivendo, tempestuosamente vivendo.

Nesta calma noite de maio, em que já os primeiros balões de São João, muito precipitados, começam a perturbar os astrônomos paulistas, e em que a imorredoura e imutável vitrola do meu vizinho continua a moer, a reduzir a farinha a alma torturada de Rimsky-Korsakov; hoje, nesta banal noite de maio, eu também estou sentindo uma multidão gritando e protestando dentro de mim. É toda a gloriosa legião dos cronistas cinematográficos de São Paulo que clama, desesperada, contra uma coisa. Essa coisa é importante. Importantíssima.

Todos os exibidores de São Paulo escolheram um mesmo dia da semana – a segunda-feira – para lançar suas novidades. Ora, são quatro ou cinco estreias numa só noite... e um só cronista cinematográfico para cada jornal! Resultado: na impossibilidade material de assistir, de pancada, a todos os filmes, e na impossibilidade intelectual de fazer de todos eles, no mesmo tempo, de pancada, uma apreciação apresentável, os pobres homens das redações veem-se obrigados a não poder absolutamente *contenter tout le monde…*[113] Ter que engendrar mais de uma crítica por dia é uma situação crítica. Ter que publicar apreciações na quarta ou na quinta-feira, quando o filme já se retira de cartaz, é gafe.

A multidão que clama dentro de mim, nesta noite banal de maio, procura, debalde, uma razão superior – moral ou comercial – que justifique esse lançamento simultâneo, essa simpatia coletiva pelas segundas-feiras. Não encontra explicação aceitável. Pensa até que, no próprio interesse dos srs. exibidores e do sr. Respeitável Público, bem melhor seria que, cada um dos nossos três ou quatro grandes cinemas "tivesse o seu dia", como o têm as grandes damas (que tão linda e tão moderna expressão!) que recebem. A gente se divide bem, entre elas: toma mais chá, aprende mais coisas bonitas e fica com o coraçãozinho mais regalado…

---

113  Em francês no original: "Agradar a todos."

# Domingo, 3 de junho de 1928
# CINEMATOGRAPHOS

## Esperança

Recebo, neste instante, no primeiro arrepio deste opaco inverno paulistano, a primeira carta que um brasileiro me escreve de Hollywood.

Dois *frissons*: o que vem do friozinho úmido, que está vestindo de raposas e chinchilas o pequeno corpo exigente das mulherinhas felizes, e o que vem do fato, muito lisonjeiro para mim, de ser eu, como o homem que escreve, completamente brasileiro.

Mas o que é importante não é o frio, nem é o patriotismo, nem sou eu: o que é importante é o moço brasileiro que me escreve.

Olympio Guilherme... Há quanto tempo ele partiu! E, desde então, nós todos, aqui, começamos a pensar em Hollywood muito mais do que pensávamos antes. Hollywood – *the land of make believe*...[114] E tínhamos medo. Sabíamos que, em Hollywood, não há meios-termos; que ali só há dois habitantes: a Glória e o Esquecimento; que ali só há dois bairros: Beverly Hills dos grandes automóveis europeus entre ricas claridades coloniais, e Poverty Row dos tristes, dolorosos *independent films*. Tínhamos medo. Por isso, pedíamos, com toda a força do nosso coração, às cinco estrelas sempre propícias do Cruzeiro

---

114 Em inglês no original: "A terra do faz de conta.".

que velassem pelas suas patrícias humanas, pelas suas irmãzinhas da terra – Lia e Olympio – que estavam tão longe e tão sós, lá, onde o céu é frágil de celuloide…

Há um Deus brasileiro.

Na carta que Olympio me escreve, leio umas palavras que não enganam. "Não tenho tempo para nada. A semana passada fiquei dois dias sem me barbear… O tempo, na América, anda de aeroplano. *Hindenburgueiam* até"…

Disse que estas palavras não enganam. É verdade. "Não ter tempo para nada", em qualquer parte do mundo, é uma recomendação. "Não ter tempo para nada", em Hollywood, é um triunfo.

Há um Deus brasileiro. Creio nele, todo-poderoso criador desta terra verde como a esperança e deste sol dourado como uma libra esterlina…

G.

# Terça-feira, 5 de junho de 1928
# CINEMATOGRAPHOS

## Incoerência

Recebo ao mesmo tempo, num mesmo dia, à mesma hora, estas duas interessantíssimas notícias:

1ª) A polícia de São Paulo acaba de proibir a exibição do filme *The Girl from Rio*.[115]

2ª) Está sendo exibida em Buenos Aires a fita nacional paulista *Morphina*.[116]

Estes dois notáveis acontecimentos são dos tais que os jornalistas se limitam a transcrever, acrescentando, no fim, como se amarra uma lata vazia no rabo de um cachorro, esta frasezinha comodista, seguida de umas comodistas reticências: "Sem comentários".

Deus me livre de cair na fácil banalidade desse comodismo e, principalmente, de perder uma ocasião preciosa como esta de rir bastante, estrondosamente, escancaradamente, dentro de mim mesmo!

As minhas duas ótimas novidades querem dizer, mais ou menos, o seguinte:

---

115 Filme americano dirigido por Tom Terris, exibido no brasil com o título *A musa do tango*.
116 Veja-se a crítica desse filme escrita por Guilherme de Almeida, neste volume.

1ª) É proibido aos paulistas ver, em São Paulo, um filme americano apenas "errado", que em nada nos ofende nem desmoraliza.

2ª) Os habitantes de Buenos Aires podem ver, à vontade, uma fita paulista que é (deixando de parte, bem quietinha, a moral) um lindo atentado à arte cinematográfica e um formoso atestado do nosso mau gosto em todos os sentidos.

Repugna a São Paulo ver um Rio de Janeiro "*made in U.S.A.*", bastante espanholado, com um armazém de café e uma delegacia de polícia mal feitos, mas com lindos interiores (a casa do sr. Santos, o cabaré muito bonito, visivelmente inspirado no "Assyrio" carioca etc.), e com uma porção de gente distinta e chique… Mas não repugna ao Brasil deixar que uma capital estrangeira veja um São Paulo "indústria nacional", cheio de vícios, de lupanares, de bigodes e cavanhaques postiços, de interiores suspeitos, de abajures vermelhos, cortinas de renda com franja, mobília austríaca, toalhinhas de crochê, e "*qualche seguire può*"… Por quê? Porque seria muito desagradável e até mesmo perigoso que os paulistanos dessem boas gargalhadas dos americanos que nos desconhecem mas não nos ridicularizam. E porque é muito louvável e até mesmo útil que os portenhos estourem de riso – *Ay! Que rico que es San Pablo!* – diante de nós, que não nos conhecemos e nos ridicularizamos assim!

A polícia acha que, entre sermos espanhóis ou sermos morfinômanos – espanhóis em São Paulo ou morfinômanos em Buenos Aires – mais vale sermos morfinômanos! Bravos!

G.

# Terça-feira, 10 de julho de 1928
## CINEMATOGRAPHOS

## *Berlim – A sinfonia da metrópole*[117]

Só há uma coisa sem a qual não estou de acordo, neste filme: o título. Por que Berlim? A DEFA[118] produziu uma obra originalíssima, que é uma síntese admirável da vida de todas as capitais civilizadas deste mundo, e alguém lhe pôs um rótulo que tenta diminuir-lhe esse caráter superior de universalidade, restringindo-o à formidável metrópole alemã. Tentativa inútil. O filme é, em si, tão bem construído, e seu sentido íntimo, expresso numa linguagem universal (essa divina linguagem das artes legítimas, que é de todos e para todos), é tão claro e nítido; tudo, aí, é tão atual, dessa atualidade que uniformiza, iguala, *aplatit* o mundo, – que qualquer esforço no sentido condenável de querer individualizar, localizar este filme, seria tolo, senão ineficaz.

Sinto que Walter Ruttmann, quando, com tamanho desassombro e com tal talento, dirigiu a filmagem desta película, nada mais tinha em vista do que

---

117  O filme teve sua estreia oficial em Berlim, em 23 de setembro de 1927.

118  Guilherme de Almeida deve ter querido se referir à UFA (Universum Film AG), produtora e distribuidora de filmes alemã durante as décadas de 1920 e 1930, a mesma que, curiosamente, só viria a se chamar DEFA (Deutsche Film-Aktiengesellschaft) a partir de 1946, após a Segunda Guerra Mundial. De todo modo, a produção de *Berlim* coube à Fox-Europe, subsidiária da Fox americana, e à Deutsche Vereins-Film, produtora local.

fixar um dia de vida numa "cosmópole", que cosmópoles são todas as capitais hoje. E fê-lo superiormente.

Com uma câmera muito perspicaz e habilidosamente *camouflée*, Ruttmann, sem ser visto, surpreendeu – conhecedor profundo da vida citadina – os aspectos essenciais e mais significativos da cidade que focalizou, conseguindo dela instantâneos vivíssimos, naturalíssimos, sem essa odiosa "pose" de última hora, com mãos nervosas arranjando depressa o laço da gravata, e *trousses* vaidosas retocando um pouco os lábios e os cabelos fugidios... Nada disso. Todo o mundo entrou em cena "*à son insu*",[119] talvez até contra a vontade, à força... Por isso mesmo, é todo o filme de uma convincente, fortíssima sinceridade.[120]

Não é possível descrever-se uma coisa que já de si é puramente descritiva. O que é possível, é, apenas, destacar uma ou outra fotografia que mais consegue seduzir pela beleza do imprevisto e audácia de realização. Assim é a chegada à cidade, por uma antemanhã, num trem veloz que vai analisando e decompondo a paisagem toda mecânica de fios, postes, trilhos, pontes, fumaças, rodas, pistões, sinais... E também os aspectos matinais das ruas, onde ainda não há vida, das ruas que esperam os homens, como tentáculos absorventes. Ruttman faz, então, um verdadeiro poema, com a *trouvaille* daquele jornal rolando, perdido e sozinho, ao primeiro vento frio da madrugada, pelas sarjetas vazias: primeiro sinal de vida na grande cidade. Ótima é toda a parte mecânica, industrial, em que os homens se vão ritmando de tal maneira com os engenhos de aço que a cidade toda se integra na máquina e, em vez de viver, funciona... Afinal, os aspectos noturnos, quando as ruas, as coisas e as gentes, molhadas de chuva, parecem feitas de oleado lustroso, ferindo fortemente a película impressionável...

Outra excelência do filme: não tem letreiros. A moda de *A última gargalhada* está pegando, graças a Deus. E, queira Deus, peguem também outras várias modas novas que este filme lança com ousadia!

G.

---

119 "Sem querer."

120 O documentário de Ruttmann pretendeu contar um dia inteiro na vida da metrópole alemã a partir de cenas achadas no cotidiano de uma cidade que vivia ainda uma ressaca advinda dos conflitos da Primeira Guerra Mundial. Isso se observa no ritmo da montagem ágil e inovadora, contrastada ao comportamento "robotizado" de berlinenses consumidos pela realidade capitalista moderna. Embora a grande maioria das cenas tenha sido capturada com câmeras escondidas, nitidamente percebem-se certas encenações arquitetadas para intensificar o ritmo da grande cidade; é o caso da garota que pula de uma ponte, ou da velha que entra numa igreja calmamente enquanto os transeuntes e veículos passam alheios por uma larga avenida.

# Quarta-feira, 11 de julho de 1928
## CINEMATOGRAPHOS

## O novo perigo

Da sua inocência primitiva de divertimento ingênuo para as […][trecho ilegível], o cinema saiu, tímido como um *noceur* [estreante], para se meter em altas cavalariças... Começou por substituir pela tela branca o horrendo quadro-negro das escolas, ilustrando aulas e conferências; depois, bisbilhotou e divulgou os segredos austeros dos laboratórios estudiosos; depois, prestou--se mansamente às propagandas comerciais, como os "homens-sanduíches" e os camelôs, que proclamam, com a mesma superior indiferença, a excelência de um dentifrício ou de um motor; depois, compareceu aos tribunais para depor – elemento precioso e insofismável de prova; depois, fechou de vez o pano de boca dos teatros agonizantes, e sobre ele pintou, a branco e preto, a grande vida, a verdadeira vida, de que as complicadas carpintarias de bastidor eram incapazes... Agora... Agora, começa a servir de arma, perigosa arma temida em todas as atitudes. Sente-se forte demais, capaz de pregar revoluções, tramar guerras, comprometer reputações, mover o mundo, transformar os homens. Os governos olham-no tímidos e desconfiados; reúnem-se, confabulam, providenciam...

Exagero, isto?

Comentando, recentemente, o escandaloso caso do já celebre filme sobre o fuzilamento de Miss Cavell, o *Spectator* de Londres faz, entre outras, as seguintes considerações:

"Há duas semanas ficou assentado que os produtores americanos retirariam o filme *Os quatro cavaleiros do Apocalipse*,[121] porque ele alimenta o velho espírito de guerra. É uma fita irlandesa. *The Callahans and the Murphys*[122] também foi proibida na América, devido à oposição da Irlanda. Recentemente, a exibição de *Beau Geste*, em Xangai, deu causa a sérios distúrbios e protestos por parte dos ex-soldados franceses. E, agora, vem-nos, pelo correspondente do *Times* em Berlim, a notícia de que um filme historiando a vida de Martinho Lutero[123] foi exibido nas telas berlinenses pela última vez, graças às reclamações veementes dos católicos romanos. Os protestantes alemães entendiam que o filme que só propusesse narrar com fidelidade a vida de Lutero não poderia, de maneira alguma, ocultar ou ignorar certas coisas que determinaram diretamente a Reforma. Já há tempos foi-nos apresentada uma película americana que expunha cenas da Guerra da Revolução, no século XVIII, de uma maneira muito desfavorável ao ponto de vista britânico; e pode-se dizer que ele chegou a comprometer as relações entre a Inglaterra e os Estados Unidos."

Cinema, rapaz emancipado, terrível e indomável, parece que você está precisando urgentemente de uma *"central film licensing authority"*, isto é, de um tutor!

G.

---

121  Filme de Rex Ingram, de 1921, com Rudolph Valentino no elenco.
122  Filme da Metro-Goldwyn-Mayer, dirigido em 1927 por George W. Hill.
123  *Martin Luther* (1923), filme alemão dirigido por Karl Wüstenhagen.

# Sexta-feira, 17 de agosto de 1928
# CINEMATOGRAPHOS

## *Tartufo*

"*Il est avec le ciel des accommodements…*"[124]

Tenho a certeza de que o sr. Jean-Baptiste Poquelin, *dit* Molière, ao escrever, em 1667, este verso, nem sequer suspeitava da sua aplicação, um dia, ao próprio *Le Tartuffe*; e, muito menos a uma versão cinematográfica da obra-prima da cena cômica francesa…

Pois é com absoluta convicção que aplico ao lindo filme da UFA, que no Colyseu se está exibindo, o clássico alexandrino. Murnau e Emil Jannings entraram em entendimentos com o grande *contemplateur*, arranjaram uma acomodação nova e curiosa da história do seu proverbial hipócrita. Era fatal. Duas personalidades tão definidas e definitivas como Murnau e Jannings serão sempre duas forças rebeldes a quaisquer limites. Não quiseram, não puderam mesmo fechar-se dentro dos cinco maravilhosos atos molierianos: "cinematizaram" (horrendo neologismo!) tudo: figuras, ação, cenários. Quer dizer, fizeram síntese atual, moderna, isto é, cinematográfica. Reduziram o jogo todo a cenas essenciais entregues a figuras essenciais em ambientes essenciais. Desapareceu da peça, por exemplo, o Príncipe, "*ennemi de la fraude*", como

---

124   A frase pode ser traduzida por "É com as acomodações do céu".

desapareceu também a dama Pernelle... Mantêm-se apenas Tartufo, Elmira, Dorina e Orgon. Mantêm-se? Não sei: eu acho que onde há Murnau e onde há Jannings, dificilmente outras coisas se mantêm... E, achando isto, vou esquecer uma porção de coisas – esquecer o prólogo e o epílogo de atualidade; esquecer o trabalho certo que tiveram os artistas que fizeram a governante do conselheiro (que admirável artista!), Orgon e Elmira – vou esquecer tudo isto, para, somente em duas ou quatro palavras, dizer sobre a direção de Murnau e a interpretação de Emil Jannings.

O grande diretor alemão joga em *Tartufo* com os mesmos trunfos que já lhe têm dado tantas "boladas". Brinca, superiormente, com planos, luzes e ângulos. Inventa, a cada passo, coisas lindas e inesquecíveis. Dispõe, por exemplo, logo no segundo quadro do prólogo, um par de sapatos no primeiro plano, obtendo assim pela diminuição e afastamento, por confronto, dos planos secundários, um magnífico efeito construtivo. Aliás, este processo repete-se constantemente e, diga-se, cada vez com maior beleza, em todo o filme: um grosso festão de flores, apanhado em *close-up*, contra o teto da casa que, por isso, se afasta infinitamente: a figura odiosa e negra de Tartufo, passeando por uma galeria, atrás de um candelabro que, focalizado de muito perto, torna ainda mais pequenina e mesquinha a figura do falso santo; os pés caricaturais do hipócrita, deitado numa rede, pés disformes, colossais, exagerando o *raccourci* de todo o corpo... A luz é outro joguete feliz nas mãos hábeis de Murnau. Faz prodígios. Basta este exemplo: os criados subindo com castiçais nas mãos, as escadas, e as sombras vivendo, farandolando, difundindo-se como assombrações, pelas paredes... Os *camera-angles* também se prestam, para Murnau, a toda espécie de divertimento. E, para brincar mais à vontade com eles, encheu de escadas os cenários; e, entre essas escadas, a objetiva olha de todos os lados e de todas as maneiras: verticalmente, de baixo para cima, de cima para baixo, em diagonal... etc. Tudo, porém, brinquedos inteligentes e sóbrios, de criança prodígio.

Quanto a Jannings: um Tartufo muito original. Ajuntou ao clássico e untuoso tipo da corrupção dissimulada uma nota personalíssima de satanismo. Há demônios horríveis nos seus olhos e nos seus pés. Sim, Emil joga principalmente com estes dois extremos – olhos e pés –, com estas duas fronteiras, dentro das quais fechou, determinou, precisou o seu grotesco solene.

Ora, com tudo isto, a gente – mesmo a gente que bem conhece o teatro de Molière – gosta deste *Tartufo* e aceita e perdoa-lhe as liberdades interessantes:

"*Il est avec le ciel des accommodements*"...

G.

# Domingo, 19 de agosto de 1928
## CINEMATOGRAPHOS

## Quando a fita não presta...

… ainda há um remédio: pensar.

E é isto uma das vantagens do cinema. No teatro, tal não é possível: há sempre as vozes da pobre gente do palco, que vêm acordar e espantar, dentro de nós, essa pequena deusa arisca e vadia que se chama Distração.

Ah! Poder fechar os ouvidos, como quem fecha as pálpebras! E dizer-se que todos os esforços dos técnicos de hoje estão voltados para um ponto único: o cinema falante (*the talkies*)!

\*

E assim, quando a noite é fria de garoa, ou longa de saudade, ou pálida de solidão, e a gente vai ao cinema e a fita não presta – que bom, ficar ali, de olhos quase fechados (esses mesmos olhos que a gente faz quando gosta muito de olhar para alguém…); ficar ali pensando, pensando, pensando… Pensando em tudo o que merece sair da estupidez da vida para a inteligência da imaginação. Qualquer coisa: a frase pequena e quase sem sentido, que a gente ouviu no telefone e que, no momento, até pareceu um verso; a última anedota inglesa do amigo agradável, em que a gente só então começa a descobrir a gotinha feliz de humor; o último beijo, na última entrevista, e que não pôde pousar na boca, porque não quis desmanchar o *rouge* intrometido e denunciador... Qualquer coisa...

*

Quantas estrelas lindas e finas, de pele ácida e morena de pêssego da Califórnia; quantos encantados Príncipes de Gales, de jaquetão de *tweed* e gravata *dotted*; quantos romances, com ou sem vilões, vividos em todos os cenários de todos os estúdios em todos os Hollywoods possíveis; quantos detalhes de almas surpreendidas no *close-up* apaixonado dos olhos sobre os olhos; quantos *fade-outs* ainda inéditos, ainda sonhados num futuro menos transparente porém mais duradouro que o celuloide... enfim, quanto bom cinema, quanto filme excelente, anônimo e desconhecido, não vive e não passa, silenciosamente, sob as nossas pálpebras fechadas... quando a fita não presta!

G.

# Terça-feira, 18 de setembro de 1928
# CINEMATOGRAPHOS

## *Asas*

O Sant'Anna começou a exibir, ontem, este filme *Wings*, da Paramount.

A gente deve, para ver este trabalho, não se esquecer, um único instante, do seu título: uma chuva de asas mecânicas heroicas, num céu de guerra. Nada mais. John S. Cohen Jr., crítico do *Sun*, soube vê-lo assim e dar-lhe, pois, o seu justo valor: "a primeira película em que o aeroplano é motivo central". Por isso, este grande espetáculo do ar é o que se poderia chamar um filme preferencialmente fotográfico.

Quem não quiser ou não puder considerá-lo sob este seu aspecto fundamental, terá que errar. Terá que errar como errou, no *Evening World*, Langdon W. Post, que andou procurando aí ideias e enredo...

Fita puramente óptica, cabem, pois, quase que exclusivamente ao fotógrafo, Harry Perry, as palmas que ela merece. A sua fotografia faz prodígios por todos estes rolos de celuloide. Constantemente. Encontra, com uma poesia improvisada, espontânea e rapidíssima, surpresas magníficas em coisas mínimas. Os "primeiros planos", então, são explorados abundantemente, sempre com rara felicidade. Há, talvez, em muitas dessas acrobacias, que a câmera executa em terra e no ar, os mais notáveis *shots*[125] até agora obtidos

---

125 Termo técnico em inglês para "tomada", ou "plano".

pela filmagem americana. As partidas coletivas das esquadrilhas de aviões, por exemplo; as visões contorcidas e vertiginosas da terra, cá embaixo; as massas de nuvens, as alucinações bruscas, as explosões, as quedas... — tudo isso é coisa forte, que a gente não esquece facilmente.

E esse valor plástico de *Asas* é tão alto que a gente tem que deixar de lado várias coisas que em outro qualquer filme teriam de ficar em primeiro plano.

Por exemplo: o *cast* excepcional, com Clara Bow (apesar de "*too sophisticated for the art*"), Richard Arlen, que é a primeira *performance* da fita, Buddy Rogers, Gary Cooper, Jobyna Ralston, Arlette Marchal, Hedda Hopper, Henry Walthall etc.; a direção de William Wellman, por vezes acertada como nas doidices das Folies Bergère[126] ou no quadro da morte do Tenente Armstrong; a exatidão de certos cenários de guerra... E tem também que perdoar a John Monk Saunders a pobreza do seu argumento, que raras vezes consegue convencer.

Enfim, a impressão que me deu *Asas* foi esta: uma página de jornal, durante a guerra, cheia de telegramas impressionantes e desencontrados, mas lindamente ilustrados em rotogravura...[127]

G.

---

126 Região boêmia de Paris desde o final do século XIX, famosa por seus bares e cabarés.
127 *Wings* é a primeira produção a ser agraciada com um Oscar de melhor filme, em 1928.

# Quarta-feira, 19 de setembro de 1928
# CINEMATOGRAPHOS

## *O circo*

A propósito de Charles Chaplin, tenho feito esta observação: toda gente que não gosta de cinema, gosta de Charles Chaplin. Isto é significativo. Isto quer dizer que Charles Chaplin não é cinematográfico. E é o que explica suficientemente o êxito extraordinário desse homem na Europa, mais do que na América. Porque a Europa não tem o espírito cinematográfico que é o espírito da América. Aquele Mundo Velho é um palco: este Mundo Novo é uma tela. Lá, há estabelecidos, preconceitos, tradições, sutilezas: aqui, há surpresas, improvisações, esperanças, simplicidades. Ora, o Brasil está na América. E eu também…

*

Ponho, aí em cima, esse prefácio só para me desculpar de não ter tido sequer um sorriso durante toda a passagem, ontem, no República, da última fita de Chaplin. *O circo* tem pensamento, tem gênio, tem *pathos*, tem *subtlety*[128] demais para ser engraçado neste continente. Só os extremos podem fazer rir essa gente ingênua e sincera: o grotesco ou o sublime. *"People have grown selfconscious*

---

128  Em inglês no original: "Sutileza."

*about comedies.*"[129] Sim, estamos ainda nas explosões de dinamite, com homens barbudos saltando de cartola e ceroulas; ou nos 5⁰ˢ atos das óperas... o que, mais ou menos, vem a dar no mesmo.

Assim, pois, *O circo*, para mim, não é uma comédia, isto é, não é aquelas "[fontes] de gargalhadas" de que fala a irresponsabilidade dos cartazes. Não. *O circo* é a própria melancolia da vida: isso que está triste e medíocre, entre duas pontas – o nascimento e a morte – que são sempre ou supremamente grotescas, ou supremamente sublimes. Enfim, é Charles Chaplin. Vejam: ele também espichou e desconjuntou, entre dois aumentativos (calções e sapatões) e dois diminutivos (bengalinha e cartolinha) toda a sua extremada personalidade. *Old tricks...* Sejam! Mas quais as coisas desta vidinha que não são velhas?

Por isso, *O circo* vale como uma das expressões mais gritantes de verdade que estes últimos meses têm mostrado a São Paulo.

Aí, tudo é símbolo. Charles Chaplin entra anônimo, e por acaso, no barracão de lona; como toda gente entra também, anônimo e por acaso, no circo mambembe deste mundo... Charles Chaplin aí encontra, sem querer, a sua oportunidade irrisória; como toda gente encontra também um minuto de sorte entre todos os mil milhões de minutos de uma vida... Charles Chaplin só tem consciência do seu valor, quando uma *girl* lhe revela: como toda gente (pobres, principalmente das artistas!) só se conhece quando... quando alguém o quer; Charles Chaplin morre na admiração do público no dia em que lhe falta o estímulo que lhe vinha da sua menina de *tutu* de tule; como toda gente sente desaparecer a humanidade inteira na primeira palavra fria de uma boca que devia ser a única... Enfim, Charles Chaplin sente-se sozinho, extraordinariamente sozinho, naquela admirável cena última, que é a *high light* do filme; como toda gente, depois que certa razão de ser partiu, rindo, num carroção de boêmios... ou num bonde... também se sente infinitamente só, dentro de um círculo inútil, que foi o picadeiro do seu circo...

E este simbolismo é a grande beleza desta última, inesquecível tragédia chaplinesca...

G.

---

129 Em inglês no original: "As pessoas têm desenvolvido autoconsciência em relação a comédias."

# Domingo, 11 de novembro de 1928
## CINEMATOGRAPHOS

## Sobre Ramón Novarro

Trecho de uma carta que me escreve Annie Laurie:

"Será verdade que Ramón Novarro pretende mesmo entrar para um convento? Li esta notícia em diversos jornais e revistas, sem dar importância, por julgá-la fantasia de algum sentimental...".

Ora, Annie Laurie, eu vou fazer-lhe a apresentação desse bom e lindo rapaz:

– Don Ramón Samaniego y Gavilán (no século), "durangueño" mexicano; Ramón Novarro (no cinema), "estrello" da Metro-Goldwyn-Mayer. E, tanto no século como no cinema: 30 anos de idade. Solteiro. Católico. Altura, 5 pés e 8 polegadas. Peso, 155 libras. Cabelos pretos. Olhos castanhos escuros. Toca piano e guitarra. Canta em espanhol, francês, inglês e italiano, como um rouxinol; voz de barítono. Nunca bebeu álcool. Nunca passou uma noite fora de casa. Único vício: charutos de Havana. Tem uma casa linda em Los Angeles. Joga tênis. Conduz convenientemente uma Lincoln. Tem duas irmãs freiras: uma na Espanha e outra nas Canárias. Seus melhores amigos: Conrad Nagel e Ronald Colman, em Hollywood; Rex Ingram e Alice Terry, em Nice. Principais interpretações no celuloide: *Ben Hur* e *O príncipe estudante*. Próximo filme: *Gold Braids* (*Galões dourados*). É compositor, autor de um hino sacro, "A Cruz", com palavras em italiano. Seu ideal: o teatro (Ramón tem, em sua casa de Los Angeles, um chamado "Novarro's Teatro Intimo", muito moderno, simples, confortável, com assentos para 63 pessoas. Tendo viajado incógnito, de costeletas e bigodes, na última primavera, pela Europa, veio de lá mais ou menos "empresado" por Kemplerer, de Berlim, onde pretende iniciar, um dia, a sua turnê artística).

*

Aí está.

Não é preciso alguém chamar-se Annie Laurie, ser mulher, ter 22 anos de idade e uma letra linda, toda cheia de traços idealistas, para acreditar que um homem assim, puro, angelical, místico, iluminado, quase santo, nestes tempos, pudesse acabar num convento. Qualquer pessoa, menos fina e mais humana, podia e devia mesmo imaginar isso. É sempre uma felicidade tão grande imaginar! Mas Ramón afirma, e seus propagandistas confirmam que nunca pensou em dar um passo desses. Ramón quer ser apenas um rapsodo da antiguidade, um trovador-jogral da Idade Média. Mas eu prefiro vê-lo como um herói de romance da *Bibliothèque de Ma Fille* (personagem de Delly, por exemplo): um desses heróis angélicos que, apesar de tudo e de todos, são ainda os únicos homens impossíveis capazes de tornar possível a vida de uma Annie Laurie de 22 anos...

E como num romance tudo pode acontecer...

*

..."É então verdade? Se assim for, não acha isso lindo, edificante? Um artista cercado de glórias, abandonar tudo por Deus!" – Assim termina a carta de Annie Laurie.

Acho. Preciso, devo achar que sim. O melhor, único sonho dos que já sonharam consiste em alimentar o sonho dos outros...

G.

# Quinta-feira, 6 de dezembro de 1928
# CINEMATOGRAPHOS

## *Metropolis*

São Paulo vai ver, no próximo dia 10, talvez a maior de todas as obras que a mais moderna das artes até hoje produziu: *Metropolis*.

Filme de pensamento e construção, *Metropolis* é o poema da máquina, é o hino do futuro, é a profecia lógica de uma era que não tarda e para a qual caminhamos – como as próprias figuras desse filme – como sombras automáticas, inconscientes, peças minúsculas mas essenciais do grande e único mecanismo do mundo.

O assunto que explora *Metropolis*, o *background* gigantesco sobre o qual se engrena e funciona a sua ação dinâmica, tem – particularmente para São Paulo, cidade vertiginosa das grandes improvisações, das arrojadas realizações – um sentido especial, direto... É pensando nisso que eu prevejo, com base segura, o sucesso que vai alcançar particularmente entre nós no República, Santa Helena e Olympia, o maravilhoso trabalho da UFA.

G.

# Domingo, 9 de dezembro de 1928
# CINEMATOGRAPHOS

## *Metropolis*, amanhã, no República, Santa Helena e Olympia

Os cartazes andam dizendo: "O maior filme do mundo!". Sabe-se bem como os cartazes mentem; desta vez, porém, parece-me que se reabilitaram: disseram uma verdade. *Metropolis* é, sem dúvida, o maior filme que São Paulo viu até hoje. E é preciso entender-se este superlativo num sentido exato: maior pela sua concepção e maior pela sua realização.

Concepção: o Poema da Máquina. Isto é, sinteticamente: a luta social, coletiva, constante, entre o espírito e a matéria. Para compor e decompor este tema, Thea von Harbou – autora do romance de que é extraído o filme – transportou-se, como H. G. Wells, num voo seguro, calmo, científico, ao século XXI. E aí edificou *Metropolis*, a cidade do futuro, o feudo industrial de um só senhor, a grande máquina una, inteiriça, onde os engenhos, as casas, os homens e as almas são apenas peças utilmente engrenadas de um único mecanismo. E aí fez viver, diluído numa multidão passiva, esmagada, um punhado de homens-símbolos: a ciência (Rotwang), o utilitarismo (John Fredersen) e o amor (Maria e Freder). Quer dizer: um braço, um cérebro e um coração. Para produzir toda a riqueza do mundo, esse cérebro deve conduzir esse braço; mas só o coração poderá humanizá-los, unindo-os, identificando-os.

Essa, a concepção de Thea von Harbou, que o diretor Fritz Lang, seu esposo, realizou. Realização insuperável, maravilhosa, poderosíssima. Parece, de fato, obra quase sobre-humana tentar plasmar, materializar, edificar aquele pensamento. E Fritz Lang o fez desassombradamente, triunfalmente. *Metropolis* – o filme dos filmes – é toda uma obra maciça. Indivisível, perfeita, completa de construção. É toda uma só máquina. Nada aí existe, acontece ou vive: tudo funciona. Funciona lubrificado e com o ritmo matemático, invariável, inconsciente mas eficiente da máquina. Tudo, aí, é máquina pura: homens e coisas, figuras e cenários. Tudo trabalha junto, produz junto, impulsionado pelo motor oculto que é aquele pensamento inspirado e inspirador de Thea von Harbou. (Por isso mesmo, ao fazer a análise desta produção da UFA, nunca será possível a nenhum crítico destacar *performances*: *Metropolis* não é um filme de interpretações pessoais, mas de interpretação coletiva).

Desde o primeiro quadro, de uma simplicidade comovedora na sua construção, a gente se ambienta, sente e compreende essa intenção mecânica. É aquela descida lenta dos trabalhadores para a cidade operária. Não são homens: são autômatos. Uniformes, iguais nos seus *overall* grosseiros, aniquilados na sua personalidade, eles movem-se cadenciadamente e com precisão, como uma roda dentada, e afundam-se mansamente nos abismos de sua vida inconsciente e útil. Começa, então, numa sucessão prodigiosa de maravilhas a sucessão lógica dos quadros. Não se sabe qual é o mais perfeito, não se sabe qual é o "mais indispensável" (como numa máquina não se sabe qual é a peça melhor): se aquela explosão da grande caldeira, em torno da qual o movimento regular dos homens tinha o mesmo ritmo dos êmbolos, semeando desgraças, e continuando, o insaciável Moloch de aço, a devorar vidas, com a sua estúpida indiferença de metal; se aqueles *shots* dos escritórios do grande industrial, onde os próprios móveis, de um modernismo absoluto, são também simples e essenciais como máquinas; se aquela geometria gigantesca, aquela arquitetura brutal, aquela estrutura ousadíssima de toda a cidade, furando o céu e a terra, varando os espaços aéreos e subterrâneos, na sua louca, cega ânsia de produzir, produzir, produzir: se a pequena nota romântica da casa de Rotwang, o sábio, casa do século passado, conservando, entre aqueles volumes imensos e lisos de ferro e cimento, o lirismo absurdo, impossível de uma preocupação arquitetônica; se a aparição da estátua de "Hel – A Eficiência", polida, sintética, útil, como qualquer ave ou qualquer cabeça de Brancusi; se a predicação de Maria (Nossa Senhora de Metropolis...), nas catacumbas, divina e linda, com a sua atitude de profecia e de sonho; se a reconstituição bíblica da lenda de Babel, prodígio da construção cinematográfica, com aquela admirável *trouvaille* das multidões em cruz, acorrendo dos quatro pontos cardeais; se a fuga de Maria pelos subterrâneos, perseguida pela lanterna de Rotwang; se aquela visão policrômica, doida de Yoshiwara, a cidade do prazer, com todos os malabarismos e acrobacias da hábil objetiva; se a fusão, nos laboratórios do sábio, da mulher em estátua, do ser humano em máquina, da consciência em autômato; se aquela luta violenta, feroz, em defesa do grande motor, com a figura primitiva, esmagadora de Groot, que chega a parecer mais forte ainda que o próprio monstro de ferro; se todas as cenas da inundação com atropelos, fugas, pânicos, desmoronamentos, destruições; se o aparecimento histórico da Folia, o espírito do mal, a mulher-máquina, sem coração, a bruxa ruinosa; se a dança selvagem, macabra, excitada, em torno da fogueira final; se aquela luta tremendamente *thrilling* sobre os telhados oblíquos da catedral...

Não sei, não se sabe o que é melhor, o que é maior neste filme, que ficará ao lado de *Aurora* (*Sunrise*), anunciando, profetizando, esperando o advento de uma grande arte que precisava vir.

G.

# Terça-feira, 11 de dezembro de 1928
# CINEMATOGRAPHOS

## Esperança

Um rapaz, que me chama de "amigo" (assim seja!), escreve-me, com uma simplicidade encantadora:

"Sabe você, meu amigo, que fim levaram aquelas adoráveis meninazinhas, que eram os sonhos de todos os pequeninos fãs do cinema antigo? Baby Peggy,[130] Mary Osborne,[131] Jane e Catherine Lee,[132] Mary Jane[133]... – onde

---

130 Atriz mirim, nascida em 1918, filha do dublê de Tom Mix nos filmes de *cowboys*, ficou rapidamente conhecida por atuar em comédias que satirizavam os filmes importantes da época. Perto dos 8 anos de idade, no entanto, sua carreira entrou em declínio e a fortuna que arrecadou foi dilapidada pelos pais, ao ponto de a garota ter de se voltar aos espetáculos de *vaudeville* para sobreviver. Em 1996 escreveu sua autobiografia. Hoje vive reclusa.
131 Mary Osborne (1911-2010) foi a primeira estrela mirim do cinema americano. Iniciou sua carreira em 1914, incentivada pelos pais adotivos, que trabalhavam no ramo. Sua carreira como atriz infantil durou até 1919, embora tenha voltado diversas vezes a atuar, nas décadas seguintes, sem no entanto repetir a fama da infância.
132 As irmãs Katherine (1909-1968) e Jane (1912-1957) Lee atuaram em diversos filmes de sucesso entre 1914 e 1920, com destaque para *Neptune's Daughters* (1914). A partir dos anos 1920, excursionaram pela América e pela Inglaterra com *shows* de *vaudeville*, com participações esporádicas em filmes, nas décadas seguintes.
133 Mary Jane Irving (1913-1983) atuou em cerca de 58 filmes ao longo de vinte e um anos de carreira. Após casar-se com o roteirista Robert Carson, em 1938, aposentou-se.

estarão agora essas figurinhas queridas, que, quando passavam na tela, faziam os coraçõezinhos bater com mais força? Há quanto tempo elas não trabalham! E, contudo, eu ainda não as esqueci. Mary Osborne... Eu devia ter 12 anos quando a vi pela primeira vez, com um vestidozinho cheio de babados e dois olhos azuis cheios de candura. Ela foi o meu primeiro amor... Agora, eu tenho 18 anos e vou ver os filmes de Greta Garbo, Dolores del Rio, Myrna Loy, Lupe Vélez... Mas aquelas meninas, que eu tanto admirei na minha infância já longínqua, nunca serão esquecidas, nunca... E, cada vez que volto de um cinema, faço-me eternamente a pergunta torturante: Elas voltarão? Se você puder responder a esta pergunta, G., ficarei contentíssimo..." etc.

Se eu pudesse responder a isso! Talvez possa. Estão aqui, em torno de mim, nesta mesa e nesta estante, espalhadas por toda parte, centenas de publicações informativas norte-americanas. São fáceis, abundantes, oferecidas, eruditas. Sabem tudo, contam tudo, explicam tudo, tudo o que a gente quiser. A mim não me custava muito estender a mão, folhear, ler e escrever. Não custava. Mas sinto que não posso, ou, pelo menos, não devo procurar aí a resposta para você. Qualquer que ela fosse – uma informação exata, algumas *data* minuciosas e seguras... – tenho a certeza de que seria sempre, para você, uma desilusão e, para mim, um remorso.

Você quer saber. Para que "saber"? É o grande mal. É o único mal. É o destruidor da dúvida divina: o aniquilador da divina curiosidade. Deixo que as meninas daquele tempo fiquem, como eram para você, intactas, junto das meninas dos seus olhos... Continue a "ver": não queira "rever". Se eu contasse e se você ficasse sabendo alguma coisa, você deixaria de pensar, deixaria de lembrar-se, deixaria de fazer a si mesmo aquela sua constante pergunta – "Elas voltarão?" –, essa pergunta que é o segredo – acredite! – de todo o encanto que você ainda tem por elas. E isso, meu amigo, esse segredo chama-se simplesmente Esperança.

Esperança! Você sabe o que é a Esperança? Sabe, sim. Se não soubesse, você não teria 18 anos...

G.

1929

# Quarta-feira, 9 de janeiro de 1929
# CINEMATOGRAPHOS

## O meu filme

Rio, 7 de janeiro.

Cinematograficamente, aqui no Rio, acabou num bocejo esse 1928 de tantas saudades, e começa num bocejo este 1929 de tantas esperanças: num longo, desconsolado, aborrecido bocejo. Nada, por enquanto, nos cartazes coloridos, nos anúncios dos jornais ou nas luzes espalhafatosas, que enchem de letras e de vida as altas fachadas de cimento e ferro do Quarteirão Serrador; nada que justifique a imprudência de sair a gente de casa, do cantinho bem *cozy*, onde uma vitrola, um *Harper's Bazaar* ("*Xmas number*"), uma mulher ou um pensamento podem oferecer um conforto ótimo; para se meter na sala quente e escura de um cinema, onde umas banalidades inaceitáveis ou umas reprises dolorosas podem proporcionar um tédio insuportável. Nada. E, dentro do vácuo ressonante, do oco acústico desse nada, o meu bocejo, com o meu pensamento, reboa mole e longo, irremediável, desoladoramente.

Tão mole e tão longo é esse bocejo, que meus olhos se fecham um pouco para a luz vibrante destas praias – luz que é do céu e do mar e da areia ao mesmo tempo; e, numa treva provisória em que todo me envolvo, sobre o *screen* das minhas pálpebras fechadas, vejo projetar-se, trêmulo, hesitante, incerto, um filme que vale a pena ser visto por mim: o meu filme. Não posso reconhecer nem localizar os cenários, tão esbatidos, tão espiritualizados de bruma, tão enevoados de distância me parecem eles. Nem posso identificar o herói que, num constante *close-up*, numa contínua "aproximação", tão perto se deixa ficar sempre da objetiva, que é como se eu olhasse para o cristal de um espelho, mas todo colado a ele, de gelo, que o meu hálito embaciasse toda a lisa superfície do vidro. E só os pobres olhos desse herói aparecem, enchendo toda a tela; uns olhos parados de contemplação, sobre os quais dançam, como galeras num mar oleoso, uns pensamentos indecisos, às vezes parecidos com lembranças de não sei que passado, às vezes parecidas com sonhos de não sei que futuro...

Mas... a heroína (que é o que importa)? Ah! A heroína... Essa anda passando pelo meu filme, indecifrável, inatingível, vestida, como as mulheres do Oriente, num *tcharchaf* negro, fantasmas sombrios e desejados. E o seu vulto – de que eu adivinho apenas, pelo traço idealista de letra que deixou numa carta, a leveza e a finura da mão; ou pelo perfume tonto que me veio entre as dobras puras do envelope ou nas páginas tristes de um livro triste, o seu gosto educado e moderno; ou pela tímida inflexão da voz assustada ouvida, uma tarde, na distância, na outra ponta de um fio telefônico, a delicadeza de uma beca inteligente e imaterial; o seu vulto, a sua forma tangível, que tão pouco me dá do muito que eu nem ouso desejar, esse corpo pequeno e confuso não é, no meu filme, senão uma "alma". Uma alma que passa... Passa? Não sei. Acho que vai ficar, como ficam os pensamentos que não têm forma: sob a forma de uma ruga a mais num rosto bem vivido...

Essa estrela do meu filme, essa heroína (pois não será mesmo um heroísmo conseguir ler até o fim qualquer destas incolores e desinteressantes coisas que costumam aparecer neste pedacinho de jornal?), essa *leading-woman*[134] é você, minha leitora e colaboradora, linda alma desconhecida, na qual, talvez, eu tenha conseguido despertar, um dia, uma impressão ligeira: essa ignorada impressão que é, com certeza, a causa única de haver ainda, no mundo, homens que escrevem versos, romances, ou crônicas efêmeras de jornal...

G.

---

134  Expressão em inglês que designa o personagem principal feminino em um filme.

# Domingo, 20 de janeiro de 1929
# CINEMATOGRAPHOS

## No pequeno cinema de arrabalde...

Rio, 18 de janeiro, 1929.

 A vontade de ver certo filme importante, já afastado das grandes telas do centro, levou-me, ontem de noite, a um pequeno cinema de arrabalde: uma dessas boates bem pouco formalizadas, onde um público mais sensível e crédulo torce e bate palmas às heroicas sombras cegas, surdas e mudas, que passam, indiferentes, como a vida, pelo quadro branco e impressionável. Fui ver um filme importante: e mal sabia eu que a saudade, toda embuçada nas dobras da sua capa de escuridão, me esperava, emboscada, naquela sala longínqua e quase deserta. Esperava-me sob a forma de uma dessas fitas de acaso, sem fama nem reclame, que se usam para "encher o programa": o nono e décimo episódios de um filme em série. E foi para bem longe no espaço e no tempo – para um distante São Paulo de uma distante mocidade – que essa improvisada e cadenciada saudade me arrastou "*sur la traîne immense de sa robe*"[135] àquele velho São Paulo e àquela velha mocidade do velho Cinema Central...

---

135 Em francês no original: "Sobre a enorme cauda de seu vestido."

Era uma história policial e aventuresca, com uma heroína, um herói e uma porção de vilões girando em torno de um tesouro legendário escondido por piratas numa ilha perigosa. E eram correrias a cavalo, entre tempestades e precipícios; um mapa precioso, consultado furtivamente à explosão dos relâmpagos; quedas em alçapões traiçoeiros e fugas por subterrâneos desconhecidos; todos os perigos, todas as lutas, todas as angústias, todas as mortes, enfiados num mesmo fio, para chegar a um clarão final: uma fortuna e um beijo...

Gosto dessas fitas antigas: são as mais verdadeiras do cinema. Elas são bem como a história ignorada de toda a gente: um grande símbolo palpitante, mas imperceptível, sob a crosta dura das aparências, sob a trama agitada e dissolvente dos lances "visíveis" do romance. Pois não são todos os homens uns pequenos heróis (às vezes, poucas vezes, grandes heróis), procurando, para uma heroína, apesar de vilões e através de obstáculos, armadilhas, sacrifícios e decepções, um tesouro escondido: a felicidade? E não têm todos eles o seu mapa teórico, que indica bem claro onde está o cofre mágico de todas as venturas? Mas... aqueles últimos lampejos do último episódio – quando a fortuna vem e vem o beijo –, aquele *fade-out*, aquele *happy-ending*, aquele final glorioso... quantos homens têm tido até hoje?

E porque pensei assim, e porque senti então uma absurda necessidade de lógica, uma volúpia de desejos insatisfeitos, nessa noite, antes que brilhasse na tela a felicidade final do décimo episódio, saí do pequeno cinema de arrabalde. Saí para achar que a vida ainda era boa...

G.

# Sexta-feira, 24 de janeiro de 1929
# CINEMATOGRAPHOS

## *Americanization*

— Evidentemente você exagera. Você dá ao cinema uma importância excessiva que ele não tem. E felizmente! O mundo ainda pode bem viver sem ele... Esse tal caráter universalizador do...

Os quatro negros da Geórgia, todos lustrosos entre os metais gritantes do *jazz*, começaram a moer bambamente a nostalgia e a glória de um *home* que parecia um céu azul... E o meu amigo interrompeu, sem querer, a sua frase, para acompanhar, cantando baixinho:

"*You'll see a smiling face, a fire-place, a cozy room.*
*A little nest that's nestled where the roses bloom...*"[136]

Na mesa, à nossa frente, o copo gelado, fosco de frio, era ainda todo dourado do sonho forte do espirituoso sr. John Haig;[137] e entre os nossos dedos

---

136 Letra da música *My Blue Heaven*, de autoria de Walter Donaldson e George A. Whiting. A canção romântica tornou-se um sucesso mundial em 1928 na interpretação do pioneiro dos *crooners* Gene Austin, conhecido como "*the voice of the South land*".

137 Membro da tradicional família escocesa Haig, produtora de destilados desde o século XVII. Em 1924, John fundou a destilaria John Haig & Co Ltd., cujo principal produto

descansados, o "Lucky Strike" da American Tobacco Co. mandava um fio azul de fumaça para as lâmpadas leitosas derramadas no ar vibrante do bar...

Então, pelo meu silêncio passou a resposta tácita àquela acusação tão injusta e, graças a Deus, interrompida. Essa resposta era uma íntima consideração, muito ajuizada, sobre o *yankeesmo* absoluto e total daquele ambiente: – aqueles negros importados dos Estados Unidos do Sul e ainda etiquetados "*made in the U.S.A.*": aquela música apenas aclimatada, falando, convincentemente, de diabinhos azuis (*blues*), de tristezas impossíveis, que não eram nossas, mas se tornavam tão contagiosas e legítimas: aquela pronúncia tão certa e tão picante de certo *pep*[138] de *slang*,[139] com que sabia cantarolar o meu companheiro: aquele *whiskey* tão condenado e, por isso mesmo, tão recomendado pela humorística Lei Seca;[140] aquele cigarro tão anunciado nas lustrosas folhas dos *magazines* da Condé Nast Publications;[141] e, mais aquela mulher em quem eu sei que estava pensando, naquele instante, como sempre, o meu amigo, só porque a achava parecida com certa "estrela" de Hollywood: aquele último jeito de rir com os olhos, que ele adotara, para lembrar um pouco as gracinhas muito varonis de William Haines[142]... De onde é que vinha isso tudo, assim tão exato, tão autêntico, tão intato? E por que é que vinha? E como é que vinha?

---

     era o uísque Haig. A marca ficou conhecida mundialmente por seus *slogans*, mas em 1986 foi extinta, quando a destilaria foi comprada pela Guinness.

138  Termo em inglês que define "vigor", "vitalidade" e "frescor".

139  Termo em inglês para "gíria".

140  Aqui, Guilherme de Almeida faz referência à Lei Seca americana, ou "*Prohibition*", medida que esteve em vigor na Constituição dos Estados Unidos entre 1919 e 1933 e que proibia a fabricação, estoque e distribuição de bebida alcoólica. A medida, embora bastante dura, contribuiu para o enriquecimento de gângsters e contrabandistas produtores de destilados falsificados, sobretudo após o *crash* da Bolsa de Nova York, em 1929. A figura mais famosa desse período é, sem dúvida, Al Capone.

141  A Condé Nast Publications é um dos maiores grupos editoriais do mundo. Fundado em Nova York em 1909, conta com mais de vinte publicações, muitas já em circulação há décadas, como *Allure*, *Vanity Fair* e *Vogue*.

142  William Haines (1900-1973) tem uma das mais interessantes histórias entre as estrelas de Hollywood. Extremamente famoso e solicitado por volta do final dos anos 1920, Haines, que era abertamente homossexual, viu sua carreira de ator ser destruída por executivos dos grandes estúdios, quando se recusou a terminar o relacionamento com

*Americanization* de todo o mundo.

Geografia moderna: — A Terra é uma bolinha de celuloide fabricada na Califórnia e girando, girando... em torno da Califórnia, para dar ódio a uma porção de homens de sobrecasaca que parece que ainda existem no mundo... Etc.

G.

---

seu amante, Jimmy Shields. Vendo sua carreira como ator ruir, Haines iniciou uma bem--sucedida trajetória como *designer* de interiores, sendo responsável por cenários de filmes da Warner Bros. e até mesmo pela reforma da residência do embaixador americano em Londres. Sua relação com Shields durou quase cinquenta anos, até a morte de Haines, e eles eram chamados por Joan Crawford de "o casal mais feliz de Hollywood".

# Quinta-feira, 31 de janeiro de 1929
## CINEMATOGRAPHOS

## Uma carta

De um excelente camarada, que assina "Rone", recebi e publico – feita *data venia* à inevitável censura ("Rone" vai dizer: "*Tu quoque*, G.?") – a seguinte carta:

"Você já há de ter compreendido melhor do que eu essa finalidade banal, enfadonha, que caracteriza quase todas as tiras de celuloide. Para o populacho, as de maior sucesso são aquelas nas quais, da primeira à última parte, há descargas e mais descargas de calibre 32, como se para eletrizar os nervos do paciente já não bastasse a grita ensurdecedora dos pirralhos da galeria. Vêm, depois, os mocinhos e velhos que dão a vida por uma barulhenta Babe Daniels, Laura La Plante, ou Wallace Beery, estrelas que, afinal de contas, fazem boa concorrência aos médicos, pois desopilam de verdade o nosso fígado. A última classe (os últimos serão os primeiros...) é talvez a melhor: a alta roda. Esta – formada por uma gente que entra nos cinemas pintando de sangue os lábios ou jogando as pantalonas largas – aplaude e acha, nas fitas de Ramon, Gilbert, Norma ou Greta um encanto sem igual... Mas, G., é sempre o mesmo triângulo: 'ela', 'ele' e... 'o bigodinho'. Não acha você que, apesar do desempenho ser cabal, da montagem prestar, de tudo ter custado muito dinheiro, essa história de amor sempre batida, essa chapa de casamento na 10ª parte já vêm enchendo as medidas? É bem verdade que, quando vamos assistir a uma produção da altura de *A última ordem*, por exemplo, muita moça bonita acha que o epílogo foi um fracasso (a meu ver, não). O americano é, façamos justiça, um povo vitorioso; na Cinematografia (com C maiúsculo), com certeza nenhum outro o supera… Mas, por que será que o americano, tão solerte, não compreendeu ainda que, um dia, essas 'chapas', que são sempre as mesmas, hão de perder o encanto (se é que já o não perderam)? Estamos enfarados de assuntos velhos, G.; queremos coisa nova!… Etc." Um comprido "etc." que vai até esta interrogação final: "Tenho razão? Que acha, G.?"

*

Agora, a muito tímida resposta deste sr. G.

Este sr. G. pega apenas naquela pequena exclamação de "Rone" – "Queremos coisa nova!" – e coloca-a ao lado desta outra, pescada em todas as publicações cinematográficas norte-americanas: "*We want hokum!*" ("Queremos banalidade!")… E, feita essa aproximação, o desgraçado sr. G. limita-se a perguntar ao tão amável sr. "Rone": "Que acha, meu amigo?". Note bem, "Rone": é a você que eu faço essa pergunta; não é ao bom senhor de La Fontaine, que acha que "*Il faut bien contenter tout le monde et son père*"…[143]

G.

---

143  Em francês no original: "É necessário agradar a todos e a seu pai."

# Terça-feira, 5 de março de 1929
## CINEMATOGRAPHOS

## O filme falante (uma enquete)

Um título e um subtítulo. Nem neste, nem naquele, porém, há qualquer coisa que possa significar qualquer novidade.

O filme falante (só se preferir: o *vitafone*, o *movietone*, os *talkies*, a *sound pictures*, o *phonofilm*, o *cinephone*...) é a questão do dia, de todos e para todos; uma enquete é uma das coisas mais vulgares que a curiosidade dos homens conseguiu inventar até hoje. Mas – é preciso ser justo – para nós, boa gente longínqua e ignorante das últimas excelências do engenho humano, qualquer dessas linhas (título e subtítulo), que estão lá em cima, representa, no momento, uma novidade. Ainda não tivemos uma amostra exata do complicado aparelhamento e dos discutíveis resultados dessa ruidosa novidade. Mas conhecemos de sobra o cinema, tal como tem sido até agora, e – que diabo! – temos imaginação e podemos ter opinião. Conclusão: temos o direito, quase a obrigação mesmo, de dizer, sobre o filme falante, o nosso pensamento. E é isso que eu quero. Quero que as raras pessoas que costumam ler esta seção do *Estado* – técnicos ou não, fãs ou indiferentes, letrados ou pouco lidos – que toda essa gente minha camarada, indistintamente, mande para aqui a sua opinião. Não faço questão de que seja uma opinião abalizada, profunda, minuciosa, literária... ou com outras virtudes suficientemente insuportáveis; faço apenas questão de que seja "interessante". Nada mais. Se tiver essa qualidade, qualquer resposta a esta minha enquete será publicada aqui.

\*

Antes, porém, de formular o meu questionário, penso que seria útil, para orientação daqueles a quem isto possa interessar, a transcrição do pensamento de alguns entendidos *yankees* e europeus.

Primeiro, a imprensa norte-americana, Nelson Bell, crítico cinematográfico do *Post*, de Washington, declarando que sincronização da dicção e da pantomima é uma ideia que "parece fazer um perigoso progresso", constata a grande vontade do público em geral por quebrar o silêncio da nova arte. Ora, "*vox populi...*". Outro crítico, Robert E. Sherwood, que escreve em vários jornais americanos, considera uma questão já solvida a do filme falante. Mas teme pelos seus resultados artísticos. "O problema – escreve ele – deixou de ser de ordem mecânica para se tornar apenas de ordem artística. Que garantia podemos ter de que esses filmes falados serão dignos de ser escutados?" E conclui: "Agora já não se pergunta mais: como é que as fitas aprenderão a falar? O que se pergunta é isto: que será que elas terão a dizer". No *Enquirer*, de Cincinnati, Carl B. Adams argumenta comodista e inteligentemente: "O mundo moderno já é tão cheio de barulhos, que não deixa de ser um consolo e um alívio a gente poder 'olhar' uma fita, com os ouvidos em descanso... O cinema silencioso é uma arte à parte, que como tal precisa ser desenvolvida, sem auxílios estranhos. Não é de engenhosidades mecânicas que a tela precisa; mas, sim, de espírito e de imaginação". Quinn Martin, que assina a "Lanterna Mágica" no *World*, de Nova York, aconselha a todos os céticos uma visita aos estúdios da Warner Bros. "Você sairá daí – diz ele – penetrado de um profundo respeito pelas possibilidades desta nova lanterna mágica". No *Herald Tribune*, Richard Watts Jr. escreve: "Para nós, o grande bem do cinema é ser mudo; e estamos convencidos de que a combinação da pantomima fotografada com a música constitui a mais temível manobra até hoje intentada contra os apreciadores do filme". Ao contrário, o sr. W. Ward

Marsh, no *Plain Dealer*, de Cleveland, conta que ele era um dos mais incrédulos do cinema falante; mas, quando viu e ouviu *The Jazz Singer*, embora ainda muito imperfeito, convenceu-se de que a palavra poderá elevar a ação dos filmes a uma altura inimaginável. E conclui profetizando: "Não tarda o dia em que os filmes não só falarão correntemente, como também terão cor e relevo".

Agora, algumas opiniões europeias. Primeiro, a de Abel Gance, grande e moderníssimo diretor francês:

"Já se terá tão cedo patenteado a incapacidade do homem de se servir do silêncio? Esse silêncio maravilhoso que é para os sons o que a luz branca é para as cores? O filme falante? Sim, mas somente para os colecionadores de documentos, ou para a mumificação, em vida, dos grandes oradores, dos grandes trágicos, dos grandes cantores. Para nada mais. A agonia do cinema atual dispensa essa tagarelice à sua cabeceira... A cor! O filme falado! Que degenerescência!".

Opinião de Henry Lepage: "Recuso-me a considerar o filme falado um progresso na arte cinematográfica. Isso já não é cinema, quer dizer: arte muda e que deve continuar muda, se quiser ser uma arte autônoma e não uma arte híbrida". O que diz Pierre Weill é o seguinte: "Não creio no filme falante, que destruiria todo esforço artístico no cinema. Com ele, o cinema internacional (questão da língua) não existiria mais".

*

Mas basta. Agora, é você, pessoa amável e paciente, que teve coragem de ler estas coisas todas; agora é você quem vai responder, para mim e para este público, às seguintes, assanhadas perguntas:

*Que pensa do cinema falante?*
*É pró ou contra?*
*Por quê?*

É só. E aqui fica, esperando da sua atenção uma palavrinha "interessante", o seu muito curioso, muito exigente e muito desconhecido amigo.

G.

\*

**N.B.** – Qualquer correspondência para esta enquete deverá ser dirigida a: "G., Seção Cinematographos", Caixa Postal E (maiúsculo). São Paulo.

# Sexta-feira, 8 de março de 1929
# CINEMATOGRAPHOS

## A enquete sobre o cinema falante (I)

Vêm vindo as cartas... Vêm vindo... Cada vez mais... E interessantes, cada vez mais...

Aí vão algumas das opiniões aqui chegadas até ontem à tarde.

Primeiro, "Simone". Parece que está isolada, por enquanto: é pró-cinema falante. "Simone" escreve: "Eu penso que a nossa gente não vai aprovar o cinema falante. Adivinho que você receberá muitas cartas com protestos... Mas, isso já é um consolo, porque todas as boas coisas têm começado assim, não é certo? Acredito no sucesso do *vitaphone*. Se a realidade corresponder à minha imaginação... Mas, deve ser melhor, muito melhor... Logo, a nova arte não pode deixar de vencer. Ir de encontro ao progresso é um absurdo, não acha você?"

Realmente, este último argumento impressiona...

Agora, "Desirée", já muito amiguinha desta seção. Diz ela, entre outras coisas: "O cinema, para mim, é como uma *fumerie* de ópio, onde vou sonhar, talvez, com uma felicidade que o destino nunca me deu. Deve ser, portanto, um lugar calmo, numa penumbra silenciosa, onde se tenha serenidade de espírito: e como seria isto possível com o cinema falante, com seus ruídos onomatopaicos, suas vozes desagradáveis (o que é bem provável)?... assisti

*Sally dos meus sonhos*:[144] havia uma vitrola que acompanhava as canções de Madge Bellamy; foi uma desilusão: parecia tudo, menos vida real: fiquei distraída, por ter que dividir minha atenção em duas partes – e saí furiosa do cinema...".

A carta de "Myra", escrita em inglês, limita-se a narrar dois episódios e tirar uma conclusão. "Myra" conta ter lido numa revista *yankee* que um empresário lançou, em dois cinemas, ao mesmo tempo, numa mesma rua, um mesmo filme: mas num dos cinemas o filme era mudo, e, no outro, falado. A concorrência foi enorme ao cinema que exibia o filme mudo, e insignificante ao que exibia a película falada... O outro caso: uma especialista americana, crítica cinematográfica, foi ver pela primeira vez uma *sound picture*[145] e voltou com esta opinião: "As palavras pareciam sair de toda parte, menos da boca dos personagens...". E "Myra" conclui: "Isto nos Estados Unidos, onde dizem que se fala inglês e se fazem as fitas! Imagine aqui ou por aí!".

Tenham a palavra, agora, os srs. homens! Opinião de "Luiz Bastos": "Questão da língua!... É a principal. E será, fatalmente, a morte do cinema falado. Quem vai ao cinema é para descansar o espírito das pesadas e fatigantíssimas horas de trabalho; e suavizar o coração com o enlevo da fantasia e do sonho, obcecado e conspurcado, lá fora, dentro da vida mesquinha e egoísta, com o 'compra-se e vende-se', não é verdade? Prefiro... o cinema-cinema, isto é, o cinema-sonho, o cinema-arte, o cinema-beleza, o cinema-vida, o cinema-ideal, que sugere, transforma, aperfeiçoa, corrige, educa e fala pela boca de ouro do seu silêncio imortal e glorioso".

"Juca", ao "por quê" final do questionário responde: "... a máquina jamais será capaz de reproduzir perfeitamente a voz humana...".

"O cinema falante é uma novidade que logo deixará de existir" – escreve "Nicolau". E adiante: "O cinema é uma arte muda: ele assim nasceu e assim morrerá".

---

144 Filme realizado em 1928, com direção de John G. Blystone. É o primeiro filme falado produzido pela Fox.
145 Um dos termos em inglês para se referir ao filme sonoro.

São de "Guy" as seguintes ponderações: "Nunca me aprouve, em matéria de cinema, falar ou pensar sequer nesse tão em foco *movietone*. Porque só o nome já me soa mal aos ouvidos. Sou contra, irredutivelmente contra essa transformação brusca a que querem submeter a tão bem orientada e benquista Arte do Silêncio. Eu só admitiria de cinema falado uma obra absolutamente completa, absolutamente impossível, quero dizer… Só assim eu poderia conceber uma arte nova: e a essa mesma jamais chamaria 'cinema falante', antes, preferiria denominá-la 'teatro projeção' ('projeto de teatro' também poderia servir…). Cinema, para mim, tornou-se o sinônimo único, perfeito, inconfundível, de 'cena muda'…".

Por hoje, basta.

G.

*

Tenho ainda, sobre a mesa, as seguintes cartas: "Calouro de Medicina", "Mario Hernandez", "Oxalá", "Caprice" e "Gilda Grey" que, recebidas tarde, só amanhã poderão aparecer.

Qualquer correspondência para esta enquete deve ser dirigida a: "G., Seção Cinematographos, Caixa Postal E (maiúsculo), São Paulo".

G.

Sábado, 9 de março de 1929
## CINEMATOGRAPHOS

# A enquete sobre o cinema falante (II)

Mais algumas cartas, chegadas até ontem à tarde.

"Gilda Grey" (parece que vem de Rio Claro), depois de algumas divagações um tanto fora do assunto, declara subscrever a opinião de Pierre Weill aqui registrada: "Não creio no filme falante, que destruiria todo esforço artístico ao cinema. Com ele, o cinema internacional (questão da língua) não existiria mais". E comenta: "Isso mesmo, sr. G., você nunca teve por uma pessoa, antes de conhecer-lhe a voz, uma grande simpatia, um verdadeiro enlevo, às vezes? E, depois que lhe conheceu a voz, não sentiu como que uma pedra, uma simples e diminuta pedrinha cair sobre esse monumento de simpatia e admiração e derribá-lo fragorosamente como a grande estátua de cabeça de ouro, peito de prata, ventre de bronze, pernas de ferro e pés de barro do sonho de Nabucodonosor? Pois assim deve ser, assim deverá ser o tal cinema falante… Por que sou contra o cinema falante? Porque ele matará a arte de muitos artistas. Porque ele (considerando o norte-americano) aqui no meu Brasil, não pode, não poderá ser uma realidade, como também nos outros países. Deverá haver intérpretes. E estes não poderão exprimir com a precisa fidelidade todo o sentimento do artista, o sentimento íntimo que nos faz, a nós espectadores, sofrer ou gozar com ele, com ele rir ou chorar…".

É categoricamente feminina a resposta breve de "F. C.": "O cinema falante pode ser e realmente é progresso e dentro em breve será maravilha... Mas.... sou contra!... Espero e desejo que São Paulo tão cedo não seja inundado pelos *sound-pictures*, como é atualmente pelo 'CIB'..." ("F. C." esqueceu-se do Tietê e do Tamanduateí: mas não faz mal).

"Oxalá", entre outras considerações, demora-se mais na questão internacional: a adaptação do filme falante a outros países. E diz: "Onde a certeza de arranjar-se uma voz nobre bastante que se 'alugue' para falar em português por Barrymore, e sentir a sua arte a ponto de traduzir todas as suas emoções? E que graça, um mandarim (Lon Chaney) amaldiçoando a filha na linguagem quase morta de nossos avós, ou num calão de nossos dias?". Mais adiante, argumenta: "Dirão, porém, que, sendo a música útil ao filme, sê-lo-á mais ainda o *movietone*. É assim com a música, por enquanto: pois dia virá em que essa máscara última de seus defeitos cairá e então teremos o cinema integrado, independente...".

É de um "Calouro de Medicina" esta opinião: "Que penso do cinema falante? Pois que... vai e não vai". E desenvolve, resumidamente, assim o seu pensamento:

"Já nem quero falar do ponto de vista industrial e econômico, no que significa o cinema falante para a propaganda, para o ensino nas escolas de toda classe, para a 'estereotipagem' da voz de um Tita Ruffo e de uma Claudia Muzio, dos discursos dos grandes oradores... Mas vejamos a enorme vantagem de podermos ouvir uma brilhante orquestra executar os trechos adaptados à fita: vermo-nos livres, enfim, desses pobres grupos de músicos que os cartazes titulam pomposamente de 'orquestras', que tão caro custam aos empresários e que mais caro ainda pagamos nós, o coitado público...". Depois, expõe as razões "contra":

"Será ou não boa, artística a hibridez resultante desta combinação entre o som e a fotografia? Parece-me que não. Quer seja pela nossa conformação intelectual, quer seja pela nossa educação moral, através dos séculos, achamos incompatível a plástica com a cor. Uma estátua colorida é uma coisa feia. Eu não poderia admirar a Vênus de Milo se ela tivesse os lábios vermelhos, os olhos azuis, os cabelos louros… Igualmente, achamos de uma hibridez insulsa o filme colorido. Analogamente, creio, havemos de achar o filme falado…”.

Amanhã, continua.

Três ou quatro cartas estão aqui pedindo o questionário.

Aí vai:

*Que pensa do cinema falado?*
*É pró ou contra?*
*Por quê?*

Dirigir qualquer correspondência a: “G. Seção Cinematographos, Caixa Postal E. (maiúsculo), São Paulo”.

G.

# Domingo, 10 de março de 1929
# CINEMATOGRAPHOS

# A enquete sobre o cinema falante (III)

Para hoje, as cartas são numerosíssimas. Tão numerosas quanto é diminuto o espaço de que dispõe o cinema neste jornal. Resultado: apenas o essencial de algumas dessas amáveis epístolas.

De Casa Branca escreve "Myrna": "Quantas decepções, G., a gente não sofreria com os filmes falantes! Já não seria possível sonhar, com os olhos abertos, no silêncio e na semiescuridão, esses sonhos deliciosos que nos fazem esquecer as realidades tristes e viver um pouco, um momento só, para uma coisa perfeitamente irrealizável...".

"Uma por muitas" é o pseudônimo de alguém que se manifesta pró-cinema falante. Argumenta com... com o namoro. Acha que os olhos só não satisfazem nem convencem: pelo contrário, traem. Por exemplo: nunca uma mulher sabe se o olhar de um homem foi dirigido a ela mesma ou à vizinha da direita ou da esquerda. Ao passo que a palavra... essa não engana nunca... Etc. (A minha amável missivista esquece-se dos cruzamentos das linhas telefônicas, por exemplo...)

Leo Ferrer de Poços de Caldas, escreve, entre outras palavras:

"O *parlanimatógrafo*... há de, por certo, vingar. Não pode deixar de ser uma como que finalidade da antiga lanterna mágica do falecido sr. Lumière.

E é pena... O cinema perderá um certo encanto do seu mutismo acompanhado por músicas expressivas, algumas vezes; embaladoras, outras... Perderá um tanto da ingenuidade (que todo ele é ingênuo), desde a má tradução das legendas até estas linhas que, não fora ele, não seriam talvez escritas".

"Um estrangeiro" escreve a favor do cinema falante. Levanta uma questão séria, interessante, que eu desejaria fosse por ele mesmo mais claramente exposta e criticada: a questão da "nacionalização do filme". Sua carta termina assim: "Virá um dia, entretanto, em que veremos universalizado o *vitaphone* por efeito do ímpeto irresistível do progresso humano, que venceu, vence e vencerá mil obstáculos...".

São de "Duce" as seguintes palavras: "Penso que o cinema falante vai ser um verdadeiro desastre. Abandonando a mudez, sua sublime e principal característica, o cinema incorporado à arte falada terá uma classificação péssima, porque se tornará, a meu ver, incompleto. De absoluto, que é, passará a ser relativo: será o complemento do teatro, que ficará sendo mais interessante e real".

Para terminar, por hoje, esta curiosa tirada de Mario de Oliveira:

"O G., por algum desgraçado acaso, que espero não se repita, já assistiu a uma fita tendo à frente, atrás, ao lado, na vizinhança, no mesmo salão, um sujeito que lesse em voz alta os letreiros projetados na tela? Um monstro que lhe repetisse quase aos ouvidos as tiradas trágicas dos redatores de legendas? Ou uma senhorita nervosa que lançasse, entre dois suspiros, um – 'oh! que estúpido!' – quando o 'vilão' tivesse dado no 'mocinho'? Já, por certo. E, naturalmente, teve vontade de levantar-se da poltrona, petrificar o importuno com um olhar, trocar de fileira, ou... ficar quietinho, guardando consigo a raiva e torcendo para que outro espectador mais exaltado provocasse o escândalo ou o 'galo', que G. não podia provocar, por certas conveniências... É por isso que eu tenho medo do cinefone...".

G.

# Terça-feira, 12 de março de 1929
# CINEMATOGRAPHOS

# A enquete sobre o cinema falante (IV)

Publico hoje, quase na íntegra (apesar de o autor me avisar de que a sua boa prosa era "só para mim") as interessantes considerações de "Alpheu de Thomazina" sobre a questão do cinema dos sons. Aí vai:

"Comece por imaginar, G., que detesto a palavra, oral e escrita, apesar de ter a consciência de que só graças a ela pôde o homem manifestar seu pensamento e perpetuar os conhecimentos. Imagine mais, G., que o formidável acervo de combinações gráficas e fonéticas que os homens, através dos milênios, inventaram e desenvolveram para chegar a exprimir... pessimamente o que pensam e sentem, está para o meu espírito como o entulho de sarrafos e sanefas, bambolinas e papel pintado está para a 'realidade' artística na cenografia: legítima falsidade. É verdade que a civilização ainda não conseguiu destruir em mim uns resquícios de barbarismo, e que, por isso mesmo, acho que os primitivos arborícolas que Jack London reviveu em *Before Adam*,[146] à tal-

---

146 O leitor faz referência ao livro *Antes de Adão*, originalmente publicado em 1907, em que o personagem central, um homem pré-histórico, passa por uma mutação e retém na memória imagens de seus antepassados que lhe aparecem nos sonhos.

ta da fala, possuíam faculdades intensas e complexas de expressão, manifestas numa linguagem delirante feita de gestos, cadências, contrações fisionômicas, inflexões vocais e gritos, tudo isso espontâneo e transitório como os estados de alma que o suscitavam: tudo isso indefinido e sem forma preestabelecida. Isto, porém, é atavismo meu, e não vale. Ao passo que nós, possuindo a palavra, dotamo-nos de um instrumento estático em relação aos tais transitórios e indefinidos estados de alma, sentimento ou pensamento, e pusemo-nos neste dilema: ou fixar num símbolo uniforme e 'parado' uma manifestação de nossa psique, que é complexidade e movimento, querendo assim clausurar numa forma paralisada uma essência transitória e veloz, plurilateral e indefinível; ou então conceder-nos propriedade ambígua e pluriformizar o significado à palavra; em ambos os casos, o resultado é insatisfatório: no primeiro caso, o escopo é aproximado, no segundo é transposto, perdido do alvo.

Tenho para mim, aliás, que a palavra e a fala, além de sua função natural prática e utilitária de entendimento entre os homens, já tem suas milenares formas originárias de arte: a literatura e a eloquência. Fora daí não as tolero. São um estorvo.

*Et pour cela* sou inimigo da fala na vida, da palavra na música e na pintura. De cem mulheres que me atraíram por seus encantos plásticos, 98 fizeram-me fugir pela desarmonia da 'fala' em relação aos seus esplendores físicos: a 99ª, porque se valeu de sua 'fala' insidiosa para urdir-me uma indigna mistificação, e a 100ª, reforçando meus argumentos, possuiu uma palavra com que recusar-me tudo quanto o seu olhar e o ritmo de seu corpo proclamavam me oferecer. Tenho amizade a um casal de estetas e pensadores, que só admitem as artes puras e que só perdoam a Nietzsche o seu antidemocratismo pela compensação do seu 'Nós filólogos'; pois bem, contam-me eles que estão abolindo, na medida do possível, a 'fala', porque só vivem espiritualmente o seu amor nas horas de comunhão meditativa, em suave e silencioso diálogo de olhares e mudas compreensões, e só quando a concentração nos anelos comuns aos dois não permite que a fala os envolva na eterna disputa do bem e do mal, do justo e do injusto, do absoluto e do relativo, da monogamia e do amor plural no que eles discrepam e os seus egoísmos se entrechocam: e tão severos são eles para com as palavras, que, obrigados a aplicar um nome aos seus três filhos, para uso dos convencionalismos sociais, e como o nome também é uma palavra, optaram por três palavras que fossem três abstrações, de acordo com a mentalidade deles: e chamaram-nos Harmonia, Ariel, Orpheu.

Isto, na vida. Em música, detesto a palavra no canto, porque é certo que, sendo a voz um instrumento natural, prescinde da palavra que sempre lhe perturba a pureza. Na pintura, Deus meu! Não podendo os homens escrever os nomes das coisas e os significados da tela, contentaram-se em apor-lhe por baixo o título (ah!, os títulos dos quadros!). E assim é que, ao entrarmos numa exposição de pintura, habituaram-nos a ler o catálogo aborrecido, para sentir e entender a tela!...

Detestando a palavra na vida, na música, na pintura, repilo-a furiosamente no cinema.

O cinema falado! É um absurdo. O mesmo absurdo que, em pintura, aplicar casinhas recortadas e pintadas, folhagens coloridas, cacos de vidro de cor, nabos, rabanetes, capim e bigodes na tela. O mesmo que em escultura colorir uma estátua. O mesmo que em música arrumar com um dramalhão gesticulatório (vede ópera) para fazer as vozes cantar. O mesmo que mandar a orquestra tocar em surdina uma melodia melosa e tremulante, para 'comover' uma dicção. Corruptelas vulgares de arte.

Penso que o cinema falado será uma calamidade, como foi o *jazz* para a música sã, como foi o 'dadaísmo' para as artes plásticas. No cinema não admito nem sequer a palavra escrita dos letreiros.

Como havia de ser espantoso um megafone a descrever as interpretações de uma Isadora, uma Pavlova, uma La Merl!

Cinema e fala são dois termos contrários que se repelem violentamente. O cinema, para ser arte, deve ser somente cinema, cinema puro, arte pura. E, aqui recuso-me a entrar nas definições do cinema: todo o mundo o conhece, sente, gosta; menos os moralistas, os gramáticos, os dramaturgos e os... impermeáveis.

O cinema deve ser arte autônoma. E se ainda não o pode ser, a essa arte silenciosa de imagens reais exprimindo emoções e belezas intensas e complexas, só se lhe poderá incorporar um termo contrário que não a repila, que lhe seja afim; uma arte de expressões complexas, de emoções indefiníveis e infinitas; a música; mas uma música síncrona, sutilizada, difusa, emanando do próprio filme e da sua razão de ser. Com essas duas manifestações fundidas, indivisas, unas, produzir-se-á então uma obra de arte integral, para deleite e embelezamento do espírito humano.

Repilo o cinema falado, como a morte do cinema.

Tenho fé no *movietone* ou *vitaphone*, engenhosa realização técnica, que engendrará os poemas cinemáticos-musicais."

*

Tenho ainda aqui, para ser publicadas, as opiniões de: "N. Malba", "Vinicius Meirim", "Mr. Moacyr", "Mario Hernandez", "Lygia", "Fauvette" e "Darcio M. A. F.".

Toda correspondência deve ser dirigida a: "G. Seção Cinematographos. Caixa Postal E (maiúsculo). São Paulo".

G.

# Quarta-feira, 13 de março de 1929
# CINEMATOGRAPHOS

# A enquete sobre o cinema falante (V)

Hoje, em primeiro lugar, um voto a favor do cinema falante. É de "Caprice". Rápida. Diz ela: "Comentando o voto de 'Simone', o sr. escreveu: 'Realmente este argumento impressiona'. É pouco, sr. G. O sr. devia ter escrito: esse argumento convence. É sempre absurdo ou, pelo menos, 'pose' ir de encontro ao progresso. Quando a fotografia apareceu no mundo, não faltaram pintores que a amaldiçoassem, temendo-a. No entanto, ela venceu. Progrediu. Transformou-se em cinema: arte à parte. O *vocafilm* ou *vitafilm* terá o mesmo destino: uma outra arte, um outro cinema".

De São Carlos escreve "N. Malba":

"... E pode ser, G., que você acredite, com sinceridade, que esta leitora amiguinha pensa muito tristemente sobre o cinema falado, e que é muito, até demais contra ele. Sim, G., eu adoro a arte exótica deste século. Gosto de viver por algumas horas diante do Silêncio que é uma Alma, que é um Sentimento. A Arte Silenciosa! Para que baixá-la de nível, tornando-a comum, material?...".

"Brasileira" responde assim, mais ou menos: "Que penso do cinema falado? Conversa... Pró ou contra? Pro...testo! Por quê? Porque quem nasceu mudo deve ficar assim. Falar é arte. Ficar perfeitamente mudo também é. Mas, ser mudo e querer falar, não é arte...".

Concorda com a de "Caprice" a opinião de "Darcio M. A. F.". Ei-la: "Penso que, se o cinema falante for mesmo sugestivo, perfeito (o quanto possível) e agradável, nem por isso deverá abolir o cinema mudo: este, sendo já uma arte como é, continuaria a existir sempre na sua eloquência silenciosa, para felicidade dos espíritos que gostam de ver e imaginar... Assim, não sou 'pró' nem 'contra' o cinema falante: ele pode vir, ganhar sucesso e admiradores (e entre estes, eu mesmo, também). Mas independente, à parte, sem se incomodar com o outro... com o cinema-cinema... – Porque... por aquilo que eu escrevi lá em cima".

"Lygia" escreve – diz ela – em pleno sertão... Atribui ao pobre sr. G. estas frases: "a gente ama melhor o desconhecido; a realidade é sempre uma desilusão...". Depois, imagina o sr. G. apaixonado por uma "estrela" de celuloide; e pergunta: "Você pode admitir que Madge tenha uma voz rascante, áspera como lixa?... Não será melhor que nunca a ouça?".

"Mario Hernandez" (capital) é, *mutatis mutandi*, desse mesmo parecer.

"Mr. Moacyr" (Ribeirão Preto), idem, com uma variante: admite apenas a reprodução de certos ruídos, como, por exemplo, o estalido de um beijo ou de um maxilar partido...

"Vinicius Meirim" não acredita que alguém possa ser sinceramente a favor do *movietone*. Acha que isso é só "vontade de ser moderno", ou, como ele mesmo diz adiante, "futurismo" (que horror!).

Para terminar, por hoje, "Fauvette". Escreve: "Sou uma fã terrível, insaciável, egoísta. E, quando eu gosto de alguém ou de uma coisa, digo sempre assim: quanto mais, melhor! Ora, quanto mais eu puder ter dos 'astros' que adoro, tanto melhor. Já tenho deles a visão que não me basta. Terei, agora, a voz... Amanhã, quem sabe? O contato... Depois de amanhã, o perfume... Um dia, o gosto...".

\*

Há aqui outras cartas pedindo o questionário, o inútil questionário. É este:

*Que pensa do cinema falante?*
*É pró ou contra?*
*Por quê?*

G.

# Quinta-feira, 14 de março de 1929
## CINEMATOGRAPHOS

## A enquete sobre o cinema falante (VI)

Uma pessoa tão interessante quanto (perdoe-me!) precipitada, que assina "Sally of my Dreams", manda para aqui uma carta, na qual diz, entre outras coisas agradáveis mas que não vêm bem ao caso, subscrever *in totum*, a propósito do cinema dos sons, a insignificante opinião "do sr. G., já mais de uma vez publicada no próprio *Estado...* etc.".

Neste ponto, o sr. G. experimenta uma coisa assim, mais ou menos parecida com aquele ímpeto escandaloso que costuma assaltar a alma de todo funcionário gordo e público, que se sente desrespeitado por um colega ou prejudicado por uma nova "tabela de vencimentos", e dá para fazer discursos que começam invariavelmente assim: "Não admito!" "Protesto!" etc.

Uff! Que período tão comprido para dizer uma coisa tão curta! Tão curta que, pensando bem, não vale mais a pena de ser dita. O que o sr. G. acha que vale a pena de ser dito é apenas isto: pode ser que o sr. G. já tenha deixado "escorregar" por aqui ou por aí qualquer opiniãozinha mais ou menos sua sobre o *movietone*. Pode ser... O que é, entretanto, certo, certíssimo, é que esse mesmo sr. G. já escreveu, com todas as letras, várias vezes, por aqui e por aí, esta sua frase perfeitamente convicta: "É preciso ser surpreendente, para ser interessante; e a maneira mais segura de ser surpreendente é afirmar uma coisa hoje, com a intenção de provar exatamente o contrário no dia seguinte".

Por isso, "Sally of my Dreams", não se fie muito no sr. G., nem mesmo nessa sua frase "perfeitamente convicta", como ele a qualifica...

\*

Sim, é justíssimo que "Alma Karenine" – como ela mesma o diz – se interesse um pouco por esta enquete. "Alma Karenine" é uma das mais fiéis e mais adoráveis amiguinhas desta insignificante seção, que nada merece de ninguém. "Alma Karenine" diz no fim da sua carta:

"O cinema falante, como eu o imagino, será o ideal, porque eu gosto de saber. Você não é desta opinião e talvez seja feliz assim. Eu devo grande parte das desilusões recebidas a 'não ignorar'; mas quero saber, quero saber... Detesto as situações dúbias, os meios-termos. Sou extremista – e eis por que opto pelo cinema falante. Imagine você quando Greta e Gilbert se encontrarem sob nossos olhos maliciosos e... começarem a falar! Não haverá mais aquele 'quê' misterioso, que cada qual modela a seu gosto. Ouviremos a realidade: talvez frases de amor banal, não importa, contanto que seja o que é, e não o que a gente pôde supor... Para os meus 20 anos 'austeros' essa realidade será a mais bela obra cinematográfica...".

\*

De Avanhandava escreve "A. Norte": "Para que cinema falante, se ele sendo mudo já nos fala tão bem?".

"Cinemaníaco", de Atibaia, manda-me dizer: "O cine silencioso faz-me aproveitar o tempo nestas três coisas adoráveis: assistir à fita, ouvir a orquestra e namorar. Com o filme falado a coisa seria outra...".

\*

Esta enquete encerrar-se-á no sábado, 23 do corrente. Toda correspondência deverá ser dirigida a: "G., Seção Cinematographos, Caixa Postal E (maiúsculo), São Paulo".

G.

# Sexta-feira, 15 de março de 1929
# CINEMATOGRAPHOS

# A enquete sobre o cinema falante (VII)

Para hoje, muito às pressas, algumas das opiniões recebidas até ontem à tarde, sobre o objeto desta enquete.

A de "W." ("W." é uma das mais constantes e melhores amiguinhas deste "Cinematographos"). É rápida, completa. É um voto a favor, no começo. Escreve: "Cinema falado? É a morte daquele pessoalzinho cacete que lê os letreiros em voz alta; ou que conversa, conversa, conversa, conversa, alheio à fita... Portanto, ótimo!". E, logo adiante, "W." abre uma exceção: "Mas... só é descanso para os olhos ofendidos com os letreiros assassinos da nossa língua rica, pobres dos ouvidos educados!... Não! Só mesmo vendo!"

A seguir, "Myriam". Discute bem. Diz, entre outras coisas, o seguinte: "... não se deve dizer se uma coisa é boa, ou má, sem conhecê-la. Ora, G., nem você (creio), nem eu conhecemos o 'projetor de teatro'...". Depois, faz a apologia do silêncio, argumentando, por exemplo, com a poesia: um verso vale bem mais, é bem mais vivido quando lido para si mesmo, em voz baixa, do que quando ouvido...

Agora, "I. A. C.", voto "pró", que assim expõe as suas ideias:

"Enfim, a cena, que era muda, vai ter voz. O *movietone* vai tornar o cinema mais real, mais humano; vai matar a fantasia todinha. O cinema, que é tão contra o coitadinho do teatro, vai, desta maneira, imitando-o, matá-lo de uma vez... E eis aí a razão por que eu gosto da nova invenção: o cinema falado será, nada mais, nada menos, do que o teatro... às escuras. Porém, será um teatro mais real, mais vivo, com todos os truques e cenas impossíveis de se realizar no palco".

"Malu" (de Bragança) escreve:

"Com o advento do cinema falante estão de parabéns os analfabetos. Só assim poderão eles gozar as delícias da sétima arte. Realmente, para essa classe de mortais, entre nós muito numerosa, o cinema atual é uma coisa verdadeiramente insípida. E nem pode ser de outra maneira, a menos que ele vá acompanhado de um importuno leitor 'alto-falante'... Mas, em compensação, estão de pêsames os surdos alfabetizados... Outra classe que, penso, ficará prejudicada será a dos músicos. Quantas orquestras serão dispensadas! É preciso arranjar uma solução capaz de contentar gregos e troianos...".

Afinal, a opinião de um "Campineiro", concordando plenamente, em todos os pontos, com o interessantíssimo voto de "Fauvette", aqui publicado há uns 3 ou 4 dias.

G.

# Domingo, 17 de março de 1929
# CINEMATOGRAPHOS

## A enquete sobre o cinema falante (VIII)

Está aqui ainda uma porção de cartas respondendo à enquete sobre o cinema dos sons. Não é possível publicar todas de uma vez: nos jornais, não só "*time is money*", mas o espaço também e prinçipalmente.

Hoje, começo com a breve resposta de "Rubens":

"Eu acho que o cinema falado é uma novidade que vai apaixonar todos aqueles que forem apreciar... Porque há de constituir, sem dúvida, uma diversão digna de ser vista, admirável sob o ponto de vista técnico e artístico. Não acha, sr. G., que só o fato de ser uma coisa diferente, uma atração nova, um espetáculo ainda não sentido, já é garantia do absoluto êxito do *movietone*?".

"Onese" define assim o cinema: "Um sonho formado pelo conjunto da fita e da música". E passa a fazer a apologia da música como fonte de infindáveis sugestões. "A música é a voz do nosso pensamento; é a voz do sonho que vemos no cinema. Sem a música, o cinema seguiria as pegadas do teatro e, como ele, viria a definhar. Suplico ao Progresso que não substitua a voz sonora do cinema por uma voz áspera... Quero que o cinema viva, porque o adoro, quando não tenho para ler um livro atraente... etc."

Pelo que a sua carta me diz, "C. M. L." teve uma grande decepção ao ouvir, um dia, pela primeira vez, o seu "pequeno" fazer um discurso. Foi a derrocada completa dos seus sonhos. No seu coração acabou-se o amor, no seu espírito acabou-se a admiração, na sua curiosidade acabou-se a fé no cinema falante!

"J. B. Oliveira" mostra-se "incondicional apreciador" da grande novidade. Escreve: "Admiro o cinema falado. Acho-o maravilhoso. É pena que todos queiram confundi-lo com o cinema mudo... Para mim não pode haver ponto de contato, nem de comparação, entre uma arte e outra. São duas divisões de um mesmo entretenimento... Por que motivo tornar o cinema falado igual ao silencioso, se um é princípio, outro é fim?".

"Frei Dofreal" disserta longa e eruditamente sobre o tema. Considera impossível, porque ilógico, determinar, desde já, as vantagens de qualquer das duas artes cinematográficas – a silenciosa e a falada. O que se pode determinar é apenas "a relatividade das duas, porque as duas são dependentes, as duas são ainda imperfeitas". E afinal, sintetizando as suas ideias, chega à conclusão de que, fundindo-se numa só as duas artes, emprestando-se mutuamente as suas vantagens, "o gênero" do futuro será um misto de ambas as invenções.

Uma última opinião, para hoje. É a de "Agadê". Diz o seguinte:

"O cinema falante, observado sob um certo prisma (que não é falso) é uma 'desumanidade'. Sim, uma desumanidade, como passarei a provar. Suponha o sr. G. que tivéssemos, em lugar do cinema mudo, o falante. Então, nada de letreiros: tudo, ou a parte principal, sairá do megafone. Suponha mais, uma pessoa da plateia. Se ela ouvir bem, nada de desvantagem, salvo o perigo de ouvir uma ou outra voz terrivelmente dissonante saindo da boca de um ou outro artista, que pode muito bem ser o seu predileto; mas se não for dotada do dom da audição, nada mais terrível do que ser obrigada a ver sem ouvir; e, note, que não precisa ser inteiramente surda: basta que não ouça bem: e quantos não os há por aí, assim? E mais, para a semissurdez não há corretivos como os há para a vista, por exemplo. É sob esse aspecto, que não é dos de menos peso, que eu não tenho em boa conta o cinema falante: muito melhor é o cinema colorido. Então o cinema falante, nesse ponto, seria uma 'conquista do progresso'? Não o é, e eu creio que não levará vantagem sobre o cinema mudo, ou simplesmente cinema, nem mesmo o poderá igualar. Poderá ser realizado praticamente, do que não duvido, mas só para deleite de alguns: por assim dizer, um artigo de luxo".

*

Tenho mais, sobre a mesa, as seguintes cartas: "O. Prestes Junior", "Misterioso", "Gilverdo Amarante", "Rone", "Old Heidelberg", "Standard", "Persival" e "Nuvem Cor-de-Rosa", que serão publicadas terça-feira, talvez.

G.

# Quarta-feira, 20 de março de 1929
# CINEMATOGRAPHOS

# A enquete sobre o cinema falante (IX)

Por acaso, sem seguir qualquer ordem, vou publicar hoje, devidamente abreviadas, algumas das muitas opiniões, que ainda tenho em mãos, sobre o importante e oportuníssimo tema desta enquete.

Começo por "Evelyn", que encara a questão – ela o diz – pelo "lado sentimental". Pensa que o filme falado será para os homens, *vis-à-vis* das mulheres, um sério perigo. A única coisa em que os homens da vida real são superiores aos homens do cinema é na faculdade de falar, do poder dizer certas coisas às mulheres... Agora, com o filme falante, adeus essa superioridade! Só existirão, para as meninas, os Gary Cooper, os Charles Rogers...

"Lygia de S. Joaquim" é "pró": "O cinema falante... Utopia, hoje; realidade, amanhã. A palavra cálida e persuasiva, vindo em auxílio da mímica muitas vezes inexpressiva...".

Exprime-se assim "Old Heidelberg", na sua "qualidade de fã impenitente":

"Creio inconsequente fazer um juízo de caráter dogmático sobre uma inovação que apenas conhecemos... de ouvido... Direi somente que, enquanto o *movietone* não alcançar a suprema perfeição mecânica, terá a preferência da 'grande plateia' amadora do ruído: enquanto que a mais reduzida falange da elite conservar-se-á fiel à cena muda, que não agrilhoa a imaginação aos sons, quiçá desenganadores, do filme falante".

"Mysterioso", em pequenas palavras diz enormes coisas: "O cinema falante será mais divertido para os seus frequentadores que, no cinema mudo, muitas vezes são atingidos pelo sono... O cinema falante contribuirá para a decadência, ou quiçá a morte do teatro nacional. Que venha, pois, o filme falante!".

De Poços de Caldas escreve "Standard". Serve-se de um símile que, a muitos, pode parecer obscuro:

"... parece um caso acontecido aqui. Você sabe que Poços é uma cidade de clima frio e tem naturalmente suas frutas de conformidade com este. Pois bem, a jabuticaba não pertence a esta região; mas um velho daqui ruminou que havia de comer as 'frutas' da terra. Plantou o pé, custou um pouco, mas cresceu e tornou-se um lindo arbusto. A vitória. Até aí não morreu Neves. O seu cuidado era tanto para o tal de pé que nem sequer uma manhã deixava de ir vê-lo, e com um canivetinho afiado punha-se a limpá-lo, tirando uma casquinha seca, uma folhinha, um brotozinho que nascia fora do prumo: e, finalmente, acabou por tirar-lhe a vida...". E termina: *"Rira bien qui rira le dernier"*.[147]

"Persival" é contra. "No silêncio delicioso de uma cena comovente, o estrépito de um termo articulado faz voltar tudo à realidade sarcástica. E por que isso? Se a gente vai ao cinema, é para devanear um pouco do mundo das ilusões, 'necessárias ao homem', segundo o grande Anatole..."

"O. Prestes Junior" limita-se a citar São Tomé: ver primeiro...

Não pode se conformar com a novidade "Gilverdo Amarante", de Ribeirão Preto. "Eu digo sinceramente: abandonarei o cinema se ele vier falado. Para cinema falado, basta o que tenho em casa, cuja personagem mais falante é minha sogra, com outras comparsas, e o único espectador silencioso sou eu..."

\*

---

147  Em francês no original: "Ri melhor quem ri por último."

Ficam para amanhã as outras respostas. Uma dentre elas, assinada por "Um estudante de direito", é interessantíssima: trabalho minucioso e inteligente, que será publicado na íntegra. (É pena não ser assinado de verdade...)

*

O questionário desta enquete, que será encerrada no sábado próximo, 23, é o seguinte:

*Que pensa do cinema falante?*
*É pró ou contra?*
*Por quê?*

Qualquer correspondência deverá ser dirigida a: "G., Seção Cinematographos, Caixa Postal E (maiúsculo), São Paulo".

G.

# Sexta-feira, 22 de março de 1929
## CINEMATOGRAPHOS

## A enquete sobre o cinema falante (X)

A gente amabilíssima que, de qualquer maneira, se tem interessado por esta enquete vai ler hoje o trabalho muito bem feito de "Um estudante de direito", em defesa do cinema falante. Ei-lo:

"Para formarmos uma opinião segura sobre o cinema falante, precisamos antes de tudo, fazer uma

### DISTINÇÃO PRELIMINAR

Há na tela dois cinemas. O cinema tradutor de realidades e o cinema criador de realidades: fitas naturais e fitas artificiais. Os filmes naturais, que não são absolutamente arte, pois apenas reproduzem fatos que se dão sem provocação artificial, tem como finalidade inevitável a maior aproximação possível da realidade. É o cinema cópia. Tanto melhor quanto mais fiel a fotografia. Portanto a inovação dos sons, ampliando a fidelidade da cópia a uma modalidade inatingida, vem perfazer esse intuito único das fitas naturais, sem, de maneira alguma, as prejudicar.

Passemos pois à segunda espécie de fitas e vejamos se o cinema falante poderá prejudicar.

## A ARTE DO CINEMA

As fitas artificiais, como disse, são as fitas 'criadoras de realidades', na concepção moderna. Elas procuram trazer para a tela todas as cenas da vida real, sem as românticas fantasias do cinema de antigamente. Nos mínimos detalhes a máxima realidade. Ora, dentro dessa tendência realista, a palavra oral será de um valor inestimável, como um complemento utilíssimo à fidelidade das cenas. Poderiam no entanto dizer que essa tendência de realidade, levada aos extremos da palavra oral, iria tirar o caráter de arte ao cinema. E ele deixaria de ser uma expressão artística, para reduzir-se a uma cópia servil de fatos e de cenas. A arte, dirão eles, é a realização do belo pelo homem, na clássica definição universalmente aceita. E belo, no conceito moderno expresso por Rodin, 'belo é o que tem caráter'. Portanto, a função da arte é harmonizar elementos característicos e não fotografar a realidade fidelíssima. Um missivista chegou mesmo a lhe dizer que, se pusessem todos os acessórios de realidade na estátua de Vênus, ela perderia a sua beleza.

Realmente, mas é porque nessa estátua a arte consiste na beleza plástica. E para que esta exista não pode haver a precisão das formas, mas sim a expressão das formas. Ora, no cinema, a arte não está absolutamente na 'forma'. Isso seria confundi-lo com a pintura. Não está também no som, pois isso seria confundi-lo com a música, o canto ou a declamação. A arte do cinema não está portanto em nenhum dos elementos essenciais para a composição das cenas. Onde está então? Justamente nessa 'composição de cenas'. A arte do cinema, como ramo de arte teatral, não está nem nas formas nem nos sons, mas unicamente na 'movimentação' dessas formas e desses sons, isto é, no trabalho dos artistas, consistente na interpretação das cenas. A arte cinematográfica não está em nenhum dos elementos estáticos. Acha-se precisamente na 'dinamização' desses elementos. E como toda arte tem de se servir de elementos os mais reais possíveis, para que possa, combinando 'traços' de realidade, formar 'expressões' de realidade, o cinema, aproveitando-se da palavra oral, procura apenas a maior realidade de um elemento, necessária para uma maior significação de sua arte. Longe pois de diminuir, os filmes falantes apenas aumentarão o valor artístico do cinema.

Há porém uma objeção que quase todos repetem:

## O DESENCANTO DAS VOZES

Quantos artistas, dizem eles, que aprendemos a admirar pela elegância das atitudes, pela beleza física, pela graça e tantas outras qualidades, hão de quebrar nossa simpatia com o choque de uma voz imprevista e sem harmonia? A esses eu responderia com pergunta idêntica: quantos artistas não aprenderemos então a admirar pela graça da palavra, pela doçura da voz ou pela energia das expressões? Além disso, a voz é mais ou menos a mesma em todos os indivíduos. E nem os nossos ouvidos chegaram a uma sensibilidade capaz de dirigir simpatias diante de pequeninas diferenças vocais. Mas mesmo que possuíssem essa sensibilidade, a objeção não teria vulto suficiente para autorizar receios. Há em geral uma verdadeira harmonia física nos indivíduos. Dificilmente se encontram vozes feias em fisionomias lindas. E essa dificuldade quase se torna sinônima de impossibilidade quando se refere a artistas cinematográficos, cujo regime cuidadoso de vida corrige todas as lacunas físicas, nivelando, com processos racionais de cultura, a sua conformação orgânica.

Outra grande vantagem do cinema falante é a

## HARMONIA DAS EXPRESSÕES

vocal e fisionômica. Há momentos cênicos em que as palavras pronunciadas só podem ter uma certa expressão fonética. A mínima variação na interpretação vocal delas poderá invalidar os seus efeitos, prejudicando gravemente o sentido das cenas, que têm uma expressão própria e não a expressão subjetiva que lhes dá o espectador. Deixar a tarefa aos letreiros é permitir que cada um leia a seu modo a palavra, ficando portanto a impressão auditiva dela, sujeita não à expressão própria do momento cinematográfico, mas sim ao sabor do temperamento dos que assistem. Ora, isso não se dá com o *movietone*. Aí os artistas darão às palavras pronunciadas a tonalidade e expressão correspondentes aos estados físicos do instante, firmando assim uma harmonia imprescindível para a boa qualidade dos filmes. Entretanto, uma das maiores conveniências do novo cinema será a

## SÍNTESE

que ele virá trazer às fitas. Além da supressão desses letreiros extensos que tanto nos impacientam com a sua prolongada permanência na tela e com as leituras orais a que dão lugar, o *movietone* evitará muitos detalhes fotográficos de que lança mão o cinema atual para a caracterização das cenas, aproveitando-se da grande capacidade expressional dos sons. Essa vantagem da síntese concorrerá muito para uma

## MAIOR EXPANSÃO DO CINEMA

levando-o até os homens laboriosos que de pouco tempo dispõem para assistir às longas fitas da atualidade. E dispensando qualquer leitura, conseguirá penetrar até onde ainda não conseguiu chegar o alfabeto, beneficiando assim não só o público ignorante que dele até agora esteve privado, como também as próprias empresas produtoras."

\*

Com a publicação, amanhã, dos votos que até então tiverem chegado a esta seção, darei por encerrada a enquete. É bem possível que, mais tarde, somadas as opiniões todas, eu consiga tirar delas uma conclusão. Eu, ou qualquer outra pessoa que queira ter esse trabalho.

G.

# Sábado, 23 de março de 1929
# CINEMATOGRAPHOS

## A enquete sobre o cinema falante (XI)

Hoje, para contrabalançar com o de ontem, um voto contra a palpitante novidade *yankee*. É de "J. A. de A." e vem de Poços de Caldas. Transcrevo, na íntegra, essa carta escrita com rara elegância e nitidez:

"O cinema falado é a mais pretensiosa e inútil de todas as inovações. Se dependesse de mim, eu empregaria todos os esforços para evitá-lo. Por quê? Porque o cinema – você o sabe... – é um sonho de arte. O sonho é silencioso como a sombra. Sonho falado é sonambulismo doentio. É pesadelo. Uma sombra que fala é um espectro ou um absurdo. O silêncio é a condição vital do cinema. Porque desperta em cada um de nós a faculdade maravilhosa de pensar e de sentir. O cinema, dentro do silêncio, é a 'poeirinha' inquietante e deliciosa que seduz e não subjuga. É o pecado inocente que atordoa a alma e adormece a dor. Mas o seu encanto reside no silêncio que duvida e certifica. O indefinido encerra o cofre sagrado de um ideal. A verdade da vida está no subjetivo. A alma incompreendida de um ideal vive e palpita em cada ser. Tudo é sentir. No silêncio de cada imagem que se move na tela, permanece a sensação entrevista de uma emoção, a eloquência trêmula e indecisa de uma lágrima. Eu só compreendo o cinema na sua significação de arte. Arte quer dizer sensibilidade. Todos podem ver um filme. Mas não é apenas ver. Não é ouvir. É sentir. É tomar parte integrante ao lado de cada artista predileto. Mas sempre em silêncio. O silêncio, no cinema, é a imitação do silêncio que vive em cada um de nós. A nossa alma reflete a imagem de cada personagem, como se fôssemos o desdobramento de cada sombra. Sombra e silêncio são irmãos que se integralizam. Quase todas as mulheres do mundo sentiram a sombra silenciosa de Rodolpho. O seu olhar entornou-se pelo mundo inteiro e envolveu a mulher numa carícia infinita. Valentino transpôs as portas de bronze dos nababos, perturbou a quietude silenciosa dos mosteiros, desceu à cabana humilde dos pescadores. Todas as mulheres o compreenderam porque ele falava o idioma universal que é o Silêncio. Rodolpho, falando, seria ridículo. O silêncio promete; a palavra recusa. Dolores não protesta quando tomamos o lugar de Barrymore para sentir a carícia atormentadora do ópio que ela transmite. O silêncio é a emoção: a palavra é a dor. Mary Carr, se falasse, não seria capaz de nos fazer chorar. Quando ela vive um papel de mãe, não são as lágrimas de Mary que nos impressionam, senão a evocação de outras lágrimas benditas que ungiram outrora o nosso próprio ser. Não, meu amigo, o cinema não deve falar. Não devemos consentir na morte do nosso sonho. Além disso, francamente, G., o cinema tem qualquer coisa encantadoramente ingênua, como uma criança linda, vestida de anjo. O cinema falante é a criança grande, desdentada e antipática, pretensiosa e malcriada, metendo-se na prosa dos mais velhos, imitando gente grande… Um horror!".

*

Amanhã, publicarei as últimas opiniões, que são as de "Velha História", "Rone", "Galhard", "Nuvem Cor-de-Rosa", "G. P.", "Chiquita", "Fleur de France", "Taubateana", "Gee", "Ignez Pearl" e "Normalista".

G.

# Domingo, 24 de março de 1929
# CINEMATOGRAPHOS

# A enquete sobre o cinema falante (XII)

Com a publicação resumidíssima (não pode ser de outra maneira) das últimas opiniões recebidas, e com um "muito obrigado" bem simples, bem banal, mas bem sincero, à gente boa e paciente que quis mandar para aqui o seu precioso pensamento: com isso, dou hoje por encerrada a enquete sobre o cinema dos sons.

"Velha História" é de opinião que o cinema falante "adiantaria alguma coisa" como arma destruidora de certos espectadores importunos que chegam até a assobiar, acompanhando a orquestra! Mas e insiste patrioticamente nisto – contanto que seja cinema falado... em português!

De São Carlos escreve "Chiquita": "O cinema atual constitui uma diversão, e bem útil, porque só diante dele é que as mulheres ficam mais ou menos mudas, e os maridos esquecem, por algumas horas, o 'vitrolismo' das respectivas esposas...".

"Fleur de France" escreve e diz, muito bem, em francês, o que eu muito mal traduzo para o português. É interessante: encara a questão por um lado novo: "Para teatralizar o cinema seria necessário aperfeiçoar intelectualmente aqueles – nem todos – que o frequentam".

Uma "Normalista", de Campinas, manifesta-se contra a inovação. Para ela, é melhor ver do que ouvir, "porque os olhos não mentem nunca; mas a boca!... Quantas vezes dizemos por exemplo 'sou feliz'; e essas palavras mágicas, que a boca fala, os olhos, enchendo-se de lágrimas, apressam-se em desmentir...".

De uma "Taubateana", francamente contra o *movietone*: "Vamos ao cinema para ver movimentos, ação, e não para ouvir literatura; assim como não vamos a um banquete para ouvir discursos. O cinema é expressivo e rápido, e a palavra é obscura e tarda. Aliar as duas coisas é obrigar fogoso corcel a andar como um cágado...".

São de "Ignez Pearl" as seguintes linhas: "Sou contra o cinema falante. Se um amor profundo, um ódio mortal não necessitam de palavras para exprimir-se; se as alegrias supremas e as dores mais cruciantes emudecem, por que há de ser falante a arte que tão bem interpreta as nossas lutas mais íntimas e as nossas vitórias mais brilhantes? Quem pelo som mavioso de uma orquestra não compreender o cinema, certamente com palavras não o compreenderá também".

Diz "Nuvem Cor-de-Rosa":

"O cinema falante... Virá e há de triunfar, para gáudio dos espíritos de conquista. Virá fatalmente, como consequência natural e inevitável do espírito do século. Como imaginar que o cinema há de se manter, estacionário, se tudo caminha, numa arrancada ciclópica, para o infinito do aperfeiçoamento?! Se, de momento a momento, as artes, as indústrias, as ciências, o comércio e a religião; homens e coisas, a alma do mundo, enfim, buscam aprimorar-se, num anseio infatigável de progresso?! No cinema, que é uma arte nova, estuante do sangue deste século, mais se acentuará essa tendência".

"Rone" é contra, romanticamente contra. Discorre longamente sobre o amor, sobre Cupido, que "teve tudo dos homens, menos a voz". E conclui: "Ora, o cinema tem sido, até aqui, um idílio interminável: e não poderemos querer que Cupido fale por todas as juntas do corpo...".

De Santos, escreve "Gee" aceitando o cinema falado, mas, em termos. Faz uma curiosa distinção entre filmes que devem ser mudos; filmes que devem ser coloridos; filmes que devem ter letreiros; filmes que devem ser falados. E acha que o cinema do futuro deverá ter certo espírito de especialização. "Concluo afirmando que a variedade na cinematografia será a melhor maneira de triunfar definitivamente do teatro e contentar a todos os seus apreciadores."

"G. P." é contra. Acha que o *Vitaphone* será apenas "a alegria dos analfabetos".

Em poucas palavras, "Galhard", de Bariri, dá o seu voto a favor do cinema falado. Fundamenta-o com isto: "… a gente ficará conhecendo a voz de certos artistas, cantores de primeira ordem, como Ramón e muitos outros". Acha que as "estrelas" deverão ter: "Arte, graça, beleza e voz". Quem não tiver estes quatro requisitos – termina Galhard – "que vá lavar pratos em Montmartre!".

Afinal, "F. Ferraz", contrário à novidade. "É uma utopia o cinema falante… Expressões descoloridas, para surdos…"

*

Pronto!

Mas… "*quid inde*"?

E, para contentar o impertinente homenzinho do "pão, pão; queijo, queijo", que acaba de falar latim dentro de mim, tentarei, na próxima semana, dar um balanço geral nos resultados desta enquete, expô-lo às pessoas que se interessarem por estas coisas e pedir-lhes que, bem intimamente, só para si mesmas, tirem as conclusões que acharem convenientes.

G.

# Quinta-feira, 11 de abril de 1929
# CINEMATOGRAPHOS

## Um caso "chaplinesco"

Comentário de um grande jornal francês, que traduzo como posso para o morno bocejo deste dia:

Curiosa época que é a nossa, em que um artista de cinema interessa tanto e mesmo mais às multidões do que um grande soldado, um grande político ou um grande sábio! Tudo se quer saber dele: a sua vida, as suas fraquezas, as suas manias, o que, às vezes, não deixa de ter certo pitoresco...

A *Revue Hebdomadaire* publica um artigo de Konrad Bercovici, sobre "Um dia com Charlie Chaplin em Hollywood". Vê-se aí uma multidão de pessoas vindas de longe esperando diante do estúdio de Chaplin, na esperança de entrever o artista, que não se digna aparecer. É preciso que o sr. Konrad Bercovici o arraste, quase à força, para decidi-lo a praticar "uma boa ação", mostrando-se aos seus admiradores. Então, quando ele aparece, é um tumulto indescritível, são gritos de alegria e de entusiasmo – enquanto Charlie aperta todas as mãos e distribui fotografias autografadas.

Charlie passou a tarde com seu amigo, em Hollywood. Trouxeram-lhe uma *casquette*[148] que ele enterrou na cabeça, um pouco de lado, baixando a

---

148  Tipo de boné.

pala sobre os olhos, o que o tornou irreconhecível. Com um piparote, ele desarranjou a gravata, puxou para fora da manga um dos punhos da sua camisa e alterou a sua maneira de andar. Assim, ele pôde circular por Los Angeles sem ser reconhecido. Que metamorfose! Ele tinha as calças dobradas sobre os pés, os ombros caídos e um toco de cigarro pregado no canto da boca. Apresentava exatamente o mesmo ar de centenas de rapazes que circulavam em todos os sentidos, saindo do trabalho, e que ficavam vadiando pelas esquinas. Charlie misturou-se com eles. No canto de uma rua, um orador socialista perorava. Chaplin gritava alto, apoiando-o; afinal, tendo conseguido atrair a atenção, começou a discursar por sua vez: "É uma vergonha! Por que é que eles pagam milhares de dólares por semana aos bons atores cinematográficos, e recusam-se a pagar o mesmo a um bom carpinteiro? É, como digo, vergonhoso que esses setores de cinema tenham tudo quanto querem, só porque sabem divertir os outros! Enquanto nós, que fazemos o trabalho pesado, nada ganhamos ou quase nada!". E, como o amigo, entrando no jogo, aparteasse: "Sim… Mas há alguns que merecem bem; por exemplo, Charlie Chaplin…", Charlie retorquiu: "Uma história! Não vale nada! Além disso, ele bem que se diverte representando as suas coisas; ao passo que eu, que prazer posso ter no meu trabalho? Ah! Se eu pudesse brincar, como ele, pouco se me dava que me pagassem ou não!".

Não garante a fidelidade da tradução nem do caso o simples cronista.

G.

# Sábado, 13 de abril de 1929
## CINEMATOGRAPHOS

## O Cine Paramount

Com a inauguração, hoje, do grande cinema da avenida Brigadeiro, a Paramount faz a São Paulo um presente de rei. Presente que tem todos os valores: material, artístico, intelectual. Quer dizer: um magnífico cinema, um excelente programa e uma linda novidade.

O cinema: é aquele discreto Luís XVI moderno, que tão bem se enquadra na moldura aristocrática de uma avenida onde a distinção de algumas residências antigas ainda atesta o seu pequeno, próximo passado de luxo sóbrio e bem-nascido. Quase no centro da cidade. Quase? Para ali, já se dirige, na sua marcha incontida, ereta e rija, o altíssimo exército dos arranha-céus. Daqui a pouco (3, 4 anos... – quem sabe o alcance das Botas-de-Sete-Léguas com que caminha o progresso de São Paulo?!), aquilo já será o próprio centro: o grande centro de uma enorme metrópole. Sem conhecer ainda o interior do Cine Paramount, adivinho-o, entretanto: adivinho-o perfeito, em harmonia com a correção da sua fachada e com a exata orientação dos seus dirigentes que, se tão bem souberam calcular, jogar sobre o futuro, situando-o assim, não podiam também deixar de dotá-lo de todas as excelências de conforto que os tempos de hoje inventam dia a dia.

Anúncio em *O Estado de S. Paulo* de 29/4/1929.

O programa: além de um filme falante de apresentação, *made expressly*, há essa notável obra da moderna cinematografia que se chama *Alta traição* (*The Patriot*).[149] Lançada em junho passado, nos Estados Unidos, essa produção da Paramount ofusca, dizem os críticos *yankees*, todos os outros lançamentos do mês. Terá sempre esse destino o filme que tiver Emil Jannings no eixo do seu *cast*. E, aqui, esse admirável artista produz, talvez, a sua criação máxima. Só um ator como ele seria capaz de assumir a personalidade dificílima trágico-grotesca de Paulo, o Czar Maluco, que equilibrou um império, não na ponta de um cetro, mas na ponta de uma "marionete"... É um estudo profundo da loucura, a terminar pela tragédia. Numa Rússia agitadíssima de 1801, em torno de um tirano-palhaço, de um bobo-triste, de um megalomaníaco opulento, dança em silêncio, numa farândola traiçoeira, a intriga sutil pomposamente vestida de corte... Essa intriga é o conde Pahlen (Lewis Stone), é a condessa Osterman

---

149  Filme dirigido por Ernst Lubitsch.

(Florence Vidor), é o Czarvitch (Neil Hamilton)... é toda a Rússia assustada, surda e misteriosa, que toda ressuscita e vive de verdade nessas figuras centrais e, mais, em Tullio Carminati, em Harry Carding, em Vera Voronina...

A novidade: é o cinema da voz (*talkies*) e o cinema dos sons (*sound pictures*). Da voz, no filme de abertura: um discurso pronunciado pelo sr. Sebastião Sampaio, cônsul geral do Brasil em Nova York, fazendo a entrega a São Paulo do Cine Paramount. Dos sons, na grande película de Emil Jannings, toda ela de *sound effects*. A Paramount quis que São Paulo fosse a primeira cidade da América do Sul, e uma das únicas do mundo, fora dos Estados Unidos, onde chegasse o ruído da vida fascinante de Hollywood. Seria pelo menos um gesto cortês de agradecimento à invasão total do grande cinema pelo nosso grande público. Mas não é só isso. É, principalmente, uma inteligente, fortíssima e justa curiosidade que levará, sem dúvida, todo São Paulo ao primeiro palácio sul-americano do *tone*. O simples cronista que de perto acompanha, por dever de ofício, em todos os seus passos o desenvolvimento da mundial maravilha; esse mesmo que, não há ainda um mês, tinha aberto nestas colunas uma enquete sobre o cinema das vozes (um reclame, dir-se-ia, antecipadíssimo, dos espetáculos de hoje), esse sabe a curiosidade que já afogou toda a população do Norte e que está afogando hoje a gente de São Paulo. Ele sabe, somando agora as incontáveis respostas que tão espontânea e prontamente lhe foram mandadas para aquela sua enquete, tirar delas uma conclusão. Esta conclusão: houve céticos que negaram e houve crédulos que aplaudiram a grande novidade; mas, céticos ou crédulos, todos eles, todos, sem exceção, estão ansiosos por ouvir aquilo com que tanto e tanto têm sonhado: aqueles, para persistir talvez, teimosos, na sua incredulidade ou converter-se, vencidos, à nova arte; estes, para justificar, diante de si mesmos e dos outros, a sua boa-fé, a sua convicção.

Para os espetáculos de hoje a redação d'*O Estado* recebeu amabilíssimo convite, que agradece.

G.

[...]

# John L. Day Jr.

Acha-se nesta capital, onde veio assistir à inauguração do Cine Paramount, o sr. John L. Day Jr., representante geral da Paramount na América do Sul.

O sr. Day oferece hoje, às 11 horas, no Hotel Esplanada, um almoço à imprensa cinematográfica de São Paulo.

# Terça-feira, 16 de abril de 1929
# CINEMATOGRAPHOS

## *Rua das lágrimas*

Comentando este filme que as Reunidas estão exibindo em alguns dos seus grandes e populares cinemas, recebi, há dias, a seguinte carta:

"Escrevo a propósito do anunciado filme *Rua das lágrimas*,[150] com Greta Garbo e Werner Krauss. Foi preciso que aquele primeiro nome se tornasse popular para que esse filme ressurgisse. Quando foi do seu aparecimento na Europa (1925), eu aqui lamentava nunca poder assisti-lo. Isso, devido à nossa ignorância em matéria de cinema de vanguarda, que naquela época se refletia em estúpido preconceito contra os filmes europeus, preconceito que existe ainda, embora mais suavizado depois do reclame que desses filmes fizeram os norte-americanos. Poucos se lembram ainda de que aqui foram exibidas fitas como: *O idiota*, de Dostoiévski (Asta Nielsen e Alfred Abel); *O homem que perdeu a sombra* e *O Golem*, com Paul Wegener; os filmes expressionistas *O gabinete do dr. Caligari* (W. Krauss) e *Heroína*, que passaram inteiramente desapercebidos no velho Pathé; assim como *Kean* (Ivan Mosjoukine e Nathalie Lissenko), onde pela primeira vez se viram belíssimas superposições de ima-

---

150 Dirigido por G. W. Pabst, em 1925.

gens, e o *Don Juan* e *Fausto*, com Jaque Catelain, dirigido pelo nosso patrício Alberto Cavalcanti...

A propósito, por que nunca foram importados os filmes de Alberto Cavalcanti – *Rien que les heures*, por exemplo, o tão discutido filme vanguardista? Por que se ignora a existência de *Os Irmãos Karamazov*, com Jannings, Veidt, Krauss? Que fim levou o *Potemkin*? Por que não se importam filmes russos, já que o cinema russo, como disse Douglas Fairbanks, é o primeiro do mundo? Por que não se levam fitas antigas às avessas, como fazem os cinemas *d'avant--garde* em Paris? (A resposta a isso tudo não é difícil de dar, mas o melhor é calar...)

Se não fossem os contratos americanos (Jannings, Veidt, Garbo etc.) não veríamos de vez em quando a exumação de filmes europeus com esses atores, tal qual sucede agora com a *Rua das lágrimas*. E o espírito de comercialização tornou-se daí tão absurdo, que chegaram a ponto de desenterrar fitas de 10 e 15 anos atrás, como sucedeu com o *O ópio*, representante embrionário do cinema, no qual trabalham W. Krauss e C. Veidt.

Felizmente estamos ainda em tempo de ver a *Rua das lágrimas*, ou melhor, *Rua sem alegria*, que tem somente 4 ou 5 anos de vida. Quando foi de sua distribuição na Europa, absorveu inteiramente a crítica cinematográfica, e foi considerada como uma das criações mais profundamente humanas que o cinema até então realizara.

O drama se desenrola em Viena de *post bellum*, quando a fome era a única finalidade da guerra industrial. A fita tem que ser, portanto, um grito de indignação corajosa e sincera contra a espantosa miséria da época (que, apesar de tudo, é ainda a nossa). '*On parte de faire un film contre la guerre: mais le voilà, le film contre la guerre!*'[151] – escreve um crítico de Lausanne.

*A rua sem alegria* é aquela onde vivem criaturas mortas que nada mais têm senão o corpo como meio de vida. A noção gira em torno de uma casa pesada e sombria, um mundo de tragédias obscuras, que nos transportam muito

---

151 Em francês no original: "Deixamos de fazer um filme contra a guerra; mas eis um filme contra a guerra."

além desse 'trágico quotidiano' que os literatos inventaram para as suas biografias. Há cenas no filme que são matrizes daquela técnica que os americanos logo souberam tanto aproveitar... Pequenos detalhes que descrevem enormes significados; profundos símbolos extraídos de mínimos objetos; as imagens inferiores que se adaptam às exteriores etc., tudo quanto faz dessa obra um poema sombrio, 'uma criação poderosa, talvez das mais poderosas e verdadeiras que se têm levado à tela', segundo outro crítico europeu.

Em *Rua sem alegria* movem-se, como máscaras espantosas do ambiente de Viena de 1919, tipos representados por: Werner Krauss, o açougueiro que vende a carne a uma pobre mãe que em paga dá a carne da própria filha; Asta Nielsen, aquela genial atriz dos antigos filmes nórdicos, que nos dá a figura da mulher como ela é; Greta Garbo, angélica imagem de inefável pureza da mulher como devia ser... (Aqui fica explicado o motivo pelo qual Greta Garbo revoltou-se contra opostos papéis que lhe impuseram em Hollywood. A inteligente atriz sueca foi unilateralizada pelo espírito rotineiro americano quanto à caracterização de tipos).

Enfim, *Rua sem alegria* é desses raros filmes sublimes e monstruosos; portanto, agradará a bem poucos. Não é filme para 'Sessão das Moças'; nele talvez não se achem individualidades destacadas nem *Its*, mas sim toda a humanidade.

Faço votos para que venha sem abomináveis estropios da censura e sem essas não menos temíveis traições a que se habituaram os redatores de letreiros.

Grato pela publicação destas linhas apressadas – Felix (a)."

\*

Grato ao sr. Felix pela tão completa informação.

G.

# Quinta-feira, 18 de abril de 1929
# CINEMATOGRAPHOS

## Por que só Hollywood?

Então, as fitas não podiam ser feitas em outra parte, tão bem como em Hollywood? Por que só Hollywood?

Só Hollywood... E o homem que sabe o "porquê", fecha um pouquinho os olhos, atira a cabeça para o couro inglês da sua poltrona, assobia para cima o fio fino da fumaça do seu cigarro; e fica "vendo". Fica "vendo" Hollywood. Hollywood, universal, irregular, empolhado e estirado entre colinas e planícies, entre relvas e areias, sob os abacateiros verdes e sob o céu de vidro e sob o sol de mel do Sul da Califórnia...

Ora, por quê?

Primeira razão: a luz. Esse pedacinho da Califórnia é a terra do sol. Há sol em trezentos dias do ano; na estação das chuvas, apenas as noites são chuvosas, e rarissimamente têm-se visto mais de três dias escuros seguidos.

Segunda: cenários. Naturalmente, a Flórida é mais luminosa, mas é chata como um *pancake*; ao passo que Hollywood está no centro das mais diferentes *locations*[152] que se possam encontrar no mundo – uma grande cidade, aldeias

---

152 Termo em inglês que passou a ser referido na linguagem técnica em português como "locação".

americanas, burgos espanhóis, quintas da velha Inglaterra, fazendas de criação, montanhas, florestas, rios românticos, portos, navios, praias, rochedos, desertos sem horizonte... Toda a geografia. E todas estas *locations* a poucas horas de viagem. Na segunda-feira, podem-se filmar cenas citadinas em Los Angeles; na terça-feira, combates navais em San Diego; na quarta-feira, correrias do *Western*, em San Joaquin Valley; na quinta-feira, incêndio numa floresta, no Big Bear; na sexta-feira, cenas de deserto, no Death Valley; no sábado, tempestades de neve nas High Sierras; no domingo... "*home sweet home*"!

Terceira: pessoal. Só em Hollywood há estoque de gente para qualquer filme. Há 15 anos que ali se concentraram todos os artistas e não artistas do mundo. E todos, a qualquer momento, estão sempre à disposição de qualquer objetiva. Os *casting offices*[153] registram, diariamente, até animais, ensinados ou não. E há aí de tudo, em todas as proporções, para todas as necessidades. Se alguém precisar, por exemplo, em menos de meia hora, de cinquenta homens de perna de pau, ou de mil soldados ingleses ou chineses, ou de treze anarquistas barbudos e autênticos, basta uma palavrinha pelo telefone, ou basta apertar um botão: tudo isso está pendurado nos fios elétricos, à espera de uma ordem...

Quarta: indumentária. Hollywood é um grande museu de raridades ou banalidades de todas as épocas e todas as procedências possíveis. Se a gente necessitar, por exemplo, de repente, de um momento para outro, de quatro leopardos empalhados, uma placa de automóvel de 1913 do estado de Maine, uma liteira javanesa, duzentos carros de combate egípcios, só Hollywood – o maior *bric-à-brac* do mundo – poderá fornecer tudo isso com prontidão, eficácia e autenticidade...

Quinta... (Aqui, o meu leitor poderá imaginar, à vontade, qualquer razão que lhe possa passar pela cabeça já tão atormentada por esta lenga-lenga insuportável: eu não me zangarei).

G.

---

153 Agências de atores.

# Domingo, 21 de abril de 1929
# CINEMATOGRAPHOS

## *Ridi, Pagliaccio*, amanhã, no Alhambra[154] e no Odeon

O cinema, a mais moça das artes, tem em si – justamente por ser moço e porque a mocidade é o mais contagioso de todos os bens – um extraordinário poder de rejuvenescimento, de renovação. As mais antigas ideias dos homens, os mais repisados sentimentos da humanidade, ao fixar-se no celuloide recebem uma alma nova, um espírito inédito; e misteriosamente renascem e transfiguram-se miraculosamente.

Parece que foi para provar documentalmente isso que a Metro-Goldwyn-Mayer realizou este filme. *Ridi, Pagliaccio!* (*Laugh, Clown, Laugh!*) é uma eloquente prova dessa estranha virtude rejuvenescedora do cinema. Daquele já tão vulgarizado "motivo" da luta obscura entre a alma e o corpo, daquele exploradíssimo contraste tragicômico da máscara que ri enquanto o coração chora, esta grande película tirou efeitos imprevistos, valores desconhecidos, conclusões surpreendentes. O celuloide mágico suavizou tudo: esbateu os coloridos crus da tragédia, limou as arestas agudas do dramalhão, esfumou a violência teatral dos "estados de alma". E *Ridi, Pagliaccio* ficou sendo um melo-

---

154  O Alhambra foi inaugurado em 1928, no número 33 da rua Direita.

drama sereno e doce, por isso mesmo mais humano e, pois, mais pungente e mais convincente na sua doçura e na sua serenidade.

"*The best work of Lon Chaney*"... É verdade. Por quê? Porque Lon Chaney é, aí, Lon Chaney mesmo. É um Lon Chaney até hoje ignorado, sincero, cheio de nobres belezas, "ao natural", sem os exageros das suas passadas habituais caracterizações. Chaney, isto é, Tito, isto é, o palhaço Flik, não é aí um monstro: é apenas um homem. É um homem que ama de verdade; o que já é um pouco mais do que um homem qualquer... "De verdade"! Sim: escrevi isso conscientemente. Ele é "de verdade" em todo este filme. De verdade, quando ele acaricia, como um pai, a criança que Simonetta era; quando ele "vê", com todos os seus sentidos, que ela já é uma mulher; quando ele sonha, com ela, a solidão no lago de Como e dá o seu primeiro, tristíssimo beijo; quando ele diz que o seu coração "não está mais na sua arte"; quando ele recorda, sozinho, a mulher do seu absurdo desejo; quando ele sente que "fracassou no equilíbrio, após tantos anos de prática"... Sempre, Lon Chaney é um homem de verdade que sente de verdade.

Loretta Young, uma das "*Wampas*" de 1928 e a mais moça criaturinha do cinema atual, é uma visão adorável de graça e de frescura. A sua entrada neste filme é a entrada do dia num aposento sombrio: há luz de sol, vida de luz, clarão de vida no seu *tutu* imponderável, armado de talagarça e estufado de tule... "*Young*"... era só "*Young*" que Loretta devia chamar-se: porque ela é a mocidade mesma.

Nils Asther (aqui, conde Luigi Ravelli), nega terminantemente o preconceito tolo da "frieza nórdica". Não parece um sueco: parece um latino. Visíveis influências de Greta Garbo...

Para terminar, um forte *shake hands* a Herbert Brenon, o hábil diretor que tão bem soube fazer de um velho tema um poema novo. (O tema: uns deixam de rir, outros deixam de chorar por causa de uma mesma mulher. O poema: ... E ainda é assim no século do cinema.)

G.

# Terça-feira, 23 de abril de 1929
# CINEMATOGRAPHOS

## *O homem que ri*, no República e no Santa Helena

Eu vi este filme com os olhos de um fã do século XX, e não com os de um literato de qualquer outro século. Quer dizer: atendi ao cinema e não ao romance. Em outras palavras: assisti à obra de... de Paul Leni e não à de Victor Hugo.

Sim, Paul Leni. Ele domina integralmente esta bela produção da Universal. Folheado por ele e por ele anotado – sublinhado aqui, cancelado ali, alterado além... –, o romance hugoano transforma-se numa obra nova, sintética, essencial e, por isso mesmo, mais viva, mais impressionante, mais comunicativa. Leni, o verdadeiro criador do *mystery film*, da *evil beauty* no cinema, é um raro estilista. Tenho a impressão de que ele seria capaz de fazer um filme sem personagens, só de cenários, tal a importância que dá ao quadro onde uma história deve viver. Ele armou uma Inglaterra de 1690 como um costureiro arma um vestido que é belo e tem alma mesmo sem o corpo que o deve animar. A "criação de atmosfera" é a principal preocupação deste grande diretor. Depois, apaixonado pelo quadro, Leni aplica sobre ele as figurinhas humanas de jeito a pôr ainda mais em valor o pitoresco dos seus cenários.

Dir-se-ia que as personagens são apenas a moldura dos seus quadros admiráveis.

Essas personagens que, pois, têm que ser, mais ou menos, passivas nas suas mãos, são, em primeiro lugar, Conrad Veidt,[155] no papel de Gwynplaine. Desta sua deformação, que deveria ser monstruosa, mas que Conrad delicadamente soube tornar apenas pungente, o artista tira um grande partido sentimental. Aquela antítese entre a beleza moral e a deformidade física — tema da estranha obra de Victor Hugo — deixa quase de existir no filme, tal a intensidade da *miasmatic sentimentality*,[156] que emana de toda a comovente pessoa deste Gwynplaine. E, por esse seu extraordinário poder, Conrad Veidt se impõe como um artista raro, quase único nesta espécie.

Para mim, a segunda pessoa nesta película é Olga Baclanova.[157] Essa russa de tanto temperamento criou uma Duquesa Josiana que é um exato comprimido de todo o deboche sujo e desnaturado da época. Esta foi talvez a primeira *performance* da linda e voluptuosa eslava nos Estados Unidos; e tão bem se houve nesse gênero, que os diretores até agora só lhe têm sabido confiar papéis similares (*A Rua do Pecado*,[158] *Docas de Nova York*,[159] *Avalanche*[160] etc.).

Mary Philbin soube ter toda a candura que o papel de Dea, a pequena cega, exigia. E Josephine Crowell produziu uma Rainha Anna inesquecível: ela tem a pompa e tem o ridículo que aquela majestade balofa devia ter.

Brandon Hurst, como Barkilphedro, *bouffon* velhaco; Stuart Holmes, o empomadado e frívolo *lord* David Dirry-Moir; Cesare Gravina, o Ursus dedicado; George Siegmann, como Hardquanonne — completaram eficazmente este *cast*, um dos mais fortes e coesos ultimamente formados.

\*

---

155 Conrad Veidt (1893-1943) tornou-se conhecido pelo papel do sonâmbulo Cesare em *O gabinete do Dr. Caligari* (1919). É também lembrado pelo papel de oficial nazista do filme *Casablanca* (1942).

156 "Sentimentalismo miasmático." (N.E.)

157 Olga Baclanova (1896-1974) é muito conhecida pela vilã Cleópatra, que representa no controverso filme *Freaks* (1932), de Tod Browning.

158 *Street of Sin* (1928), em que Olga atua ao lado de Emil Jannings.

159 *The Docks of New York* (1928), dirigido por Josef von Sternberg.

160 *Avalanche* (1928), dirigido por Otto Brower.

Para terminar, uma observação minha, cujo único intuito é aplaudir ainda mais um pouco o excelente trabalho do diretor: nota-se, em todos os personagens, um excesso de maquiagem. Interpreto e explico isso como um dos meios de expressão de que se serviu Paul Leni para significar a extrema fatuidade da época.

G.

# Sábado, 4 de maio de 1929
# CINEMATOGRAPHOS

## Os horrores de Hollywood

Há muito pouco tempo – apenas dias – uma escritora americana, Margaret Reid, assistia ao *opening* de uma revista,[161] na Broadway. Atrás dela, duas senhoras comentavam, em voz alta, os vestidos que iam entrando. Eram comentários geralmente favoráveis, até que o aparecimento de umas sedas horrendas, de um azul irremediavelmente feio, provocaram o seguinte, breve, surpreendente diálogo:

– Não gosto nada deste...

– Oh! E com essas barras de *fourrure*, então! Até parece uma estrela de cinema!

Essa mulher, apesar de estar falando a uma segunda mulher de uma terceira mulher, tinha extraordinariamente razão. Hollywood é a cidade mais mal vestida do mundo. E isso é tanto mais incompreensível, num tempo em que a odiosa invenção dos *sweaters* de 4 dólares e 95 tornaram todas as mulheres facilmente *garrulous*...[162]

---

161 Guilherme de Almeida se refere à estreia de um espetáculo de revista, estilo de apresentação teatral que mistura música, dança e outras variedades.
162 Termo em inglês para "tagarela".

A simplicidade é uma arte que Hollywood não conhece. Por quê? Porque um vestido que faz um extraordinário efeito entre as luzes e sob o olhar das câmeras, num estúdio, faz um péssimo efeito no Boulevard, no Montmartre, no Biltmore ou no Coconut Grove... Mas as estrelas não querem compreender isso: não querem se convencer de que as retinas de um esteta não se parecem nada com as lentes de uma objetiva. Teimaram em usar na vida o que se usa no cinema.

A população feminina de Hollywood dividiu-se em grupos distintos (distintos?), perfeitamente estandardizados, adstritos a um escalão único, uniforme, invariável. O mais numeroso e detestável deles é o "gênero" *flapper*. Clara Bow e Alice White[163] criaram este padrão; incontinente Hollywood encheu-se de Claras e Alices. Os estúdios, as ruas, os cafés, os *courts*, andam cheios, cheinhos de umas coisas assim: vestido de cintura alta, sem mangas; saias curtíssimas; casacos muito cintados, quase sempre orlados de pele de macaco ou outro bicho já antediluviano; chapéus pequeniníssimos, de há dois anos, muito puxados para a nuca e deixando escapar muito, muito cabelo roçando os ombros. Ah! Estes cabelos bem mereciam um capítulo à parte. Foram copiados de Greta Garbo. Mas Greta Garbo "pode" usar isso: ela é longa, seus vestidos são longos, suas ideias são longas, seus cabelos também podem ser longos. É o "seu tipo". Mas elas, as *flappers*, não querem saber de nada; fecham os olhinhos enormes, batem os pés de saltos imensos e insistem no seu grito de guerra: "*Garbo — or nothing!*".

Outro tipo: a "ingênua". É fácil observar este tipo aristocrático: basta uma porção de filó, uma porção de fitas, uma porção de flores e um chapelão. E a saia "de estilo" mais ou menos galante, muito rodada (evidentemente branca), com uma fita verde, azul ou rosa na cintura e um chapéu de tagal, enorme, leve, transparente, todo cheio de rosas e fitas... Depois, os cachos: os célebres *curls* que Mary Pickford já sacrificou, arrependida...

---

163 Alva Violet White (1904-1983) foi secretária de Charles Chaplin antes de entrar para o cinema como atriz. Sua carreira foi interrompida várias vezes por conta de diversos escândalos envolvendo sua vida privada, até que em 1953 um acidente a retirou definitivamente do *showbiz*.

Segue-se o gênero "dramático". Adotado pelas mulheres bem altas: chapéus tricornes, véus misteriosos; golas altas; confusões de rendas; e, lá embaixo, arrastando-se, a cauda! É nesta cauda... o veneno... Isto, sem dúvida, é perfeitamente dramático, mas inconsequente e nada convincente nas inocências de um chá, de um *bridge luncheon*,[164] de uma *soirée*...[165]

Agora, a "vampira", a "sereia". Negruras profundas: cabelos negros escorridos, com um [bico em feltro] na testa; [chapéu] negro em pleno verão, de dia ou de noite; olhos negríssimos de bistre e rímel, até durante o banho na piscina; alma negra...

\*

Mas não haverá uma exceção? Uma única, nem que seja apenas para confirmar a regra?

Há, há Corinne Griffith.[166] E Margaret Reid diz dela: "*a sartorial Oasis in a desert of bad taste*"...[167]

G.

---

164 Jantares oferecidos por pessoas da alta sociedade aos amigos, seguidos de jogo de bridge.
165 Termo em francês para "reunião", "festa".
166 Corinne Griffith (1894-1979) foi uma importante atriz do início de Hollywood, tendo participado de produções na Vitagraph e na First National, estúdios pioneiros do cinema americano. Era conhecida como "a orquídea das telas".
167 Em inglês no original: "Um oásis de elegância num deserto de mau gosto".

# Sexta-feira, 10 de maio de 1929
# CINEMATOGRAPHOS

## Protesto

Publico, hoje, na íntegra, mas "*ad usum Delphini*", ligeiramente censurada, a carta-protesto que me escreve o sr. Eugenio Rosahoff.

Não vi (os meus pressentimentos não me enganam...) o filme a que se refere a epístola; mas dou a ela publicidade por dois motivos e para dois efeitos: 1º) para prevenir os que, como eu, ainda não viram a fita; 2º) para suscitar polêmicas bravias entre os que já tiveram o prazer de vê-la...

\*

"Il.mo sr. redator – Assisti, agora mesmo, no cinema X..., ao filme *A escolha de miss Brasil*,[168] e fiquei tão revoltado que, sem poder conter-me, resolvi escrever esta.

Será possível que no Brasil não haja meios de pôr limites à ganância dos empresários? Onde está a censura que, neste caso do filme *A escolha de miss Bra-*

---

168 Não há registro de que esse filme comentado pelo leitor ainda exista. Em 1929 o concurso de Miss Brasil, promovido pelo periódico *A noite*, elegeu a representante do Distrito Federal, Olga Bergamini de Sá. Em sua homenagem o compositor João Batista de Oliveira Junior compôs a marcha *Miss Brasil*, que pode ser ouvida, hoje, em muitos *sites* da internet.

*sil*, devia exercitar-se na defesa dos brios nacionais? Como é que foi permitida a exibição desta película feita por fotógrafos que entendem menos de fotografia do que eu, que só sei manejar a minha pequena Kodak nos domingos e feriados? Se esses fotógrafos entendessem qualquer coisa do seu ofício, nunca teriam filmado o que filmaram. Não se trata de uma comédia em duas partes! Trata-se de assunto de orgulho para os brasileiros!

O teatro estava cheio. Logo que começaram a aparecer na tela as *Misses*, rebentaram gargalhadas que não cessaram durante toda a projeção. Fiquei surpreendido. De quem estará rindo esta gente? Com certeza não será das *Misses*, flores escolhidas do seu próprio sangue... Eu não sou brasileiro; mas, que diabo! Estou aqui há oito anos e já me dói qualquer coisa que possa, de leve, ofender esta terra e esta gente. Convenci-me, afinal, de que aqueles que riam não riam das *Misses* de verdade, como eram na realidade; mas, sim, das *Misses* que o fotógrafo fabricou. De fato, não é possível admitir que as representantes da raça brasileira, no que ela tem de melhor, fossem aquilo que a tela apresentou. O fotógrafo, certamente, nunca ouviu falar em efeitos de luz; e, enchendo de sombras horríveis os rostos das *Misses*, fez com que daí desaparecessem, como por encanto, todas as linhas que caracterizavam a beleza. Algumas vistas, apanhadas de cima, desfavoravelmente, portanto, fizeram de certa *Miss* de estatura pequena uma coisa gorducha, irrisória... E, pesando bem as coisas, chego a esta conclusão: ou aquele fotógrafo entende tanto de filmagem quanto eu entendo de chinês; ou tentou transformar, de propósito, numa comédia grotesca o que, para os brasileiros, devia ser uma coisa mais ou menos séria...

Por que se permitiu filmar desta forma, ou melhor, exibir assim, em cinemas públicos, esse desfile da beleza brasileira? Para fazer rir? Protesto! Em minhas veias não corre sangue algum brasileiro; mas conheço gente do Brasil e não posso acreditar que 'as mais belas' sejam aquilo que nos mostrou o fotógrafo... – (a.) Eugenio Rosanoff, SP, 4.5.1929"

Está mais ou menos conforme o original.

G.

# Quinta-feira, 23 de maio de 1929
# CINEMATOGRAPHOS

## Afinal!

... afinal, acreditei no cinema nacional! (Isto rima e é verdade.)

Que foi? Algum dramalhão crioulo com bugres, pretos e galegos insuportáveis? Algum horror patriótico, com figurões nacionais fazendo cócegas na história e no resto da humanidade? Algum caipirismo grotesco, com tatus sorrateiros, enlambuzados de terra vermelha, escorregando ou trepando por literaturas lamentáveis? Algum histerismo melindroso e almofadado, com toalhinhas de crochê, cadeiras austríacas e *cache-pots* degradantes nos interiores teatrais, e costeletas ou *accroche-coeurs*,[169] olheiras ou "ratazanas" nas caras também teatrais? ... Que foi?[170]

Apenas uma coisa linda, chamada *São Paulo: a sinfonia da metrópole*, que foi executada aqui, em surdina, sem qualquer auxílio estranho, sem qualquer

---

169  Termo em francês para o chamado penteado "pega-rapaz".
170  Neste trecho, Guilherme de Almeida elenca criteriosamente todos os defeitos apontados por críticos ferrenhos do cinema nacional. Queixavam-se, sobretudo, do amadorismo dos realizadores, da tentativa piegas de imitar as histórias e os cenários dos filmes importados, da incompetência narrativa dos filmes, das péssimas interpretações e do mau gosto dos filmes inspirados na cultura e na história brasileiras.

"cavação"[171] comodista, sem qualquer cabotinismo, e sem reclames, e sem espalhafatos, e sem escândalos, e sem espetaculosidades, e sem ridículos...; apenas a obra paciente, constante, espontânea, sincera, simples, sadia e comovedora de dois amigos – Rodolpho Lustig e Adalberto Kemeny[172] – trabalhando, juntos, harmoniosamente, com o sacrifício de tudo – tempo e dinheiro – e apesar de tudo, e apesar de todos... Trabalhando durante quatorze meses, ali, na... na *garçonnière*[173] da rua Jaceguai, 99, onde tudo é pequeno, mas bom e completo: os laboratórios, o aparelhamento geral, a sala de projeção...

*São Paulo: a sinfonia da metrópole* é toda a vida desta cidade que tem que ser o nosso amor – porque ela é todo o nosso desejo, todo o nosso pensamento, todo o nosso orgulho, toda a nossa alegria e também, às vezes, toda a nossa tristeza... –, a vida de São Paulo, contada de uma maneira bonita e rápida, clara

---

171 "Cavação" era um recurso muito utilizado pelos primeiros cinegrafistas mais ou menos profissionais, no país, os quais ofereciam seus trabalhos a ricas famílias de industriais e fazendeiros, bem como a políticos e a figuras influentes na sociedade, para documentarem festas, ocasiões sociais de destaque, imagens que promovessem suas empresas ou estilo de vida, como álbuns em movimento, recebendo dinheiro em troca que pudesse financiar produções autorais. Eram chamados "cavadores", e na história do cinema brasileiro essa prática é como o embrião do cinema documentário.

172 Os amigos húngaros, ao que tudo indica, passaram pela Alemanha antes de chegarem ao Brasil, em meados dos anos 1920. Essa passagem por um dos polos mais importantes do cinema europeu certamente serviu de influência para esta obra de vanguarda, rara na cinematografia do país. Embora Lustig e Kemeny negassem que o filme *Berlim, sinfonia da grande cidade* tenha servido de base para *São Paulo*, a semelhança é inegável.

173 Termo em francês que designa uma pequena residência mantida por um homem, geralmente para encontros amorosos.

e convincente. Toda a nossa vida de todos os dias, na nossa cidade de sempre. Não: não é um filme natural: é um poema. Não são apenas flagrantes casuais, sem nexo nem finalidade; são instantâneos felizes de momentos significativos, inteligentemente observados e analisados, tratados com carinho e ligados uns aos outros por um fio delicado, uma sequência fina, que ora entusiasma, ora alegra, ora comove, mas sempre agrada. Uma inspiração de poeta humanizou o olhar sensível daquela objetiva: e a câmera tornou-se um habitante de São Paulo, bem bairrista, bem conhecedor da sua cidade, das suas belezas e dos seus valores... Caminha por aí, essa câmera madrugadora e esperta, desde as primeiras claridades pelas ruas ainda úmidas do sereno e vazias de vida, até o suado entardecer citadino, quando as sombras se alongam, em espreguiçamentos de cansaço, por estes asfaltos cosmopolitas e laboriosos. Tudo o que é a história anônima, o romance coletivo cotidiano, e o obscuro de uma grande cidade moderna, essa câmera soube ver, estudar e contar. Inteligente e sensitiva, tudo ela conseguiu. Tudo... Até mesmo convencer da possibilidade de um cinema nacional certo sujeito cético, bastante pessimista e bastante antipático, que costuma assinar simplesmente...

G.

*Post-scriptum*: Há uma porção de coisas, ainda, valores intrínsecos, que preciso dizer sobre esta primeira produção da Rex Film. Mas isso fica para depois de amanhã.

G.

# Sábado, 1º de junho de 1929
# CINEMATOGRAPHOS

## A grande reclamação

As reclamações foram vindo. De todas as espécies e de todos os sexos possíveis. Eram telegramas assustadores; cartas por portador, expressas, registradas, de porte simples, sem selos...; letras violentas, colegiais, "posadas", naturalíssimas, artificiosas; a tinta, a lápis, a máquina, a carbono...; papéis de todos os tons e preços, bege, heliotrópio, lavanda, marfim, *tango*, até branco; d'Arches, Alton Mill, Lafuma, xadrezinho ou de embrulho...; em todas as línguas vivas, possíveis ou impossíveis, até mesmo em português... Foram vindo as reclamações e foram-se amontoando na minha gaveta e na minha paciência. E eu fui ficando calado. Mas, continuaram a vir, foram vindo... até que a gaveta transbordou e a minha paciência também. Resultado: esta crônica.

Mas, a reclamação? A reclamação, a acumulada reclamação de tantos e tantos meses, é simplesmente contra a inexplicável supressão do *jazz* e das danças na sala de chá e bebidas do Odeon. Aquilo – dizem, "*a una voce*", como coristas de ópera, todos os meus afinados reclamantes – aquilo era o consolo das monótonas noites paulistanas; o "*refugium peccatorum*"[174] dos tristes e desamparados; o hospital dos hipocondríacos; "a válvula de segurança que a

---

174  Em latim no original: "Refúgio dos pecadores."

máquina paulistana tinha para garantir a integridade da sua caldeira, quando havia excesso de pressão produzida pelos vapores da melancolia" (esta derradeira imagem é copiada textualmente de uma das minhas mil e uma cartas: a de um foguista da E. F. C. B., funcionário de superluxo)... De repente, alguém acabou com aquilo: estrangulou o *jazz* e paralisou as pernas. Ora, não se pode razoavelmente compreender um ambiente tão atual, tão americano, tão cinematograficamente *yankee* como aquele – *soda fountain*, *waffles*, *ice-creams* e leites maltados – sem o *whoopee*[175] inocentíssimo das pernas e das baterias. Só aquele "alguém" estrangulador e paralisador é que pode compreender isso.

Mas, quem será esse "alguém"? – A polícia? O juiz de menores? A própria Empresa? O arcebispo? O papa? Uma sobrecasaca? O Exército da Salvação? Catão? O Diabo? As almas de Chopin e de Nijinsky? Ou, o que é muito pior do que tudo isso junto, um abaixo-assinado de mães e pais de família pudibundos, que ainda acreditam em crochê, valsa, colete Dupeyrat, bolinhos de cará e outras "prendas domésticas"?... Quem será esse "alguém" neurastênico e intolerante?

Aí está.

Agora, se eu for preso, fuzilado, excomungado, deportado, incinerado, comido, ou mesmo felicitado pelos meus ótimos amigos os srs. pais e mães de família; se qualquer dessas cóleras se desencadear sobre mim; vingue-me, ó meus amáveis reclamantes! (Principalmente você, fogoso foguista da E. F. C. B., que costuma ter em suas mãos tantas vidas preciosas!)

G.

---

175 Termo utilizado nos anos 1920 para designar algo descontraído e "descolado".

# Terça-feira, 4 de junho de 1929
# CINEMATOGRAPHOS

## *Dom Quixote* no São Bento

Negue-se a esta fita o que se quiser negar; uma coisa, entretanto, um grande valor, não se lhe pode, sem muita injustiça, recusar: a perfeita, absoluta exatidão das duas figuras centrais. Carl Schenstrom e Harold Madsen são, de verdade, Dom Quixote e Sancho Pança. Aquele Dom Quixote e aquele Sancho são mesmo a materialização dos dois pensamentos de Cervantes; são mesmo a realização da ideia que toda a humanidade tem feito deles; são mesmo as duas figuras tão meticulosamente tratadas por Gustave Doré, e que saíram das páginas dos livros familiares e começaram a mover-se na tela.

Este *Dom Quixote*,[176] que o Cine São Bento começou ontem a exibir, dá ao público o ensejo de "ver" aquilo que ele não teve, nem tem, nem terá mais tempo de "ler". E vale a pena ver isso. Vale a pena sentir, em Carl Schenstrom, o ridículo doloroso do pobre Cavaleiro da Fantasia: sofrer um pouco com ele a voluptuosa angústia da ilusão, o martirizante prazer do ideal. Vale a pena a gente integrar-se, um momento, naquele símbolo vivo do Sonhador: na sua figura fina e desconjuntada, perdida sempre nas paisagens áridas da Andaluzia,

---

176 Trata-se da adaptação dinamarquesa do clássico de Cervantes, dirigida por Lau Lauritzen em 1926.

e crescida, enorme de solidão; no seu olhar desvairado, longínquo, sempre aberto para a beleza do que não existe, e sempre fechado para a tristeza do que existe; no seu abandono de incompreendido tão cercado de gente, e, por isso mesmo, tão só; na sua indiferença superior de iluminado, surdo a todos aqueles pequeninos que conspiravam contra ele, na sombra, segredando entre si, como os irmãos de José: "Eis aí vem o Sonhador: matemo-lo!". E é consolador a gente compreender que há, no fundo de cada homem, um Sonhador que "parece" ridículo, mas "é" sublime; um Sonhador que, afinal, cedo ou tarde, a vida acaba matando, como se mata um corpo; mas cujo sonho é imortal, fica, perdura, como perdura, fica e é imortal o espírito...

E também vale a pena a gente se encarnar um pouco naquele Sancho que Harold Madsen tão magistralmente criou. Porque Sancho é também um símbolo: o símbolo da generalidade. Essa generalidade a que, por mais *raffiné*[177] que se consiga ser, não se pode, às vezes, em certos momentos, fugir. Sancho é aquele que não tem ideais... Ou, pior, muito pior do que isso: aquele que tem ideais possíveis, realizáveis. Por exemplo: ser governador... ser bacharel... comprar um automóvel... casar-se com o dote gordinho... ganhar no bicho... Ideais! Quer dizer: preparativos, proteger-se de decepções, de arrependimentos...

Vale a pena, de vez em quando, a gente cair em si...

Ora, isso tudo que está aí em cima quer apenas dizer que o filme do São Bento é uma lição: uma "aula de vida" a que muita, muita gente está precisando assistir...

G.

---

177 Em francês no original: "Refinado."

# Sexta-feira, 12 de julho de 1929
# CINEMATOGRAPHOS

## Ruídos nacionais

Este meu grande, rico, interessante Brasil é o país das boas intenções.

Alguém poderá supor que estou sendo excessivamente patriota afirmando isso, porque, como se sabe, "a intenção é tudo". Mas não sou tão patriota assim. Neste século muito prático de realizações e materialismos, é sempre preciso a gente ir um pouquinho além das intenções. E isso – diga-se – também temos tentado fazer, de vez em quando, nas várias esferas da atividade humana.

– No cinema também?

Por que não? Apelo para *A vida, paixão e morte do Barão do Rio Branco*,[178] para os vários *Guaranis*,[179] para *O crime de Cravinhos*,[180] para a *Morfina*[181] etc. Ten-

---

178 Filme de 1912, escrito por José do Patrocínio Filho.
179 Referência a diversas adaptações do livro de José de Alencar, feitas entre 1912 e 1926, incluindo as duas versões mais famosas, dirigidas por Vittorio Capellaro.
180 Filme de Arturo Carrari, realizado em 1920. O ator Rodolfo Arena, que se destacaria no cinema brasileiro até os anos 1980, tinha então 10 anos.
181 Filme de Francisco Madrigano e Nino Ponti, realizado em 1928. Tratava-se de um filme do tipo "somente para senhores", com "fins educacionais", que explorava os temas dos vícios e das perversões. Restaram dele apenas fotografias de cena.

tativas falhas. Outras, já muito mais bem sucedidas – *Brasa dormida*,[182] *Barro humano*[183] etc. – vêm secundando aquelas, sensibilissimamente melhoradas. Bom sintoma. Prática da segunda metade do lema da nossa bandeira: Progresso.

Agora, o espírito de atualismo da minha gente está funcionando: cogita-se, já, ao que me consta, de fazer filmes nacionais falados ou sonoros. Aprovo, de olhos fechados, a iniciativa. Somos, além de "essencialmente agrícolas", essencialmente melodiosos. A começar pelo sabiá – clássico e poético bichinho que tanto impressionou o autor do *Peregrino da América*[184] e o bom Gonçalves Dias – e a acabar pela mulata – a musa ótima de todos os fados e guitarras peninsulares exilados aqui, alma do maxixe, estrela bagunça das revistas nacionais – todo o Brasil é divinamente sinfônico.

Temos, pois, como poucos povos, esse extraordinário elemento que precisamos explorar o mais e melhor possível. No cinema sincronizado, principalmente. Um "filme maxixado" será uma grande originalidade nossa, formará uma arte exclusivamente brasileira.

Bato, pois, palmas entusiásticas à nova, louvabilíssima ideia.

Mas... enquanto se trata disso, fico aqui, pensando, muito preocupado, numa coisa:

– Qual o efeito que produzirá, num disco brasileiro para vitafone, o ruído de um bigode postiço caindo no chão, ou de uma barba andó incendiando-se toda?

G.

---

182  Grande sucesso de público e crítica realizado em 1928 por Humberto Mauro, faz parte do que foi chamado "Ciclo de Cataguases", um dos conjuntos mais produtivos e bem realizados do cinema brasileiro.

183  Filme de Adhemar Gonzaga, realizado em 1929 com base em projeto encabeçado pela equipe da revista *Cinearte*.

184  Possível referência ao *Compêndio narrativo do peregrino da América*, de Nuno Marques Pereira, publicado em 1728, contendo alegorias que se passam entre a Bahia e as minas de ouro de Minas Gerais e apresentam cunho religioso, ligado à Contrarreforma.

# Domingo, 14 de julho de 1929
# CINEMATOGRAPHOS

## Boa notícia

Pura coincidência. Já tinham sido escritas e já estavam até impressas as obscuras palavras que, sob o título "Ruídos Nacionais", aqui apareceram anteontem e que significavam o meu humilíssimo mas bem-humorado aplauso ao filme sonoro nacional, quando recebi do sr. Luiz de Barros,[185] do "Moulin Bleu",[186] a seguinte carta:

"Tem esta por fim levar ao vosso conhecimento a próxima estreia, em um dos grandes cinemas desta adiantada Capital, do primeiro filme falado brasileiro.

---

185 Luiz Moretzhon da Cunha e Figueiredo da Fonseca de Almeida e Barros Castelo Branco Teixeira de Barros (1893-1982), formado em Direito, no Brasil, fez estágio nos estúdios da Gaumont, na França, onde estudou Artes, e ao regressar ao Rio de Janeiro, onde nasceu, envolveu-se no meio do entretenimento e passou a fazer filmes. Além de diretor, foi roteirista, montador, produtor, diretor de fotografia e ator. Entre 1914 e 1980 realizou cerca de oitenta filmes.
186 Casa de espetáculos situada no Rio de Janeiro, em cujo palco apresentavam-se teatro de revistas e *shows* de variedades, com artistas regionais e dançarinos.

Lutando com maiores dificuldades que a Western Electric[187] para a perfeita sincronização dos filmes, pelo fato de, no momento, ser impossível, no Brasil, a gravação de discos de rotação vagarosa e do tamanho dos que vêm da América do Norte, o que faz com que sejam precisos quatro discos em vez de um para cada parte do filme – eu, ajudado pelo meu sócio Tom Bill, que (quem diria?) também é mecânico, consegui idealizar os maquinismos necessários para o cinema falado, que deram magníficos resultados nas experiências realizadas. Temos, pois, quase concluídas, nas oficinas de Gustavo Zieglitz, sob a competente direção dos chefes mecânicos Francisco Fuerbach e Kurt Koschar, os nossos aparelhos definitivos de projeção, já estando terminados há tempo os de filmagem, com os quais, há quase um mês, junto com José del Picchia, vimos trabalhando. A parte falada e sonora, que é a mais pura que se pode desejar, está a cargo dos conhecidos radiotécnicos Moacyr Fenelon e Romeu Muniz Barreto. Válvulas de grande poder em *push-pull* alimentam os *power amplifier*, que fornecem perto de 50 watts aos alto-falantes... Toda esta aparelhagem vai a mais de 100 contos de réis...

Quanto à filmagem propriamente dita, já temos dois filmes perfeitamente falados, cantados e sincronizados, ambos de grande metragem, com *mise-en-scène*, interpretação e fotografia perfeitas, intitulados *Acabaram-se os otários*[188] e *Uma Encrenca no Olympo*,[189] tendo como principais intérpretes Tom Bill e Genésio Arruda...

Muito em breve teremos o prazer de proporcionar uma exibição privada à imprensa, a quem pedimos amparar essa iniciativa, tratando-se de filmes brasileiros, assuntos brasileiros e máquinas brasileiras..."

\*

---

187  Mesma empresa que desenvolveu o Vitaphone para que a Warner Bros. realizasse *O cantor de jazz*, em 1927.

188  Escrito por Menotti del Picchia e Luiz de Barros, esse filme é composto basicamente de *sketches* de músicas, anedotas e danças, à moda do teatro de revistas. É considerado a primeira chanchada do cinema brasileiro.

189  Assim como *Acabaram-se os otários*, foi rodado em 1929 e era composto de episódios independentes com músicas, danças e cenas cômicas.

Lembro-me de haver escrito aqui, não há muito tempo, num tom aparentemente irônico, uma sinceríssima opinião minha: que o nosso cinema deveria começar pelo começo, isto é, pelo filme cômico. A comédia é sempre a escola; o drama é a vida prática! *"Le rire est le propre de l'homme"*[190] — e nunca saberá chorar ou fazer chorar, na vida, quem não aprendeu a rir ou a fazer rir, na escola... *Voilà!*

Assim, a boa nova assume, para mim, as proporções de uma natural, íntima, intensíssima satisfação: a satisfação do conselheiro ou do profeta que viu seguido ou realizado o seu aviso ou o seu vaticínio.

*Laus Deo!*[191]

G.

---

190  Em francês no original: "O riso é próprio do homem."
191  Em latim no original: "Louvado seja Deus."

# Quinta-feira, 18 de julho de 1929
## CINEMATOGRAPHOS

# Epitáfio

Aqui jaz o cinema.

"*Rosa simul florivit...*"[192] — Flor de celuloide, que abriu na manhã deste século, enfeitou o mundo com o seu brilho de sombra e a sua voz de silêncio. Pela sua corola trêmula passaram e palpitaram mulheres e homens, como insetos. E, entre as suas pétalas, a emoção dos artistas, o pensamento dos sábios, a cobiça dos magnatas e a crendice da plebe viveram, dourados de dólares, como um pólen... Floriu como uma rosa...

"*... Et statim periit!*"[193] Ora, um desejo súbito de novidade cegou o mundo. E, cego, sem poder ver, o mundo quis ouvir: quis que a flor de celuloide falasse, ou cantasse, ou gemesse, ou sorrisse alto, para o gozo dos seus ouvidos. Então, soprou forte sobre ela, para que o ar fizesse vibrar em sons as suas fibras mínimas. Mas a flor silenciosa baixou as pétalas para a terra... E murchou de repente...

Aqui jaz o cinema.

G.

---

192  Primeira metade do epitáfio latino "Floriu como uma rosa, mas logo morreu".

193  Final do epitáfio citado acima.

## Aparelho cinematográfico que funciona automaticamente

Nova York, 17 (H.) – Os jornais ocupam-se do curioso invento do sr. Robert C. Belgain que ideou e acaba de construir um aparelho cinematográfico automático, destinado ao grande público e que reúne todos os aperfeiçoamentos ultimamente alcançados nesse terreno.

A máquina projeta, mediante a simples introdução de uma pequena moeda de 10 centavos no orifício apropriado, filmes falados ou cantados e isso em plena luz do dia, pois o seu funcionamento se dá graças a um mecanismo interior, totalmente independente das condições externas.

O inventor, que deu ao aparelho o nome de "acrofone", confia plenamente na sua rápida propagação.

# Terça-feira, 30 de julho de 1929
# CINEMATOGRAPHOS

# O filme de Olympio Guilherme

Dois anos – sim, dois anos! – o meu pensamento assustado morou em Hollywood, cheio de temores, sim, mas, no fundo, com uma espécie de confiança instintiva, acompanhando, como talvez nem mesmo a sua própria sombra fosse capaz de fazê-lo, a todo momento, todos os gestos e todas as ideias de Olympio Guilherme. Eu sentia que, um dia – e esse dia é o de hoje – aquela minha pequena, mas firme, confiança havia de ter uma explicação razoável. E teve. Afinal, Olympio Guilherme fez o seu filme: uma adaptação da sua novela *Scandal*, que, no cinema, recebeu o nome de *Fome*.

É no *El Heraldo de Mexico*, de 27 de junho último, órgão da colônia mexicana de Los Angeles, que Agustin Aragon Leiva falou, por mim, sobre esse primeiro trabalho do meu amigo e patrício. Aí vai o que ele, entre outras coisas mais, disse de Olympio e do seu filme:

"... Olympio Guilherme empreendeu, através de vários meses de cuidadosa investigação e aprendizagem da técnica mais moderna, a produção de uma película concebida de uma forma original e homogênea, e levada a cabo sob a direção do próprio Olympio, que, como Chaplin em suas fitas, tornou-se, ao mesmo tempo que autor do argumento, ator e 'supervisor' do fotodrama.

Os grandes estúdios, para fazer uma película como Fome, teriam gastado pelo menos meio milhão de dólares, sem entretanto ter conseguido essa admirável unidade que caracteriza as obras de Chaplin e que agora se manifesta no trabalho deste brasileiro. O argumento é de uma simplicidade exata: não há aí, a deformar a realidade, nenhuma tortura; tudo é verdadeiro, tudo é humano. Mas o essencial, num filme, não está propriamente na trama da história, mas na sua expressão, no seu desenvolvimento normal... Por isso, quem vê Fome recebe uma profunda impressão estética. Trata-se de uma série de episódios mais ou menos vulgares, que podem acontecer a milhões de homens: e, como o título o indica, o problema do pão. Pintura dos sofrimentos e aventuras de um derrotado, um vencido, um miserável, um pária, um *underdog* – nada mais; mas uma pintura patética, simples, pungente, que fere a alma sob uma forma perfeitamente artística.

Olympio Guilherme, como ator, é de uma naturalidade assombrosa: não tem efeminamentos nem exageros; mas um pantomimismo expressivo, bem difícil de obter-se, pois que o personagem que ele encarna quase não difere de um bobo, um desses pobres seres que se surpreendem, na vida, sem recursos suficientes para lutar, e que dela recebem uma série completa de golpes que, cedo ou tarde, os levarão ao fracasso definitivo.

Há, entre Olympio Guilherme e Charles Chaplin, um ponto de contato: ambos levaram à tela o tema doloroso, mas sempre grandioso, dos vencidos, esses que valem menos do que os animaizinhos de luxo e que, por isso mesmo, Chaplin chamou de *underdogs*. Olympio Guilherme, para ser original, evita imitar Charlot, que é inimitável. Charlot joga com o fantástico, com o irreal, e do cômico eleva-se ao trágico; Olympio vai por caminhos mais simples e nem por isso acessíveis a todos: joga com o realismo, e esse realismo, perfeitamente dosado e ao mesmo tempo equilibrado pelo critério artístico, nunca é grosseiro nem vulgar, mas sempre contundente, certeiro, o que faz com que, nas suas linhas gerais, o filme de Olympio se aproxime um pouco das fitas alemãs, posto que sem a rudeza que às vezes caracteriza esta técnica. Do patético, do trágico, Olympio passa espontaneamente para o cômico, ao contrário de Chaplin..." etc.

Há outras mil informações e outros mil elogios ao trabalho de Olympio: deles me servirei oportunamente. Por enquanto, o que eu quero é apenas contar a todos os brasileiros que, como eu, daqui viram partir e aqui ficaram "torcendo" pelo patrício querido, que o nosso coração, ainda desta vez, como todos os corações do mundo, não nos enganou.

G.

# Quinta-feira, 19 de setembro de 1929
# CINEMATOGRAPHOS

## Sobre *A escrava Isaura*

Vi, há dias, em exibição reservada, algumas amostras do que vai ser *A escrava Isaura*[194] – filme paulista da Metrópole. E, do que vi, acho que posso concluir, sem precipitações insensatas, nem otimismos brasileiros, nem patriotismos inoportunos, que o cinema nacional vai ter um bom filme.

Produzir um bom filme no Brasil – onde os centros civilizados se atulham da superprodução estrangeira, onde tudo é difícil, quando não impossível: artistas, técnicos, "extras", materiais, estúdios, luz artificial e, sobretudo, compreensão geral... – é um lindo heroísmo. Principalmente se esse filme é, como *A escrava Isaura*, obra de ficção e não simples reportagem cinematográfica.

O que eu vi é um pouco mais do que uma pequena amostra: já uma demonstração. As partes salteadas, ainda não enquadradas, de *A escrava Isaura* mostraram-me, antes de tudo, o cuidado e tato na escolha dos personagens. Estão certos; são humanos: são gente e não fantoches ou caricaturas. Depois, impressionou-me a fotografia. Tanto a de exterior como a de interior, tanto a de distância como a de aproximação, é nítida, bem iluminada, artística muitas

---

194 Único filme dirigido por Antonio Marques Costa Filho, que foi ator nos filmes de José Medina.

vezes. Afinal, ficou-me na lembrança a feliz composição e desenvolvimento de alguns quadros. Toda a sequência da senzala, por exemplo, é uma realização. Não é mais um esboço; não é mais uma tentativa. Tem estudo; produz efeito. Há, aí, instantes de verdadeira beleza e de fina observação.

\*

Ora, isso tudo me alegra e me encanta. Isso me dá a surpreendente alegria e o imprevisto encanto das apostasias, das novas convicções adaptadas de repente. Afinal, ver estremecer assim, de um momento para outro, no seu sólido pedestal de pessimismo uma velha e absoluta descrença – como tem sido a minha – na possibilidade de uma arte cinematográfica nacional, uma cristalizada incredulidade na filmagem brasileira, é, pelo menos, uma volúpia, uma sensação nova, e "nova", para mim, quer dizer: agradabilíssima...

G.

# Sexta-feira, 27 de setembro de 1929
# CINEMATOGRAPHOS

## *O cantor de jazz*, no República

Al Jolson...

Aquele letreiro, no meio do filme, tem razão: "Muitos cantam para o *jazz*; mas Al Jolson canta com uma lágrima na voz"...

Ora, essa lágrima é justamente todo o grande, inesquecível encanto desse melodrama tão sereno que é *O cantor de jazz*. Ela era inevitável, num filme como este, que nada mais é do que uma autobiografia do grande Al, desse "*blackface jazz singer*", tão estranho e tão popular, tão branco de espírito e sentimento, sob aquele *make-up* negro que parece inventado de propósito para realçar ainda mais, pelo contraste, a claridade da sua alma, do seu coração e da sua voz.

Um menino judeu do gueto nova-iorquino, que luta entre a fé e a vocação, entre o sangue e a glória, entre a sua mamãe e a sua estrelinha, entre a sinagoga e o palco, entre o *East Side* e a *Gay White Way*... Isso, essa verdade da sua vida, Al Jolson celebra com uma dolorida consciência, com uma convincente sinceridade, uma espécie de saudade artística, desde o *ragtime* de há uns 20 anos, até a atualíssima canção da Broadway. E, neste *Mammy*, como naquele *Blue Skies*, como até mesmo no solene Kol Nidre[195] israelita, há sem-

---

195 *Kol Nidre* é o canto judaico usado na abertura das cerimônias em sinagogas na noite do Yom Kippur, o Dia do Perdão.

pre e sempre uma mesma lágrima na sua voz; aquela lágrima que lubrifica as expressões, que é tão e tão parecida com os seus olhos latinos, grandes, bons, líquidos, móveis, sofredores – esses olhos profundamente humanos, que a gente vê uma vez e nunca mais esquece...

\*

Ao filme, em si.

Ele é a obra clássica do cinema dos sons. Os Irmãos Warner – os criadores, os iniciadores da grande novidade – eram, antes, chamados "os clássicos da tela". Agora, confirmam isso: são também os clássicos do *sound*.

Vendo-se e ouvindo-se este *The Jazz Singer*, que data de dezembro de 1927 – as suas cenas de *coulisses*,[196] com estrelas, coristas, ensaios-gerais, aplausos... – a gente compreende, agora, o quanto este filme foi imitado, plagiado mesmo, em quase todas as produções que se lhe seguiram. Ele é o tronco de toda uma árvore genealógica: todos os outros filmes descendem dele; alguns, direta, outros, indireta, outros... tortuosissimamente – mas descendem. Assisti, há uns dois meses, aqui em São Paulo, a um filme que nada mais é do que uma cópia despudorada, ridícula d'*O cantor de jazz*, no tema, nos processos, na técnica, em tudo...

Quem se interessa por cinema ou, pelo menos, quem gosta da nova indústria do filme sonoro – quer dizer: todo o mundo – deve, precisa ver *O cantor de jazz*. Ele é um documento: o documento inicial e básico da história de uma arte que começa.

G.

---

196  Em francês no original: "Bastidores."

# Domingo, 20 de outubro de 1929
# CINEMATOGRAPHOS

# Capítulo quase sério

Imagino bem o suave juízo que algumas pessoas mais ou menos masculinas costumam fazer do teimoso "G." que, há 3 anos, com uma constância invejável, vem assinando esta crônica do *Estado*. Essas pessoas acham o sr. G. "um sujeito detestável, pedante, leviano, fútil, ignorante, pernicioso mesmo e, principalmente, incapaz de tomar qualquer coisa a sério" etc. Mas, assim mesmo, por um místico espírito de martírio, de mortificação, de sadismo, entregam-se quase cotidianamente, de corpo e alma, à leitura desta coluna...

Realmente, eu nunca "tomei nada a sério", nem mesmo os mártires veneráveis. Estes devem saber quanto é doloroso "tomar a sério" qualquer coisa: eu não sei. Entretanto, sou bem capaz de fingir seriedade. E, para provar essa minha capacidade, passo a tratar agora, muito seriamente, de um assunto sério.

*

Quero refletir, um instante, sobre o clamor patriótico e geral que vai pela nossa imprensa contra o cinema falado americano, considerado como temível fator de desnacionalização. Os protestos, vários na forma, mas idênticos no fundo, podem-se resumir nisto:

— Desaforo! Um abuso! Onde iremos parar? É preciso reagir! É preciso combater essa introdução de uma língua estrangeira no nosso país! Sejamos patriotas!

Etc. etc. etc.

Entretanto, os senhores nervosos que protestam assim são os mesmos nervosos senhores que sempre que podem, gostam de dizer que "somos um país de analfabetos". Pois bem! Mas, sejam coerentes, meus senhores! O cinema falado – isto é sabido ou, pelo menos, é evidente – foi o resultado da derrota do cinema silencioso, isto é, veio para substituir os letreiros nos filmes. A arte muda recuou, desesperada de si mesma: incapaz de se exprimir totalmente pelo silêncio, e não querendo mais servir-se do péssimo bordão das legendas escritas, que cortavam ou retardavam a ação, recorreu ao som. Ora, se somos mesmo "um país de analfabetos", isto é, se nossas plateias não sabem ler os letreiros dos filmes, é melhor para elas que ouçam. Só assim conseguirão aprender de ouvido, por um método muito divertido, uma língua nova – o que é sempre melhor do que não saber nenhuma, não é mesmo? Isso, além do mais, concorrerá extraordinariamente para despertar no brasileiro o amor à sua língua: porque, uma vez conhecendo ele profundamente, como eu, por exemplo, o idioma de Stan Laurel,[197] só assim poderá, por confronto, admirar e venerar ainda mais as doçuras do idioma de Camões.

G.

## O cinema sonoro no Alhambra

Lembro. Faz pouco mais de um ano, a rua Direita (não me foi preciso esforço algum para eu evitar aqui um "a nossa Broadway", "a nossa Rue de La Paix"...: detesto comparações), a rua Direita *tout court* recebia o seu batismo

---

197 Stan Laurel (1890-1965) é mais conhecido como o magro da dupla "O gordo e o magro", ao lado de Oliver Hardy (1892-1957).

de celuloide: inaugurava-se o Alhambra,[198] primeiro e único cinema naquela *peacock alley*. Faz pouco mais de um ano... E já ontem ela foi crismada: recebeu a santa confirmação do "som"...

Não vi, não ouvi ainda *Sedução* (*Where East is East*), da Metro-Goldwyn-Mayer, isto é, não vi nem ouvi ainda Lon Chaney, Lupe Vélez, Estelle Taylor, Lloyd Hughes movendo-se, entre sons, naquela sala do Alhambra, longa, sombria, discreta e caprichosa como os grandes mosaicos mouriscos do velho alcácer de Granada... Por isso, hoje, a minha palavra é apenas uma palavra de alegria pelo acontecimento tão importante e tão agradável que traz para a renovada rua Direita o cinema sonoro — a única nota de modernidade que lhe faltava.

G.

---

198  O Alhambra foi inaugurado em 1928, no número 33 da rua Direita.

# Quinta-feira, 7 de novembro de 1929
# CINEMATOGRAPHOS

## Mais um cinema...

... em São Paulo.

É uma boa notícia?

Esta pergunta racha, incontinente, a humanidade – pelo menos esta minha boa humanidade de São Paulo – em duas metades.

A primeira metade é toda feita de gente *collet monté*:[199] fichus[200] e sobrecasacas de Semana Santa, ou *aigrettes*[201] e peitilhos engomados[202] de ópera lírica. Gente superior, que olha para o cinema com repugnância ou com desdém – segundo o seu grau de virtude ou de cultura século XIX – como se olhasse para um autêntico demônio todo sulfuroso e completamente posto no índex, ou para um passatempo insignificante e grosseiro de crianças e lacaios...

---

199 Termo francês correspondente a "pedante", "empertigado".
200 Vestimenta triangular que recobria o pescoço de senhoras de classe alta.
201 Tipo de penacho que, junto de uma joia ou pedra preciosa, compunha um ornamento usado em chapéus de senhoras da classe alta.
202 Peça do vestuário que recobre o peito da camisa, usado por senhores, à época, em trajes de gala.

A segunda metade é toda feita de gente do *whoopee*: *maillots*[203] de banho e *sweaters* de golfe, ou lápis vermelhos *kissproof*[204] e movimentos de *break-away*[205]... Gente que olha para o cinema com volúpia ou com admiração – segundo o seu grau de "fanatismo" ou de liberdade século XX –, como se olhasse para um último pedaço de seda de Augustabernard,[206] ou para o *ice cream* mais colorido de todos que jorrou de uma *soda fountain*[207] geladíssima, numa noite tórrida de espeloteamentos...

\*

Agora, pessoa queridíssima e pacientíssima, que conseguiu ler isso tudo: em qual dessas duas metades você quer se colocar para receber a notícia que se segue?

A notícia: – Quadros Junior,[208] o nosso bem conhecido homem de cinema, acaba de assinar com o Club Comercial um contrato de arrendamento do novo Theatro Pedro II. E aí, na qualidade de diretor da sucursal do Programa Urania de São Paulo, vai começar a lançar, ainda este mês, os grandes filmes alemães. Um deles: *Rapsódia Húngara*,[209] da UFA,[210] que está fazendo sucesso

---

203 Antigo maiô de banho, recatado para nossos dias, mas muito ousado nos anos 1920 e 1930.

204 Novidade para a época, os batons *kissproof* duravam até 24 horas nos lábios.

205 Ritmo de dança em moda entre 1919 e 1927, derivado do *charleston* e do Texas Tommy, mas dançado predominantemente ao som do *jazz*.

206 Augusta Bernard (1886-1940) foi uma estilista francesa responsável pela renovação do vestuário feminino nas décadas de 1920 e 1930.

207 O que hoje conhecemos como máquina de refrigerante.

208 João Quadros Junior, jornalista e agitador cultural, membro da Empresa Paulista de Diversões e um dos principais responsáveis por algumas das salas de cinema mais importantes da cidade de São Paulo, entre elas, o Cine República.

209 *Ungarische Rhapsodie* (1928), dirigido por Hanns Schwarz, tendo em seu elenco Lil Dagover, que ficou conhecida por seu papel em *O gabinete do Dr. Caligari* (1919), e Willy Fritsch, que atuou em obras importantes, como *Os espiões* (1928) e *A mulher na Lua* (1929), ambas dirigidas por Fritz Lang.

210 Sigla da empresa cinematográfica Universum Film Aktiengesellschaft, criada pelo Estado em 1917 para divulgar filmes de propaganda da Primeira Guerra Mundial. Com

invulgar em todo o mundo – dizem. Depois… Depois virão os filmes sonoros alemães… (Não se assustem! Os alemães estão fazendo fitas cantadas e faladas em francês, italiano e espanhol.) Depois… Não sei…

\*

Então? Em qual daquelas duas metades da humanidade sente-se você colocado neste momento, pessoa queridíssima e pacientíssima que conseguiu ler tudo isto, até aqui?

G.

---

participação de estúdios como a Nordisk e a Decla, a UFA produziu até o final dos anos 1920 alguns dos mais importantes filmes alemães, revelando diversos diretores, tais como Carl Mayer, Fritz Lang, F. W. Murnau e G. W. Pabst. A UFA também distribuía seus filmes no mercado exibidor nacional e internacional, e detinha diversas salas de cinema em várias cidades, incluindo São Paulo. A partir da ascensão do regime de Adolf Hitler, a UFA passou a servir como máquina de propaganda nazista.

# Domingo, 10 de novembro de 1929
# CINEMATOGRAPHOS

## Três anos

A minha primeira vontade foi deixar que passasse despercebida, num cômodo esquecimento, num confortável silêncio, a data de hoje: terceiro aniversário desta pequena, pequenina, pequenininha seção do *Estado*. Depois, refleti melhor: três anos ainda não bastam para que alguém ou alguma coisa deixe de fazer anos. Isso é bom para os velhos ou, pelo menos, para os que se creem velhos. Ora, esta seção é ainda – e espero que há de ser sempre – perfeitamente infantil. Infantil! Como o próprio cinema, que é o seu deus. Deus criançola, tão criançola que – vejam! – só há muito pouco tempo começou a falar. E começou, como todo *baby* respeitável e digno, com um "*maman*!" invariável, fatal: aquele "*Mammy*!" tão doloroso do tão doloroso Al Jolson...[211]

*

Dizem que há sempre uma fada boa ou má – Viviana ou Beryluna – que preside ao nascimento e dirige os destinos das criancinhas pela vida. Não sei

---

211 Referência ao filme *The Jazz Singer*, cuja crítica de Guilherme de Almeida encontra-se nesta seleção.

se foi boa, não sei se foi má a fabulosa madrinha deste meu "Cinematogra-phos". Sei apenas que foi um espírito bem-humorado que sempre teve e em-prestou sempre ao seu afilhado aquela única sabedoria aceitável, aquela única filosofia decente, aquela única atitude possível neste mundo: não levar nada a sério. Nada: nem mesmo essa sabedoria, essa filosofia, essa atitude. Nada! E, principalmente, ninguém.

G.

# Terça-feira, 19 de novembro de 1929
# CINEMATOGRAPHOS

## A lei contra o filme falado (I)

Na sessão de sábado passado, foi apresentado, na Câmara Municipal, o seguinte projeto de lei:

"A Câmara Municipal de São Paulo decreta:

Artigo 1º – Ficam sujeitas ao imposto de quinhentos mil réis por sessão as empresas cinematográficas que exibirem fitas faladas ou cantadas em idioma estrangeiro.

Artigo 2º – Revogam-se as disposições em contrário."

Ora, a propósito desse projeto, que visa defender a integridade do nosso idioma, mas que se apresenta visivelmente incompleto, recebi do sr. H., um de meus mais antigos e constantes colaboradores, a proposta de algumas emendas necessárias. Nem o sr. H. nem eu temos prática de redigir leis; por isso, conservo, em toda a sua ingenuidade a redação original dessas sugestões, apenas acrescida de alguns pontos complementares, que me pareceram indispensáveis. Ei-las:

"Substitua-se pelo seguinte o Artigo 2º:

Artigo 2º – Ficará sujeita ao pagamento do imposto de R$...$... por espetáculo toda companhia de óperas, operetas, dramas, comédias, revistas etc., faladas ou cantadas em língua estrangeira.

E acrescentem-se-lhe os seguintes artigos:

Artigo 3º – Pagará o imposto de R$...$... cada disco fonográfico gravado em qualquer língua que não seja a portuguesa (canto ou dicção).

Artigo 4º – Ficarão sujeitos ao imposto de R$...$... por exemplar todos os livros, jornais, revistas, publicações diversas, impressos em língua estrangeira.

Artigo 5º – Todas as escolas, faculdades, academias, institutos, enfim, quaisquer casas de ensino ou educação, que adotarem livros ou ensinarem conversação, leitura ou composição em língua estrangeira, pagarão o imposto anual de R$...$...

Artigo 6º – As estações radiotelegráficas que irradiarem diretamente ou transmitirem de estações estrangeiras quaisquer comunicações, cantos, recitativos etc. que não sejam em língua portuguesa, pagarão o imposto de R$...$... por onda.

Artigo 7º – Todos os ofícios religiosos, cânticos litúrgicos, orações etc., de qualquer crença, que forem celebrados, cantados, recitados ou publicados em língua estrangeira, mesmo que seja em língua morta, ficarão sujeitos ao imposto de R$...$... por palavra.

Artigo 8º – Revogam-se as disposições em contrário."

\*

Acho perfeitamente oportunos e, sobretudo, altamente patrióticos esses impostos. Numa época de crise negra, como a que ora atravessamos, o povo precisa de patriotismo e o governo precisa de dinheiro.

G.

# Domingo, 24 de novembro de 1929
## CINEMATOGRAPHOS

## A lei contra o filme falado (II)

Começam a vir, com grande presteza, e eu começo a publicar, com grande satisfação, as opiniões dos meus distintos colaboradores sobre a discutida questão do projeto de lei municipal que visa, por meio de impostos proibitivos, impedir a exibição, entre nós, de fitas faladas em língua estrangeira. De uma dúzia de cartas, que aqui estão, transcrevo hoje apenas as que puderam caber nesta exígua coluna. Não faço classificação nem escolha: tiro as cartas por sorte, ao acaso, como de um baralho... "Aí vá!" – como diz o cavalo de copas dos naipes espanhóis...:

"Francisco Luiz A. Salles" escreve:

"Acho verdadeiramente sem cabimento essa proibição inútil... Qual o brasileiro de verdade que há de, por um só momento, trocar a língua maravilhosa que possui pelo inglês horrível do cinema falado, o inglês que o vitafone ainda mais deturpa, tirando-lhe a pouca beleza que possui? Eu acho o cinema falado o mais inocente de todos os meios pelo qual poderemos renegar a nossa nacionalidade...".

"Luiz Bastos" diz:

"Estou veramente com o corajoso Medeiros e Albuquerque: o filme falado em outros idiomas que não o nosso é um crime... Devemos todos reagir energicamente, alijando-o completamente da nossa terra, quer queiram quer não queiram os brasileiros-estrangeiros. Os jornais, os discursos, as conferências, os sermões, as declamações, as óperas, os livros, as peças, os discos falados ou cantados em outras línguas, não produzem os efeitos nocivos, lamentáveis, perigosíssimos dos filmes. Pela sua vitoriosa e esquisita universalidade, o cinema arrasta, ilude, magnetiza, deslumbra e... corrompe, suave, doce, milagrosamente a milhares e milhares de pessoas de todas as castas sociais. Um perigo. É um perfume gostoso que estonteia, inebria e... como sentimos a volúpia da imitação; como somos um dos povos mais analfabetos do mundo; como desejamos saber todas as línguas menos a nossa; como exaltamos, conhecemos e defendemos apaixonadamente todos os países menos o nosso; como pregamos o que é mau, copiamos o que é ridículo, glorificamos o que é corrupto; como, infelizmente, não temos ainda educação social, independência literária e cultura política...; como nesta época comodista e venal ninguém diz o que pensa nem pensa o que diz – eu penso e digo que os poderes competentes devem legislar com urgência, hoje ou amanhã, sobre o momentoso assunto, proibindo terminantemente (como a Inglaterra e Cuba acabam de fazer) a exibição, entre nós, de qualquer filme falado em outro idioma que não o nosso".

São de "Cê Jota" as seguintes palavras:

"...um absurdo dos maiores o projeto de lei apresentado na Câmara Municipal, pois esse projeto não visa, está claro, a defesa da nossa língua, mas, sim, uma outra espécie de 'defesa'... A meu ver, o cinematógrafo falado não constitui, para nós, um perigo iminente, como afirmam: dando-nos, ao contrário, uma oportunidade para adquirirmos um pouquinho mais de cultura. A cadeira de inglês consta dos programas do curso secundário por ter sido considerada indispensável aos que pretendem ingressar nas nossas escolas superiores. Como, pois, considerar esse idioma 'indispensável' e, ao mesmo tempo, 'prejudicial'... Esquecem, porém, os que protestam que já há muitos anos, talvez desde que Cabral descobriu o Brasil, os cardápios em todos os restaurantes e hotéis finos, e mesmo em alguns 'grossos', são redigidos em francês, inglês, árabe, chinês etc., mas nunca em português. Esqueçam, também, que em todos os pontos do nosso país editam-se jornais em línguas estrangeiras e que mesmo em alguns, editados em português, encontram-se seções 'desnacionalizantes', cujos artigos são redigidos em línguas 'perigosas'. Outro caso, que poderia ser considerado gravíssimo e tem passado desperce-bido aos 'grandes patriotas'… é o de que a ópera *Guarany*, tão nossa, é cantada em italiano!… Ora, o cinematógrafo, ninguém o nega, sendo purissimamente americano, quer a parte que nos afeta o sentido da vista, quer a parte falada, devemos nós estranhar, quando assistimos aos filmes cantados ou falados em inglês? Sendo as línguas francesa, inglesa e outras 'obrigatórias' no nosso curso secundário e 'facultativas' no cinema, creio que o maior perigo é o apresenta-do pelos nossos institutos de ensino…".

Exprime-se assim "Fan X":

"Por mais que dê tratos à imaginação, não posso por forma alguma com-preender o que é que os filmes falados podem trazer de prejudicial nosso belo idioma, que todo brasileiro e português tem orgulho de falar… Eu, que além de português… sei francês e um pouco de inglês, nunca tive tanto amor ao meu sonoro e meigo idioma, do que depois que comecei a aprender aquelas línguas…".

Por hoje, basta. A todos esses meus missivistas, amabilíssimos, e aos que porventura ainda possam aparecer, o meu "muito obrigado".

G.

# Terça-feira, 26 de novembro de 1929
## CINEMATOGRAPHOS

## A lei contra o filme falado (III)

Continuo hoje a publicar as opiniões que, sobre o projeto de lei apresentado à Câmara Municipal, que visa combater a exibição em São Paulo dos filmes falados em língua estrangeira, vêm chegando a esta seção.

"Mimi Pinson" assim se exprime:

"Considero inteiramente absurda e antipatriótica essa iniciativa. Eu me explico. Por enquanto, as fitas são faladas em inglês, isto é, são perfeitamente compreensíveis para quem é ou entende inglês. Se algum dia, elas começarem a vir faladas em português – aquele mesmo português dos letreiros compostos na América do Norte – ninguém entenderá nada. E quem mais sofrerá com isso será a nossa própria língua: o idioma nacional chegará aqui aos pedaços, ininteligível, lamentável... Ora, isso é ou não é absurdo e antipatriótico?".

"Wilfredo", depois de longamente salientar a superioridade do cinema silencioso sobre o dos sons, e de observar que mesmo nos Estados Unidos a inovação está sendo combatida por muitos, conclui optando favoravelmente ao projeto. Pensam com ele, com os mesmos argumentos e palavras, "João da Cruz" e "Brasiliense".

"O.K." também é a favor da lei. Acha um abuso "a gente pagar 4$000 ou 5$000 por uma aula de inglês na qual o professor nem sequer traduz ou explica, para os discípulos aprenderem alguma coisa, as palavras que pretende ensinar...".

"José N. Salgado" acha que o cinema falado não nos oferece perigo algum. Acredita nas diferenças raciais; se os filmes falados o fossem em língua latina – espanhol, italiano, francês etc. – sim; mas, em inglês, russo, alemão... não há perigo! Observa: "Há muito maior perigo num tango argentino do que em cem fitas faladas em inglês...". Depois, conclui achando inútil o projeto de lei, porque – diz ele – "para mim, o cinema falado cairá por si". Disso fiquei ainda mais convencido ao ler um anúncio de um dos grandes cinemas de São Paulo: "Este filme não tem diálogos em inglês".

Agora, para finalizar, por hoje, a opinião de "Mammy":

"Para mim, G. amigo, uma lei que taxasse de 500$000 ou mais cada exibição de fita falada em línguas estranhas, teria uma só vantagem e um só inconveniente. A vantagem: acabaria, de vez, com o cinema, único divertimento do Zé Povinho, que tomaria juízo e começaria a trabalhar, só trabalhar, nada mais, para enriquecer... não importa quem. O inconveniente: protegeria a indústria cinematográfica nacional, que é um dos mais eficazes meios de propaganda antibrasileira inventados até hoje".

*

Há ainda aqui algumas cartas que, provavelmente amanhã, serão publicadas.

G.

# Quinta-feira, 28 de novembro de 1929
# CINEMATOGRAPHOS

## A lei contra o filme falado (IV)

Prosseguindo na publicação das opiniões, que tão gentilmente me têm sido enviadas, sobre este momentoso assunto (este adjetivo "momentoso" é realmente uma admirável *trouvaille* minha!) reduzo hoje a letra de forma mais as seguintes epístolas:

De "Philophon":

"Um membro ilustre da Academia Brasileira de Letras, meu caro G., conseguiu alvoroçar o conspícuo cenáculo contra as fitas de cinema faladas ou cantadas em língua estrangeira. E logo se reclamaram dos poderes públicos draconianas providências tendentes a obstar a importação de tais 'impatrióticas' películas.

Do disparate que encerra tal alvoroço e consequentes resoluções, já aqui disse há dias, com muito acerto e bom senso, um dos nossos mais apreciados confrades, que por sinal também faz parte do alarmado grêmio. Não chegaram, porém, a tempo os ponderados conceitos deste ilustre escritor, para impedir que a municipalidade paulistana acorresse pressurosa em defesa da nossa preciosa vernaculidade... A Câmara Municipal legislou incontinente, estabelecendo pesado imposto para o cinema falado estrangeiro, justificando o seu ato em considerações de ordem nacionalista.

Verdade é que, ante a autoridade que deverá ter em tais assuntos o mais alto instituto literário do país, a nossa Câmara sempre poderá alegar que, se fez despropósito, não o fez sozinha...

Isso tudo prova, quando mais não seja, quão de improviso e afogadilho entre nós se delibera, tanto nas assembleias intelectuais como nas administrativas. Nenhum debate se esperou que houvesse, na imprensa e alhures, a fim de que o povo, que é afinal a quem o caso interessa, dele se inteirasse e formasse opinião. Mal se suscitou a suspeita de que as fitas faladas eram capazes de ser daninhas, e já academias e intendências clamam e trovejam e excomungam, como se se tratasse de iminente e mortífera calamidade pública.

Bem ponderadas as coisas, as pobres fitinhas faladas em *yankee* ou as futuras, em espanhol, não hão de ser mais perniciosas ao nosso portuguesismo idiomático do que as comédias francesas, a ópera italiana, a revista castelhana, as récitas israelitas, nem os detestáveis espetáculos de todo gênero em que se engalana com foros de cidade o linguajar caipira ou tabaréu, de Norte a Sul. Sem falar nas missas, que em latim se dizem diária e profusamente...

E sem forçada generalização, poder-se-ia perguntar ainda por que não se insurge esse abespinhado patriotismo contra a venda de jornais, revistas e livros estrangeiros, que logicamente devem andar tarados do mesmo vírus desnacionalizante dos filmes americanos.

Não tem cabimento esse teiró exclusivo contra uma determinada estrangeirice, ao lado de tanta indiferença, senão boa vontade, com as outras!

Ora, o que se devera fazer, com acerto, a respeito das fitas faladas em língua estrangeira, era deixar que o público afinal se enfarasse delas, o que pelos modos, não tardará muito a acontecer. Tudo mais é escarcéu inútil e regularmente ridículo.

Do seu *ex corde*, Philophon".

É rápido, incisivo, impressionante o que escreve "Joco Sério". Arma um habilidoso dilema que é uma verdadeira arapuca.

"Eu acho estapafúrdia [diz ele] essa ideia de se taxar proibitivamente o cinema falado, por esta simples razão: ou o espectador sabe, ou não sabe inglês. Se sabe, então já está perdido, pouco importando, pois, que em nossos cinemas se use a língua perigosa. Se não sabe, não será no cinema que ele vai aprender. Adendo: se o cinema lhe despertar o mau desejo de aprender inglês para ouvir as fitas, e, para isso, procurar um professor, ah! meu caro, até ele aprender já outros galos estarão cantando nesta freguesia..."

"Any", fazendo uma piada com esta seção do sr. G., que – dizem os entendidos – é quase que uma sessão de cinema-falado-em-línguas-estrangeiras; "Any", depois de confessar que está "torcendo" pelo mau sucesso da terrível lei, dá como razão da sua "torcida" este ponderosíssimo motivo: "Não há de ser brincadeira o pobre do sr. G. ter que pagar diariamente 500$000 pela publicação de cada um de seus artiguetes!".

"R.A." vê no projeto de lei

"apenas pretexto para lançar novos impostos, diminuindo a cultura do nosso povo. A um país como é o Brasil, em que o povo não é grande amigo dos estudos, quanto bem trouxe o cinema, fazendo-nos viajar por todo o mundo, dando-nos noções dos costumes de povos estranhos, ensinando-nos inúmeras coisas, e tudo isso sem cansar, porque ensina divertindo e distraindo. E agora que o cinema atingiu a um grau de perfeição ainda maior, pois além da imagem dá-nos o som, ficaremos privados dele, pois que é esse imposto senão a extinção completa dos bons filmes, dos filmes americanos?".

"Mil e Cem", de Bauru, concorda e subscreve a opinião de "Cê Jota", aqui publicada.

Remata com estas palavras a carta de "Appolo": "Precisamos encaixar na nossa mentalidade o seguinte: não há, não houve e não haverá lei que possa deter a evolução do mundo, da humanidade e seus costumes. Por isso, não devemos ser Dons Quixotes".

Chega! Continua no próximo número.

G.

# Sexta-feira, 29 de novembro de 1929
## CINEMATOGRAPHOS

## A lei contra o filme falado (V)

Hoje, darei apenas a seguinte, ponderada, inteligente carta, de "Stravoguine":

"Senhor G. – animado pelo seu convite, permito-me a liberdade das seguintes considerações:

Se há noção que, utilizada sem discernimento, dá resultados os mais contraproducentes, é a noção de Pátria. Na maioria dos casos é mesmo mais nociva que útil, podendo constituir um verdadeiro entrave ao progresso dos povos. Não é preciso citar todos os exemplos possíveis; para que se tenha uma ideia disso basta examinar a questão do idioma.

Por que a defesa da língua contra as influências estranhas? Porque a língua está visceralmente ligada à noção de Pátria, e o patriota, que deve defender sua Pátria, deve também defender sua língua. É preciso que cada povo conserve a pureza de seu idioma como um dos atributos de nacionalidade etc. etc.

No entanto, a diferenciação das línguas é, para nós, pura e unicamente, mais um espinho entre os muitos com que nos mimoseia a vida! Dizem que é um castigo divino que carregamos, desde aquele caso da Torre de Babel. Com efeito: como se não bastassem os empecilhos que encontramos no decorrer da existência, ainda existe mais este: o de não nos entendermos senão à custa de grandes esforços e desperdício de tempo. Parte das energias que usamos em nossa luta de todos os dias, dominando a Natureza, ou especulando o enigma de nossa sorte, tem que ser desperdiçada na simples necessidade de compreendermos os nossos semelhantes.

Disse desperdiçada: e esse é o termo, porque, de fato, o esforço dos diversos povos para vencerem as dificuldades consecutivas à variedade dos idiomas é um esforço que bem poderia ser economizado em proveito de coisas melhores, se não fosse esse absurdo linguístico. Entretanto, a civilização revela uma tendência francamente apreciável para nivelar essas dificuldades. As diferenças de idiomas têm suas razões de ser exatamente nas dificuldades da civilização: são tanto mais possíveis, quanto mais difíceis forem as comunicações, o comércio, o intercâmbio intelectual etc. Com as facilidades dadas pelos transatlânticos, aeroplanos, ferrovias, rodovias, telégrafos, correio, rádio, cinema falado etc., os povos se misturam, se confundem e se irmanam. Deixam de ser núcleos isolados, para formarem amálgama indistinta; e como consequência, as línguas tendem a se misturar. Inúmeros objetos e fatos são designados da mesma maneira em duas ou mais línguas diferentes; quer isso dizer que essas duas línguas diferentes têm uma certa porcentagem de palavras comuns a ambas. Quer isso dizer que uma tendência para nivelarem-se já está esboçada e tornar-se-á tanto mais acentuada quanto mais aumentar essa porcentagem. Essa é a tendência natural das coisas, consequência imediata do progresso e que só nos poderá trazer facilidades como resultado.

Não houvesse intervenções, e tudo seguiria normalmente esse caminho. Aqui, porém, aparece o patriota. A mesquinhez de sua concepção não lhe permite conceber a Pátria grande e geral que é a nossa pátria natural – a Terra. Compreende quão acanhado é o espírito de bairrismo, condena os absurdos do regionalismo, mas ignora que está nos mesmos casos. Se a sua inteligência é suficiente para compreender a divisão de um país em vários estados ou regiões como resultado de necessidades meramente administrativas, tanto assim que condena qualquer sentimento menos afetivo entre esses Estados e prega a colaboração recíproca, a unidade de vistas etc.; não lhe basta, porém, para ter a mesma concepção da Pátria, em face das outras Pátrias existentes na Terra.

Os outros são 'estrangeiros'; e estrangeiro é qualquer coisa de indesejável ou de perigoso que é preciso temer e evitar, que não pode misturar-se conosco sem desonra para a nossa 'nacionalidade' etc. etc. O estrangeiro não é um homem como nós, nas nossas mesmíssimas condições em face do universo, da vida e da morte, tendo as nossas mesmas necessidades, sofrimentos e alegria. Não: o estrangeiro é qualquer coisa diferente. Deixar que o seu idioma venha enriquecer o nosso, por exemplo, é uma vergonha, é uma prova de decadência. O patriota opõe-se a isso com toda a sua energia. Não falemos dos mil e um casos em que podemos encontrar o patriota como o maior empecilho da civilização. Não falemos da guerra, da colaboração científica, da divulgação das conquistas industriais etc. Falemos apenas do caso que ilustra estas considerações. O patriota julga-se no direito de defender a língua contra influência estrangeira. Ela deve conservar-se pura e imutável, indefinidamente. Qualquer influência, ainda que benéfica e vinda de povos mais civilizados e ainda que para preencher lacunas, vem comprometer o nosso culto à 'nacionalidade'. Antigamente, quem se encarregava dessa tarefa era o gramático; descobria sempre um número considerável de palavras que rotulava de 'estrangeirismos' e nos obrigava a mais esse esforço inútil de conhecê-los e evitá--los, sob pena de incorreção de estilo. E, desviando prejudicialmente energias a que não faltaria evidentemente melhor emprego, obrigava-nos a saber que não se deve dizer 'constatar' e, sim, 'verificar', porque constatar é galicismo… Hoje, porém, não bastam os gramáticos; a civilização marcha a passos largos e é preciso reforço. O cinema falado é uma grande ameaça para os que adotaram e amam o castigo de Babel. É preciso que os patriotas se congreguem em torno da integridade da língua: façamos pois as leis… Saudações – Stravoguine".

*

Tenho ainda aqui, para serem publicadas, ou comentadas, as cartas assinadas por: "R.A.", "Brasileiro-brasileiro", "Tupynambá", "Isidora", "Rustiquinha", "Irene", "Seu Rosa", e outras. Virão, brevemente, à luz.

G.

# Domingo, 1º de dezembro de 1929
# CINEMATOGRAPHOS

# A lei contra o filme falado (VI)

A crise de espaço e de tempo obriga-me a publicar, reduzidas apenas ao seu essencial – e não por extenso, com era meu desejo – as interessantes opiniões sobre esta tão grave e oportuna questão, que inúmeros dos meus amabilíssimos colaboradores tão gentilmente me enviaram.

"Um Sandino" é a favor da lei: acha que os *yankees* devem aprender o nosso idioma e não nós o deles...

"Rustiquinha" pensa que a lei devia atingir apenas as vitrolas, que estão acabando com a boa música, com as excelentes orquestras. Quanto aos "falatórios", podem continuar que não farão mal a ninguém.

"Isidora", excessivamente patriótica, manifesta-se abertamente a favor da lei. Principalmente por causa dos *moneys* – diz ela; acha um absurdo haver quem pague 4, 5 ou 6$000 para ouvir uma vitrola falar inglês. E remata: "É por isso que esta terra não progride!".

"Tupynambá" também é a favor da lei. Acha injusto, principalmente, sacrificar-se um sem-número de músicos que tocavam nas orquestras do cinema.

"Brasileiro-brasileiro" escreve: "O cinema falado em língua estrangeira (ou, podemos dizer, falado em inglês) é, na verdade, uma vasta droga...".

É, pois, de opinião que o projeto de lei "só pode merecer o aplauso dos bons e desinteressados brasileiros".

"Nicodemos" não vê no cinema falado nenhum perigo, pois duvida muito que alguém compreenda o inglês dos discos ou dos celuloides... "Temer os futuros anglicismos por efeito do cinema? Santa ingenuidade!".

"Irene" diz: "Não encontramos mal nenhum na exibição dos filmes falados em língua estranha. Para se amar mais o que é nosso, quando, como no caso, o nosso é o melhor, bom é ver o que é dos outros. Coisas muito mais úteis e mais conformes às nossas necessidades têm a fazer as Câmaras; coisas que digam melhor com o nosso regime democrático, melhor se coadunem com o espírito da nossa Constituição, que não ofendam a liberdade popular. Quem não gosta de ouvir a língua em que for falado um filme, não o vá assistir. E, principalmente, aguarde-se, pelo menos ocasião mais própria: faça-se a lei quando tivermos filmes em português suficientes em número e qualidade para divertimento do nosso povo".

"Magalhães Salgado", numa longa bem-humorada e muito interessante carta, que é pena não poder ser transcrita na íntegra, declara-se contra o cinema falado, sob o ponto de vista artístico. E conclui:

"os *talkies*, com a sua voz metálica de gramofone, são relegados para o plano dos divertimentos automáticos e, portanto, desinteressantes. Neste caso, sou pela proibição. Quanto ao objeto da lei que a vai regular, acho-o destituído de fundamento. Alega-se a má influência que o filme falado em inglês exerce na língua portuguesa, não atino bem com a razão disso e pergunto: Não é o filme falado 'em inglês'? Em que pode vir deturpar a 'nossa' língua? Deturpação haveria, se o inglês falasse no filme em português...".

"Catão" assim se exprime: "Sou pelo cinema falado, cantado, dançado, mas brasileiro só brasileiro. Ele é um elemento de propaganda, de difusão, em todas as camadas sociais de hábitos e costumes, de sentimentos, de educação; pelo que não deve ser estrangeiro".

"C. J. S." faz uma distinção: para o Brasil do Norte, Brasil bem brasileiro, o cinema falado em língua estrangeira pouca importância terá; mas, para os estados do Sul, estados abertos a grandes e variadas correntes imigratórias, será sempre um perigo: "Imagine-se o que não seria do cinema falado em italiano, em São Paulo, e em alemão, nos estados do Sul!".

"Eduardo C. e S." é de opinião idêntica à de "Rustiquinha", que ficou resumida lá em cima.

"Juvenal" acha que, nesta questão, é apenas a língua inglesa que está servindo de bode expiatório. É, pois, uma prevenção injusta e descabida. A coisa precisa ser estudada com mais calma e isenção de espírito.

"João Ninguém" pensa que não é com uma lei dessas que se defende a língua de um povo: e sim proibindo que ela seja deturpada "em cartazes, anúncios, reclames incorretos; e obrigando o seu ensino nas escolas estrangeiras do Brasil".

"Estudante", parodiando uma crônica que apareceu, há dias, nesta coluna, em que se falava da Máquina de Explorar o Tempo de Wells, conta uma curiosa história tendente a demonstrar que nós também poderemos, com o tempo, produzir um cinema nosso. "Não sejamos pessimistas! Confiemos na energia do brasileiro, em geral, e do paulista em particular!".

"Doty", depois de relatar, com muito espírito, o que foi em Santos a inauguração do cinema falado, conclui: "Não me é possível discordar do cinema falado".

Muitas e muitas outras cartas estão aqui, que procurarei resumir um dia destes... Hoje, porém, para terminar com uma coisa engraçada, transcrevo, na íntegra, o seguinte bilhete que me foi mandado por "Seu Rosa":

"Se as fitas fossem faladas em francês (que belezinha!), os nossos homens públicos estariam derretidos por elas. Max Linder, Madame Robine... *que c'est joli*! 'Venha contar aquela fita em francês diante das visitas, venha!'. 'Esse moço tão inteligente é seu filho, dona Balbina? Como ele fala direitinho o francês! Que teteia!'. Etc. etc. Mas, como são faladas em inglês... 'Isso é falta de patriotismo...'. Eles é que estão fazendo fita. E essa fita já está sendo muito falada!".

G.

# Domingo, 8 de dezembro de 1929
## CINEMATOGRAPHOS

## *Fragmentos de vida*, no Odeon

Com a sua primeira produção, *Fragmentos de vida*, filme nacional que está sendo exibido na Sala Vermelha do Odeon, a Medifer[212] demonstrou saber uma grande coisa, a principal coisa mesmo de que precisa o cinema brasileiro: "Começar". Começar com filmes curtos e baratos. Isto é essencial. É essencial economizar película e gente, isto é, tempo e dinheiro. É assim que se começa; mais ainda: é assim que se começa bem. Nada de reconstituições históricas em oito ou dez rolos, com meia dúzia de heróis, dúzias de vilões e grosas de "extras" (heróis caros, vilões comprometedores e extras incomodativos)! Apenas aquilo que é *Fragmentos de vida*: três personagens (a bem dizer, duas), vivendo um assunto simples e, pois, interessante, num mínimo possível de tempo e de celuloide; e aqui mesmo nesta época e nesta cidade, sem perigosíssimas excursões históricas e geográficas… E, principalmente, tudo isso executado em oito ou dez dias! São mais ou menos assim os pequenos filmes que os americanos chamam de *quickies*.[213] E o *quickie* (se quiserem traduzir por "depressinha",

---

212 Empresa cinematográfica fundada no início dos anos 1920 por José Medina e Gilberto Rossi.

213 Termo usado à época para designar os curtas-metragens.

não faz mal...) é a melhor maneira de começar o cinema numa terra como a nossa de poucos, pouquíssimos recursos.

Esse é o meu pensamento sincero, como é sincero este "bravo!" inicial que eu daqui mando à Medifer.

\*

Agora, aos valores intrínsecos do filme. Dois grandes e melhores valores: a direção e a interpretação.

Como diretor, José Medina é, indiscutivelmente, por enquanto, o nosso único diretor de verdade. Pela primeira vez senti, num filme nacional, essa *continuity* (também podem traduzir por "continuidade", que não atrapalhará muito), essa ligação suave, espécie de traço de união que das partes várias de um filme faz um todo; essa sequência, esse encadeamento de forma e de fundo, das figuras e do pensamento, cadenciados, que é o que bem se poderia chamar o "ritmo cinematográfico". Isso, só isso, bastaria para justificar um megafone nas mãos de José Medina. Mas ele não quis parar aí: esforçou-se também, e com êxito, acumulando as funções de diretor, de *casting director*,[214] de *scenario-writer*[215] e de *supervisor*, por dar originalidade e bom gosto a toda a fotografia; por confiar a um *cast* hábil e capaz o desempenho; por explorar um argumento breve, interessante, bem cinematográfico; e, afinal, por presidir e orientar a todos os detalhes, providenciando por que nada faltasse para dar um "ar legítimo" a todas as coisas. Quanto aos intérpretes: não hesito em colocar Alfredo Roussy[216] no primeiro lugar. Este artista tem um real sentimento do humor, tem uma agradável displicência de atitudes e expressões que — estou certo — hão de fazer dele um artista à parte, uma riqueza que o paupérrimo

---

214  Produtor de elenco.

215  Termo em inglês que significa "roteirista". Antes de se chamar *screenplay* ou *script*, o roteiro de cinema era chamado *scenario*, inclusive em outros idiomas, como em português e em francês.

216  Desse ator, sabe-se apenas que atuou em mais um filme, *Escrava Isaura*, de Antônio Marques Costa Filho, também em 1929.

cinema nacional não teve ainda. Carlos Ferreira[217] não tem bastante ocasião, neste filme rápido e quase cômico, de revelar-se todo; adivinham-se, entretanto, em algumas sequências (a do jantar no restaurante, por exemplo) as suas possibilidades, que são muitas e excelentes. Aurea Aremar é bem "fotogênica" – o que já não é pouco; e sente-se que apenas se limitou a obedecer ao seu bom diretor – o que já é muito...

\*

A fotografia, que é de Gilberto Rossi, tem nitidez e limpeza. Principalmente nos exteriores, ela se revela desembaraçada, móvel e simples.

G.

---

217 Carlos Ferreira atuou em vários filmes dirigidos por José Medina, como *A culpa dos outros* (1922), *Do Rio a São Paulo para casar* (1922) e *Gigi* (1925).

# Sábado, 21 de dezembro de 1929
# CINEMATOGRAPHOS

## *Volga-Volga* no Rosário

Nas mãos de quaisquer outros artistas, a brilhante e incerta e inquietante história de Stenka Razin, o herói brutal, símbolo popular de todas as sempre fascinantes rebeldias, teria produzido no cinema apenas isso que se chama "um filme de aventuras". Mas, em mãos de russos – gente de grande sentimento, de grande fantasia e de grande força – a história de Stenka Razin produziu uma epopeia.

Tem, realmente, tudo de uma epopeia esse *Volga-Volga*,[218] que está fazendo transbordar de vivas curiosidades, dia e noite, a grande sala do Rosário. Há aí, antes de tudo, o feito heroico. E há também a forte inspiração constante, que não descai um minuto. E há poesia, poesia firme, elevada, superior, que veste de um halo de maravilhoso, de legenda, todos os mais realistas detalhes da grande aventura. E tudo isso que costuma estar muito bem num poema, num romance ou num desses "fitões" coloridos do período anteamericano do cinema, consegue colocar-se admiravelmente bem, espantosamente bem num filme de verdade, numa obra de cinema autêntico, moderno, vivo, interes-

---

218 Filme de 1928 dirigido por Viktor Tourjansky.

sante, nítido. É, pois, uma epopeia e é também (talvez, principalmente) um filme. Quer dizer: uma obra masculina, poderosíssima, de cinema.

E o grande segredo dessa superioridade de *Volga-Volga* sobre quaisquer outras fitas do gênero está apenas nisto: autenticidade. Há autenticidade em tudo nesse celuloide. São autênticas as criaturas humanas, autênticos os cenários e autêntica a técnica que se percebem neste filme. Czar e chá, mujiques e boiardos, cossacos e *perls*; palácios e *stanitsas*, galeras e tabernas, mares, rios e cidades... – tudo, aí, é legítimo, verdadeiro, convincente. Não se sentem barbas postiças nem guarda-roupa de estúdio, nem construções de papelão, nem habilidades de talco e glicerina: sente-se gente, só gente; exótica, é verdade, mas gente, sempre gente. Gente que vive, de verdade, entre coisas de verdade. E que vida! E que coisas! Ah, agora, entra no filme o elemento "Arte". Uma vida estudada com inspiração, cuidado e bom humor; coisas realizadas com sabedoria, observação e bom gosto. É a câmera que estuda e realiza essa vida e essas coisas, é uma câmera inteligente e criadora. Revela uma técnica ainda desconhecida; demonstra um poder ainda misterioso.

Eu imagino essa câmera, essa gente, esse assunto, esse *"savoir faire"*[219] nas mãos de uma produtora milionária... E, imaginando isso, ainda acredito no futuro do cinema...

G.

---

219  Em francês no original: "habilidade."

**1930**

# Sábado, 18 de janeiro de 1930
# CINEMATOGRAPHOS

# Tupy

Rio, 16 de janeiro.

Disse-me, ontem à tarde, o meu amigo, sr. W. Melniker, da Metro-Goldwyn-Mayer:
— Quer assistir agora a um espetáculo inédito?
— Uma fita?
— Mais ou menos...
— Compreendo.

E levou-me o sr. Melniker ao palácio da Prefeitura do Distrito Federal.

Rente da fachada posterior desse edifício havia uma multidão aglomerada em torno de um enorme carro vermelho e ouro, estilo "carroção de saltimbancos italianos". Era uma jaula disfarçada. Espiei. Dentro, havia um leão adolescente, todo loiro, espumando de juba e calor.

— É "Tupy", filho legítimo do célebre leão da Metro-Goldwyn-Mayer. Foi batizado, em Hollywood, pela moreníssima Raquel Torres,[220] e veio para o Brasil, ainda infante, há vários meses. Agora, esta cerimônia (que considero

---

220  Raquel Torres (1908-1987), atriz mexicana, especializada em comédias românticas.

única na história do Brasil, mais original mesmo que a "Noite das Garrafadas") é a entrega do leão à prefeitura. "Tupy" vai morar no Jardim Zoológico, podendo sair, de vez em quando, para um passeio por aí…

Olhei com mais respeito e carinho o animal exilado. Eu pouco entendo de leões, mas "Tupy" me pareceu um bom leão: é digno e suave. Essa impressão afastou, desde logo, do meu espírito, a hipótese que corria, à boca pequena, entre o povo, de que aquilo devia ser um homem vestido de leão: os homens raramente são dignos e nunca chegam a ser suaves.

Olhei-o com respeito e carinho, porque esse é o primeiro ser vivo e cinematográfico, nascido em Hollywood, que visita o Brasil. Quer dizer que, cinematograficamente, as nossas relações pessoais com a Califórnia começam bem: começam por um leão, rei dos bichos, último e mais alto grau da escala animal. A coisa podia ser pior, muito pior: podia começar, por exemplo, com a chegada de uma mulher do Exército da Salvação e de um cantor decrépito da Broadway, que viessem instalar aqui uma fábrica de fitas faladas.

Moralidade: joguem hoje no leão!

G.

# Sexta-feira, 24 de janeiro de 1930
# CINEMATOGRAPHOS

## A minha crítica

Algumas pessoas têm escrito para esta seção, fazendo uma mesma, constante pergunta: o sr. G., dizem elas, quando faz crítica de um filme (coisa que ele não faz há muito tempo, nem poderá fazer tão cedo), nunca ataca: apenas elogia, ou guarda silêncio. Por quê?

Por quê? E o sr. G., com uma sinceridade absolutamente desacostumada nele, responde mais ou menos assim à atrapalhante indagação:

— É que o sr. G. tem a pretensão de pensar que a crítica é uma arte e de desejar ser, nessa espécie, um pouco artista. Conhecem aquela serena e luminosa página de Oscar Wilde, "Da Crítica considerada como Arte"? Vale a pena ler isso. Para aquele grande dândi do espírito, como para este pequeno cronista de cinema, a função do crítico é uma função de arte. Ora, um artista nunca vai procurar os inconfessáveis e inúteis defeitos das coisas que explora; mas apenas o que nelas pode haver de lindo. Ele é um pobre homem que ainda acredita na beleza. O crítico tem que ser assim como um pescador de pérolas: descer ao fundo invisível, verde e bárbaro de um grande poema, para trazer de lá as pequenas maravilhas que nem todos podem ver, nem mesmo adivinhar. Pérolas verdadeiras — só isso. Compreende-se: para revelar a alguém coisas feias e falsas — essas bolinhas de vidro cobertas de cola de peixe e pó de madrepérola – não é preciso grande esforço. Isso está por aí, ao alcance de todos os olhos e de todos os tostões, nas tenebrosas vitrines de camelôs, ou no pavoroso pescoço de algumas criaturas irresponsáveis.

*Stop*!

G.

# Quinta-feira, 30 de janeiro de 1930
# CINEMATOGRAPHOS

## *Fome*

Chama-se assim – todo o mundo já sabe – o filme de Olympio Guilherme.

Eu disse "o" filme porque, parece-me, *Fome* não é "um" filme: é "o" filme que faz um artista.

Aí vão os trechos essenciais de uma longa e bem estudada notícia que, desse filme, fez o crítico cubano Alfredo Ruiz, em *La Opinion*, de Havana, em 5 de dezembro de 1929:

\*

"Raras, bem raras são as películas que, como *Fome* – produção indepen-dente do brasileiro Olympio Guilherme – têm despertado entre os críticos cinematográficos tamanha atenção e estudo tão severo.

É que *Fome* se aparta inteiramente da rotina técnica dos filmes americanos – e apresenta uma obra que pela estrutura artística, pela profundidade psi-cológica, pela justeza extraordinária de símbolos e representação de imagens de sentido figurado – não encontra igual na indústria de Hollywood.

O brasileiro Olympio Guilherme, produzindo esta obra-prima, demons-trou cabalmente ser de um arrojo e tenacidade extraordinários. Apartando-se

# Fome vem ahí !

### (FIM)

ME", durante as scenas"? — Todos falam inglez, com excepção da enfermeira italiana.

18 — "Houve quem comparasse o estylo de "FOME" ao da pellicula russa "Pontenkin". Existe alguma relação entre os dois"?

— "Pontenkin" é uma obra prima, sem duvida alguma, e o realismo das suas scenas — admiravel. Sua technica, porém. differe, em muito, com a de "FOME". "Pontenkin" possue certas scenas que não obedecem ao principio por que o estylo realista applicado ao cinema é regido.

19 — "Por que foi "FOME" produzida por um particular"?

— Porque nenhuma organisação norteamericana teria paciencia e coragem para encarar as multiplas difficuldades de filmagem.

20 — "Por que foi "FOME" dirigida por George W. Richter, um allemão"?

— Mr. G. W. Richter. da UFA de Berlin. é o unico homem cuja extraordinaria paciencia e conhecimentos technicos poderiam produzir "FOME". Mr. Richter, por uma coincidencia extranha, confessou á reportagem que o intrevistou que na vida real já soffreu fome e alguns dos vexames do heroe de "FOME" — tal como Knut Hamsun, autor do famoso livro que venceu o Premio Nobel, cuja existencia passou-se eile em Chicago, faminto. Cousas da vida...

21 — "Por que em "FOME" não se ensaiou nenhuma scena antes de filmal-a"?

— Porque tal processo iria de encontro ás normas da producção realista. Ensaiar uma acção é forçal-a. Repetir. conscientemente, um gesto, uma expressão — é adulterar a naturalidade. a espontaneidade desse gesto, dessa expressão. Por isso, em "FOME" só foram retomadas as scenas que não satisfizeram logo á primeira vez o juizo da directoria.

22 — "Qual a scena mais realista de "FOME"?

— As opiniões sobre este ponto divergem. O H. Moore. na sua meticulosa critica para o "Times", escreve: "A maior scena que "FOME" possue, e que a mim proprio estremeceu, é a do accidente automobilistico, em Broadway Nunca pensei que Olympio Guilherme sahisse com vida debaixo das rodas daquelle automovel". M. M. William. do "The Camera" — confessa: "Eu chorei, com Guilherme, em toda as sequencias da Padaria"... Mary Mc. Neil, critica famosa de muitos jornaes europeus, escreve no "The Picturegoer": "FOME" não tem scenas melhores: toda a pellicula é uma obra prima de arte". Assim por deante, "FOME" recebeu a melhor acolhida possivel de duzentos e vinte quatro jornaes americanos e mexicanos — aos quaes foi exhibida antes de ser distribuida ao publico.

23 — "Quaes foram as scenas cortadas que não figuram nas oito partes da actual edição de "FOME"?

— Ha duas sequencias de mil pés cada uma que não figuram na presente edição de "FOME": as scenas da igreja e as de uma fundição de aço. As sequencias da igreja foram filmadas com extremo carinho — mas precisaram entrar no corte final porque constituem mais um estudo perfeito de expressões do que elemento util para a historia. Olympio Guilherme e Lôla Salvi têm nellas um trabalho genial: famelico, quasi morrendo de fraqueza, o grande astro brasileiro entra n'uma cathedral e quando ora recebe das mãos do Senhor um grande pão! Dura pouco porém, a exaltação provocada pela febre

— e o pão desapparece. E elle, sem saber o que faz, desconfia dos santos que o rodeiam, apontando-os como os ladrões do seu grande pão... As scenas do trabalho na fundição de aço, são tambem outros estupendos estudos de expressões que soffreram corte. Ha nellas a observação fidelissima de um individuo que deseja trabalhar, que quer ganhar a vida honestamente — mas que não possue sufficientes forças physicas para isso.

24 — "Foram usados alguns trucks nas scenas de "FOME"?

— Necessariamente, como em todas as pelliculas, "FOME" possue tambem, os seus trucks. Mas possue-os differentes. Além do artificio das "camaras escondidas" — citam-se factos interessantissimos. N'uma das scenas em que Olympio Guilherme beija sua propria enfermeira — o director, para conseguir da linda artista italiana uma expressão purissima de surpreza, ao explicar a scena disse-lhe que o beijo seria dado na face esquerda — cousa que na realidade não era exacta porque a historia pedia um beijo na bocca. A Olympio Guilherme foi explicado, á parte, o ardil. Assim é que quando elle, n'uma das scenas de amor, achega-se á enfermeira e a beija fortemente nos labios — ella quasi desfallece de surpreza! Como — nos labios — si o Director acabava de pedir um beijo na face esquerda? O effeito desejado foi perfeito. Outro facto interessante é o seguinte: desejava-se uma assistencia composta de curiosos e basbaques, que assistisse, rindo, a scena em que Olympio Guilherme se deixa barbear, em plena rua, por um annunciante de "Gillettes" e sabões para barba. Para conseguir tal grupo de vadios preparou-se, n'uma rua movimentada, a camara cinematographica estrategicamente escondida. Em seguida o "camelot" entrou em scena. O povo não demorou muito em chegar. E quando estavam todos entretidos com as magicas do homensinho das navalhas passou por ali Olympio Guilherme, com a sua barba iriçada (foi necessario deixar a barba crescer por dois mezes) e o seu ar faminto. O "camelot" convida-o para servir como prova á excellencia das suas mercadorias — e ali mesmo o barbeia em plena rua dos transeuntes! O publico não sabia da existencia das "cameras"...

25 — "Como foi cinematographada a scena do accidente, em Broadway"?

— Existia, em "FOME" uma scena perigosissima: tratava-se de photographar um accidente na rua mais movimentada de uma grande cidade. Cuidadosamente foi escolhido o local exacto onde a scena poderia ser filmada: a esquina sul da Setima rua e Broadway, um dos pontos mais movimentados do mundo. Tudo preparado, conseguiu-se da policia de Hollywood e Los Angeles uma licença especial para que a scena fosse tomada — cousa que somente depois de grandes trabalhos se arranjou. Em seguida pensou-se em alugar um "double" que fizesse a arriscada proeza de ficar debaixo das rodas de um automovel em logar de Olympio Guilherme... Tres profissionaes recusaram: a scena offerecia perigos fóra de qualquer preço. Finalmente um athleta russo aceitou a offerta. Quando, porém, o contracto era firmado com o sujeitinho — surge uma difficuldade imprevista: elle exigia um seguro de vida para o caso em que a scena lhe fosse fatal. Nada mais natural e humano; era casado, tinha filhos e desejava garantir o futuro dos seus por meio de um seguro razoavel. Consultadas todas as companhias de seguro de Los Angeles — nenhuma acceitou a proposta de uma apolice para o homensinho das russias — a não ser que a dita apolice fosse comprada por um preço absurdo. Foi então que Olympio Guilherme offereceu-se para trabalhar na scena sem auxilio dos doubles. Elle desejava uma scena real do accidente. Para isso as camaras cinematographicas foram cuidadosamente escondidas pelas visinhanças do local escolhido; e no dia primeiro de Março, ás duas e meia da tarde, quando mais intenso era

o movimento da grande arteria — o director dava a voz de "camera"! Olympio Guilherme, em baixo, na rua, esperava pelo automovel que ia "quebrar a sua perna esquerda". Este não demorou muito. Fez a curva da Setima rua e entrou em Broadway, cercado por centenas de pessoas. Quando o grande artista brasileiro viu o carro que o ia apanhar — sentiu uma emoção formidavel. Mas não perdeu o seu sangue frio. Deu um salto formidavel e foi chocar-se de encontro ao automovel indicado, o qual guiado com maestria, parou immediatamente depois de dar um safanão incrivel ao ousado actor. Atirado a tres ou quatro metros de distancia Guilherme começou a gemer em alta voz, chamando assim a attenção de todo o mundo. Tudo correu ás mil maravilhas: em menos de um segundo Broadway estava intransitavel. O trafego parou completamente. Todos queriam saber quem estava morrendo. A policia attendeu promptamente, dando todas as providencias necessarias. Um minutos depois uma ambulancia comparecia ao local — levando para a Central Olympio Guilherme que apenas recebera ligeiros arranhões. Consultado si poderia repetir a proeza Guilherme respondeu: "Si me offerecerem, hoje, um milhão de dollars para repetir a scena — rejeito. E rejeito porque penso que se é louco uma só vez na vida"...

26 — "A policia de Hollywood, ao ter conhecimento dos episodios de Broadway não tomou nenhuma attitude indesejavel"?

— A Policia, ao ter conhecimento dos factos, chamou a chefatura Olympio Guilherme, a quem pediu satisfações. Tudo foi "amistosamente" explicado com o pagamento de uma multa — pois o trafego da grande arteria ficára suspenso por seis minutos.

27 — "Como foram cinematographadas as scenas finaes da pellicula em Broadway"?

— As scenas finaes da pellicula foram de uma difficuldade e delicadeza enormes. Tratava-se de filmar a impressão que o publico das ruas expressa ao ver um personagem que attrae piedade e sympathia ao mesmo tempo. O heroe de "FOME", no final, consegue o emprego de annunciar, na rua, uma grande alfaiataria. Para isso dão-lhe um frack impeccavel, cartola alta, luvas e bengala; e pregado, nos hombros do frack, um annuncio suggestivo da casa de modas. Quem vê Guilherme. pela frente, irreprehensivelmente trajado, toma-o por um principe em visita burgueza pela cidade. Mas apenas o mira pelas costas — desata a rir perdidamente do logro. A difficuldade consistia em fazer com que o publico "trabalhasse" para as camaras sem saber que estava "trabalhando". Para conseguir tal resultado milhares de pés de negativos foram utilisados. O processo posto em pratica foi o seguinte: escondeu-se dentro de uma grande caixa de piano a camara cinematographica electrica; em seguida a caixa foi carregada para a calçada de Broadway e collocada em qualquer trepidação prejudicial. A' voz de "camera" — esta começou a funccionar, atraz de Guilherme, mas de tal modo collocada que apenas apanhava parte do annuncio que elle levava nas costas e o publico que o via pela primeira vez. de frente, com a cara mais seria do mundo. Depois a collocação da "camara" era mudada: rodava adeante de Guilherme. O publico, photographado de costas "trabalhava" exactamente como pedia a historia: ao ver o annuncio — desatava naquelle riso encabulador que nenhum artista imitaria e que sómente por meio de semelhante artificio foi conseguido!

*Autoriso a publicação das informações contidas nestas seis paginas como sendo a expressão da verdade.*

*OLYMPIO GUILHERME*

19 — VI — 1929

das fórmulas estabelecidas; não ouvindo conselhos de quem quer que fosse; procurando dar ao seu trabalho um cunho pessoal indelével; arrostando corajosamente a sanha perigosa da crítica conservadora; sacrificando o seu próprio bem-estar para poder terminar a obra iniciada – ele é bem o tipo idealista do homem do Sul, esse tipo forte que não se abate, que não se curva ao desânimo, que carrega, sorrindo, as cargas mais pesadas e leva de vencida as barreiras mais intransponíveis.

...

Olympio Guilherme procurou elevar sua produção a um grau de aperfeiçoamento técnico jamais utilizado pelo convencionalismo das 'leis' que regem a obra cinematográfica. Afastou-se completamente das regras demarcadas na montagem; instituindo um 'tempo' novo, cronometricamente exato ao tempo da ação e ao movimento da emoção, repartiu sua história em episódios curtos, evitando a intercalação do 'corte-atrás' (*cut-back*); deu ao tema um realismo surpreendente e aos seus atores (com exceção de Norma Gaetau) um milagroso sopro e vida; contratou os dogmas da 'arte de representar' não representando e não admitindo, com grave prejuízo para o sucesso de bilheteria, que a lógica e a natureza das coisas sofressem a menor alteração, a mais insignificante distorção. Revolucionou a indústria cinematográfica produzindo uma obra de arte, absolutamente pessoal, com cunho e traços individuais, como um pintor cria o seu quadro e um poeta os seus versos...".

\*

E, afinal, esta notícia que não pode deixar de interessar vivamente a todos os que – como este desconhecido e inútil G. do *Estado* – acompanharam com confiança o patrício querido na sua *struggle for... for Art:*[221]

---

221 Aqui, Guilherme de Almeida ironiza a expressão em língua inglesa *"struggle for life"*, literalmente "lutar pela vida".

"Entrevistado por um jornalista de Chicago, Olympio Guilherme revelou intenções de regressar à sua pátria e produzir filmes caracteristicamente brasileiros. Está presentemente estudando com detalhes as possibilidades da obra de Euclides da Cunha, *Os sertões*, e acredita que a sua adaptação cinematográfica constituirá um monumento ao sertanejo do Norte do Brasil. Guilherme não conhece dificuldades, nem lutas nem fraquezas intransponíveis. É o protótipo do latino, de inconfundível personalidade. E é, desde já, um vencedor."

De acordo.

G.

# Quarta-feira, 19 de fevereiro de 1930
# CINEMATOGRAPHOS

## Carlito, no Rosário

Os americanos que escrevem sobre coisas e gentes de cinema são incapazes de separar de certos principais certos atributos mais ou menos decorativos. Por exemplo: ninguém poderá ler, num escritor *yankee*, o nome de Murnau sem estar seguido ou precedido da palavra *genius*; o de Clara Bow, sem *It*; o de Corinne Griffith, sem *orchideous*; o da Greta Garbo, sem Freud...

Ora, o atributo norte-americano de Charles Spencer Chaplin é este grego assustador: *pathos*, sofrimento... estado mórbido... melancolia... incongruência... Carlito...

A reprise da sempre admirável *Em busca do ouro*, passada como está sendo, no Rosário, logo depois de *Cabra farrista* – um adorável *two reels*[222] dos adorados Stan Laurel e Oliver Hardy –, mostra melhor do que nunca o que é esse *pathos*. Senti-o profundamente num detalhe – um único, o mais sutil, imperceptível mesmo, e, por isso, talvez, com certeza, o melhor, o mais forte, o mais característico do doentio temperamento chaplinesco. É a aparição de

---

222 Filme composto de dois rolos, cada um com 10 minutos de duração.

uma casa de penhor naquela improvisada cidade dos *gold-diggers*,[223] onde toda a gula dos homens tinha posto toda a sua complacência, onde devia morar só a fortuna, e onde, por isso mesmo – porque o grande mandamento da vida é a decepção –, o destino devia armar aquela pequena tenda dos desiludidos, dos falhos, dos aniquilados...

Esse detalhe – aquela célebre *enseigne*[224] das três bolas – balançando numa fachada exígua do riquíssimo Klondyke, é toda a arte de Chaplin: é uma síntese admirável, completa do seu gênio; é um indiscutível, claro, nítido sintoma do seu *pathos*.

G.

---

223 Termo utilizado para designar os aventureiros que se lançavam na busca por ouro durante a segunda metade do século XIX, no Oeste americano. Pejorativamente passou a ser usado para "alpinistas sociais", pessoas que buscavam casamento com ricos e influentes.
224 Em francês no original: "placa".

# Sábado, 5 de julho de 1930
# CINEMATOGRAPHOS

## Do passado

Aconteceu-me passar ontem de tarde, não sei por quê, não sei como, por um velho cinema de bairro: de um bairro que foi o meu bairro há muitos anos, quando eu era um rapaz "perdido" (era assim que as pessoas tristes e entristecedoras desse tempo chamavam aos rapazes daquela espécie), que preferia ao cinema ir ouvir ou ver qualquer cançoneta *grivoise* ou qualquer *jota* aragonesa, cantada ou dançada por qualquer Jeanelle La Gommeuse, ou Fifi Hirondelle, ou Paquita, ou Carmencita, no Polytheama, por exemplo... (Uff! Esse período ficou comprido... comprido como esse passado...).

O velho cinema – um barracão de zinco dentro de uns muros baixos de cartazes – conserva-se miraculosamente intacto nesta moldura cambiante deste São Paulo vertiginoso que uns meus queridos amigos, os srs. poetas modernistas, adjetivaram de "dinâmico". Miraculosamente intacto: os mesmos zincos, os mesmos muros e até os mesmos cartazes.

Ah! Estes cartazes!

Embora seja proibido e considerado perfeitamente "*old fashioned*" a gente ter saudades de alguém ou de alguma coisa; apesar disso, não pude evitar que o mau e hereditário micróbio da Península – soledade... soidade... saudade... – penetrasse por todos os poros de minha pele até a palpitante inutilidade do meu coração. Ah! Aqueles cartazes que me falavam de William Farnum,[225] de June Caprice,[226] de Bill S. Hart,[227] de Pearl White...[228]

E eu, que muitas vezes, naqueles meus tempos de "perdição", passei de longe, com desdém *snob*, pela porta do Radium ou do Iris, sem nem sequer olhar para as vistosas *affiches*[229] do divertimento plebeu; eu hoje, nesta época P. T. (leia-se: "*Post Talkies*"[230]), fiquei com uma vontade violenta de entrar ali, naquele cinema, e ver tudo, tudo que possa acontecer na sua tela encardida de morim barato...

E eu hei de cometer voluptuosamente essa façanha, qualquer noite destas, exatamente numa segunda-feira em que houver anunciado por aí um extraordinário *opening* de qualquer grande e moderníssimo filme falado, cantado, dançado, beijado, excomungado etc.

Não que eu não goste do cinema de hoje. Mas é que eu também sinto, de vez em quando, um estrangeiro mórbido recitar dentro de mim aquele alexandrino maldito de Maurice Magre:[231]

"*J'ai le besoin profond d'avilir ce que j'aime*"...[232]

G.

---

225 William Farnum (1876-1953) foi ator de teatro e cinema, atuando em vários filmes de aventura. Em 1924 sofreu um acidente durante as filmagens de *The Man Who Fights Alone*, o que limitou muito sua atuação nos anos seguintes, embora tenha continuado a trabalhar e tenha feito um longa carreira também no cinema falado.

226 June Caprice (1895-1936) foi uma das primeiras estrelas de Hollywood. Foi dirigida principalmente por Harry Mallarde, com quem se casou. Caprice morreu prematuramente aos 40 anos, vitimada pelo câncer.

227 William S. Hart (1864-1946) interpretou Messala na primeira adaptação cinematográfica de *Ben-Hur*, em 1907, mas especializou-se na interpretação de *cowboys*.

228 Pearl Faye White (1889-1938) imortalizou-se no cinema pelo papel que desempenhou em *The Perils of Pauline*, de 1914, uma das primeiras séries criadas para o cinema, neste caso, em vinte capítulos.

229 Termo francês usado para denominar os cartazes de cinema afixados nas entradas das salas.

230 *Post Talkies* se refere ao cinema já da época sonora.

231 Maurice Magre (1877-1941) foi um poeta, escritor e dramaturgo francês, também conhecido por suas obras de conteúdo esotérico.

232 Em francês no original: "Tenho a profunda necessidade de desprezar aquilo que amo."

# Domingo, 6 de julho de 1930
# CINEMATOGRAPHOS

## Cinema improvisado

Vai pela avenida o grande *bus* da Light, com seus couros estufados embalando advogados gordos, cheios de autos, rubis e óculos.

A hora tem todo o *sex appeal* dos poentes de inverno paulistano. Mas, como a Justiça é cega, aqueles advogados não veem a hora excitante. E, principalmente, não veem as duas figurinhas de *jersey-tweed* – *pelerine*, gola de fustão branco e luvas *pull-on* – que vão ali, com duas pétalas de orquídea esquecidas entre as folhas do *Digesto*... Não veem...

Elas estão muito juntas, debruçadas sobre as páginas novas de uma revista novíssima de cinema. Os dedos de *suède* virando as folhas de marfim do grande *magazine*. E sob os olhos fixos de obsessão das duas bonequinhas de lã e a olhadela furtiva de um cronista cinematográfico muito meu amigo, vão perpassando as fascinantes coisas e pessoas de Hollywood: uma vista longa da cidade perversa, essa *dream-town* que é a metrópole de todos os desejos da terra, apanhada das colinas, dentre as tamareiras do jardim oriental de Bernheimer, com as torres de Los Angeles, branquíssimas, ao fundo...; um retrato moderno, todo *polka-dotted*, de Anita Loos,[233] tirado por Cecil

---

[233] Anita Loos (1888-1981) teve uma carreira longa e produtiva como roteirista. Seus primeiros trabalhos datam da década de 1910. Assinou, com Joseph Fields, a comédia mu-

Beaton;[234] Chevalier[235] sorrindo; Greta Garbo olhando; Lawrence Gray[236] brincando; Constance Bennett[237] vestindo-se; Alice White despindo-se; Paul Whiteman[238] comendo; Laura La Plante gritando; Gloria Swanson morrendo...

Vão perpassando aquelas páginas – aqueles cenários e aquelas criaturas – como perpassam os quadros de filme... Os quadros desses filmes que existem, desejadíssimos, esperadíssimos, não sei onde (talvez nas balbúrdias das alfândegas, talvez no cofre-forte das empresas distribuidoras, talvez nos arquivos da Censura), e que não querem, de maneira alguma, aparecer pelas telas dos cinemas de São Paulo...

Aquelas duas fãs do ônibus da Yellow Coach resolviam assim, lindamente, o problema: improvisavam um cinema, um bom cinema, bem *yankee*, bem atual, vendo os clichês[239] e lendo as legendas e imaginando o resto, assim debruçadas, abstratas, perdidas, sobre as folhas recentíssimas de um magazine especializado...

G.

---

sical *Os homens preferem as louras*, posteriormente adaptado para o cinema sob direção de Howard Hawks.

234 Cecil Beaton (1904-1980), cinegrafista nascido na Inglaterra, diretor de arte e *designer* de figurinos.

235 Maurice Chevalier (1878-1972) foi ator e cantor. Com forte sotaque francês, encarnou diversos papéis que corroboraram sua imagem do cavalheiro francês na América.

236 Lawrence Gray (1898-1970) é reconhecido pela sua atuação em *Idílio à antiga* (1930).

237 Constance Bennett (1904-1965) foi atriz de filmes e de programas de rádio. Durante os anos da Segunda Guerra Mundial organizou *shows* musicais levados aos frontes da Europa para entreter os soldados aliados.

238 Paul Whiteman (1890-1967), ator e cantor de *jazz* conhecido como o Rei do Jazz nos anos 1940, foi cofundador da Capitol Records e chegou a apostar na carreira dos Beatles, afirmando à imprensa que os rapazes tinham grande futuro.

239 "Clichê", neste caso, se refere aos ornamentos gráficos que acompanhavam os títulos e intertítulos da maioria dos filmes nessa época.

# Terça-feira, 8 de julho de 1930
## CINEMATOGRAPHOS

## O cisne e o telefone

Casualmente, assisti, outro dia, no Rio, à filmagem de um pequeno *trailer* nacional. Assisti e tive mesmo que intervir com energia e oportunidade.

O diretor queria que figurasse sobre uma mesa de escritório bancário, em vez de um telefone, um cisne de *biscuit*. E dizia:

— Que coisa deselegante, prosaica e antiestética, um telefone!

Foi então que se deu a minha intervenção. Gastei uma hora para tentar provar ao Clarence Brown nacional que um telefone pode ser muito mais bonito do que um cisne. Servi-me de todos os argumentos possíveis. Comecei por uma exposição sintética do conceito e preconceito de Beleza, através dos tempos. Comentei, de passagem, aquele pendor do espírito humano que nega beleza à utilidade e que precisa da distância do tempo para achar belas as coisas; que acha belos um costume de mosqueteiro ou uma galera portuguesa, e acha medonhos um *over-all* de operário ou um submarino alemão, quando estas duas últimas coisas representam, presentemente, o mesmo *quantum* de utilidade, de espírito prático, que, no seu tempo, representavam aquelas coisas velhinhas... Analisei meticulosamente toda a construção do telefone: provei a excelência do tempero dos seus metais, a perfeição da sua niquelagem, a eficiência do eletroímã, a sensibilidade do vibrador etc., para chegar à conclusão de que, pelo que aquele aparelho representava de inteligência, de conquista do engenho humano, ele era necessariamente belo, de toda essa moderna beleza que um cisne não tem.

Mas o diretor abanava a cabeça grande e rija:

– Qual! Não há nada como um cisne, seu doutor!

Servi-me, então, do último recurso: o sentimentalismo. Procurei comover o homem. Recitei-lhe, inteirinho, com uma completa emoção, o soneto de Júlio Salusse: "Os Cisnes". E expliquei-lhe que todo poeta é mais ou menos um profeta (o que rima e é verdade). Aquele bardo dissera: "Um dia, um cisne morrerá, por certo…". Ora, isso foi há muito tempo: não só um, mas os dois cisnes morreram. Morreram todos os cisnes. Não há mais cisnes. É preciso que não haja mais cisnes.

Só assim consegui parte do meu *desideratum*. Filmou-se a cena com o telefone em 1º plano e o cisne em 2º, para que deste ainda pudesse aparecer um pedacinho do pescoço.

\*

Eis um dos motivos por que eu ainda desconfio um pouquinho do cinema nacional.

G.

# Quarta-feira, 9 de julho de 1930
# CINEMATOGRAPHOS

## *O pão nosso de cada dia*, no Odeon

Vale a pena ver esta fita da Fox. Ela tem uma porção de preciosidades, uma porção de particularidades raríssimas nestes tão sonoros e coloridos tempos...

Tem, em primeiro lugar, a direção brilhante de F. W. Murnau.[240] Embora interrompido durante muitos meses (este filme começou a ser feito "silencioso", com o título *Our Daily Bread*, e continuou "parte falado", com o título *City Girl*, e acabou sendo exibido aqui em versão silenciosa, apenas levemente musicada...); embora interrompido durante muitos meses, o trabalho do sempre grande e inimitável mestre alemão tem aquela mesma individual e excepcional virtude que eu já notara em *Aurora*. Murnau é uma espécie de raio X: torna transparentes as figuras sobre os quais se projeta. Os artistas que ele dirige deixam de ser artistas para se transformarem em simples autômatos, "marionetes" de *guignol* que fossem feitas de vidro para deixarem aparecer a mão sábia que, dentro delas, cria e dirige a menor das suas atitudes, os seus mínimos gestos e, até mesmo, os seus mais secretos pensamentos... E além desse

---

240 Diversos desentendimentos entre Murnau e os produtores, como o título do filme, a imposição para que fosse parcialmente falado – ideia que desagradava o diretor, que desejava o filme inteiro mudo – etc., levaram Murnau a deixar o projeto antes do fim das filmagens. O trabalho foi concluído por um assistente de direção.

estranho poder, Murnau tem também uma grande força inventiva. *O pão nosso de cada dia* está cheio dessas suas "invenções". Por exemplo: a "mecanização" da vida apresentada em suas duas faces – a do campo e a da cidade – de maneira a sugerir uma mesma e simples máquina funcionando, rigorosa, rápida, exata e eficiente; aquele estudo fisionômico, no restaurante apressado da Chicago, tão bem e oportunamente pontilhado de bom e sadio humor; o efeito poético e, pois, emotivo que Murnau obtém explorando certos simbolismos que parecem casuais e despretensiosos, como aquele vaso de gerânio murchando na janela, rente do *subway*, a definir a existência de Kate (flor que fenece na cidade); ou aquele passarinho artificial cantando, como canta às vezes a alma, artificialmente, na asfixia dos grandes centros; ou aquela espiga de trigo que o velho pai Tustine coloca entre as páginas da sua Bíblia...

Isso tudo é Murnau. E do melhor.

Outra qualidade da fita é a sua "história": uma versão, muito bem feita por Berthold Viertel e Marion Orth, da peça teatral *The Mud Turtle*, que é uma exposição verdadeira da vida; da vida que é igual em todas as latitudes, entre todas as gentes, no campo como na cidade; da vida que não tem heróis (reparem como ninguém é herói nessa fita!); da vida cuja única razão de ser é um pouquinho de amor, que se procura como uma necessidade de novos sofrimentos, de novas decepções, de novos desesperos que disfarcem um pouco o eterno desespero, a eterna decepção, o eterno sofrimento de viver...

Afinal, um encanto delicioso desta fita é a presença de Charles Farrell e de Mary Duncan. Charles, embora dócil à manipulação de Murnau, consegue entretanto manter, íntegra, a sua personalidade forte e sensitiva, calma e convincente. Mary Duncan é sempre aquele corpo bonito demais para que, dentro dele, uma alma possa valer alguma coisa: corpo que, mesmo no avental da *waitress* de Chicago, ou na rusticidade da camponesa dos trigais de Minnesota, será sempre aquele corpo de amor, que *"se plie aux circonstances et se façonne de lui-même"*...[241]

G.

---

241  Em francês no original: "Que se dobra às circunstâncias e que se molda dele mesmo."

# Sexta-feira, 11 de julho de 1930
# CINEMATOGRAPHOS

## O Cine Santa Cecília

Realmente, ali, naquele grande bairro, fazia falta um grande cinema. Porque as cidades precisam de vida, e a vida... ora! A vida está no cinema!

E vejam o que havia de vida, ontem à noite, naquele trecho, até agora morto, da rua das Palmeiras! Bondes e ônibus, pesados de gente, raspando os paralelepípedos brutos; e aquele colar lustroso de automóveis – índice de grande vida – enrolado em torno de um edifício novo, todo esplêndido de luzes e cartazes... O Cine Santa Cecília...

Eu acho que as complicadas arquiteturas do Oriente adaptam-se bem ao cinema. O trepidante sonho moderno dos homens – como os sonhos de todos os tempos – vai bem nessas *féeries*,[242] nessas sombrias e rendadas visões de ópio, dos palácios nababescos das *Mil e uma noites*... E o Cine Santa Cecília, modernizando bastante o velho mas sempre inebriante estilo, resolveu com inteligência esse problema das adaptações.

Modernizando? – Sim. Fazendo de concreto e ferro a estrutura rija; decorando com a simplicidade do cimento e dos ferros batidos a fachada; hi-

---

242 Nome de um gênero teatral francês conhecido por conter elementos de fantasia, mesclar música e pantomima.

gienizando pela larga e profusa ventilação o ambiente; enfeitando de jogos imprevistos de luzes coloridas, misteriosas, a vastidão da sala; dispondo com conforto, em plateia, camarotes e balcão mais de 3 mil poltronas...

E na noite límpida de ontem, sob o céu da imensa cúpula elítica estrelada de ouro que arqueava, suave e alta, sobre todo o nosso "*smart set*", a tela do Santa Cecília, lindamente, como Sheherezade, cantou a São Paulo o seu primeiro conto da sua primeira noite: *O Grande Gabbo*.[243]

Mas... o filme fica para amanhã.

G.

---

[243] Drama musical de 1929, dirigido por James Cruze e Erich von Stroheim, sendo este também o ator que interpreta o personagem central, Gabbo.

# Domingo, 3 de agosto de 1930
# CINEMATOGRAPHOS

## *Às armas*,[244] no Odeon

Este filme da Cruzeiro do Sul, que amanhã será dado em *première* na Sala Azul do Odeon, vai como um poderoso argumento contra os que descreem, ou, pelo menos, desconfiam das possibilidades cinematográficas nacionais.

Todo filme brasileiro representa sempre um heroísmo: este, porque é o melhor dos que tenho visto, representa um milagre. Obstáculos de toda sorte se opõem a qualquer tentativa cinematográfica entre nós: escassez de capital, deficiência de material técnico e, principalmente, acima de tudo, a inexplicável falta do apoio moral do nosso público e dos nossos governos.

Passar por cima de tudo isso e chegar a fazer, por exemplo, *A sinfonia da metrópole* é um heroísmo; esquecer isso tudo e chegar a realizar *Às armas*, por exemplo, é um milagre.

\*

Mas vamos ao filme.

---

244 Filme escrito por Plinio de Castro Ferraz e Octávio Mendes, com direção deste último. Tem em seu elenco Maria Cobus, Nilo Fortes e Joaquim Garnier.

Uma história boa, em que a bravura e o amor correm paralelamente. Um "*cast*" bem organizado, que, quase todo, soube, com consciência, dar conta do seu recado. Uma direção hábil, um pouco indecisa ainda, mas já com um golpe de vista acertado e uma boa dose de imaginação e, sobretudo, facilidade de expressão. Uma fotografia desembaraçada e nítida... Que mais?

*

A história procura aproximar-se de certos entrechos "*yankees*" (*West Point*, *The Flying Fleet*, etc.) em que, patrioticamente, se aproveita a ocasião para exibir o que há de bom nas organizações militares, acendendo assim, no público, uma chamazinha de amor às coisas da sua terra.

Do "*cast*", eu destacaria, principalmente, o trabalho de Nilo Fortes, que é sincero e, pois, convincente (Nilo é parecido, bem parecido mesmo, com Nils Asther...); o de Américo de Freitas, que sabe pontilhar de bom humor uma terça parte de todo este celuloide; e o de Calvus Rey, que é enérgico e seguro.

Alguns exemplos de habilidade de direção: todas as sequências do combate simulado, os aspectos diversos da vida de caserna etc.

A fotografia consegue brilhar, principalmente quando explora dinamicamente, com efeitos prismáticos, movimento de tropas; e também em alguns interiores, em que se torna minuciosa e limpa.

A *Às armas* está talvez destinado um papel importante: o de marco inicial de uma era de realizações cinematográficas no Brasil.

G.

# Sexta-feira, 29 de agosto de 1930
## CINEMATOGRAPHOS

## Lon Chaney

Anteontem, última terça-feira deste triste agosto, enquanto na fachada do Cine São Bento um grande boneco assombroso e descomunal arremedava a sombra impressionante que Lon Chaney pusera em *O Fantasma da Ópera*, o Homem das Mil Faces agonizava e morria no *sunshine* de ouro do grande pomar da Califórnia... A ironia instintiva, involuntária do mundo!

Lon – este nome soa parecido com *lone*. *Lone*: solitário, isolado, só... Ele foi bem isso, na agitação internacional e endinheirada daquele bairro fatal de Los Angeles: o solitário, o isolado, o só...

A dorida influência de um ambiente triste – seus pais eram surdos-mudos – parece que despertou em Lon o gosto inconsciente pelas deformações, pelas caracterizações torturadas, monstruosas mesmo. E essa tragédia silenciosa e constante foi a sua fama, a universalização da sua arte. Arte? Arte verdadeira, sim; porque, nesse esforço ininterrupto, ele pôs a sua alma inteira a toda a sua vida. Ele foi pobre, estropiado, *O Corcunda de Notre Dame*, torto e horrendo como uma gárgula gótica de pedra; foi "Mister Wu", o mandarim mirrado e decrépito, magro, hierático e nobre como um bonzo de marfim antigo; foi o palhaço sofredor de *Laugh Clown, Laugh!*, que nós todos mais ou menos somos com o seu riso lívido de alvaiade e a sua lágrima chorada interiormente para não desmanchar o *make-up* de circo... Foi o herói doloroso de *The Unknown*, de *The Road To Mandalay*, de *Thunder*... E, afinal, recente, recentissimamente, mais que o herói, a vítima de *The Unholy Tree*, seu primeiro e último filme falado.

Lon, que, na Era do Silêncio, fora O Homem das Mil Faces, quis ser, agora, na Era do Som, O Homem das Mil Vozes: fez o papel de um ventríloquo. O seu esforço foi supremo e extremo. Uma hemorragia da garganta. E morreu. *Causa-mortis*: "*talkies*"...

\*

Os "*talkies*"!

A minha primeira vontade, ao rabiscar estas linhas mentalmente tarjadas de negro, foi escrever aqui a inevitável frase que devem estar escrevendo, neste momento, todos os cronistas cinematográficos do mundo: "Lon, a primeira vítima dos *talkies*"... Irreflexão. Lon teve, pelo cinema falado, apenas a morte física. E os outros — os tantos e tantos — que morreram moralmente; os que tiveram a sua carreira bruscamente partida, como uma *pane*, como um curto-circuito, como a súbita interrupção decorrente de um *mike*? Esses, cujos corpos estão vivos para poderem assistir à morte de suas almas?...

G.

# Terça-feira, 2 de setembro de 1930
# CINEMATOGRAPHOS

## Brinde de aniversário

Eu tive, há pouco, o ímpeto bem jornalístico e, pois, comodista e sem espírito, de pedir ao meu colega de *A Sociedade* que desse ali, no seu *carnet*, esta noticiazinha:[245]

"Faz anos amanhã o Cine Rosário,[246] galante filhinho do sr. com. J. Martinelli".

Mas o meu sagrado horror a todas as coisas que possam ser ou parecer mais ou menos ajuizadas e mimosas chegou a tempo (*deus ex machina!*) de evitar aquela pequena monstruosidade.

E aqui está este pobre sr. G., confortavelmente derreado no seu "Cinematographos", como numa poltrona britânica, para arrancar da sua imaginação, como de um cigarro relativamente egípcio, uma ideia qualquer, como um fio de fumaça azul, sobre aquela data natalícia.

\*

---

[245] Guilherme de Almeida era quem escrevia, também, a coluna "A sociedade", quase sempre publicada na mesma página de "Cinematographos", usando o pseudônimo GUY.
[246] Inaugurado em 1929, localizado à rua São Bento, 397, anexo do edifício Martinelli.

O Rosário completa amanhã um ano de existência.

Um ano... Para uma criatura humana, isso não é nada: são apenas 365 dias de leite "Edelweiss", tubos de "Nasan", três ou quatro amas lituanas, muitos desesperos maternos e muitíssimas insônias paternas. Nada mais. Mas, para um cinema, um ano é muita coisa. Enquanto, nesse ciclo de tempo, uma pessoa simples consegue viver ou mamar apenas um pouquinho de sua única vida, um cinema, que é uma pessoa composta, vive tantas e tantas vidas! Vive as vidas trêmulas, sonoras e coloridas que os homens vão pondo nos celuloides, porque não conseguem pôr nos seus próprios dias... Vive, como viveu o Rosário, por exemplo, aquele *O pagão*,[247] aquele *O deus branco*,[248] aquele *Ouro*,[249] aquela *Mulher de brio*,[250] aquela *Aleluia*,[251] aquele *O bem amado*[252]... sei lá! E vive também aquelas outras fitas – as sempre silenciosas fitas... –

---

247 *The Pagan* (1929), filme de W. S. Van Dyke estrelado por Ramón Novarro, para a Metro-Goldwyn-Mayer.
248 *White Shadows in the South Seas* (1928), filme de W. S. Van Dyke, com participação, nao creditada, de Robert Flaherty, produzido para a Metro-Goldwyn-Mayer.
249 *The Trail of '98* (1928), de Clarence Brown, estrelado por Dolores del Rio, para a Metro-Goldwyn-Mayer.
250 *A Woman of Affair* (1928), de Clarence Brown, estrelado por John Gilbert e Greta Garbo, para a Metro-Goldwyn-Mayer.
251 *Hallelujah* (1929), de King Vidor, produzido para a Metro-Goldwyn-Mayer.
252 *Devil-May-Care* (1929), de Sidney Franklin, estrelado por Ramón Novarro, para a Metro-Goldwyn-Mayer.

que fogem da tela para as poltronas: que têm sempre o mesmo tema, o mesmo título, o mesmo *scenario-writer* e o mesmo diretor; mas têm sempre outras heroínas, outros heróis, outros vampiros, outros vilões... (Lembro-me daquele pobre poeta de Rostand, que morreu e disse a São Pedro, na porta do céu: —Vá! Deixe-me entrar! Eu fui um homem correto. Gostei sempre de uma mulherinha... — *Était-ce la même? — Jamais.*)[253]

*

Essa, a grande, grande importância, o grande, grande sentido da data de amanhã.

Meu querido Rosário, eu e as pessoas que me leem bebemos à sua saúde. Bebemos, até a última gota, esta crônica: é um cálice de amargura, mas não faz mal.

G.

---

253 Em francês no original: "Era sempre a mesma? Jamais."

# Terça-feira, 7 de outubro de 1930
# CINEMATOGRAPHOS

## Cinema e educação

O meu querido amigo e colega, P., das Coisas da Cidade, publicou há dias ali, sob a epígrafe "Cinema e Educação", uma carta em que "um cavalheiro, que se oculta sob as iniciais M. L.", protesta violentamente contra o cinema *yankee*, "corruptor dos nossos filhos e filhas", e, o que é bem mais grave, "fabricado só para exportação", feito todo ele "de filmes que, evidentemente, só são produzidos para o estrangeiro" etc.

Não interessa o aspecto propriamente moral da matéria. Se a moral era, antigamente, simples questão de latitude, hoje em dia ficou sendo apenas uma questiúncula personalíssima. Por exemplo: o sr. M. L. acha imoralíssimo o beijo que Robert Montgomery dá em Norma Shearer, no filme da semana passada, do Rosário (beijo, aliás, veladíssimo, rapidíssimo, durante um mergulho, no fundo das espessas e opacas águas de uma piscina...); mas não acha imoral a atenção que, com esse seu protesto, chamou sobre um detalhe que, com certeza, teria passado desapercebido a muita gente; nem acha imorais certas expressões de que ele mesmo, comentando isso, se serve ("profissionais do amor", v.g.); como também não achou imorais, pois não protestou nunca contra eles, os espetáculos que a Spinelli, por exemplo, deu há pouco, aqui em São Paulo, nem os livros – romances, e outras literaturas não *yankees* – que se vendem por aí...

Mas, como eu disse, esse "item" do libelo não interessa muito. O que interessa é o outro; é esta acusação contra o celuloide norte-americano: "cinema fabricado só para exportação", "filmes que, evidentemente, só são produzidos para o estrangeiro"... Porque há, nisto, uma enorme cegueira, uma imensa ignorância da matéria. A grande indústria *yankee* vive por si mesma, para si mesma e de si mesma, *at home*, isto é, nos Estados Unidos e nos países de língua inglesa. Não precisa de outro mercado. O consumo estrangeiro não representa nem 4% do que rende essa especiaria para os Estados Unidos. Um exemplo: 95% dos aparelhos fornecidos pela Western Electric estão colocados nos Estados Unidos, Canadá, Austrália e colônias inglesas; e os restantes 5%, no resto deste planetinha!

Francamente, "nessa base" – como dizem os corretores da praça – não se pode chamar propriamente a essa mercadoria produto de exportação. E, muito menos, de exportação para o Brasil, *for tropical use!*

G.

# Quinta-feira, 30 de outubro de 1930
# CINEMATOGRAPHOS

## O "letreiroscópio"

Descobri, anteontem à noite, em São Paulo, um divertimento de gênero completamente novo, inteiramente inédito, totalmente original. Não é teatro, não é circo de cavalinhos, não é concerto nem conferência, não é incêndio, não é futebol, boxe ou luta romana, não é procissão nem tourada e, apesar de ser praticado numa sala de projeções, também não é cinema nem silencioso nem sonoro... É uma distração inofensiva, singela, mansa e bem quietinha.

Eis como se deu a minha importante descoberta: eu vira anunciado um filme muito esperado pela minha ansiedade fanática, "estrelado" por algumas das figuras mais queridas da nossa grande família de celuloide. Tudo – as estrelas que deviam aparecer na fita e as estrelas que já tinham aparecido no céu – era, para mim, excessivamente convidativo. Não hesitei: fui depressa à sessão das 9h30min. Começou a função e, com ela, o meu espanto. Não vi nem ouvi nada; apenas li. À medida que o alto-falante ia esmoendo uma coleção de discos melancólicos e sem sentido, pela tela foi passando uma série de letreiros longos e excessivamente literários, que contavam uma história qualquer. Durou mais de uma hora o desfile daquela literatura, a parada das legendas, a *big parade* dos dísticos. De vez em quando, uma daquelas escritas era interrompida no melhor da festa, para deixar entrever, num relâmpago, um pouquinho instantâneo de fita, que mal tinha tempo de deixar que entrasse pela retina da gente um vislumbre fugaz das bem-amadas figurinhas que a gente tanto e tanto queria ver...

Dois mil metros de letreiros! Dois quilômetros de literatura!

Uma das grandes novidades desse espetáculo consiste nisto: ninguém precisa ir ao cinema para assisti-lo; basta ficar em casa, de cama, com ou sem dor de cabeça ou de outras coisas, lendo um livro ou um folhetim qualquer.

Acho que essa nova espécie de divertimento, quando exibido em cinema, vai chamar-se "Letreiroscópio".

Aconselho ardentemente o "Letreiroscópio" aos srs. analfabetos.

G.

# Domingo, 9 de novembro de 1930
# CINEMATOGRAPHOS

## Quatro anos...

Completa amanhã 4 anos de publicidade no *Estado* esta minha mania cinematográfica. Já é, pois, doença crônica... E eu festejo a data de véspera, porque sei que o melhor da festa é esperar por ela.

Há 1.461 dias que um "G." teimoso vem frequentemente enganchar-se aqui, sob o desalinho melancólico deste trapo de coluna. Vem imutável, monótono, uniforme. No entanto, nesses 4 anos, o meu pequeno mundo de celuloide mudou, variou, transformou-se bastante. De Rudolph Valentino a Paul Whiteman há um infinito; há esse mesmo abismo que existe entre a morte e a vida, entre o silêncio e o som, entre o branco e preto e o arco-íris, entre um *sheik* e um *ukelele player*, entre a finura morena e quente de um italiano fascinante e a gordura cor-de-rosa e molenga de um *jazzer* americano...

Mas o "G." não se alterou: ele é sempre o mesmo no comodismo da sua obscuridade, usando o mesmo perfume, fumando o mesmo cigarro, bocejando o mesmo bocejo, dizendo a mesma banalidade, gostando das mesmas coisas e pessoas... contanto que estejam na moda. Cômoda e obscuramente o mesmo. Todas aquelas incertezas, todas aquelas diferenças, todas aquelas inconstâncias giraram como um mundo em torno dos seus sentidos parados, e foram ficando mais ou menos neles, como saudades ou como remorsos... e

giraram também em torno dele, *out of focus*, outras figurinhas, não de celuloide e sim de carne e seda, ou de papel e tinta, mas também incertas, também
diferentes, também inconstantes e também deixando mais ou menos saudades
ou remorsos, como as figurinhas que vêm nos filmes...

\*

Mas isso tudo é literatura.

Quatro anos de crônicas... Para o leitor, 4 anos de indiferença; para o
redator, 4 anos de absurda inutilidade "*y algunas cositas más*"... isto é que não
é literatura.

G.

# Sábado, 22 de novembro de 1930
# CINEMATOGRAPHOS

## Cinemofobia

Da minha imensa correspondência essencialmente masculina destaco, hoje, a carta que me escreve o sr. R. Cintra e que é uma coisa perfeitamente sugestiva.

Como o cinema, em São Paulo, vai passando muito mal de saúde nestes últimos tempos, uma carta cinematográfica será sempre um derivativo bem-vindo e precioso para o lânguido e sonolento cronista.

Essa carta – "*just imagine!*" – de uma pessoa que detesta cinema, que "não tolera a tal arte de celuloide", acaba pedindo-me que lhe ensine a gostar disso...

Mas, meu esplêndido sr. R. Cintra, eu também abomino o cinema. O sr. sabe perfeitamente que, se eu pudesse, nunca havia de ver uma fita: havia apenas de frequentar bastante o velho "Golf Club" dessa inacessível ilha que se chama Ilesboro, e iria aí almoçar lagosta, todas as sextas-feiras, e fazer-me barbear, todos os sábados, pelo sutil Billy, que tantas vezes barbeou o dourado e finado sr. J. Pierpont Morgan... Mas – "*la barbe!*" – eu tenho que ir ver fitas. Detesto o cinema. E é justamente por isso, por detestá-lo, que eu "entendo" de cinema. "*Oh! Yeah!*" Isso é como mulher: quando a gente gosta muito, gosta mesmo, fica cego, fica de uma estupidez sublime, incapaz de entender qualquer coisa de mulher. Quando não gosta, sim: a gente fica inteligente, lúcido, atilado, espirituoso, capaz de análises finíssimas, de dizer, por exemplo, com segurança, de quantas voltas é feito o seu chapéu de *paillasson*, e de quantos volts é feito o resto do seu elétrico ser...

Pois é. Eu tenho horror ao cinema. Por isso mesmo sou crítico de cinema. Ora, entendido como sou, eu bem seria capaz de engendrar uma espécie de "*ars amandi*" para ensinar o sr. a gostar dessa matéria. Mas, meu amigo maravilhoso, essas coisas a gente nasce sabendo. A única utilidade e o único encanto que eu tenho encontrado nas chamadas "artes de amar" foram isto: fazer com que os dois interessados se detestassem de uma maneira rápida e total. E eu preciso que o sr. goste de cinema para que, não entendendo nada disso, não possa, um dia, vir a fazer concorrência a mim.

G.

# Quinta-feira, 4 de dezembro de 1930
## CINEMATOGRAPHOS

## *O anjo azul* no Paratodos

Tenho uma certeza calma, bem pouco latina, de que acabo de ver a maior tragédia que até hoje coube nas estreitezas tão estandardizadas dos filmes. Este celuloide alemão é de uma absoluta transparência de atmosfera: parece colado ao mundo para mostrar vida, e não sobreposto ao estúdio para mostrar pose… E por isso mesmo – porque transpira vida verdadeira por todos os seus milímetros e porque a dor há de ser sempre a máscara que mais convém à vida – é que *O anjo azul* é uma grande tragédia.

E tudo concorre para isso, para criar essa primeira verdadeira tragédia do cinema. Primeiro, a história, tão bem adaptada por Carl Vollmoeller e Carl Zuschauer, do fortíssimo romance de Heinrich Mann, *Professor Unrat*, que é uma funda descida psicológica à desgraçada alma dos homens. Depois, a direção magistral de Josef von Sternberg, um malabarista de emoções, *jongleur*[254] maravilhoso, que parece jogar espertamente com rosas e punhais… Em seguida, Emil Jannings, que, no ambiente europeu, me parece muito mais "*at home*", muito mais à vontade para as expansões do seu profundo sentimento da tragédia burguesa e gorda, e para a difícil manipulação dos seus inumeráveis

---

254 Malabarista.

recursos de "*emotional pantomimist*".[255] E ainda a colaboração linda e violenta de uma mulher surpreendente – Marlene Dietrich –, que von Sternberg já levou para os Estados Unidos para desafiar Greta Garbo... E afinal a fotografia e o som – fotografia sempre imprevista porque sempre verdadeira (a verdade é coisa tão rara no cinema...); e som exato, bem medido e bem colocado, que não alterou a essência da autêntica arte do celuloide: ação, ação e mais ação...

*

Mas parece-me ocioso ou mesmo errado estar aí a destacar valores numa fila, como esta, que vale por si mesma, porque tem a útil e eficiente contextura de uma máquina, em que nada é supérfluo, em que não se pode dizer, logicamente, que tal peça é melhor ou mais bonita do que tal outra...

G.

---

255  Ator que faz uma "pantomima emocional".

# Quinta-feira, 18 de dezembro de 1930
# CINEMATOGRAPHOS

## Filmagem lusitana

Reza assim o último comunicado epistolar da United Press:[256]

"Lisboa, novembro (U.P.) – A sociedade Universal Super-Films Limitada, com sede em Lisboa, está terminando a primeira grande película sonora e cantada, em português, extraída da famosa peça *A Severa*, escrita por Júlio Dantas.

Na realização dessa película, que pertence ao cenógrafo Leitão de Barros,[257] devia figurar uma tourada de gala, da época de 1835 a 1845, espetá-

---

256 Agência internacional de notícias fundada nos Estados Unidos em 1907.

257 Na história do cinema português, José Leitão de Barros (1896-1967) é tido como um dos mais importantes realizadores entre os anos 1920 e 1940. Além de dirigir *A severa*, primeira fita sonora produzida em Portugal, Leitão dirigiu, ao longo dos anos seguintes, obras importantes inspiradas em figuras e livros clássicos da literatura lusitana, tais como *As pupilas do senhor reitor* (1935), *Bocage* (1936) e *Camões* (1946). Leitão de Barros é conhecido, ainda, por realizar *Lisboa*, documentário experimental mudo, de 1930, cuja estética flertava com as "sinfonias das metrópoles", gênero muito em voga na segunda metade dos anos 1920 em países como França, Alemanha, e até mesmo Brasil (vide comentários de Guilherme de Almeida na coluna "Cinematographos" para os filmes *São Paulo, sinfonia da metrópole* e *Berlim, a sinfonia da grande cidade*, nesta compilação).

culo inédito e sensacional, que agora se realizou em Lisboa, na praça de touros de Algés, que, para esse fim, fora dividida ao meio. A parte a ser focalizada pelas objetivas compreendia o semicírculo em que figurava a antiga tribuna real, o touril e a porta do cavalo, sendo o outro semicírculo destinado aos operadores, fotógrafos e convidados.

Uma seleta assistência, ostentando os trajes característicos da época, enchia a parte da praça destinada a ser filmada. As decorações e a forma por que tudo estava disposto davam a impressão de haver sido completamente transformada a conhecida praça de touros. Tribunas, camarotes e galerias enfeitavam-se de festões, panos de Arras, veludos, sanefas de damasco e ouro, brocados, constituindo essas decorações, habilmente dispostas pelo realizador Leitão de Barros, um verdadeiro conjunto de riqueza, imponência e grandiosidade.

Ocioso se torna frisar que todos quantos colaboraram na tourada de gala se apresentaram rigorosamente trajados, tendo causado sensação, principalmente, os vestidos riquíssimos de algumas senhoras, com as saias de balão bordadas a ouro e prata.

Depois de filmada *A Severa*, o conde de Marialva (cavaleiro tauromáquico, Antonio Luiz Lopes) lidou um touro, que foi morto a rojão.

Foi depois lidado outro touro pelo cavaleiro Antonio Luiz Lopes, e pelo sr. Antonio de Almeida Lavradio, conde de Avintes, que figurava como D. José. O bicho, que era matreiro, machucou um dos bandarilheiros e os forçados, sendo pegado rijamente de cernelha e recolhido pelos campinos.

Na película, tomaram parte alguns amadores e vários artistas dos nossos teatros e, entre eles, os srs. Antonio Fagim, Augusto Costa, Silvestre Alegrim, Maria Izabel, Ribeiro Lopes, etc.

Quase no final da filmagem, deram entrada na praça, ocupando um camarote, os príncipes do Japão, que se faziam acompanhar dos seus dignitários. A banda executou o hino nacional, enquanto a assistência dispensava aos nossos hóspedes uma calorosa manifestação de simpatia. Os príncipes acompanharam com interesse as várias fases do espetáculo, mostrando-se interessadíssimos."

\*

Alegremo-nos. Esperemos. E, "*en attendant*", gritemos assim: "*Otro toro!*".[258]

G.

## JOHNNY BARRYMORE ENFERMO

Beverly Hills, 17 (U.P.) – Noticia-se que é grave o estado de saúde de Johnny Barrymore,[259] devido à recaída de uma febre palustre, contraída numa recente excursão à América Central.

---

258 *A severa* teve sua pré-estreia fechada em Lisboa em 8 de junho de 1931, e entrou em circuito exibidor em Portugal em 17 de julho do mesmo ano. No Brasil, foi exibido somente em 1934.

259 John Barrymore, aqui referido como Johnny, passou as primeiras semanas do ano de 1931 se recuperando de uma enfermidade parecida com a malária, noticiou o *Chicago Sunday Tribune* de 11 de janeiro de 1932. Embora a nota de Guilherme de Almeida aponte a gravidade da doença, Barrymore faleceria somente em 1942, vitimado por pneumonia e cirrose hepática.

# Quinta-feira, 25 de dezembro de 1930
# CINEMATOGRAPHOS

## O Natal do cinema

O cinema completa hoje 35 anos de idade. Nasceu num dia de Natal o deusinho de celuloide: no 1.895º aniversário do Grande Deus de verdade. Fazem anos juntos. Ele sempre quis imitar, em tudo, o Senhor de Todas as Coisas. É a sua mania; a sua megalomania. Não imitou: caricaturou...

Nasceu, como Ele, humildemente. A sua manjedoura foi um subsolo do *Grand Café*, no Boulevard des Capucines. O seu papai foi o "mutoscópio", ou "bioscópio" de Gaumont, espécie velhaca de papa-níqueis, infalível à entrada das confeitarias, nos saguões ou corredores de teatros ou estações, nos quiosques dos parques públicos: tinha um buraco para se colocar um níquel de 100 réis, e um ocular para se ajeitar os olhos... os olhos que viam, lá dentro, acender-se uma luz inexplicável e aparecer uma bailarina que, de meias altas, corpo forte de deusa de reclame de Cerveja Antarctica, desconjuntando-se toda em pernadas atrevidas de *can-can*, com o biquinho envernizado do pé tirava a cartola da cabeça de um *noceur* do monóculo... A sua mamãe foi a velha lanterna mágica, triste e caseira, com seu cheiro forte de querosene...

Paris, 25 de dezembro de 1895... Os Irmãos Lumière presidiram, como o burrinho e a vaquinha do presépio, ao nascimento do pequenino deus, naquele Natal de Paris *fin de siècle*, com fiacres despejando "leões da moda" frisadíssimos, derretidos em pomadas e galanteios diante de *"femmes espiègles à ceinture de guêpe"*,[260] tímidas, as mãos sumidas nos regalos de lontra, e os tafetás folhudos dos *paniers* empetecados rangendo as elegâncias decadentes e suspirosas de um dos últimos invernos do insuportável século do gás e do suspensório...

O menino nasceu travesso. A sua primeira travessura foi, naquela noite mesma, um filme cômico de 18 metros de comprimento e um minuto de projeção, chamado *L'Arroseur Arrosé* (a história de um jardineiro que estava regando o seu jardim com uma mangueira e, graças à diabrura de um estranho, acabou regando-se a si mesmo...). Engraçadíssimo!

Depois, ele recebeu também a homenagem de Reis. Mas, ambicioso, não quis nem incenso nem mirra: só deu atenção a certo rei que veio, não do Oriente, mas do Ocidente, e que lhe trouxe ouro, só ouro, muito ouro...

Mas ele nascera com uma grande sabedoria, uma grande soberania: o silêncio. Não soube guardar, porém, esse poder, segredo da sua universalidade. Por isso, perdeu-se. Ele pensou que, falando, produziria um outro Sermão da Montanha: produziu apenas montanhas de sermões, de inúteis sermões... E nem sequer teve a glória de ser condenado à morte; vai morrendo aos poucos, por aí, como qualquer pessoa...

Pobre! Que ao menos os seus milhões e milhões de quilômetros de celuloide sirvam, algum dia, para fazerem-se brinquedinhos com que se enfeitam as árvores de Natal do imutável, verdadeiro Deus: aquele que é eterno e único porque não quis que o seu reino fosse deste mundo...

G.

---

260  Literalmente, "mulheres travessas com cintura de vespa".

**1931**

# Domingo, 4 de janeiro de 1931
# CINEMATOGRAPHOS

## *A aldeia do pecado*, amanhã no Alhambra

O primeiro filme russo "moderno" (dê-se a esta palavra todo o seu verdadeiro sentido) que vai passar por uma tela brasileira. Chama-se em russo *Riajanskic Babi* (Mulheres de Riajan) e é produzido pela Sovkino.[261]

Vi-o ontem em exibição privada – e vou dizer, com a frescura virginal das primeiras impressões, o que sinto e penso desse magnífico trabalho.

*

*A Aldeia do Pecado* é um filme coletivo. Quer dizer: tudo, nele, vale igualmente, mecanicamente, e não propriamente por si, mas pelo que de si resulta. Os seus elementos – o entrecho, os artistas, os figurantes, os locais, a fotografia etc. – são como os metais componentes de uma liga, que se fundiram para formar um metal mais forte.

---

261 Empresa estatal, criada em 1925, que controlava, na União Soviética, a produção e a distribuição de filmes, para evitar concorrência entre os estúdios. De acordo com sua política, a Sovkino também responderia soberanamente pela liberação do conteúdo das obras produzidas e pela importação de obras estrangeiras.

E o segredo dessa fusão perfeita, o "veículo" desses ingredientes é Olga Preobrajenskaia – a diretora do filme.[262]

Ao entrecho – um choque de paixões na rusticidade de uma aldeia da Rússia Central – ela deu limpidez, sequência e, principalmente, humanidade e idealismo. Nas suas mãos, a figura de Roksana – eixo de toda a película – torna-se uma figura alegórica, épica mesmo: é A Mulher Nova, a libertada, a que ri dos preconceitos, a que sabe que a autoridade sempre corrompe tanto o que dela usa como o que a ela se sujeita. E, por ser e saber isso, ela vence. Roksana não será bem a Rússia de hoje?

Ordenada pela grande diretora, a câmera parece um instinto humano. Sente como um homem. E com simplicidade, sem artifícios de estúdio. Essa câmera tem cinco sentidos. Sabe ver, quando analisa as almas pintadas nos rostos, ou quando acompanha aquela festa de São João, por exemplo, tão colorida e agitada, ou quando compõe grupos pictóricos, que parecem de um velho mestre flamengo, naqueles angustiosos e supersticiosos serões aldeões das mulheres sozinhas durante a guerra... A câmera sabe provar, quando descreve o jantar nupcial, cheio de bebida e fumaça... Sabe tocar, quando cria os relevos atrevidos de certos planos, certos "ângulos" salientíssimos que dão a impressão tangível de figuras vistas por um estereoscópio... Sabe fotografar o cheiro dos celeiros e dos estábulos... Sabe ouvir ou dizer, sem auxílio de som mecânico, mas pela simples e pura cinematografia silenciosa, todas as vozes da terra: o hino dos ventos nos trigais, o rodopio das danças, o tropel das *troikas*, o alarido dos cortejos nupciais com carros floridos, sanfonas e cantos...

*

A exma. sra. d. Censura proibiu este filme para senhoritas: e, no entanto, ele é o primeiro filme do mundo dirigido totalmente por uma mulher, e encerra, para a mulher de hoje, uma lição atualíssima e altíssima. Despeitos de sogra ou de matrona antiga...

G.

---

262 O filme é codirigido por Ivan Pravlov (1899-1971), que realizou mais oito filmes ao longo da vida, todos voltados ao povo e à cultura soviéticos, repetindo, por algumas vezes, sua parceria com Olga.

# Sábado, 10 de janeiro de 1931
## CINEMATOGRAPHOS

## Igual ao resto...

Os jornais deram ontem, com uma tácita mas bem perceptível excitação patriótica, a alegríssima notícia da chegada, há três dias, ao Rio, de uma expedição cinematográfica *yankee*, que vem, em *location*, fixar, num filme sonoro, a vida virgem das selvas brasileiras.

Prevejo mais uma dessas admiráveis fitas selvagens documentais, com caçadas e danças de nativos, que, ao lado de *Chong* e *Cimba*, completará a trilogia. Naturalmente, há de chamar-se "Iara" ou "Tupã" e terá caboclos papudos e opilados dormitando sob jequitibás, entre onças e jararacas...

E, prevendo isso, como paulista que sou, de verdade, integralmente radicado a esta minha terra tão trabalhada, tão bem tratadinha e tão amorosamente acariciada pelo progresso, fico com um ciúme abominável do resto do Brasil. Porque, certamente, São Paulo não aparecerá na fita. Não merece. Não é "característico". Não é pitoresco. Não é selvagem.

Que pena! De que nos valem estas fazendas-castelos, com *Vanity Fair* aberta sobre a mesa do *living room* e *packards* "ronronando" nas estradas de concreto? E estas locomotivas elétricas zumbindo entre as culturas e hortos florestais? E estes horizontes citadinos arrepiados da serrilha dos telhados cinzentos das fábricas? E estes *skyscrapers*[263] com ascensores cheios de "fantásticas" (as únicas mulheres, no mundo, que são parecidas com os desenhos da *Vogue*)? E estes bairros-jardins que Le Corbusier já assinaria, com suas poltronas de Martine contra o "Duco" higiênico das paredes lisas?...

De que nos vale tudo isso? Seria melhor para a cinematografia norte-americana e, pois, para nós, paulistas, que ficássemos iguais ao resto: que morássemos em tabas de palhas e paus, acocorados, acreditando em sabiás cantando nas palmeiras; ou que vogássemos em pirogas pelos rios untuosos, pescando jacarés; ou que comêssemos farinha de pau,[264] em tanga e cocar, e, de vez em quando, por condescendência e patriotismo, uma boa costeleta humana; que...

Meu inútil São Paulo, tão pouco fotogênico! Que pena!

G.

---

263 Termo em inglês para "arranha-céu".
264 Farinha de mandioca.

# Sábado, 31 de janeiro de 1931
# CINEMATOGRAPHOS

## O monstro

Antigamente... (esta palavra, que envelhecia tanto a gente, que fazia logo pensar em chinelos, *coin de feu*[265]e netinhos, hoje já pode ser pronunciada de *sweater*, num *country club*: a vida tornou-se tão precipitada que, nestes dias, "antigamente" quer dizer apenas: "há uns 2 ou 3 anos"...); antigamente, o maior monstro do cinema era o "intérprete e tradutor de letreiros".

Esse era o precursor, o antepassado remoto, o troglodita do cinema falado. Era bárbaro e degradante. A gente estava numa sala esplêndida, com uma fita esplêndida na tela ou ao lado, todo entregue à excitante e arisca sugestão do silêncio e da sombra; quando, de repente, um vozeirão assanhado começava a funcionar na fileira de trás, perto, bem perto da nuca da gente. A palavra grossa e quente quase que se materializava: parecia uma cócega desagradável, um contato incomodativo, uma carícia horripilante de bigodeiras frondosas. Ia traduzindo, alto, para um vizinho qualquer, em sírio, holandês, russo, espanhol, chinês, italiano, turco, inglês, francês, tupi-guarani etc., os pobres, inofensivos letreiros que silenciavam na tela, escritos mais ou menos em português... Era um contato abominável. Era todo um complicado *menu*

---

265  Em francês no original: "Lareira."

internacional que se despejava por cima da gente, estragando tudo: mistura de *arak*, queijo do reino, vodca, *puchero*, chá, espaguete, narguilé, uísque, escalope de *veau*, cauim...

Passou.

Vieram os *talkies* – e a gente pensou que, com eles, viesse o sossego, isto é, o estouro definitivo do monstro poliglota.

Qual, nada! Piorou, se é possível... Porque, agora – já que o cinema falado ainda não conseguiu se emancipar totalmente das legendas – o trabalho do tal intérprete e tradutor juramentado e esconjurado tornou-se duplo: ele continua a interpretar e traduzir os letreiros, e começa a traduzir e interpretar os diálogos também... E há alguns que são até ventríloquos...

E não há remédio. Nos tempos do cinema silencioso, a gente ainda podia recorrer à bucha de algodão para tapar os ouvidos. Agora, não: porque é preciso ouvir o que a tela diz, que diabo! Agora, o mais que um espectador calmo e sensato pode fazer é retirar-se sem exigir a devolução do preço da entrada, ou então, assassinar o monstro. (Aconselho esta última solução: como o assassínio se dará no escuro, dificilmente a polícia descobrirá o herói.)

G.

# Quinta-feira, 5 de fevereiro de 1931
# CINEMATOGRAPHOS

## *Potemkin*, no Odeon

Afinal, lança-se hoje em São Paulo, na Sala Vermelha do Odeon, o filme há tantos anos esperado, por tanta gente desejado e tão universalmente discutido: *Potemkin* da Amkino, direção de S. M. Eisenstein. (Esse "S. M." parece um "Sua Majestade". Parece? Não: é. Eisenstein é a majestade do cinema.)[266]

\*

Um filme de verdade. Ele ilustra bem esta frase: "o contrário da realidade para obter um cúmulo de verdade" (Goethe), isto é, a continuação da obra de Alexandre Dumas ou Michelet, verdadeiros historiadores; porque Eisenstein também "inventou" História: aquela única, magistral escadaria de Odessa, por exemplo.

Um filme documental. Ele bastaria, "se se perdessem todos os documentos destes últimos trinta anos, para fazer fé; é um testemunho, como a *Ilíada*, ou os *lieder* dos Nibelungen" (Herbert Ihering).

Um filme à parte. Ele é uma autêntica epopeia, porque é o filme em que "*un peuple s'exprime par un homme*"[267] (Jean Cocteau).

---

266 *O encouraçado Potemkin* estreou nos cinemas soviéticos em 24 de dezembro de 1925.
267 "Um povo é representado por um só homem."

Um filme definitivo. Ele define o cinema como o cinema devia sempre ter sido definido: a Arte do movimento silencioso.

*

Ora, já que a escrevi, quase sem querer, aí em cima, fico, demoro-me, regaladamente e apenas, nesta grande palavra: Arte.

E, parado nela, tenho que abstrair toda "ideia", toda "intenção", todo "subentendido" mais ou menos social, mais ou menos discutível, que possa haver por trás da transparência excessiva deste celuloide, para só ver o que nele existe de belo, isto é, de inteligente e puro. Não me importa que *Potemkin* seja a exibição pública de um câncer, de um exame radioscópico, de um teste antropométrico. Importa-me "como" foi feita essa exibição.

*

E foi feita superiormente. Com beleza.

Porque esse filme é diferente. Di-fe-ren-te.

Não tem "entrecho" como todos os filmes. Nem tem indivíduos, personagens: a "estrela" é a massa. Nem tem a "emoção" preparadinha que os diretores costumam "*to plant*" nas suas confecções de estúdio. Nem tem tempo a perder com *close-ups* estáticos. Nem parece filmado por ninguém.

Por isso tudo, se ele fosse feito por qualquer *cameraman* daria a impressão gelada, apenas fotográfica, de um desses "jornais", de um desses *two-reels* informativos que abrem os programas. Mas não dá essa impressão. Pelo contrário: comove, arrebata, ensina e consola.

Por quê? É o milagre de Eisenstein. Isso não se explica. É um dogma. A Arte, graças a Deus e a certos homens, ainda é um mistério.

Nada mais.

G.

# Quinta-feira, 26 de fevereiro de 1931
# CINEMATOGRAPHOS

# Reivindicação

Descobri ontem uma coisa que vai assanhar extraordinariamente e fazer explodir de patriotismo todos os glóbulos bandeirantes do nosso sangue fogoso e assustado. Glóbulos brancos ou glóbulos vermelhos, não importa, todos eles, confraternizados, vão ter hoje a sua festinha esquentada e saltitante. Aqui está a excitantíssima boa nova: o cinema dos sons foi inventado em São Paulo, há 23 anos.

Quanto a mim, confesso, recebi friamente essa revelação. Porque eu já a esperava. Tenho notado que todas as grandes invenções da humanidade – o submarino, a máquina de escrever, a T. S. F.[268] etc. –, cedo ou tarde, acabam sendo atribuídas a brasileiros e, geralmente, a um padre misterioso do Ceará. Por isso, não estranhei a descoberta.

Desta vez, porém, o gênio reivindicado não é padre e não é do Ceará: é um bom confeiteiro de São Paulo. E o velho *grimoire*[269] que me forneceu a agradável

---

268 Sigla que designa a "telegrafia sem fios", mas, num contexto mais abrangente, pode se referir também às radiocomunicações em geral.
269 *Grimoire*, ou Grimório, literalmente refere-se a coletâneas de textos medievais de cunhos místico e ritualístico. Aqui, Guilherme de Almeida utiliza o termo metaforicamente, para conferir à publicação a que se refere em seguida uma espécie de aura mágica

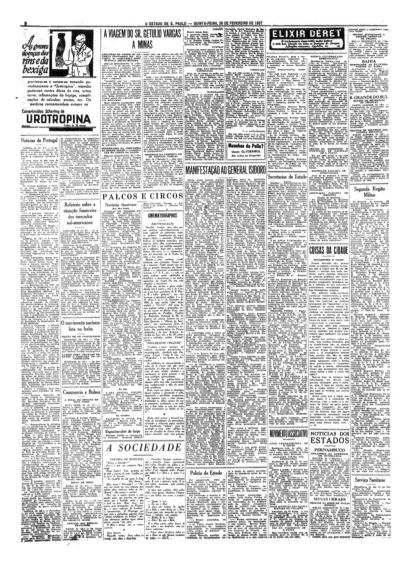

notícia é o nº 47, ano I, de 1º de novembro de 1908, de uma revista *chic* desta capital: o *Cri-Cri*. Aí, numa de suas páginas catitas e pequenitas, entre um retrato de Enrico Ferri, uma fotografia do Pavilhão Paulista na Exposição Nacional do Rio de Janeiro, um aspecto infernal do célebre Quevedo, o "Mártir de Sara-

---

ao informar a curiosa notícia histórica sobre o cinema sonoro no Brasil, muito antes de se tornar uma realidade no mundo.

puí", uns instantâneos, cheios de cavanhaques, bigodes, chapelões e babados, das quartas-feiras do Parque Antarctica e de uma quermesse no Jardim da Luz; aí, à folha 29, estampa-se a explosiva notícia. Textualmente:

### "PROGREDIOR THEATRE"[270]

"Continua a fazer sucesso, atraindo excelente concorrência, o cinematógrafo instalado pela empresa Ernesto Cocito & Cia. no "Progredior", à rua Quinze de Novembro.

As exibições do cinema falante, o único de São Paulo, têm sido muito apreciadas. As fitas são todas de efeito, de uma nitidez absoluta, e a combinação da parte cantante é de uma perfeição extraordinária.

As reuniões de quintas-feiras no elegante salão têm sido concorridíssimas, comparecendo a elite da sociedade paulistana.

Hoje, como em todos os domingos, haverá matinê e espetáculo à noite, obedecendo a atraente programa.

Os ingressos para o novo cinema, distribuídos no último número do nosso semanário, continuarão a ser válidos, e bem assim os que, por sorte, forem encontrados na edição de hoje."

*

Assim, após penoso e louvável trabalho de investigação da paternidade, revelando o soluçante papai paulista dos barulhentos *talkies*, creio ter praticado a coisa mais sublime de que um cronista de cinema pode ser capaz: descobrir mais uma pólvora.

G.

---

270 Segundo Vicente de Paula Araújo em *Salões, circos e cinemas de São Paulo*, o Progredior era um salão que apresentava diversas atrações, inclusive filmes. Foi inaugurado em 17 de julho de 1897 pela Empresa Menezes & Cia. e localizava-se à rua Quinze de Novembro, 28, no centro de São Paulo. Para as exibições cinematográficas eram usados o Cinematógrafo, o Kinetoscópio e o Estereoscópio. Além disso, a partir de 1908, a sala passou a se utilizar do Bioscópio Sincrônico e do Cinematógrafo Falante Synchrophone Pathé, como indica a notícia reproduzida por Guilherme de Almeida.

# Quarta-feira, 11 de março de 1931
# CINEMATOGRAPHOS

## *Atlantic*,[271] no Odeon

Não tem nada este filme: não tem história, não tem personagens, não tem ação... E sem ter nada – e talvez por isso mesmo – tem tudo. Esse "tudo" chama-se simplesmente: o-ri-gi-na-li-da-de.

O que é *"Atlantic"*? Um estudo do terror. Mas um estudo calmo, meditado e, portanto, profundo. Um grande transatlântico, uma dessas encruzilhadas flutuantes onde tantos destinos se encontram, se separam ou se completam. Um *iceberg*. O naufrágio vagaroso. Nada mais. Nem romance exaltado, nem heroísmos ou vilanias excitantes, nem "clímax" arrebatador... Apenas o terror, numa onda lenta, engrossando, crescendo, subindo, estourando numa espumarada brilhante. Um terror sob todos os seus aspectos, nas diversas classes sociais que o acaso aproxima e a desgraça mistura no bojo de um grande navio: o *control* educado da gente de primeira, o desespero louco da gente média e o *"s'on fichisme"*[272] grosseiro da última gente.

---

271 Filme de 1929 ligeiramente baseado na tragédia do *Titanic*, que tem em seu elenco nomes famosos como Madeleine Carroll e John Stuart.
272 Variação da expressão em francês "Je m'en fiche", que significa "não estou nem aí", "não me importo".

\*

Autor e senhor supremo dessa originalidade preciosíssima: E. A. Dupont, o grande diretor, que *Variété* já tinha feito célebre.

O seu trabalho só poderia ser igualado por S. M. Eisenstein. Ele não é um *metteur-en-scène* submetido à ideia de um autor, ao teorema de um *scenario-writer*, à personalidade de um ator. Não. É um dono absoluto, um pleno proprietário, pondo e dispondo do que é seu. Psicólogo e técnico, o seu trabalho tem uma autoridade – raras, raríssimas vezes transparecida sob os mais transparentes celuloides.

\*

Uma sonorização exata (oh! a nova, linda arte do barulho!), ao lado de uma dialogação breve, nítida, dita por quem sabe dizer, e de uma fotografia surpreendente – completam este magnífico filme inglês.

Magnífico, com certos inesquecíveis *"whiskies"* da Escócia...

E a gente sai do cinema repetindo mentalmente à British International Pictures o velho *"toast"* de bar:

"Another little drink,
... Another little drink..."

G.

# Sábado, 14 de março de 1931
# CINEMATOGRAPHOS

## Murnau

Deve ser assim a morte de um deus...

*

O cinema tem os seus deuses – os diretores –, os Grandes Invisíveis, que fizeram o mundo de celuloide, que fixaram no céu as "estrelas"; que são oniscientes, porque sabem todos os segredos da luz e do som; onipotentes, porque podem tudo o que não podem autores nem atores, e porque nada se faz independente do gesto supremo da sua vontade; onipresentes, porque, na divina distância e na aparente ausência da sua invisibilidade, estão sempre em todos os mínimos milímetros de todas as tiras transparentes que enfaixam a terra...
Imortais, eternos também? – Quem sabe?

*

Ora, dentre esses deuses, Murnau era dos mais divinos. Com as transparentes e poderosas *ficelles* de cristal entre os dedos, o sutilíssimo alemão fez, como um exibidor de *guignol*, viver ou morrer à sua vontade, mover-se ou imobilizar-se nas telas – vitrinas do mundo – as figurinhas que quis, onde quis e como quis... Estufou com o corpo flácido de Emil Jannings o fardão dignificante e ridículo daquele porteiro de hotel d'*A última gargalhada*; pôs uma alma dentro do homem e da mulher e da paisagem infernalmente atormentados de *Aurora*; armou e desarmou o trágico barracão de circo para a pantomima sentimental d'*Os quatro diabos*; criou o clímax excitante de um filme com um herói alemão, há cinco anos exilado na América, aqui enriquecido e glorificado e que, no momento emocional do seu regresso feliz à pátria, riscando numa corrida desabalada de auto a estrada de cimento que liga San Francisco a Los Angeles, bzzz... rrr... tuum... – e não pôde, apesar de deus onipotente, dirigir o *fade-out* do mais pessoal dos seus filmes...[273]

*

Deve ser assim a morte de um deus...

G.

---

273  Murnau morreu num acidente de carro em Santa Barbara, Califórnia, em 11 de março de 1931. O veículo era guiado pelo motorista filipino do cineasta, de apenas 14 anos de idade. Seu corpo foi sepultado em Berlim. O discurso cerimonial foi lido por Fritz Lang.

# Sábado, 21 de março de 1931
# CINEMATOGRAPHOS

## Um problema "relevante"

... é o que transparece de um artigo do sr. G. A., crítico de cinema de um jornal parisiense, a propósito do "relevo" no cinema. Traduzindo-o:

"Mal o som e a palavra – diz ele – acabavam de transtornar completamente o cinema, eis que já se anuncia o 'relevo', a technicolor,[274] a televisão, que vão pôr tudo, de novo, em debate. A marcha do cinema moderno é precipitada, e são de prever novas 'surpresas'.

Dos experimentos do cinema em relevo ainda nada se sabe exatamente. Isso se passa, como sempre, na América; mas a Fox, que procedeu às primeiras experiências, ainda não revelou o seu segredo. Assim, para satisfazer a nossa primeira curiosidade, lemos com interesse o artigo de informação publicado pela *Revue du Cinéma*, de 1º de fevereiro, e que traz os únicos dados que permitem, hoje em dia, fazer-se uma ideia da nova descoberta que vai abalar a arte da tela... e o mercado. Eis alguns tópicos das informações de Wilfred Moody sobre o cinema em relevo, ou *Grandeur-film*, e suas possibilidades. O autor as-

---

[274] Sistema de coloração dos filmes pertencente à Technicolor Motion Pictures Corporation. Esteve em uso até a década de 1970.

sistiu a uma projeção em relevo das Quedas do Niágara: 'Entre os fragmentos de *Grandeur-film* que nos foram apresentados havia justamente um sobre as quedas do Niágara. O olho da câmera *Grandeur-film* tem um campo duas vezes mais amplo que o da pobre câmera ordinária. Abrange, numa única imagem, a totalidade das quedas e até as corredeiras que as precedem, das nuvens de garoa que se estendem molemente e do lago tranquilo que se espreguiça embaixo e onde navega o vapor. O fragor das quedas é, na verdade, alguma coisa de formidável... A exata e imponente reprodução dessa trovoada, o gigantesco, sublime e grandioso das cataratas estão ante os meus olhos e nos meus ouvidos como eu os vi e ouvi 'realmente' outrora. O relevo completou a imagem. Uma frescura úmida se desprende. Acabaram-se as diferenças entre imagens e percepções, dos compêndios de filosofia!... Um *match* de beisebol acabou de desencadear o entusiasmo. Distingue-se cada movimento, cada sutileza do jogo, bem melhor do que dos melhores lugares de um estádio. Pode-se reconhecer cada jogador. Ouve-se o bater da bola contra os cajados e acompanha-se facilmente a sua trajetória. Os verdadeiros amadores de beisebol não lhe perdem um centímetro. Não posso comparar melhor o prazer e o espanto que tive ante as experiências do *Grandeur-film* senão ao dos pobres humanos de vista baixa e fatigada, de campo visual curto e chato, de tímpano rangente, se fossem, de repente, dotados de uma vista e de um ouvido perfeito, e transportados a um mundo desconhecido e esplêndido.

E. I. Spoonable, engenheiro-chefe da Fox, que já tinha descoberto a lâmpada 'Aeo', que tornou possível o *movietone*, entregara-se ao problema do 'Filme Amplo'. Foi ele quem, trabalhando de colaboração com os engenheiros do General Theatres Equipment, tornou possível a projeção do sistema *Grandeur-film*, de onde saiu o filme em relevo e em cores naturais. Este novo processo necessita uma tela duas vezes mais ampla que a atual, aproximando-se portanto das dimensões de uma cena de teatro. A imagem da *Grandeur-film* tem efetivamente o dobro (70 milímetros) da largura do filme *standard* (35 milímetros). Dessas novas dimensões, está visto, decorre uma completa revolução em toda a indústria do filme. Serão necessárias novas câmeras, novos aparelhos de projeção, novas telas e todo um novo material de revelação, desde as cubas até os tambores de secagem. É óbvio que semelhante reviravolta na instalação dos estúdios, das salas e dos ateliês, não deixará de causar grave crise econômica e por isso é que, como eu disse acima, se retarda ainda o lançamento da invenção. Não se pode contar com a exploração do novo processo antes de 2 anos. É, pelo menos, o que pensam os mais autorizados."

E o cronista francês conclui: "Uma nova maravilha da técnica humana, um novo campo de atividade, misterioso ainda; um novo modo de expressão cinematográfica. Mas a que terrível 'infância' temos ainda de assistir?".

... ou a que terrível decepção? – comenta o cronista do *Estado*.

G.

# Terça-feira, 21 de abril de 1931
# CINEMATOGRAPHOS

## *Sem novidade no front*, no Rosário, Alhambra e Paratodos

O mais ruidoso livro moderno, inspirando o mais ruidoso dos filmes modernos. Está certo. Está de acordo com esta terrível palavra: moderno. Só uma arte nova – o cinema – conseguiria ilustrar convenientemente uma ideia nova – o livro de Erich Maria Remarque. Não era possível fazer caber numa limitada peça de teatro, num empolado poema épico, numa ópera carnavalesca, numa estátua paralítica, numa sinfonia patética, num quadro estagnado, isso, essa absoluta atualidade que Remarque conseguiu colocar numa coisa inédita, que não é nem romance, nem novela, nem diário íntimo, nem "jornal": uma enorme verdade num enorme movimento.

Este é, pois, o filme oportuno. Este é também o filme decisivo: ele convence, afinal, de que o cinema é uma necessidade; de que só o cinema será capaz de "mostrar" certas coisas que precisam urgentemente ser mostradas; de que, se o cinema não existisse, seria preciso inventá-lo imediatamente.

*

Ora, dito isso, aí, preliminarmente, com todo o fogo de um entusiasmo absolutamente superlativo, que não é comum nos hábitos amenos desta minha calma e humilde coluna, parece-me que já não preciso dizer mais nada sobre esta imortal obra-prima do celuloide. Mas todo o mundo acredita – menos os leitores de crônicas cinematográficas – que "*quod abundat non nocet*".[275] E como eu escrevo também para esse "todo o mundo", aí vai mais alguma coisa sobre a fita.

*

Confesso que, quando li a notícia de que, no adocicado e romântico *sunshine* da Califórnia, se pretendia filmar o livro de Remarque, pensei como aquela rapariga de uma cidadezinha americana que escreveu aos editores de uma revista: "*They will put in a silly love story and spoil it*"…[276] Pensei mesmo que haveriam de bater, num *shaker*, o fortíssimo álcool retificado do livro alemão, juntamente com um açucarado *strawberry sundae*, para obter um leve coquetel para mocinhas, com o eterno gosto de romance, de idílios nas enfermarias da Cruz Vermelha, de longos "*goodby kisses*", de voltas alvoroçadas para os bracinhos gordos e sardentos de *gal* fidelíssima…

Enganei-me deliciosamente. Tio Sam já está reagindo. Tio Sam tem ainda diretores, como Lewis Milestone, que "*has never gone Hollywood*"… Graças a todos os deuses possíveis!

O filme, como um avião de guerra, paira sobre o livro num voo, certo e útil, de reconhecimento. Vai baixando aqui, para ver de mais perto o que é preciso ser detalhado; elevando-se ali, para ter uma impressão, bem de conjunto, do que deve ser visto de longe; afastando-se de um lado, ou aproximando-se de outro, para obter as mais exatas e impressionantes perspectivas. É um voo, certo e útil, de reconhecimento.

Oscar Wilde sugeriu, uma vez, a ideia de uma "crítica pura". Argumentava assim: toda obra de arte é uma obra de autocrítica, isto é, o artista vai se criticando a si mesmo até que, não tendo nada mais que se reprochar, dá por

---

275 A expressão latina pode ser traduzida como "a abundância não é prejudicial".
276 Em inglês no original: "Vão armando uma história de amor boba, para estragá-lo."

finda a sua obra. Então, começa o trabalho do verdadeiro crítico: continuar aquela censura que o artista não foi mais capaz de fazer. O continuador do artista! Tenho a impressão de que Lewis Milestone, o diretor de *All Quiet in the Western Front*, é esse crítico ideal.[277]

G.

---

[277] O filme ganhou os Oscars nas categorias Melhor Filme e Melhor Diretor, em 1930, além de ter sido indicado nas categorias Melhor Fotografia e Melhor Roteiro.

# Quarta-feira, 6 de maio de 1931
# CINEMATOGRAPHOS

## *Fantasias de 1980*, no Odeon

A gente pode tomar a sério um *two reels* de Stan Laurel e Oliver Hardy; pode levar a sério até mesmo um melodrama de *backstage* com as eternas centopeias femininas do sr. Larry Ceballos[278] levantando e abaixando grandes pernas cor-de-rosa, e heróis interrompendo ações importantíssimas para empunhar um *banjolele*, revirar os olhos e cantar coisas que rimam com *I love you*... Mas a gente não pode, positivamente não pode tomar a sério esta deliciosa brincadeira – *Fantasias de 1980* (*Just imagine!*) – da Sala Vermelha do Odeon. E esse é, antes e acima de tudo, o primeiro, o excepcional valor da encantadora *buffoonery* da *Fox*.

Oh! Adorável, raríssima virtude das coisas verdadeiramente deste século: não poderem ser tomadas a sério! Não preocuparem, isto é, não aborrecerem; não fazerem rugas na testa, isto é, não envelhecerem a gente... Tomara tudo fosse assim, como essa fita! (Mas tudo – ciências, artes, moral, comércio, política etc. – não será mesmo, no fundo, um pouquinho assim?)

*

---
278  Larry Ceballos (1887-1978) foi um coreógrafo de números musicais em dezenas de produções hollywoodianas.

O argumento de *Fantasias de 1980*, que é de De Sylva, Brown e Henderson, coligou-se com a monumental montagem e com a direção, que é de David Butler, para produzir uma sátira bonita e fina, uma explosão constante de ironia e imaginação, que diverte largamente e excita constantemente. O *set* grandioso – Nova York daqui a 50 anos – e a vida do futuro, em todos os seus mínimos, mais cômicos detalhes, são delicada e eficazmente explorados e expostos por uma câmera habilidosa, sonhadora, espirituosa, e por um *cast* poderoso e firme.

Deste elenco, é preciso, é urgente destacar El Brendel.[279] O sueco engraçadíssimo (que antes da Guerra era alemão e depois da Guerra ficou sendo sueco mesmo, definitivamente) tornou-se, logo nas suas primeiras pândegas, o legítimo senhor e possuidor de toda a fita. No seu calmo papel de "simples Zero" (*"Single 0"*), El Brendel provou a verdade matemática que não precisava ser provada: que o zero, depois da unidade (e que fortíssimas unidades não são, na fita, John Garrick, Maureen O'Sullivan, Frank Albertson, Marjorie White etc.), tem o maravilhoso poder de lhes decuplicar, centuplicar o valor...

G.

---

279 Elmer Brendel (1890-1964) teve longa carreira no cinema, atuando em diversos gêneros de filmes. Esteve no elenco de *Wings*, de 1927, que Guilherme de Almeida comenta neste volume.

# Terça-feira, 7 de julho de 1931
# CINEMATOGRAPHOS

## *Luzes da cidade*

*Luzes da cidade* — a obra-prima de Charles Chaplin e, talvez, do cinema — obriga-me a acreditar numa coisa que eu, há tempos, tinha publicamente negado: o humor de Carlito. Agora acredito. E, porque vejo no humor a suprema estilização do aperfeiçoamento humano, neste filme, que é todo humor, tenho também que ver, coerentemente, a mais perfeita criação do celuloide.

*

Eu tenho uma teoria, talvez minha, do humor. Ele é a última etapa, o mais alto grau da sabedoria. Esta assim se desenvolve: primeiro, é a alegria da curiosidade; depois, é a dor de aprender; em seguida, é o remorso de saber; e, afinal, é o sorriso para esquecer. E, pois que o esquecimento é uma destruição, há, no fundo de todo humor, um permanente sentimento de melancolia ao lado de uma constante ideia de aniquilamento.

Ora, *City Lights* vem bem marcado daquela shakespeareana "*melancholy of mine own, compounded of many simples, extracted from many subjects*"[280]. Sim: "*of mine*

---

[280] Fala do personagem Jacques em *As you like it* (v.1): "melancolia muito particular, composta de vários elementos simples, extraída de vários objetos" (tradução de Ivo Barroso).

*own*". Carlito pode bem dizer isso; é sua, toda sua e só sua essa melancolia, pois o filme é seu, todo seu e só seu. É sua a produção, seu o argumento, sua a direção, sua a interpretação, seu o arranjo musical. É a primeira, absoluta, completa afirmação pessoal que o cinema produz.

Profundamente melancólico como o humor, o filme de Carlito é também, como o humor, profundamente destruidor. Destrói como só o humor sabe destruir: pelo ridículo, pela deformação, pelo processo da "redução *ad absurdum*", de Novalis, e sempre como "o sorriso na neblina", sempre com "*die lachende Thraene im Auge*".[281] Destrói todas as coisas mais ou menos sérias em que alguns homens ainda acreditam. Destrói a sisudez das estátuas e das comemorações cívicas, com aquela sequência inicial em que o pequeno vagabundo da grande cidade aparece como uma triste mancha humana escorrendo por toda a estrutura do monumento. Destrói o patético do suicídio, em todo aquele episódio burlesco em que o "*little tramp*"[282] salva a vida do milionário *blasé*. Destrói o pseudoencanto das reuniões sociais quando descreve, ironicamente, aquela *soirée* mundana em que Carlito engole um apito. Destrói o boxe, o "nobre esporte", com a calma análise e exposição de todos os ridículos que podem caber num ringue. Destrói a polícia; os vertiginosos dramas da *Gangland*, com os grotescos todos do episódio do roubo e da injusta prisão do triste herói. Destrói o "sublime sentimento da amizade", mostrando aquele neurastênico e generoso senhor que, só quando está bêbado, fora de si, é que sabe ser amigo de um pobre diabo. Destrói o amor, mostrando como ele nada mais é do que uma cegueira, uma inconsciência, uma inocência comovedora. Destrói o frouxo sucesso do cinema falado, negando a necessidade de qualquer voz humana no filme e substituindo-a vantajosamente, como nos desenhos animados, pelo comentário cômico-musical (os discursos inaugurais da primeira cena: o gramofone mudo no quarto da florista cega; o cantor que não canta nada na reunião social etc.). Destrói o próprio cinema, quer contrarian-

---

281 Expressão alemã que pode ser traduzida por "a lágrima que paira, sorridente, no olho".
282 Em inglês no original: "Pequeno vagabundo."

do-o, tecnicamente, nos processos da *continuity*,[283] que Charles Chaplin não reconhece (ele não se preocupa com a *nuance* entre as cenas, que emenda, esbate e amacia a ação); quer caricaturando todo o *hokum* das situações habituais, o *poncif*, os lugares-comuns de todas as fitas...

E mais coisas destruiria também, se não fossem coisas já tão destruídas por si mesmas...

G.

---

283 Termo em inglês para "continuidade" coesa entre as cenas.

# Quarta-feira, 8 de julho de 1931
# CINEMATOGRAPHOS

## *Iracema*, no Odeon

Para achar boa esta fita, não é preciso o espectador colocar nos olhos aqueles óculos benevolentes de patriótica brandura com que se costuma olhar para as comovedoras coisas nacionais. *Iracema*, da produtora paulista Metrópole, vale independentemente de quaisquer chauvinismos, de qualquer *parti--pris*[284] sentimental.

O primeiro valor deste celuloide é, indiscutivelmente, a fotografia. Um *cameraman* inteligente e imaginoso, o sr. Sergio Uzun, sabe colocar grandeza nas grandezas dos céus, dos mares, das florestas, das montanhas. E tem arrojo e desembaraço: as suas fotografias "contra a luz" bastam para dar ao filme um forte *touche* de arte, que não se tinha visto ainda nos celuloides rodados por aqui.

Outro elemento que concorreu eficazmente para a *réussite*[285] de *Iracema* foi a direção de Jorge S. Konchin. Embora lento, *slow moving*, o desenvolvimento da ação, não lhe faltam, entretanto, clareza na narrativa, beleza em certas exposições (a inicial, por exemplo), cuidado nos detalhes, fidelidade ao clássico cenário de Alencar etc.

---

284 Em francês no original: "Viés."
285 Idem. "Sucesso."

Dentre os intérpretes, é preciso destacar, em primeiro lugar, Dora Fleury no *title-role*,[286] que soube, com seu bonito perfil de Gloria Swanson moça, contrariando o seu tipo físico, encarnar com paixão e doçura a simbólica virgem tropical – esta América hospitaleira, amorosa e crédula, que se dá toda como uma flor selvagem ao forasteiro ousado e ambicioso. E, depois, Carmo Nacarato (Araquém), que soube manter uma grande dignidade no papel do velho chefe Tabajara. E, afinal, Ronaldo de Alencar, que, principalmente à cena final, deu grande emotividade.

Um comentário musical sublinha com ênfase toda a projeção.

G.

---

286 Termo em inglês referente ao ator ou atriz que interpreta o papel de algum personagem cujo nome consta no título do filme.

# Quarta-feira, 5 de agosto de 1931
## CINEMATOGRAPHOS

## *Tabu* no Rosário

F. W. Murnau soube morrer; e sua última obra foi uma obra prima. Foi *Tabu* – um poema sem palavras.

\*

*Tabu* é uma história de todos os amores, porque é a história de um paraíso perdido.

Hino ao Amor corre, portanto, sobre dois ritmos paralelos, como sobre dois *rails*: o ritmo da vida e o ritmo da morte. Vê o homem e a mulher como eles devem ser vistos: na "simples e boa lei natural", no seu estado de virgem primitiva deliciosa animalidade, ainda sem o veneno literário das teorias, isto como nós todos, empetecados e embonecados de civilização, quereríamos ser, se não tivéssemos a tolice – elas! – de acreditar em moral, leis, polícia e outras coisas desagradáveis que uns homens de mau gosto e mau humor inventaram, invejosos da felicidade alheia...

\*

A primeira coisa que fundamente impressiona e fascina em *Tabu* é a sua indiscutível e convincente expressão de autenticidade. Tudo aí é legítimo, sincero: o cenário de uma dessas ilhas do Pacífico, de um pedacinho verdadeiro desse tão sugestivo e sedutor Arquipélago das Sereias; e a *native cost*, essas três figuras – Reri, Matahi e Hitu – vividas, tão pungentemente vividas por três artistas sem nome.

Resultado: a naturalidade e a verdade de tudo são tão grandes que a gente, depois de ver isto, começa a olhar com desconfiança para as outras fitas, começa a sentir que tudo o que sai de Hollywood não passa de simples artifício, de mera afetação.

*

Por isso tudo, *Tabu* é uma obra prima.

Em colaboração com Robert Flaherty, F. W. Murnau fez a fita que ele sempre sonhou: uma fita que tivesse em si um pouquinho de cada uma das artes. E *Tabu* tem mesmo isso. Tem pintura, na exposição meticulosa e equilibrada daquele pedaço mal acabado do mundo; na esplêndida fotografia daquela fresca e verde confusão de águas e terras enfeitadas sempre de cascatas e tinhorões, coqueiros e montanhas, hibiscos e ondas... Tem escultura, na composição rítmica de certos corpos; naquela altitude do corpo de bronze, nervoso e nu de Matahi meditando ao fundo de sua choupana; ou a plástica molinhosa de morno fruto tropical do corpo moreno de Reri, mais despido que vestido pelo lava-lava descritivo... Tem música no sublinhado sonoro de todo o filme: aquela sinfonia longínqua que dá à ação uma embaladora cadência lírica... Tem tragédia na situação que explora aquele amor exasperado que se revolta contra a vontade dos deuses, como um rio que quisesse voltar sobre si mesmo, contra a própria correnteza... Tem poesia... Mas a poesia é isso tudo junto, divinamente harmonizado... E tem, afinal, cinema – a mais moderna das artes –, porque tem, acima de tudo e acima de todos, o grande nome de Murnau.

G.

# Sexta-feira, 30 de outubro de 1931
## CINEMATOGRAPHOS

## Filmagem argentina

O cinema – isso que algumas sobrecasacas ainda teimam em considerar uma simples frivolidade, um passatempo um pouco pernicioso... – não faz, entretanto, outra coisa senão provar, dia a dia, a absoluta inutilidade de certas coisas consideradas sérias e poderosas: os governos, as academias, os institutos etc. Uma coisa, por exemplo, por que tanto e tão baldamente se têm interessado governos, academias, institutos etc.: o intercâmbio intelectual entre os países continentais. Gastam-se, com isso, leis, embaixadas, congressos, conferências, pactos, dinheiro... Tudo inútil. No entanto, com um simples carretel de celuloide, uns discos e um jato de luz, o onipotente e onipresente cinema realiza, num relâmpago, esse milagre...

\*

Mas todo esse imprestável tró-ló-ló, aí em cima, foi escrito apenas para chegar a esta próxima realidade: São Paulo vai começar a ver, dentro em breve, os filmes argentinos. Compromete-se a isso o "Circuito Americano de Filmes", recentemente aqui estabelecido. O seu primeiro programa anuncia um grande filme platino, *Coração ante a Lei (Corazón ante la Ley)*,[287] e um *short*[288] complementar: *Cidade de Buenos Aires*.[289]

Esse programa nos dará a conhecer, num rápido *keyhole view*,[290] a vida, a gente e o espírito argentinos. Em *Coração ante a Lei*, por exemplo, que é todo sonoro, mostrará toda a organização do exército argentino, desde os Cadetes do Colégio Militar, de San Martin, até as grandes manobras das suas forças.

E, de mistura, o encanto panorâmico do pampa e a visão plástica das festas populares argentinas, salpicadas de seus "estilos", "vidalistas",[291] tangos... — toda a graça, enfim, do curioso folclore da Grande República vizinha.

G.

---

287 Filme de Nelo Cosimi (1894-1945), diretor e ator que esteve no elenco de *Olhai os lírios do campo*, adaptação argentina da obra de Erico Veríssimo, em 1949.

288 Filme de curta-metragem.

289 Guilherme se refere, provavelmente, a *Actualidades de la ciudad de Buenos Aires*, documentário realizado por Federico Valle (1880-1960) em 1923.

290 Ao pé da letra, olhar pelo buraco da fechadura; "espiadela".

291 Referência aos partidários do coronel Celestino Vidal (1780-1845), que participou das guerras pela independência da Argentina.

# Domingo, 22 de novembro de 1931
# CINEMATOGRAPHOS

## *Coisas nossas*

Vi ontem, em exibição reservada, o primeiro, legítimo *all talkie*[292] nacional, *Coisas nossas*,[293] produção da Byington & Co.,[294] que amanhã será lançado no Rosário.

Esse adjetivo "legítimo", que escrevi aí em cima, é essencial. Ele quer dizer que, sem os imperdoáveis artifícios das falsas acomodações de um disco a um carretel e vice-versa, inteiramente estranho um ao outro, pela primeira vez no Brasil, a imagem e o som são fixados autenticamente, na virgem simplicidade do seu simultaneísmo natural, pelo sábio engenho dos mais modernos maquinismos, isto é, perfeitamente "*a la* Hollywood". Vitafone – *tout court*.

O que isso, neste meio, sobretudo, representa de inteligência, de esforço, de sacrifício – qualquer semi-iniciado nos escabrosos segredos do Filmdom

---

292 Filme totalmente falado, não apenas sonorizado.
293 Dirigido por Wallace Downey em 1931, com Zezé Lara, Procópio Ferreira e Piolim no elenco.
294 Empresa fundada por Alberto Byington Jr., que realizou, além do primeiro filme sonoro brasileiro, *Coisas nossas*, uma série de coproduções com a Cinédia, de Adhemar Gonzaga, tais como *Alô Alô Brasil* e *Alô Alô Carnaval*.

compreende desde logo. E o que o resultado disso – *Coisas nossas* – pode provar, toda gente verá amanhã.

\*

Para mim, *Coisas nossas* é como aquela pedra de toque dos ourives e dos adelos: o Brasil roçou por ela a sua plástica, o seu espírito e o seu sentimento; deixou aí a sua marca, e a tela agora, como um ácido revelador, vai dizer que metal era aquele e de que quilate.

Ouro de 18? Tudo leva a crer que sim.

Primeiro, a fotografia, que é de Adalberto Kemeny e Rodolpho Lustig, da Rex Film, autores já daquela inesquecível *Sinfonia da Metrópole*. A sua câmera é como uma criatura humana: tem inteligência e movimento: isto é, tem vida. As sequências iniciais, por exemplo, descrevendo um noturno paulistano, são uma síntese curiosa e esperta de São Paulo; e aqueles processos de "*dissolve*"[295] e "*double exposure*"[296] usados, por exemplo, quando Gaó sola ao piano, são de um caprichoso e perfeito acabamento.

Depois, a gravação sonora, que é de Wallace Downey, um técnico exato e completo. Esses discos, para o nosso ouvido tão arranhado pelas arenosas e fanhosas asperezas nacionais, são um miraculoso descanso. O som, que não vem mais de uma agulha raspando uma lixa, é limpo e seguro, e a sua graduação tem toda a naturalidade da volúvel inflexão da voz humana.

Depois, o arranjo musical, que é de Gaó. Fino e espirituoso todo ele, principalmente naquele *pot-pourri* das nossas velhas melodias.

E, afinal, a interpretação, que é de Helena Pinto de Carvalho, Stefana de Macedo, Zezé Lara, Corita Cunha, Procópio Ferreira, Sebastião Arruda, Gaó, Jaime Redondo, Batista Junior, Calazans e Rangel, Napoleão Tavares, Pilé,

---

295 "Dissolve" é como costumava se chamar o processo de "fade out", quando a imagem vai se apagando gradualmente.

296 Trata-se da dupla exposição do negativo, criando um mosaico composto de duas ou mais imagens simultâneas.

Paraguaçu, Arnaldo Pescuma e Zezinho. Todos — e este é o maior e melhor elogio – parecem artistas de cinema. Bem pintados, bem movimentados, bem educados. Alguns, excepcionalmente fotogênicos e de voz excepcionalmente "recordável".

*

Agora, a única coisa que falta a *Coisas nossas* – um diretor, este problema magno do cinema, esse deus invisível que tudo prevê e a tudo provê, que sabe fazer "ambiente", que sabe amaciar a ação engrenando e lubrificando as sequências, que sabe...

Mas esse homem virá. *Coisas nossas* tem sobre si uma enorme responsabilidade: criou um futuro. E esse futuro exige e terá aquele homem.

G.

# Domingo, 29 de novembro de 1931
## CINEMATOGRAPHOS

## A crise no cinema

Rio, 27 de novembro, 1931.

Chego, por acaso, ao Rio: não mais àquele Rio clássico, esquentado, cheio de cores e refrescos; mas a um Rio diferente, negativo, com cortinas incessantes de chuva e bruma – "lamê" prata sob gaze "*gris*" – escamoteando, na paisagem patriótica, o infalível Pão de Açúcar e o inevitável Corcovado, isto é, categoricamente desmentindo, envergonhando, desmoralizando mesmo todos os nossos cartões-postais...

E aí, nesse Rio paradoxal, uma coisa me espera, mais surpreendente ainda do que a casual negação da natureza: a negação absurda daquela outra natureza, daquela réplica do mundo, daquela duplicata da vida que é apenas isto: o cinema. Encontro, em todos os jornais, com aquelas mesmas, alarmantes letras com que se costumam anunciar conflagrações, hecatombes, quedas de governos, etc., a espantosa notícia de que o cinema vai desaparecer no Brasil. Vai desaparecer, se o Governo não atender ao pedido, que lhe fez o nosso alto comércio cinematográfico, de redução das taxas de importação sobre filmes. Um grande deus perfeitamente feminino, isto é, caprichoso como Constance Bennett, versátil como Marion Davies, enfim, "*mobile qual piuma al vento*" – o Câmbio –, com um pequeno, todo-poderoso toque de sua varinha de condão, operou o desagradável milagre de fazer custar 175$000 o que, antes, custava apenas 80$000: o imposto por um quilo de filme importado, nas nossas alfândegas. Ora, "nessa base" – como dizem os homens de negócio da célebre Travessa dos Corretores do meu correto S. Paulo... – não é mais possível continuar correctamente com o negócio. Quer dizer que todos os enormes capitais cinematográficos aqui empregados e que assim concorrem para a nossa riqueza – num total de 569.150:000$000 – irão calmamente por água abaixo... Quer dizer que as 21.721 pessoas empregadas que vivem exclusivamente dos negócios de importação, distribuição e exibição de filmes, no Brasil, vão ficar por aí, à toa, aumentando o nosso bom número de sem-trabalho... Quer dizer que os 51.170:000$000 que essa gente percebe anualmente vão deixar de circular no país... Quer dizer que os impostos de "diversões" ou de "caridade", que se elevam a 24.000:000$000 anuais, vão simplesmente desaparecer... Quer dizer que vão sumir os 3.913:920$000 de fretes pagos, por ano, pelo transporte de filmes no território nacional... E quer dizer – oh! Principalmente isto! – que o único desafogo, a única válvula de segurança que, além do jogo do bicho, ainda restava para o nosso bom povinho, vai deixar de funcionar, com evidente perigo de uma explosão de caldeira...

\*

Mas, não é possível! O governo não pode deixar de atender à justíssima solicitação dos srs. cinematografistas, e que é também, tacitamente, a solicitação do nosso povo.

Os nossos homens de cinema não têm, nessa sua pretensão, interesse puramente comercial. Não. Eles poderiam, por exemplo, se quisessem e se fossem meros mercadores argentários, seguir *"the easiest way"*, o mais cômodo, mais fácil caminho: restringir os seus negócios, importando, ao invés de cinco ou seis cópias, apenas uma ou duas de cada filme, e despedindo 50% de seus empregados, e obrigando a fecharem-se os pequenos cinemas do interior. Mas eles não querem esse mal: eles não têm essa falta de consciência e de coração. Eles querem continuar a pagar todos os brasileiros que vivem desse negócio:

querem continuar a fornecer todas as fitas a todos os cinemas – importantes ou modestos.

E esse é também – tenho disso uma certeza cega – o interesse e a vontade do povo. Julgue o governo o caso, se quiser, por plebiscito. Será, sem dúvida, a unanimidade. O nosso povo é modesto. O romano exigia: "*Panem et circences!*". O nosso está pronto a dispensar até mesmo o pão, contanto que tenha os seus "*circences*", isto é, as suas fitas...

G.

**1932**

# Sexta-feira, 8 de janeiro de 1932
## CINEMATOGRAPHOS

## A cidade sem cinema

Na "Primeira Convenção Cinematográfica Nacional", que, no dia 6 deste mês, se reuniu no Rio, nos salões do Automóvel Clube do Brasil, e onde se tratou de defender os interesses agora fortemente abalados do comércio cinematográfico no país, o redator desta seção do *Estado* teve ocasião de proferir as seguintes palavras:

\*

De São Paulo – onde os *rinks* de patinação transbordam de gente e as salas dos cinemas espreguiçam-se e bocejam quase desertas – eu trazia para o Rio a mais desolada impressão e vinha certo de encontrar aqui, no encanto sempre renovado do povo e da terra carioca, um antídoto amável, quando, ao passar pelo alto quarteirão dos cinemas, vi fechadas as portas de um deles. Naquele bloco forte de metal e concreto, todo pintado pelos gritos de cor dos cartazes, aquela cortina descida, cinzenta, de aço ondeado do Capitólio era uma exceção dolorosa. Era, na fisionomia viva e estável da cidade moderna, um desequilíbrio triste; era como uma pálpebra doente, que tivesse baixado sobre um olhar que se apagou...

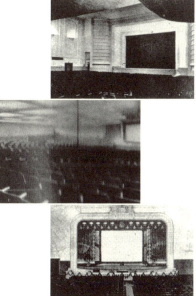

Pensei, inevitavelmente, na crise assustadora que veio, nestes últimos tempos, bater também às portas do cinema. Sim, até do cinema – último refúgio, reduto extremo dos pobres atormentados... E fui fazendo, para mim mesmo, esta estranha pergunta:

– O que poderia ser uma grande cidade de hoje, sem cinema? Que seria destas enormes cidades modernas perdidas nos desertos verdes da América – Rio, Buenos Aires, São Paulo... – sem cinema?

Seria, certamente, uma cidade fora do mundo; fora do tempo e fora do espaço. Porque o mundo se enfaixou todo em fitas de celuloide; uniformizou-se, estandardizou-se, enrolado todo em quilômetros e mais quilômetros de filmes, e mais filmes, que lhe aplainaram as arestas diferenciais; que trouxeram, por exemplo, para o Quarteirão Serrador, os aspectos de Xangai ou de Londres, o levaram a dançar e cantar nas salas do Cairo ou de Montevidéu os negros sapateadores do Harlem ou as *bayaderas* dos templos hindus...

Assim, refundido numa mesma forma e com uma só matéria, todo igualado e alisado e revestido de película, o mundo é hoje como uma dessas bolinhas de celuloide que a gente solta a girar na vara de água, reta e ascensional, dos repuxos. Nós vivemos num mundo de celuloide...

Pouco a pouco, e apesar de todos e apesar de tudo, o mundo se tornou uma grande e única escola em que o quadro-negro – antigo quebra-cabeças e pedra de toque das espavoridas inteligências de outrora – se transformou num quadro branco: a tela alva palpitante e sonora, que tudo ensina e a todos ensina, suavemente, interessantemente. Ensino obrigatório, mas voluntário e deleitoso.

Ora, uma grande cidade sem cinema seria como uma criança expulsa dessa escola universal. Ela sofreria, certo, moral e materialmente, uma *"capitis deminutio maxima"*.[297] Isso seria uma síncope brusca na sua vida, um colapso repentino no seu ritmo. Desprendendo-se do mundo, essa cidade desaprenderia o mundo. Desagregada, diferente, ela escaparia da terra giratória por força centrífuga, como um corpo estranho, para ir formar um planetazinho à toa, um satélite passivo e magnetizado, um mundozinho insignificante, abandonado – órfão, viúvo ou divorciado... – rodando à parte, não sei em que estéril, problemática estratosfera...

E a gente infeliz dessa Oblivion seria uma pobre gentinha bocejante, que, para saber alguma coisa do mundo, teria sempre que esperar muito tempo... Teria que esperar pelos jornais tardios e incompletos; pelos demorados magazines ilustrados com seus clichês retocados, falsos, sem vida; pelos livros vagarosos e suspeitos, que só chegariam ali talvez numa 200ª edição... E para saber o espírito e o gosto do momento, para saber a moda, a delícia do efêmero, a loucura adorável do "último" – o último vestido, a última canção, o último feitio de um *shaker* ou de um *briquet*, o último desenho de um móvel ou de uma lâmpada... –, teria que esperar, por exemplo, que uma lenta trupe teatral ou os carroções ciganos de um circo de cavalinhos, que estivessem dando a sua volta boêmia pelo mundo, afinal viessem ali pousar um instante o seu voo vadio, para mostrar vestidos, canções, *shakers*, *briquets*, móveis ou lâmpadas

---

297   Em latim no original: "Perda máxima de capital."

já dolorosamente gastos, já lamentavelmente fora de moda, já inteiramente inaceitáveis nas felizes, adiantadas regiões cinematográficas da Terra...

\*

Ora, essa foi a perspectiva desolante e indesejável que me sugeriram aquelas desertadas salas de cinema, que deixei em São Paulo, e essa porta fechada do Capitólio, que encontrei aqui.

Indesejável e desolante perspectiva que será certamente, fatalmente, uma pavorosa realidade amanhã, se dos esforços conjugados dos que aqui se reúnem e da boa vontade, critério e espírito de justiça e de oportunidade que são de esperar-se do atual governo brasileiro, não resultar uma razoável melhoria para o comércio cinematográfico neste país.

# Sábado, 9 de janeiro de 1932
# CINEMATOGRAPHOS

## A Convenção

Um *close-up* da Primeira Convenção Cinematográfica Nacional.

No Rio, em 6 de janeiro de 1932, às 21 horas. No *background*, o salão tradicionalmente nobre do velho Clube dos Diários, hoje renovado em verde e ouro pelo Automóvel Clube do Brasil. O que dá logo na vista: numa larga moldura de hortênsias pálidas, a tela, tendo a seus pés um leque espalmado de bandeiras coloridamente declamando patriotismos diferentes. Aos lados, dois cartazes que afirmam: um gráfico comparativo do imposto de importação de filmes nas diversas repúblicas sul-americanas, com a coluna brasileira em primeiro lugar, altíssima, parecendo, perto das outras, um arranha-céu perto de bangalôs...; e outro, demonstrativo da importância dos capitais cinematográficos empregados neste país, e do seu movimento, e do seu relevo na riqueza nacional.

Sobre um estrado alto, a mesa, com a tribuna à direita: espécie de coluna votiva a um deus terrível – o Mike, o microfone universalizador...

Gente que chega – feminina e masculina, curiosa ou especializada, artística ou mercantil... – esgotando depressa a grande lotação da sala.

E, entre explosões brancas de magnésio e faixas azuladas de luz dos refletores, enquanto se abrem os olhos das câmeras para a fotografia e para a filmagem, começa o *all talkie*. Mas um *all talkie* em técnica moderna: um mínimo de palavras para um máximo de ideias. Nenhum discurso vai além de 10 minutos. São *shorts* incisivos. Dois deles são dignos de nota: o do sr. Adhemar Leite Ribeiro, que, em nome da Associação Brasileira Cinematográfica, faz um resumo eloquente e sério do memorial apresentado em novembro último ao governo, pedindo a redução da taxa de importação para filmes; e o sr. William Melniker, representando os importadores e distribuidores, que fala com inteligência e com "*humour*", sobre as condições de viabilidade do cinema. Há, nesses como em todos os demais discursos, uma sã liberdade de ideias, uma inteira, linda franqueza.

Houve um intervalo para a exibição de um filme retrospectivo. É um *pot-pourri* interessantíssimo que demonstra bem a evolução do cinema e reafirma o seu valor documental. Veem-se aí, do Silêncio ao Som, desde uma engraçada corrida de automóveis em 1912, no Brasil, até as últimas vitórias do engenho inquieto dos homens. É o mundo visto, numa galopada de 20 anos, através dos cristais da Máquina de Explorar o Tempo, de Wells...

Depois, o *buffet*...

Agora, a confiança calma no bom êxito dessa convenção: isto é, na salvação do cinema no Brasil.

G.

# Sábado, 16 de janeiro de 1932
# CINEMATOGRAPHOS

## *Cinearte*

Tenho aqui, sobre a minha mesa, datado de anteontem, o nº 307, ano VIII, de *Cinearte*...

\*

Não, não é possível continuar nesse tom, que ficaria irrepreensivelmente bem em outra seção mais ajuizada do *Estado* (nas "Publicações", por exemplo), mas que aqui, neste meu "Cinematographos", apenas faria sorrir de satisfação uma das várias classes dos meus diversos inimigos: os srs. homens sensatos.

\*

Não. Eu quero apenas demorar um pouquinho o meu pensamento nestas letras e nestes algarismos: "Ano VIII".

Oito anos! Há oito anos, então, que, neste país das improvisações, do efêmero, do transitório, do provisório, uma revista especializada, restrita, exclusivamente de cinema, se mantém, viva e forte e bonita, "*malgré tout, malgré tous*"...[298]

---

298 Em francês, "apesar de tudo, apesar de todos".

Isso é, isso tem que ser, para o pequeno, humilde mas convencidíssimo fã, autor, há seis anos, destes grifos mais ou menos cinematográficos, um consolo doce e um apimentado estimulante. Ele vê – o rabiscador quase cotidiano destas coisas de cinema – nessas letras e nesses algarismos, um índice seguro do espírito de atualidade (o mais interessante e necessário dos espíritos) da gente da sua terra...

Em oito anos, quanto *magazines* aqui nasceram e aqui morreram calmamente, inevitavelmente! Revistas que se ocupam de tudo: de artes, de esportes, de moda, de literatura, de sociedade, de finanças, de indústria, de comércio... Nada disto pôde manter-se, porque nada disso foi capaz de interessar o homem americano do século XX. Mas a revista de cinema aí está, viva e forte e bonita, *"malgré tout, malgré tous"*...

G.

# Sábado, 23 de janeiro de 1932
# CINEMATOGRAPHOS

## O filme do momento

Neste momento paulista, duplamente histórico – quando São Paulo comemora o 400º aniversário da fundação da família paulista e inicia contra curatelados seus, uma ação de reivindicação de direitos e bens de família recentemente esbulhados –, neste instante importantíssimo da nossa vida, em qualquer que seja a tela e qualquer que seja a fita, para os nossos sentidos e para a nossa inteligência um único filme, um só, pode estar passando: o nosso grande filme...

Rode, por aí, o ótimo celuloide que rodar – dramas sociais, *travelogues*,[299] romances de aventuras, farsas, *talkartoons*...[300] – não importa! Paulistas, atirados só por hábito naquelas poltronas dos cinemas, cercados de uma penumbra palpitante, sonora e entrecortada, daqui, dali, pelo pisca-pisca de vagalume

---

299 Em linguagem cinematográfica, um *travelogue* é um filme de viagem, semelhante a um documentário, mas que centra sua narrativa na visão pessoal do realizador/cinegrafista.
300 Os *Talkartoons* são uma série de 42 desenhos animados produzidos pelos Fleischer Studios entre 1929 e 1932. Nessa série aparece pela primeira vez, no episódio *Dizzy Dishes*, em 1930, a personagem Betty Boop, quando sua aparência ainda era metade mulher e metade *poodle*.

das lanternas das *placeuses*;[301] de olhos e ouvidos colados à tela, ali estamos, entretanto abstratos, longínquos, vendo e ouvindo apenas o filme de São Paulo: grande filme histórico em quatro *reels* de cem anos cada um...

O nosso filme... Projetado por nós mesmos e para nós mesmos, ele é o grandioso espetáculo do momento.

Bem dirigido, ele engrena-se todo fácil e maleável, numa *continuity* magistral, de alta técnica. Não faz saltos. As sequências seguem-se, lógicas, nítidas, e empolgantes sempre. Há caravelas embandeiradas e armoriadas, deitando ferros e colhendo panos no meio de uma obra verde e luminosa; há uma escalada perigosa praticada pelas sotainas negras de treze padres tristes e heroicos; há *rodeos* de índios; há, em vez do *covered wagon* dos *gold-diggers*, "bandeiras" furando o mato e canhões varando os rios; há traições de forasteiros emboscados em capões; há uma cavalhada vistosa, com um príncipe à frente dando um grito fazedor de pátria; há a primeira voz de negros escravos querendo a sua alforria, voz mais comovedora e mais eficiente do que os *blues* bambos dos algodões da Geórgia; há a fusão dos braços estrangeiros com o braço nativo, torcidos numa corda firme para arrastar o carro de uma legítima civilização; há calmarias de felicidade e riqueza pelos horizontes ponteados dos cafezais; e há, depois, à sombra dos arranha-céus desta Chicago, o grande suspense, o *thrill* angustioso da invasão dos *gansgsters*; e delineia-se já o *happy ending* inevitável, o *fade-out* feliz do costume...

*Swell!*[302]

G.

---

301  Em francês no original: Os "lanterninhas".
302  Gíria em inglês que significa "excelente".

## Terça-feira, 15 de março de 1932
## CINEMATOGRAPHOS

## O novo Alhambra e o seu filme

O grande acontecimento cinematográfico do dia foi a reabertura do Alhambra. E, como o cinema é tudo, como o cinema é a vida, esse foi também o grande acontecimento social (pois que lá esteve o "*tout* São Paulo" benzíssimo), artístico (pois que o seu primeiro filme é uma obra-prima), econômico (pois que a gente tem agora ali mais um esplêndido emprego para o seu *argent de poche*) e... até mesmo político (pois que isso faz a gente esquecer um pouco as desgostantes coisas governamentais)...

É mesmo um novo Alhambra. É como se o desrespeitoso Espírito Moderno, pondo uma ampola elétrica dentro da lâmpada de Aladim, penetrasse no famoso alcácer dos reis mouros de Granada, magicamente iluminando tudo; e escancarasse bem as soleiras para espantar as trevas velhas e os velhos fantasmas, arejando o ambiente; e sobre os empoeirados arabescos, mosaicos e alcatifas do século XIII estirasse uma *couche* higiênica de um desses *tex* de tão repousante e confortável atualidade...

*

E, nesse novo Alhambra, coerentemente, um filme novo. Novo, principalmente, no seu sentido de arte: um filme desacostumado.

É *24 horas* – uma redução a cinema da excitante novela de Rupert Hughes *Shattered Glass*. É tudo o que se pode passar de "interessante", durante vinte e quatro horas, numa grande cidade. São nascimentos e mortes, amores e ódios, nobrezas e vilanias. E sobre esse *background* maciço de Nova York – que a fotografia soube explorar divinamente – uma aventura triste: o choque repentino da alta sociedade com a baixa sociedade. E desse contato, de dois extremos, como da aproximação dos dois polos elétricos, rebenta a faísca cegante de um *thrill*.

Coisa linda neste filme: essa grande emoção a gente não vê, não ouve, mas apenas conclui. A câmera insistentemente balançando, como um pêndulo, da rua para os interiores, das fachadas de ferro e concreto para a vida das famílias e dos *night clubs*, vai sugerindo, na sua oscilação, o pensamento do filme. Ela insinua: as grandes cidades são assim mesmo – enquanto, aí fora, as casas parecem firmes, agarradas por unhas de aço às pedras imóveis de Manhattan; aqui dentro os lares se abalam por um gole de uísque ou pelo gesto de pluma branca de um braço nu de mulher...

E os fios de luz que este celuloide desprende fazem mover-se, como a *ficelle* das marionetes, figuras esplêndidas, familiaríssimas, das primeiras páginas do álbum de retratos da grande família cinematográfica. É Clive Brook, na figura de um *highbrow* nova-iorquino; é a morna e rouca Kay Francis, com seu corpo afirmativo que qualquer vestido tenta inutilmente disfarçar; é Miriam Hopkins, a pequena *hussy*, cantando, "*à la* Marlene Dietrich" o seu mórbido "*You're the one I crave*"...

G.

# Sábado, 16 de abril de 1932
## CINEMATOGRAPHOS

## *Happy Ending*

Alguém – uma criatura lindamente moça – perguntava-me, outro dia:
– Por que será que eu só gosto das fitas que "terminam bem"? Para mim, o "beijo final" é mesmo "*le point rose qu'on met sur l'i du... cinéma*". Por quê?

\*

Sabe por quê? Simplesmente por isto: porque você, como quase todo o mundo, tem uma falsa noção de "fim". Que é que, cinematograficamente, se entende por "terminar bem"? Um filme "termina bem" quando, um minuto antes da debandada dos *manteaux* perfumados e dos cigarros acesos, aparece na tela um cenário macio de luar e jasmins; e, nesse cenário, duas criaturas trêmulas; e, nessas criaturas, duas bocas mornas e suplicantes; e, nessas bocas, um silêncio vermelho, uma alma, uma confusão: um beijo... O beijo final.

Final? – É aí que está a ilusão de todo o mundo. Aquele fim não é um fim: pelo contrário, é um princípio. É o começo de uma porção de coisas que a fita não conta "*et pour cause*"... É o começo da vida. A vida é que é o romance; o amor róseo é apenas o prefácio dessa história, dessa triste história. Ela – a vida – vem depois daquele beijo: vem com a surpresa ou com a desilusão, com a resignação ou com o desespero, com a renúncia ou com a ambição, com a luta ou com o abandono, com a vitória ou com a derrota...

Pense um pouco! No dia em que Deus surpreendeu, em *close-up* na sombra ácida da Árvore do Bem e do Mal, entre os ócios lânguidos do Grande Jardim, o beijo da primeira mulher e do primeiro homem; nesse dia, à luz da espada de fogo do anjo guardião, é que começou verdadeiramente o romance desgraçado que deverá acabar, um dia, no Vale de Josafá... Acha você, então, que aquele primeiro idílio, no primeiro cenário do mundo, só porque terminou num beijo, terminou bem?...

Por favor! Quando você não gostar de um filme porque o herói acabou morrendo miseravelmente, reflita um pouco mais! Pense que a grande, a única desgraça dos homens é "sobreviver". Sobreviver a alguma coisa. Porque todos devemos inventar, no mundo, consciente ou inconscientemente, qualquer coisa de divinamente superior à vida: uma obra de arte, uma ação heroica, um amor, uma loucura...; e nunca, nunca sobreviver a ela. "Sobreviver" quer dizer: colocar a vida acima de nós mesmos.

G.

# Quinta-feira, 5 de maio de 1932
# CINEMATOGRAPHOS

## *O médico e o monstro*, no Alhambra

O cinema dos sons reproduz agora, com o seu melhor, mais perfeito instrumental, aquele velho tema do dualismo do Bem e do Mal, que nasceu no Éden, debaixo da Árvore da Ciência, e foi, 4 mil anos depois, definitivamente fixado, na literatura, pela famosa novela de Robert Louis Stevenson, *Dr. Jekyll and Mr. Hyde*, e sugeriu mais tarde o motivo altamente *sophisticate* de *O Retrato de Dorian Gray*, de Oscar Wilde, e, finalmente, até aqui, nestas terras mornas de Cabral, teve a consagração poética de Olavo Bilac na chave de ouro de um soneto:

("... um demônio que ruge e um deus que chora!")[303]

Não posso discutir, com a minha mentalidade deste século, diante de mentalidades deste século, a tese vitoriana de Stevenson. Para nós, neste momento da humanidade, já não há certas distinções entre o Bem e o Mal: há apenas um jogo de pesos iguais, de iguais valores, para produzir, humanamente, hu-ma-na-men-te, uma harmonia mais ou menos aceitável chamada Vida...

\*

---

303 Verso que fecha o poema "Dualismo", de Olavo Bilac.

E, assim, não podendo discutir a ideia, vou apenas apreciar a forma deste filme.

Forma admirável, em todos os sentidos. Forma perfeita saída da inteligência de duas criaturas superiormente bem combinadas: o diretor e o intérprete principal.

*

Esse diretor não é um desconhecido: é Rouben Mamoulian, que, com um só trabalho – a sua direção magistral, inesquecível em *Ruas da cidade* (*City Streets*) – impôs-se logo como o mais perfeito, porque o mais inventivo, dos diretores da Era do Som. A criação da atmosfera do *gay London* de bicos de gás tremendo no *fog*, sob a descansada majestade da rainha Vitória; o senso exato da *continuity*; todo o *camerawork* bem orientado, criando *tricks* fotográficos de um ineditismo absoluto e pintando, às vezes, verdadeiras águas-fortes da melhor origem: a arte sutilíssima de "subentender", de se exprimir pelos contrastes violentos, de aproximar extremos para obter impressões fiéis (por exemplo: aquele beijo que o monstruoso mr. Hyde dá em Ivy Parson, contrastando com a candura de uma estatueta branca que aparece sobre um móvel...); a penetração psicológica, que leva a câmera a agir, não como "um" ator, mas a funcionar "dentro" de "cada" ator, vendo pelos seus olhos e pensando pelo seu cérebro; a bem dosada *touche* de humor que, daqui, dali, esplendidamente humaniza toda a história; enfim, o poder emotivo de criar, com as mínimas coisas, os máximos "suspenses"... – isso é a arte inimitável, excepcional, que coloca o armênio Rouben Mamoulian só e à parte entre os da extensa Legião dos Diretores do Reino de Celuloide.

(Um parênteses rápido sobre Rouben Mommoulian. Não o conheço, nada sei de particular sobre ele, mas se, de fato, "*le style se l'homme*", tenho violentas razões para supor tratar-se de um desses raros animais calçudos que fazem as mulheres perderem toda a noção de dignidade... Ele sabe a mais difícil das artes: a arte de despir. Aquela sequência em que Miriam Hopkins, a "*cockney music-hall girl*"[304] se desfaz de toda, mas toda sua indumentária é, não há dúvida, a cena mais interessante – interessante no melhor e maior sentido do termo – que tem sido ultimamente filmado sob os telhados de vidro da California...)[305]

O outro artista – o que encabeça o *cast* – é Fredric March.

Considero a sua interpretação (as comparações são inevitáveis) superior à de John Barrymore, que "jogou" esse mesmo duplo papel há uns 10 anos. Porque a imagem do Mal, o mr. Hyde de Fredric March, não é apenas um admirável exemplar de caracterização terrificante, mas qualquer coisa de mais profundo, que vai além da epiderme: é a humanização de um mito. O mr. Hyde de Barrymore era uma máscara; o de March é um rosto. Essa, a diferença.

E que magnífica inspiração foi a sua de encarnar o Mal "darwinianamente", isto é, simiescamente, simulando a cara, os dentes, o corpo e os gestos do macaco! Parece que, com isso, ele quis insinuar que o Mal seria o regresso do homem civilizado ao seu estado primitivo de selvagem, bestial animalização. (E não é mesmo bem isso o Mal: aquela deliciosa "saudade do galho"?).

Essa *trouvaille* bastaria para fazer do mr. Hyde de Fredric March a mais forte *performance* do cinema nestes últimos dois anos.

G.

---

304  Referência às coristas dos bares ingleses, que em geral eram de origem simples, moradoras dos subúrbios "cockneys" no leste londrino.

305  Guilherme de Almeida refere-se aos antigos estúdios cinematográficos que tinham tetos de vidro para a captação da luz do sol, quando ainda não existia fonte artificial de iluminação, ou quando esta não era suficiente para iluminar a cena.

# Sábado, 11 de maio de 1932
# CINEMATOGRAPHOS

## "Cine Rádio Jornal"

"Cine Rádio Jornal"... Três fortes elementos da atividade moderna fundidos num só.

"Cine" – o novo quadro-branco que substituiu o velho quadro-negro das escolas, e no qual um mestre invisível, de dedos de luz, ensina o mundo ao mundo...

"Rádio" – o veículo universal que não conhece tempo nem espaço e que envolve a terra como o ar, humanizando-a e dignificando-a, tornando-a como um cérebro febril que recebe emoções esparsas e pensa, fecundamente pensa...

"Jornal" – a fixação do momento que passa, da ideia que foge: o obrigatório livro de cabeceira que a gente tem que ler todos os dias, para saber dos outros e de si mesmo...

\*

Ora, essas três forças vão se combinar numa só, para produzir uma novidade: o "Cine Rádio Jornal".

De amanhã em diante, todas as noites, antes do jantar, a gente toda de São Paulo vai ouvir, em casa, durante uma meia hora, tudo o que há de novo sobre cinema. Mário de Araújo, da cabine da Rádio Educadora Paulista (P.R.A.E.),[306] dirá os programas do dia, fará a crítica ligeira dos filmes da semana, falará um pouquinho das "estrelas" que estiverem constelando os cartazes por aí...

Essa voz será a orientadora diária, fácil e confortável dos fãs de São Paulo.

\*

São Paulo vai ter essa novidade antes de todos. Parabéns ao menino prodígio, estudioso e trabalhador, que continua, apesar de tudo e de todos, a ser o *"premier en tout"* no Grande Colégio Nacional.

G.

---

306 Emissora fundada em 30 de novembro de 1923.

# Quinta-feira, 19 de maio de 1932
# CINEMATOGRAPHOS

## Roulien[307]

Vi e ouvi, na tarde indecisa de ontem, uma sombra e uma voz patrícias vindas de Hollywood.

Roulien...

O menino bonito de São Paulo: aquele que há uns 3 anos ainda enchia de mocidade e de graça os nossos palcos iluminados, que enchia de gente as nossas plateias admiradas, que enchia de sonho as nossas retinas e os nossos ouvidos, que enchia de... de não sei o quê muito coração adolescente de muita paulista linda...

---

307 Raul Pepe Acolti Gil nasceu no Rio de Janeiro em 1905. Foi ator de cinema, televisão e teatro, além de diretor, cantor e compositor. Roulien foi um dos primeiros atores brasileiros a fazerem carreira de sucesso em Hollywood. Emigrou para os Estados Unidos em 1931 e estrelou vários filmes entre dramas, comédias e musicais, como *Eram treze* (1931), *Voando para o Rio* (1933) e *O homem que ficou para semente* (1933). Especula-se que sua carreira internacional tenha terminado após um trágico acidente em que o diretor John Huston atropelou e matou a esposa de Roulien ao dirigir bêbado. As autoridades, sob influência dos grandes estúdios, teriam tomado partido de Huston. Desde então Roulien passou a ser ignorado sistematicamente no meio cinematográfico. Assim, retornou ao Brasil, onde continuou uma carreira de relativo sucesso no cinema e na TV, tendo dirigido o conhecido drama *O grito da mocidade* (1937). Faleceu em São Paulo, em 2000.

Era o *whoopee* teatral sentimental. Mas, Roulien, "*adiós mis farras*"!

Agora é sério. Agora é cinema. Agora é o Mais Do Que A Vida, porque é a vida de alguém vivendo de verdade a vida de outrem para levar vida a todos os cantinhos do mundo vivo...

Roulien...

A gente não o vê nem o ouve, como ouve e vê qualquer artista. Não é possível. É diferente. A gente vai para dentro dele. Não é ele quem está "posando", quem está cantando, quem está falando: é a gente, é cada um de nós. É a gente que está ali, dentro dele, sob a inundação de luz dos *sun-arcs*, diante do olhar perfurante, completo, irredutível da "câmera", junto ao ouvido agudíssimo, decisivo, impiedoso do microfone...

A gente não está mais na plateia: está na tela. E a tela fica como um espelho: a gente está olhando para si mesma...

Roulien...

Que medo! Irá bem? Irá mal? Meu Deus... E a "torcida" desesperada de cada um por si mesmo...

Mas Roulien apareceu. Moveu-se. Falou. "Jogou."[308] Cantou. Foi bem. Foi ótimo. É um ator de cinema. Está certo. É assim mesmo. Que bom!

E vem o suspiro de alívio, e o orgulho da vitória, e a confiança no futuro, e todas aquelas coisas boas, boas, boas, que a gente não sabe dizer o que são, mas sabe sentir, sentir muito, porque... porque ainda existe uma coisa chamada Pátria, ainda existe uma coisa chamada São Paulo...

*Delicious!*

G.

---

308 O termo "jogou", aqui e em outras críticas neste livro, equivale ao verbo "atuar".

# Quarta-feira, 8 de junho de 1932
# CINEMATOGRAPHOS

## A locomotiva

Anda, há dias, pelas ruas de São Paulo, sozinha e vistosa, chiando, bimbalhando e apitando, uma bonita locomotiva: inteligente reclame do *Expresso de Xangai*.[309]

É uma locomotiva falsa, mas, parece verdadeira, de tão bem feita. Ainda outro dia, vi-a atravessar as famigeradas (ah! Que sublime adjetivo) porteiras do Brás; as locomotivas de verdade, que passeavam por ali, olharam para ela e ficaram um pouco aborrecidas...

\*

Ora, ontem, naquele crepúsculo feio e frio de garoas e *whiskeys*, a locomotiva passou, mais uma vez, pela praça do Patriarca.

Eu estava no meu clube, quando ouvi, lá embaixo, apitos e sinos. Cheguei-me às vidraças fechadas, afastei um pouco os *vitrages* brancos e olhei: era ela. Voltei ao cristal redondo, coberto de copos e cinzeiros, da minha mesa. E foi então que o meu amigo George Key comentou:

---

309  Filme de Josef von Sternberg, com Marlene Dietrich no elenco.

— Vocês, paulistas... demais, devem estar bem contentes com o resultado dessa experiência...

— ?...

— Sim, é isso mesmo. Lembram-se aquela frase terrível, que ficou célebre: "São Paulo é uma locomotiva puxando 21 vagões?". Pois é. Vocês, com certeza, estão experimentando ou fazendo reclame da locomotiva sozinha. Parabéns pelo resultado ótimo da experiência e pela eficiência da propaganda! Magnífica! Vejam só como a locomotiva vai ligeira, descansada e feliz! O povo, em torno dela, para, admira, sorri e não comenta; acha aquilo natural, já estava acostumado com a ideia... Os "grilos" e até os cavalos dos "grilos"[310] têm medo dela e empinam ou disparam quando ela chega... Ela deixou de ser unilateral! Anda por aí tudo, como quer, onde quer, sem se submeter à escravidão vulgar e odiosa dos *rails*... E, por isso mesmo, nem sequer corre o risco de descarrilar...

G.

---

310 O termo é, possivelmente, uma gíria da época para designar autoridades como guardas de trânsito e policiais.

# Quinta-feira, 9 de junho de 1932
# CINEMATOGRAPHOS

## Carta a Roulien

Raul Roulien,

Fox Studios, 1401, N. Western Ave., Hollywood, Cal.

Começo, sentimentalmente, com uma evocação: bem saudosa evocação. Lembra-se disto por aqui, há uns quatro anos, Roulien? De São Paulo do Apollo com você, "*niño bien*" destes palcos e destes corações tropicais?... Lembra-se de *Um conto da carochinha*? Havia aí uma pobre colaboração minha — única que até hoje dei à arte do teatro. E foi você o meu primeiro, o meu único intérprete. As minhas palavras à toa, imprestáveis, informes, tomaram a forma bonita da sua boca, da sua voz e do seu gesto. Eram palavras gordas e com olheiras de bistre:[311] você as afinou e limpou submetendo-as ao regime ou à ginástica do seu espírito, e ao sábio *make-up box* da sua arte... Eu nunca soube como lhe retribuir ou, pelo menos, agradecer esse trabalho amigo e delicado.

Talvez agora, Roulien, agora que vi, uma porção de vezes, *Delicious*,[312] tenha chegado a *opportunity*, que não quero perder, de tentar, não saldar, mas amortizar apenas aquela dívida de amizade e delicadeza.

---

311 Matiz acinzentada de cor preta, uma mancha que oscila entre as cores cinza e marrom.

312 Filme de 1931 produzido pela Fox, sob direção de David Butler, estrelado por Janet Gaynor e Charles Farrell.

Como você, com a autoridade adorável e indiscutível da sua arte, corrigia e estilizava, há quatro anos, as imperfeições daquelas minhas palavras principiantes, eu agora, com o meu passado de seis anos de crítica cinematográfica, vou pretender – diante da primeira e já gloriosa aparição, no *silver screen*, da sua imagem sempre querida –, aconselhar a você os mesmos pequenos reparos que você praticou nas minhas balbuciantes letras teatrais: letras gordas e de olheiras... Um pouco de regime ou de ginástica, Roulien, para que o seu corpo seja fino como é fino o seu espírito. E nada, nada de negro em torno dos olhos, Roulien! Você não precisa de bistre para enfeitar os seus olhos que enfeitam a vida: não deve tarjar de preto, enlutar tristemente a beleza sadia e atual e... e cinematográfica da sua mocidade vivíssima...

É só, meu amigo. Você vê: é um quase nada. O resto, que é um quase tudo, está perfeito. *Swell*!

Agora, Roulien, para o crítico petulante e atrevido, um sorriso seu: de indiferença ou de perdão, mas um sorriso!

G.

# Sexta-feira, 08 de julho de 1932
# CINEMATOGRAPHOS

## "Alma"[313]

Um grande amigo meu, talvez mesmo o meu único verdadeiro amigo (pois que todo amigo de quem a gente vai se ocupar é sempre "o melhor amigo"...) escreveu, há dias, sob aquele título – "Alma" – umas linhas ligeiras, que cabem muito bem no tamanho e no espírito deste meu "Cinematographos".

Transcrevo-as, pois, com a devida vênia e fielmente:

\*

"Quatro homens – dizem – 'fizeram' Greta Garbo. Quatro homens disputam-se, com iguais direitos, a glória de haver criado a mais estranha e imponente figura do cinema.

O primeiro é o falecido Lon Chaney, que ensinou o mistério e o silêncio à sereia da Escandinávia; que a pôs num nimbo inatingível de distâncias, que a iniciou na arte esquisita de não dar entrevistas, de só se deixar fotografar 'caracterizada'.

---

313 Esta foi a última contribuição de Guilherme de Almeida para a coluna antes de partir para o *front* da Revolução Constitucionalista.

O segundo é John Gilbert, que criou em torno dela a atmosfera de romance: o indispensável *touche* de amor que diviniza sempre.

O terceiro é Howard, um especialista em *make-up*, que 'inventou' os cabelos diferentes e os cílios postiços da 'estrela' de neve.

O quarto é Adrian, figurinista da Metro, que desenhou para a ex-senhorita Gustaffson os vestidos especiais que sabem disfarçar a largura dos seus ombros ossudos e a masculinidade dos seus pés inconfessáveis...

Mas... que homem – que deus ou demônio – teria criado a grande coisa impalpável que não sabe esconder-se, não consegue desvirar-se debaixo daquele mistério e daquele oceano de romance, atrás daqueles cabelos e daqueles cílios, além daqueles vestidos habilidosos? A grande coisa impalpável que, apesar de todos esses artifícios destruidores, permanece verdadeira e intacta e toda poderosa, como a luz que as frivolidades decorativas de um abajur apenas amortecem e estilizam?...".

*

Está conforme o original e conforme... o meu modo de ver.

G.

**1933**

# Domingo, 2 de julho de 1933
# CINEMATOGRAPHOS

# Uma carta de Olympio Guilherme

De Bragança, cidade paulista onde se encontra há tempos, recebi de Olympio Guilherme a seguinte carta que transcrevo sem alteração e sem comentário, o que vale, já se vê, ao meu endosso. A carta, que é um violento libelo e em cuja veracidade acredito, é a seguinte:

"Em obediência ao pedido que me dirigiu meu amigo Seymour Hern, um dos diretores do *Experimental Cinema* que se publica em Hollywood, remeto-lhe, com esta, uma cópia do protesto que o melhor jornal cinematográfico do mundo assina contra a indigna exploração comercial do extraordinário filme de S. M. Eisenstein – *Que viva México!*. O grande diretor russo, tendo rompido o infeliz contrato com a Paramount (porque não quis submeter-se às ridículas imposições do *script* de *Uma tragédia americana – American Tragedy*, de Dreiser) conseguiu, com alguns capitalistas *yankees*, os fundos necessários para a fatura da grande obra cinematográfica que se chama *Que viva México!*. Magistral concepção cinematográfica da dramática vida política e social da grande República do norte. *Que viva México!* constitui uma documentação histórica de valor inestimável para o mundo e, principalmente, para a América Latina.

Pois bem: impossibilitado de reentrar no território norte-americano (onde se achavam os negativos revelados de película feita no México...) porque a isso o impediam mil e uma razões da política social *yankee*, Eisenstein vê, agora, o fruto do seu trabalho miseravelmente escalavrado pelos cortadores de Hollywood, incumbidos pelos lançadores do filme de editar *Que viva México!* e lançá-lo no mercado com o nome de *Thunder over Mexico*.

Ora, ninguém ignora que a *montagem* constitui o segredo da arte cinematográfica e que cortar um filme de Eisenstein sem o seu imprescindível concurso é amputar e adulterar completamente a obra de arte, da maneira mais grosseira e indigna. Resultado: *Que viva México!*, estupendo triunfo cinematográfico do diretor de *O encouraçado Potemkin*, não passa, hoje, de um *travelogue* vulgar, com todas as imperfeições da produção comum *made in Hollywood*, mistificação que tem revoltado os cineastas do mundo inteiro, porque é o fruto miserável da ganância dos banqueiros de Eisenstein, ávidos de lucros rápidos e certos... Eis aí, em poucas palavras, a triste informação que motivou esta carta. Ela contém o meu protesto contra a iniquidade que se perpetrou contra *Que viva México!*, indignação que, por certo, encontrará acolhida na sua interessante coluna do *Estado*."[314]

Por não me ser possível nenhum comentário – o espaço já foi ultrapassado! – apenas o ponto final.

G.

---

[314] *Que viva México!* era fruto de um convite feito pelo escritor Upton Sinclair para que Eisenstein (1898-1948) filmasse na América. Como as propostas estéticas e ideológicas dos patrocinadores envolvidos e do diretor soviético não se alinhavam, o projeto foi cancelado por falta de fundos, e os negativos, retidos em Los Angeles. Posteriormente esses negativos foram montados à revelia de Eisenstein com vários títulos diferentes, como *Thunder Over Mexico* e *Death Day*. Somente em 1979 Grigori Aleksandrov, amigo de Eisenstein e cinegrafista do material original, conseguiu reunir os negativos novamente e organizá-los da maneira mais próxima ao que pensara o diretor.

# Quinta-feira, 17 de agosto de 1933
## CINEMATOGRAPHOS

## O filme sem homens

Diante deste cartaz – o filme sem homens – o egotismo dos seres calçudos prega nas raras ásperas, inutilmente raspadas a navalha, uma ruga *nonchalante* de incredulidade. Mas esses senhores vão à Sala Vermelha do Odeon, olham, assistem, compreendem e ficam vencidos e convencidos.

\*

*Senhoritas de uniforme* (*Maedchen in Uniform*) é, realmente, um documento comprobativo indiscutível. Além desta forte, imponente originalidade – filme de interpretação exclusivamente feminina –, a grande película germânica tem tudo para ficar, na antologia vastíssima do cinema, como uma página clássica: tema, direção, interpretação.

\*

Tema arrojadíssimo – o da revolta do chamado "espírito do amor", vulgo "sensibilidade", contra o espírito de disciplina escolar –, ele é entretanto tão delicadamente velado, ganha tanto em *nuance* a trasladação do livro brutal para

a tela suave, que nem mesmo aos meio puritanos, aos mais *off-side* na compla-
cente mentalidade do século, repugna, de leve sequer, essa história de um bem
humano instinto, que alguns desalmados senhores chamam de "desnaturado".
E esses precavidos e prevenidos cavalheiros, que iam começar a pronunciar,
diante destas cenas palpitantes a velha palavra "imoral", arrependem-se de repente, param no prefixo "in" e dizem apenas: "imprevisto"...

\*

A direção, também feminina, é de Leontine Sagan.[315] Aliás, só mesmo
uma mulher, que foi colegial, que foi, como tantas, uma *Maedchen in Uniform*,
seria capaz de pintar tão bem assim, no conjunto e no detalhe, fundindo tão
bem este àquele para formar um todo indissolúvel, essa vida bem necessária
e, pois, bem triste, da vida de pensionato. Leontine Sagan conduz o filme com
mãos sábias, olhos espertos, nervos tesos e coração pronto. De pequenino
mas imenso episódio de uma simples cena – o pânico, no colégio, à procura
da incompreendida Manuela – ela soube fazer um máximo de suspense que
fustiga os sentidos, exalta, assusta, assombra e, depois, docemente acalma,
como leves mãos de enfermeira...

\*

A interpretação revelou, num conjunto homogêneo, em que é dificílimo
haver saliências, duas extraordinárias figuras: o de Dorothea Olavia Wieck (no
papel da professora "fräulein von Bernburg") e a de Hertha Thiele (no *role* de
Manuela).

---

315 Atriz e diretora de teatro austro-húngara, Leontine Sagan (1889-1974) ficou conhecida
pelo filme *Senhoritas de uniforme*, não só pelo fato de o elenco ser composto somente por
mulheres, mas também pela temática, ainda que retratada de maneira discreta, do les-
bianismo. Em 1932, Leontine mudou-se para a Inglaterra, onde dirigiu *Man of Tomorrow*,
com produção de Alexander Korda. Posteriormente radicou-se na África do Sul, onde
fundou o National Theatre of Johannesburg.

Dorothea está feita. Professora de verdade, no filme e fora dele, já se acha agora em Hollywood, contratada pela Paramount para ensinar à América um "*certain something*" que só ela tem. Sua história, em dois traços: 25 anos, casada, suíça de Davos, discípula do miraculoso Max Reinhardt, fez doze filmes antes dos *talkies*, interpretou Shakespeare, tem por *manager* George Gumpel, e gosta de ostras no almoço... Mas o seu perfil complexo não se pode fazer, como a sua biografia, em dois traços. É um grande temperamento. Tem um rosto talhado para a alta tragédia: aquela testa *bombée* e transparente, cheia demais de cérebro; aquela boca fina de sutis ironias; aquela difícil arte da "*repressed acting*" que tantos procuram e tão poucos alcançam...

A outra "descoberta", Hertha Thiele, é um esplêndido pedacinho de humanidade que "ainda" não foi para a Califórnia. Ilustração perigosa dos proibidos poemas de Renée Vivien, Hertha sabe pôr poesia onde outras poriam apenas vício. É uma surpresa e um consolo.

\*

Senhores homens, meus semelhantes: vão ver este filme; mas não se zanguem consigo mesmos quando, ao saírem do Odeon, sentirem que, nesta fita só de mulheres, os homens não fazem falta...

G.

# Quinta-feira, 31 de agosto de 1933
# CINEMATOGRAPHOS

## *Made in Germany*

Aquela mesma nota de autenticidade, que empresta aos brinquedos de Nuremberg a valorizadora etiqueta *Made in Germany*, fazendo com que a locomotivazinha de folha pareça mesmo uma locomotiva, a arvorezinha de buxo pintado de verde pareça uma árvore de verdade... Esse mesmo *cachet*[316] legitimador marca e impõe o filme *Der Weisse Daemon* (que o cartaz traduziu tão mal por *Cocaína* em vez de *Morfina*), da UFA, apresentado, esta semana, na Sala Vermelha do Odeon.

E provém essa nota de autenticidade, em primeiro lugar, do caráter pessoal do *cast* todo: estrelas ou *supporting cast*. São criaturas de verdade, sem *make-up*, e casando-se aos papéis com a justeza de uma luva fina. Tipos impressionantemente reais, como aquele corcunda, por exemplo (Peter Lorre),[317] sem falar em Hans Albers, o gigante loiro, de tão firme *restraint* no seu jogo, ou de Gerda Maurus, na figura da morfinômana.

---

316 Aqui, no sentido de "selo" ou "marca", não no sentido de pagamento.
317 Peter Lorre (1904-1964) é muito conhecido pelo papel de assassino de crianças em *M, o vampiro de Dusseldorf* (1930), de Fritz Lang. Nasceu na Áustria-Hungria e construiu sua carreira na Alemanha, de onde fugiu quando os nazistas ascenderam ao poder. No cinema americano, um de seus papéis mais marcantes é o negociador de vistos de saída no filme *Casablanca* (1942).

Em segundo lugar, dá ao filme esplêndida verossimilhança o fato de ser todo ele de exteriores, de *outdoors* legítimos, sem o pintado falso dos panos de fundo, nem a química falsificadora dos estúdios. As cenas de bordo, logo à entrada deste celuloide, são filmadas de fato a bordo do "General Osório"; as de Hamburgo, em Hamburgo mesmo (com a linda apresentação daqueles estranhos cenários da *An den Flesten*); as de Paris, em Paris mesmo (e que esplêndido momento parisiense aquele, que aí se vê, dos terraços do Automobile Club de France, quando se acendem, na Concórdia, as luzes, e o obelisco parece de cristal, e os rapazes parecem pompons de cisne branco), as de Lisboa, em Lisboa mesmo (a pitoresca Lisboa da Alfama, às vezes, às vezes dos Estoris ou de Cascais)...

Completa, enfim, o cunho de verdade desta fita a direção fluente e fácil de Kurt Gerron,[318] que sabe expor e conduzir as coisas e as gentes com um humanismo perfeitamente *Made in Germany*.

G.

## Carlito e Paulette Goddard num filme silencioso

Hollywood, 29 (*Associated Press*) – O sr. Alfred Reaves, diretor de estúdio do cômico Charles Chaplin, anunciou que este e a artista Paulette Goddard iniciarão a 15 de setembro próximo a filmagem de uma película silenciosa. É crença geral nesta cidade que Charles Chaplin e Paulette Goddard estão quase noivos.[319]

---

318 Kurt Gerron (1897-1944) foi ator e diretor de teatro e cinema. Em 1933, fugindo do regime nazista por ser judeu, Gerron se exilou em Amsterdã. Com a ocupação durante a guerra, foi preso e enviado a Theresienstadt, onde foi obrigado a dirigir um documentário falso cuja intenção era mostrar que os judeus eram bem tratados pelos nazistas nos campos de concentração. Quando o filme ficou pronto, Gerron foi mandando para Auschwitz, onde foi executado.

319 Nesse comentário Guilherme de Almeida refere-se ao filme *Tempos modernos*, que só ficaria pronto em 1936. De fato, Chaplin e Paulette Goddard foram casados entre 1936 e 1942.

# Domingo, 17 de setembro de 1933
# CINEMATOGRAPHOS

## Para as crianças

A Rádio Sociedade Record – a "voz de São Paulo" – inicia hoje, às 10 horas, no República, as suas matinês infantis. Há, no programa, seis desenhos animados, duas comédias breves, uma fita natural[320] e, no palco, o Sebastião Arruda...

Felizes as crianças de hoje! No meu tempo... (Chi! Como isto envelhece a gente: "No meu tempo..."! Mas, que remédio?)... no meu tempo, as coisas eram bem diferentes: bem menos saudáveis e bem menos interessantes. As matinês infantis dos domingos não eram no arzinho sadio da manhã, mas na languidez um pouco mórbida da tarde. E os filmes não eram bem-humorados, não ensinavam a rir: eram azedos e ensinavam a ficar triste...

Lembro-me bem... A gente saía de casa, depois do "ajantarado" com parentes e galinha de molho pardo, e ia de bonde (bonde de limpa-trilhos...) para o Bijou, ali, na estreitíssima rua de São João, ao lado do Polytheama dos velhotes devassos. Era uma enfiada de fitas tristes, vistas e revistas: as pilhérias melancólicas de Boireau, os desastres parisienses de Max Linder; a tragédia

---

320 Nas primeiras décadas do cinema, chamavam-se "fitas naturais" os documentários, que em geral retratavam algum acontecimento cívico ou alguma festa popular.

mórbida de *Os dois órfãos*, a dança serpentina, colorida, de Loie Fuller... Era gente de verdade: isto é, era a tristeza dos homens. Não havia as figurinhas de sonho dos *talkartoons*; nem Mickey Mouse, nem *Flip the Frog*, nem o cãozinho Bimbo, nem a pequena Betty Boop dos olhos pestanudos e da liga que escorrega sempre... E nem os aviões que fotografam do céu a vida da terra: que veem os homens como a anjos os veem – pequenininhos, insignificantes... E nem o Sebastião Arruda que conta histórias engraçadas, muito melhores do que aquelas tenebrosas histórias de gigantes, surrões de couro, bruxos e meninas enterradas no capinzal, que as amas pretas nos contavam nas noites de assombração...

Não se assustem os pequenos paulistanos se virem hoje, misturados com eles na plateia do República, uma "criança" velha e desconhecida, dando risadas... Ele é o invejoso redator cinematográfico do *Estado*.

G.

# Sexta-feira, 13 de outubro de 1933
## CINEMATOGRAPHOS

## O poema da máquina

Para a comemoração do seu quinto aniversário, o Odeon reservou um filme estranhamente belo: esse *I.F. 1 não responde*,[321] da UFA, que, desde segunda-feira, está enchendo de moderníssimas emoções a tela da Sala Vermelha.

Se alguém existe que ainda duvide da beleza da máquina (e eu sei que ainda existem homens pasmados diante da beleza de um tílburi ou de um guarda-chuva...) vá ver este filme; e a sua dúvida, como a sua sobrecasaca, há de se desfazer incontinente.

\*

*I.F. 1 não responde* é o poema da máquina. Tem todos os elementos de que se compõe um poema: a elevação da ideia; a simplicidade límpida da expressão; a justa medida na construção; e, principalmente, o ritmo — essa alma sutil que tudo espiritualiza e dá a tudo uma superior realidade.

A máquina, neste filme, não é apenas uma aparelhagem passiva de utilidade; é um ser pensante e sensitivo, um *homo sapiens* em toda a sua maior e me-

---

321  Filme dirigido por Karl Hartl, com Charles Boyer no elenco.

lhor afirmação. E é justamente essa humanização da máquina – linda recíproca da mecanização do homem – toda a estranha, rara beleza deste celuloide.

Toda a técnica de construção daquela portentosa Ilha Flutuante – desde os trabalhos de estaleiro até a sua conclusão e colocação no centro dos Oceanos –; toda a arquitetura mecânica exterior da ilha, como os seus interiores calmos e nítidos; toda a "vida" dessa ilha artificial – os seus instantes flácidos de realização vitoriosa, como os seus momentos angustiosos de tragédia, em que ela parece mesmo viver e sofrer como uma criatura humana –; tudo isso junto, sublinhado pelo romance, pela ambição, pela inveja, pelo anseio e pelo desespero dos homens, representa talvez a mais perfeita obra, no gênero, que o cinema tem produzido.

\*

Um comentário à saída do Odeon:

– Você que gosta da natureza, que acredita no pitoresco, nas belas vistas, nos esplêndidos panoramas etc., diga-me uma coisa: que tal a Ilha Flutuante? Não acha muito mais bonita do que a ilha de Paquetá, por exemplo?

G.

# Quinta-feira, 30 de novembro de 1933
# CINEMATOGRAPHOS

## Amanhã, no Paramount...

Parece que aquela mesma fada dos sortilégios propícios, que costumava presidir ao nascimento dos príncipes felizes do Reino Encantado, desceu também as suas mãos dadivosas sobre o teatro azul da longa e nobre avenida Brigadeiro Luís Antônio (nobre e longa como o seu nome...), no dia da sua inauguração.

Porque, em São Paulo, todas as precipitadas e surpreendentes inovações que têm agitado a infância de gigante do cinema começaram ali. Foi ali que, uma noite, o grande Emil Jannings da *Alta traição*[322] gritou "*Pahlen!*"[323], quebrando, ousada e emocionantemente, o clássico, velho e sagrado silêncio da Arte do Silêncio... Foi ali que o *Anjo pecador* fixou as bases da nova Arte... Foi ali que, pela primeira vez, se operou o milagre efêmero da Technicolor, na "Marcha Nupcial" do "von" brutal de cabeça raspada e monóculo...[324] Foi ali que se entreviu a primeira tentativa do "*grandeur film*"...

---

322 Filme de Ernst Lubitsch, realizado em 1928 sob o título original *The Patriot*.
323 Nome do personagem interpretado por Lewis Stone.
324 Referência à aparência característica de Erich von Stroheim, diretor e ator do filme citado.

E é ali que se vai ver amanhã, às 14 horas, em exibição especial, a última novidade do som: o *Wide Range*, da Western Electric, que pela primeira vez é usado fora dos Estados Unidos. E, para abençoar a novidade, a Paramount Films não podia escolher melhor madrinha do que Marlene Dietrich; uma nova Marlene dirigida pelo grande simbolista do cinema, Rouben Mamoulian,[325] e interpretando uma personagem estranha de uma das obras-primas de Hermann Sudermann: *O cântico dos cânticos*.

Que seja a novidade tão triunfante quanto é bem-vinda a São Paulo.

G.

---

325 Cineasta de origem russa, nascido em 1897 e falecido em 1987, que teve uma carreira de muito sucesso em Hollywood, dirigindo filmes importantes como a refilmagem de *Sangue e areia*, em 1941. Iniciou as filmagens de *Cleópatra* em 1961, com Elizabeth Taylor, mas foi demitido e substituído logo depois.

# Sexta-feira, 8 de dezembro de 1933
# CINEMATOGRAPHOS

## *O Cântico dos Cânticos* no Paramount[326]

Esta fita precisava existir. Nestes tempos de ceticismos, de incredulidades em torno de uma arte moça – a arte da América –, mais ou menos desacreditada por uma produção apenas mercantil, *O Cântico dos Cânticos* é uma exceção gloriosa. E salvadora.

Um pouco de longe – dois ou três dias depois de visto este filme – a impressão que ele dá é a de um bloco maciço, uno, indissolúvel; ou melhor, para usar de uma expressão mais em voga: uma verdadeira "chapa única"... Fundiram-se nele:

um grande escritor,

um grande diretor,

uma grande intérprete,

um grande *cameraman*.

O grande escritor é Hermann Sudermann, o novelista alemão, o místico-realista. O seu *O Cântico dos Cânticos* é um estudo humanista do amor. A mulher, para ele, é uma argila dócil, passiva e suave, que toma a forma que o amor lhe dá. Para o amor de um artista, ela é uma estátua perfeita. Para o

---

326  Sala de cinema localizada à av. Brigadeiro Luís Antônio, 411, inaugurada em 1929.

amor de um homem do mundo, ela é uma perfeita grande dama. Para o amor dos viciosos, ela é o tédio perfeito dos cabarés...

O grande diretor é Rouben Mamoulian, o simbolista. De *Ruas da cidade* (lembram-se?) a *O Médico e o Monstro* (quem não se lembra?), e deste a *O Cântico dos Cânticos*, o seu poder inventivo, que poderia talvez ir-se esgotando, veio, ao contrário, num crescendo admirável. Esta sua última produção dá-me a impressão de uma dessas cidades estrangeiras que a gente visita pela primeira vez: cada rua é uma revelação, cada esquina é uma surpresa, cada casa é um sobressalto, cada indivíduo é uma *trouvaille*... Neste celuloide, a sua insuperável técnica faz prodígios. Impossível destacar detalhes. Três exemplos apenas de milagrosa realização desse diretor-poeta: – a forte, a tensa e contínua atmosfera de paixão que ele soube manter durante todo o correr da história; aquela soberba "demonstração" do advento do amor, quando o artista Waldow (Brian Aherne) começa a sentir a estátua "viver" sob os seus dedos; e, afinal, aquela "conversa" evocativa que ele tem com sua estátua, quando o gesso lhe fala como a voz torturante do passado...

A grande artista é Marlene Dietrich. Nunca ela me pareceu mais autêntica. Nunca? Não. Uma vez: foi por uma tarde de Paris, em julho deste ano, quando cruzei com ela, por acaso, no Boulevard des Capucines, e nessa mesma noite a vi na "Little Hungary" salpicando páprica sobre uma esquisitice aperitiva... Talvez venha daí, desse encontro "*en chair et en os*"[327] com a Walkyria dos olhos de demônio, esta minha impressão de autenticidade. Mas, não! Marlene está mesmo menos enfática neste filme do que em todos os outros da sua carreira (*Marrocos* inclusive...). Ela percorre aqui, legitimamente mulher, toda a escala do amor exposta por Sudermann na sua novela: – desde as ingenuidades da pequena camponesa Lily Czepanck; e as atribulações da vendedora de livros; e os pudores recalcados da "modelo"; e as fugas doidas da apaixonada procurando, como a Sulamita, o seu amado "*qui pascitur inter lilia*";[328] e as atitudes de salão da baronesa de Merzbach; até as depravações de cabaré da

---

327 Em francês no original: "Em carne e osso."
328 Em latim no original: "que se alimenta entre os lírios."

venenosa flor do mal… Essa escala, ela a percorre de olhos fechados, com a mesma segurança com que um grande pianista corre a mão sábia pelo teclado obediente. E, diga-se, assentam admiravelmente bem ao seu tipo aquelas modas do avantajado figurino de Mae West…

O grande *cameraman* é Victor Wilner. A sua fotografia é um sonho brilhante, ininterrupto. Ele descobre "ângulos" com que ainda não tinha sonhado a geometria dos estúdios. Ele inventa luzes que ainda não tinha previsto a óptica dos ateliês. Ele revela movimentos que ainda não tinha imaginado a mecânica cinematográfica.

*

*O Cântico dos Cânticos* é um filme que precisava existir.

G.

# Quinta-feira, 28 de dezembro de 1933
# CINEMATOGRAPHOS

## *A Canção de Lisboa*,[329] no Odeon

Uma vez, falando aqui do *Grande Hotel*,[330] esse filme que foi um verdadeiro "Manual de Conversação das Seis Línguas", em que se falaram, não seis, mas sessenta ou mais idiomas diferentes – eu lamentei que só a nossa pobre fala portuguesa tivesse sido completamente esquecida pelos poliglotas da Califórnia: que nem sequer aparecesse aí, à porta do "Grande Hotel", um mendigo, ao menos, pedindo esmola "na mesma língua em que a pediu Camões"...

Ora, esse meu tão compreensível desejo de ouvir, num filme autorizado, a nossa língua, está agora realizado – *et comment!*[331] – no excelente trabalho da "Tobis Portuguesa",[332] que constitui o programa da Sala Vermelha do Odeon,[333] esta semana: *A Canção de Lisboa*.

---

329 Filme dirigido por José Cottinelli Telmo (1897-1948), cuja estreia em Lisboa se deu em 7 de novembro de 1933. Tem no elenco um ator iniciante chamado Manoel de Oliveira (1908-2015), que viria a se tornar um dos mais importantes e ativos cineastas do mundo.
330 Filme da Metro-Goldwyn-Mayer, de 1932, dirigido por Edmund Goulding, que se passa num hotel de nível internacional por onde desfilam os mais variados e curiosos tipos, de diversas nacionalidades. Seu elenco estelar para a época traz nomes como John Barrymore, Greta Garbo, Joan Crawford e Wallace Beery.
331 Termo francês que significa "e como!".
332 A Cia. Portuguesa de Filmes Sonoros Tobis Klangfilm foi fundada em 1932 com a missão de fomentar e regulamentar a produção e distribuição de filmes em Portugal, bem como de fazer frente aos monopólios dos americanos no mercado nacional.
333 Sala de cinema localizada à rua da Consolação, 40, fundada em 1926.

\*

Primeira, grande produção portuguesa do cinema dos sons, que conhecemos, não parece uma estreia: parece um produto aperfeiçoado de uma indústria já madura e fixada.

A grande capacidade de assimilação, que caracteriza a gente viva e maleável da Península, marca este filme, fundamente. Sentem-se aí, num amálgama bem dosado, todas as influências das várias escolas cinematográficas europeias: – há aí o espírito afinado da *repartie* francesa, herança forçada do bom teatro gaulês; há aí o gosto pelas composições quase esculturais dos grupos, característico do estilo ornamental dos russos; há aí as movimentações bem ordenadas, bem disciplinadas, que são o *cachet* da "maneira" alemã...

Mas – coeficiente pessoal poderosíssimo – há aí, sob todas essas reminiscências estranhas, uma grande, persistente, genuína e imperiosa alma autenticamente portuguesa.

A colorida, luminosa, pitoresca, surpreendente e harmoniosa Lisboa, de hoje e de sempre, vive aí, inteirinha, do primeiro ao último lampejo deste filme. Vive pelas suas formas, pelas suas vozes, pelo seu espírito: vive integralmente.

Para os que nunca estiveram em Portugal, *A Canção de Lisboa* é uma fábrica de tentações... Para os que já estiveram em Portugal, *A Canção de Lisboa* é uma fábrica de saudades...

(Alguém que conheço muito bem, confessou-me ontem, no Odeon, que estava com uma vontade maluca de ser exilado outra vez...)[334]

G.

---

334 Como se sabe, Guilherme de Almeida passou um ano no exílio, em Portugal, junto de outros brasileiros, por ter participado da Revolução Constitucionalista de 1932. Neste trecho, parece haver uma estratégia retórica, que consiste em atribuir a um "colega", "amigo" ou "passante" citações que na verdade exprimem sua própria opinião sobre um dado assunto.

**1934**

# Domingo, 28 de janeiro de 1934
# CINEMATOGRAPHOS

## *O caçador de diamantes*, amanhã, no Paramount

Vou tentar um impossível: esquecer, por um momento, que sou paulista, para poder julgar de fora, com isenção de ânimo, este filme tão essencialmente nosso. Nosso no seu argumento, nosso no seu espírito, nosso na sua execução, nosso na sua interpretação, integralmente nosso – é preciso, para um paulista, um formidável poder de abstração e renúncia, para considerar calmamente, como obra alheia, este pedaço vivo de si mesmo.

Como se eu não fosse eu, aí vai a minha impressão.

\*

Niraldo Ambra, autor do argumento cinematográfico de *O caçador de diamantes*, mostra-se um *scenario-writer* de verdade. Ele demonstra bom gosto na escolha do assunto; inteligência exata da época; acuidade na análise psicológica; clareza na exposição; compreensão do "propósito" humorístico; originalidade num momento já explorado por Bilac e Arinos; e, sobretudo, aquela ciência dificílima do clímax (essa atmosfera de emoção e interesse em torno do episódio central), e de *continuity* (esse encadeamento lubrificado, deslizante, da história, com as nuances, os esbatidos, os esfumaçados que engrenam com suavidade e naturalidade as sequências). O *plot*,[335] bem situado no tempo e no espaço, expõe com vivacidade e nitidez o instante máximo da nossa vida: uma "entrada", no século XVII, terra adentro e rio acima, pelos mistérios perigosos da selva sul-americana, salpicada de romance, de ilusões, de lutas, de decepções. O sentimento da "amada ausente", que feria, mais que os acúleos da mata e que as flechadas de índios, a carne de aço do bandeirante, é estudado com grande delicadeza e finura.

À direção de Victor Capellaro o filme deve boa parte do seu valor. Discreta e bem orientada, essa direção se caracteriza por um *control* educado, bem pouco tropical, e por uma supervisão justa, que dá verossimilhança à dificílima restauração histórica.

Do *cast* é preciso destacar, em primeiro lugar, Rubens Rocco, no papel de D. Ruy. Embora figura secundária, a sua interpretação e o seu "tipo" dão-lhe todas as palmas neste filme. Corita Cunha (Dona Maria), cheia de fresca ingenuidade, tem apenas o defeito de sorrir demais; mas o seu sorriso é bonito – e isso basta... Francisco Scolamieri (D. Luiz) e Sérgio Montemor (D. Fernando) emprestam bastante dignidade aos seus *rôles*. Tipo feminino esplêndido, ornamental, altamente fotogênico, com uma porção de *appeals*, é Irene Rudner (Potoju). Reginaldo Calmon pinta com perfeito *restraint* o retrato do índio escravizado Imbu. E os dois cômicos, Nobre Jocoso (Pedro) e Elmo Claifontes (João) dão bem a nota alegre deste celuloide. Uma observação, que faço com prazer: todo o *make-up*,[336] perfeitamente "à la Max Factor",[337] foge, graças a Deus, à inconvenientíssima técnica teatral até agora usada e abusada no nosso cinema.

Um "Bravo!" entusiástico à fotografia de Rodolpho Lustig e Adalberto Kemeny. Luz brilhante, sombra macia, contrastes harmoniosos, limpidez, inspiração: isso tudo possui, no mais alto grau, a fotografia de *O caçador de dia-*

---

335 Termo em inglês que se refere a "trama" ou "enredo".

336 Termo que se refere à maquiagem do elenco de um filme.

337 Referência a uma renomada marca de cosméticos, fundada por Max Factor, que foi pioneira no desenvolvimento de maquiagem específica para o cinema.

*mantes*. E felizes invenções, alguns imprevistos ângulos (como, por exemplo, o da apresentação da entrada da "Taberna do Galo"), de grande modernidade. A vitoriosa câmera dos autores da *Sinfonia da Metrópole* surpreende, na nossa natureza, lindos aspectos; e sabe dar, a certos arranjos cênicos de estúdio, a exata impressão de *outdoor*.

Para sublimar todo o filme, à maneira de *Tabu*,[338] o maestro Odmar do Amaral Gurgel (Gaó) compôs um original comentário musical, altamente descritivo e cheio de inspiração, magistralmente executado pela orquestra da Rádio Cruzeiro do Sul e sincronizado por Byington & Cia.

*

Defeitos?

Mas até aí não vai o meu poder de abstração e renúncia... Não sei deixar de ser paulista para encontrar defeitos graves numa produção que só pode honrar a terra e a gente que a inspiraram e executaram.

G.

---

338 Refere-se ao filme de F. W. Murnau e Robert Flaherty, que Guilherme de Almeida comentou em 1931 na mesma coluna.

# Terça-feira, 10 de abril de 1934
# CINEMATOGRAPHOS

## *Amores de Henrique VIII* no Rosário

O *preview* deste filme (*The Private Life of Henry VIII*, da London Film – United Artists), que me foi amabilissimamente oferecido uma tarde destas, deixou-me na inabalável convicção de ter visto o único filme histórico, realmente "histórico", que o cinema até hoje conseguiu produzir. Ele é tão legítimo e tão precioso como aquele velho baralho Tudor – relíquia autêntica – com que Henrique VIII e Anna de Cleves jogam na sua divertidíssima noite de núpcias: cada carta é uma perfeita maravilha de acabamento artístico e de valor arqueológico.

Tiro, ao acaso, algumas dessas cartas – partes todas diferentes, mas essenciais, desta fita, como diferentes e essenciais são as cartas de um baralho. Por exemplo: O rei. Charles Laughton é um rei de verdade. É Henrique VIII em todos os seus naipes. É o Rei de Copas, amoroso e sensual, que não hesita em *tricher*, em fazer batota no seu jogo de alcova, a ponto de aparecerem seis rainhas no baralho...; é o Rei de Ouros, pomposo e espetaculoso, medindo o luxo rude de sua corte com o fausto cintilante de Francisco I, nos esplendores heráldicos do *Camp Du Drap d'Or*[339]...; é o Rei de Paus, político habi-

---

339 O "Campo do pano de ouro" é um local situado próximo a Calais, na França, local onde em 1520 houve um encontro diplomático entre Henrique VIII e Francisco I com a fina-

lidoso, cheio de manha e malícia, aliando-se a Carlos V contra a França, ou rompendo com o papa, para fundar a igreja anglicana...; é o Rei de Espadas, cruel e glutão, mas sempre *gentleman* na sua crueldade e na sua glutoneria; descobrindo respeitosamente a sua cabeça quando a espada do carrasco faz rolar no pátio da Torre de Londres a cabeça de uma rainha, e sabendo açular os açores nos prazeres arejados da falcoaria, ou engolir um faisão com uma nobre grosseria, com uma barbaridade senhorial... Artista completo, senhor de alta inteligência e de fina observação, Charles Laughton viu e sentiu o quadro célebre em que Hans Holbein fixou o corpo e o espírito de Henrique VIII: leu e compreendeu o livro admirável em que Francis Hackett estudou, na figura e na vida desse potentado, o homem, simplesmente o homem. Em Charles Laughton, a pintura de Hans Holbein anima-se, desprende-se da tela e move-se para vir ilustrar as páginas do estudo de Francis Hackett. Três artes ótimas que se entrelaçam: pintura, literatura e cinema.

Outra esplêndida carta deste precioso baralho é a direção de Alexander Korda: um senso exato de momento; uma clara e fluídica maneira de armar as situações, de expor e fazer correr os acontecimentos; um constante bom humor e uma ininterrupta ironia no jeito de tratar os assuntos; um gosto refinadíssimo na escolha dos tipos, que parecem retratos raros de um museu, de uma galeria de antepassados; enfim, uma supervisão larguíssima, que tudo prevê e a tudo provê, fazendo desta fita uma das *Big Ten* de 1933.

Outra carta magnífica do baralho: a fidelidade histórica. Fidelidade, na narrativa displicente e humana da Lajos Bíró e Arthur Wimperis; fidelidade nos cenários, que são, em parte, desenhados, com grande compreensão da época, por Vicent Korda, em parte verdadeiros, como o castelo, por exemplo, que é uma das mais nobres mansões da Inglaterra: o Hatfield House, cedido para a filmagem pelo marquês de Salisbury; fidelidade nos costumes, de John Armstrong, que reproduzem minuciosamente a época, com todo o rebuscado sabor das telas hieráticas do tempo, desde o arminho dos mantos e o brocado

---

lidade de cessar as hostilidades entre Inglaterra e França, para que ambas as nações se unissem contra o avanço expansionista da Espanha de Carlos V.

dos briais, até as joias de uma brutal riqueza (reparei muito no colar de Anne Boleyn: são absolutamente aquelas mesmas pérolas suportando um "B" sobre três lágrimas, que há no famoso retrato da escola de Holbein); fidelidade meticulosa em todos os móveis e utensílios, como, por exemplo, os instrumentos musicais – harpas, guitarras e alaúdes –, que são autênticos, provenientes de uma famosa coleção Tudor.

Outra carta surpreendente: a filosofia humorística, o espírito bonacheirão e esperto dos diálogos. Colho do acaso alguns conceitos ouvidos durante a passagem desta notável película: "Se quiser ser feliz, case-se com uma mulher estúpida!"; "O amor é tudo – ou não é nada!"; "Cada mulher julga-se a mulher que melhor convém ao marido de outra mulher"; "Um quarto casamento seria a vitória do otimismo sobre a experiência…"; ou, afinal, aquela última frase de Henrique VIII sobre Catherine Parr, que é toda a moralidade da história, e o mais interessante *fade out* que tenho visto e ouvido: "*Six wives – and the last is the worst!*".[340]

Outra carta lindíssima: a fotografia, que é de Georges Périnal; fotografia brilhante e aveludada, de macios relevos e toques firmes de luz, que dá a tudo a riqueza e a aristocracia das tapeçarias antigas.

Outra carta…

Mas, basta! Já não está aí um completo e perfeito "*Royal straight flush*"?[341]

G.

---

340  Em inglês no original: "Seis esposas, e a última é a pior!"
341  A combinação de cartas mais valiosa numa rodada de pôquer.

# Quinta-feira, 19 de abril de 1934
# CINEMATOGRAPHOS

## *SOS Iceberg*, no Rosário

Carl Laemmle Jr. anuncia, no prefácio que escreveu para este filme, haver descoberto uma nova "estrela": a Natureza.

Mas os descobridores, como os grandes artistas ou os grandes sábios, nunca sabem muito exatamente o que fazem: Cabral não sabia, por exemplo, que, achando esta terra, ia proporcionar a existência dessa pequena mameluca que passou, há pouco, por mim, com seus olhos oblíquos sobre as maçãs salientes do rosto cor de canela, e toda fininha nas suas lãs pretas iluminadas de *white touches*; nem o senhor Graham Bell jamais imaginou que, inventando o telefone, estava preparando a muito extraordinária *flirtation*[342] que eu ainda ontem surpreendi, num cruzamento de linhas, entre o homem mais austero deste mundo e a menina mais "do outro mundo" que há neste mundo...

Assim, o que o filme de Carl Laemmle Jr. realmente revelou foi um possante drama, uma quase epopeia da energia, da tenacidade e da inteligência humana lutando contra a mais desumana natureza; o homem, pequenininho e efêmero, perdido nos gelos imensos e eternos das regiões polares. O espetáculo é brutal, todo semeado de *thrills* dos quais um só bastaria para criar o

---

342  Em inglês no original: "Ato de flertar."

grande momento de qualquer fita. O degelo; *icebergs* fundindo-se com estrondo na impossibilidade alva da paisagem; um homem que enlouquece e que se exalta num furor assassino, numa região onde não há leis nem forças; outro que vai, a nado, por águas geladas, milhas e milhas, em busca de socorro, com a morte de braços abertos para ele a cada braçada; e o risco metálico do avião no ar álgido e hostil...

Para produzir isso, a audácia do diretor, a arte de um dos intérpretes, a proficiência de um aviador, a inspiração de um *cameraman* e o instinto de um cão combinaram-se na mais feliz das fusões. O diretor é Tay Garnett, que, para tanto, empreendeu e levou aos gelos da Groenlândia toda uma expedição, e soube, com extrema habilidade, suprir o interesse romântico, inexistente, pelo interesse eventual de arriscada aventura. O ator, "estrela" principal do filme, é Sepp Rist que, no papel de dr. Johannes Brand, centraliza toda a principal ação deste celuloide. O aviador é o alemão major Ernst Udet, que cria, para o espectador, o altíssimo ponto de vista do qual deve ser apreciada a tragédia. O fotógrafo (não guardei o nome deste artista)[343] é quem dá à natureza incolor do polo, com o seu *camera work* absolutamente invulgar, todo o colorido que falta a essa insipidez branca. O cão é Nakinak, um lindo cão esquimó, que marca, com um firme *cachet* de sentimentalismo, toda a película.

G.

---

343   Richard Angst e Hans Schneeberger.

# Quinta-feira, 31 de maio de 1934
# CINEMATOGRAPHOS

## *Rainha Christina*, no Paramount

Uma história que fascina, escrita por Salka Viertel e Margaret P. Levino; uma época brilhante de todas as filigranas e todas as exacerbações do Renascimento; uma terra estranha, de neves alvas, com palácios e estalagens acesos de archotes vermelhos, como flores do gelo; uma gente guerreira e sentimental, loira de carnes e espumante de alegria como a boa *cervoise* nórdica; um diálogo cintilante e espirituoso, de S. N. Behrman, sublinhando tudo; uma direção – a do grande Rouben Mamoulian – límpida e deslizante, que faz o filme escorrer com um brilho e uma transparência de água em fuga; uma fotografia de veludo e prata, fixando, como as cores de um mestre flamengo, os *settings* maravilhosos e os maravilhosos costumes; uma coleção de artistas, que parece uma coleção de clássicos escolhidos entre os da primeira e melhor estante do cinema...

E, como se isso não bastasse para produzir uma perfeita obra-prima, esta conjunção deslumbrante de dois sóis: Greta Garbo e John Gilbert.

\*

Depois de um ano de penumbra e repouso, Greta Garbo reaparece enormemente prestigiosa. Tenho a bem marcada impressão de que em nenhum dos seus passados filmes a labareda sinuosa e fria da Escandinávia se sentiu melhor, mais à vontade, mais *at home* do que nesta vida da rainha Christina da Suécia. Porque... Há dois "porquês": porque esse ambiente é o do seu sangue; e porque a seu lado ressurgiu John Gilbert.

A grande Garbo entrou com amor nesta história, que é do seu povo e da sua terra. Sente-se que ela se dissolve toda neste filme, como um corpo num líquido afim: ouro puro em água-régia... É visível a satisfação e o *élan* com que a grande artista sueca vive a figura de estranho caráter e estranhos costumes da sábia filha de Gustavo Adolfo: pela primeira vez, no *screen*, vê-se a Garbo sorrir. Em todos os momentos de palpitação luminosa deste celuloide, Garbo é sempre uma alma que se entrega ao mundo, que toda se dá, deliciadamente, ao espectador. Infante de Velásquez, entre os dois rafeiros vigilantes, na sua primeira aparição: aventureira amorosa das inesquecíveis sequências na estalagem rústica; "ícone" sagrado, pomposo de luz espatifada em pedrarias, brocados e lágrimas, no *high light* fundamente comovedor da cena da abdicação; figura de proa daquele navio de amor perdido, que parte para o mundo, e no qual ela vai à frente, soltando ao vento os seus cabelos de destino e atirando ao horizonte os seus olhos de fatalidade... – do *fade-in* ao *fade-out* desta fita, Greta Garbo é ainda, é sempre, é cada vez mais... o quê? – Greta Garbo, apenas Greta Garbo.

\*

Apenas?

Não. Em torno da "estrela" feita de mistério e sedução, forma-se, nesta fita, um halo estranho e valorizador, independente dela, que não vem dela, mas que é "para" ela: aquele mesmo nimbo luminoso que a cercou nos silêncios sensibilíssimos de *A carne e o diabo*... É um fluido que vem de John Gilbert; é uma vaporização de saudade, um prestígio do passado e, como o passado, eterno e simbólico. Não me interessa o bem ou o mal que se possa dizer de Jack Gilbert ressuscitado: o fa verdadeiro não é capaz de se emancipar da tradição sentimental Garbo-Gilbert. Ele sente que a presença de Jack prescinde de exteriorização; não é material, mas toda imaterial. É uma atmosfera respirável, embora invisível: a atmosfera em que se acendem os halos em torno das luzes fortes...

G.

# Quarta-feira, 13 de junho de 1934
# CINEMATOGRAPHOS

## *O homem invisível*, no Rosário

Só mesmo o cinema – e o moderno cinema – seria capaz de "realizar" a esplêndida, excitantíssima fantasia científica de H. G. Wells, *O homem invisível*. Só essa nova arte, que é a arte das ilusões de ótica, poderia dar vida a aquele megalomaníaco "Dr. Jack Griffin", inventor do filtro misterioso que, tornando transparente, imponderável o corpo humano, conferiria ao homem um temível, supremo poder no mundo. E foi o que fez – e admiravelmente bem – a Universal, neste seu *The Invisible Man*.

\*

Fiel quanto possível à novela de Wells, o *screenplay*[344] de R. C. Sherriff teve, entretanto, a fina sabedoria de atualizar a história, servindo-se, por exemplo, do rádio, que, no tempo em que Wells escreveu a sua curiosíssima obra, não existia; e de carregar a mão na dosagem do humor e do romance. Essa modernização, essa interpretação espirituosa e esse interesse sentimental, lindamente *balanced* em todo o *plot*, redundou num filme extraordinaria-

---

344   Termo em inglês para "roteiro".

mente cinematográfico, delicioso, um fortíssimo *thriller*, que a gente vê com uma crescente atenção e num constante bom humor.

Quatro artistas, também invisíveis como o espectral "Dr. Jack Griffin", associam-se, perfeitamente irmanados, para produzir este excelente celuloide: o autor H. G. Wells, o diretor James Whale, o ator Claude Rains e o fotógrafo Arthur Edeson.

De Wells nada mais é preciso dizer do que relembrar apenas essa formidável popularidade que a sua imaginação extravagante conquistou pelo mundo.

James Whale, o diretor, mostra-se um técnico notável, um finíssimo condutor do fio sutil da estranha meada que lhe foi dado desemaranhar. Sabe "contar" com simplicidade, transparência e graça; e, como "quem conta um conto acrescenta um ponto", vai pontilhando a narrativa de adoráveis invenções suas, exclusivamente suas.

No *title role* está Claude Rains, um *newcomer*,[345] vindo dos palcos da Inglaterra, e que tem, como principais virtudes, uma voz maravilhosa, uma dicção imponente, de uma nitidez e uma flexibilidade incríveis; e um distintíssimo *restraint*, um controle sobre si mesmo, que convencem, que fazem a gente acreditar no incrível...

O quarto artista é o *cameraman* Arthur Edeson. A sua fotografia é "essencial", neste filme: sem ela, talvez tudo o mais naufragasse irremediavelmente. A maneira, por exemplo, como o Homem Invisível desaparece, aos poucos, de cima para baixo, à proporção que vai tirando as ataduras do rosto, é um *trick* misteriosíssimo, que a gente não tem vontade de explicar, mas apenas de admirar.

G.

---

345 Em inglês no original: "Novato."

**1935**

# Sábado, 6 de abril de 1935
# CINEMATOGRAPHOS

## *A Valsa do Adeus*

Vi em *preview*, pelos desmaios finíssimos da tarde de ontem, na Sala Vermelha do Odeon, *A Valsa do Adeus*, de Chopin, produção Boston-Films, da Cine Allianz, de Berlin, executada sobre um libreto de Ernst Marischka e sob a direção de Géza Bolváry.[346]

\*

A crítica não pode tratar esta fita como tem tratado as outras. Não pode estar comentando apenas as exatidões do seu argumento, dos seus *settings*, da sua direção, da sua fotografia, do seu *cast*... Seria o mesmo que analisar apenas o corte do *Eton-jacket*,[347] o polimento das unhas, a marca do cigarro, o perfume dos linhos, ou a máquina de escrever de um poeta...

Porque existe, "debaixo" desta fita, uma coisa qualquer que está "acima" dela. Ela tem tudo de um poema. Não importa nunca saber se um poema foi

---

346 Géza von Bolváry (1897-1961) foi um cineasta húngaro que dirigiu cerca de cem filmes nos seus quase quarenta anos de carreira.
347 Tipo de fraque usado em ocasiões de gala.

escrito numa água-furtada ou num palácio, em pijama ou *habit vert*,[348] para uma princesa ou *midinette*,[349] sobre papel almaço ou *velin d'Arches...*[350] Uma intenção superior e comunicativa criou esta fita. Para mim, ela é a interpretação cinematográfica da obra de Chopin. Note-se bem: da "arte" e não da "vida" de Chopin. Do *fade in* ao *fade out*,[351] desde que se ouvem as primeiras notas do pequeno *lied*[352] que abre e fecha maravilhosamente o filme, como quando vibram os acordes heroicos da *polonaise* ou os gemidos revoltos do "Estudo Tempestuoso" – sempre e sempre o que se vê e compreende é a vontade, esplendidamente cumprida, de "realizar" em imagem, de ilustrar em luz, sombra e movimento a música poética do Grande Sensitivo. Naturalmente, por esses jogos de luz, sombra e movimento têm que passar, como passaram pelos jogos melódicos que saíram da alma e dos dedos de Chopin, todas as criaturas e todas as emoções do seu tempo. E aí estão, na fita, num voo de sonho, as exaltações lilases do Romantismo: alma desgraçadíssima da pobre Polônia acorrentada à tirania russa pelos *ukases*[353] cegos de 1830; os *bouillons de tulle*, as mangas *ballonées*, os chinós, as rendas de Alençon da duquesa de Orléans; as figuras familiares, fidelissimamente reproduzidas, que a gente encontra com um susto delicioso, de George Sand (de quem Baudelaire dizia que era "*Le Prud'homme de l'immoralité*"), de Musset, sombrio como as suas "Noites" líricas, de Victor Hugo, de Balzac, de Dumas, de Liszt... Tudo isso é um voo leve de ressuscitadas criaturas e revividas coisas da terra, levadas para o alto pelas asas eternizadoras de uma música que é todo um coração e uma alma desfeitos em sons...

\*

---

348  Vestimenta da cor verde usada por membros do Institut de France, instituição similar à Academia Brasileira de Letras.

349  Termo usado para definir mulheres francesas que trabalham com vendas, em estabelecimentos comerciais.

350  Papel usado para imprimir convites de festas formais, como jantares e casamentos.

351  Termos técnicos que em cinema se referem ao surgimento gradual de uma imagem na tela (*Fade in*) e ao escurecimento gradual dela, geralmente em transições de cena ou no final de um filme (*Fade out*).

352  A palavra alemã *lied* significa "canção" e é usada para definir arranjos feitos para piano.

353  Decretos sancionados pelos czares russos.

Se fosse possível apontar *high-lights* numa fita que paira, toda ela, num plano sempre elevadíssimo, eu indicaria os seguintes: o arranjo musical de Alois Melichar; toda a direção de Géza von Bolváry, imaginosa, rítmica e lúcida, principalmente na síntese cinematográfica admirável que conseguiu fazer da Revolução Polonesa de 1830, toda "fundida" sobre o teclado onde sonham e ardem os dedos de Chopin; os trabalhos magistrais de interpretação de Richard Romanowsky (papel de Professor Elsner), sem dúvida alguma a primeira figura do *cast*; de Wolfgang Liebeneiner (papel de Frederico Chopin), de Sybille Schmitz (papel de George Sand) e de Hanna Waag (papel de Constancia Gladkowska).

\*

Mas... – repito – a crítica não pode tratar esta fita como tem tratado as outras. Porque existe, "debaixo" desta fita, uma coisa qualquer que está "acima" dela.

G.

# Terça-feira, 4 de junho de 1935
## CINEMATOGRAPHOS

## A semana

[...][354]

O Apollo, transformado com muito gosto e muita oportunidade em cinema, continua a exibição de *Êxtase*,[355] lançado sexta-feira última. Não encontro, na imprensa estrangeira, referências a este filme. Mas tive ocasião de vê-lo. É, realmente, como diz o seu cartaz: "audacioso e desconcertante". Mas a sua maior e melhor audácia, que mais me desconcertou, foi esta: ser quase que inteiramente mudo. E eu me surpreendi, ao sair do Apollo, fazendo a mim mesmo, nesta indiscutível Era do Som, esta desnorteante pergunta: O cinema falado terá mesmo razão de ser?

Ψ

---

354 A partir de meados nos anos 1930, Guilherme de Almeida passou a fazer resumos muito breves sobre filmes que haviam estreado ou estavam para estrear. Essas notas saíam, geralmente, no início de cada semana. Optamos, aqui, por conservar as notas mais curiosas, que demonstrem evidências de que Guilherme conheceu filmes e fatos raros.

355 Filme raro e, em certo ponto, marginal, dirigido por Gustav Machatý (1901-1963), em 1933, com Hedy Lamarr. Tornou-se polêmico por trazer temas tabus como adultério e nudez explícita.

Há, evidentemente, muitas outras coisas anunciadas para esta semana. Mas, infelizmente, não trazem o título original; e, mais infelizmente ainda, eu, com franqueza, não possuo esse grande estoque de tempo disponível, que outros, mais afortunados, podem possuir, para despendê-lo numa longa e paciente busca pelos meus dossiês de há meses e talvez anos, à procura da etiqueta, da ficha de identidade dessas fitas sorrateiras que fazem tanta questão de conservar o incógnito, não sei bem por quê...

G.

# Quinta-feira, 20 de junho de 1935
## CINEMATOGRAPHOS

## *Of Human Bondage*[356]

Acabo de ver, no Alhambra, a admirável realização cinematográfica da novela *Of Human Bondage*, de W. Somerset Maugham, que eu tão longamente esperei com uma divinatória ansiedade. E dou-me parabéns pelo acerto das minhas otimistas expectativas.

*

Pouco tenho a acrescentar aos comentários da crítica estrangeira anteontem transcritos aqui. Vou apenas notar alguns grandes momentos, alguns inesquecíveis, consagradores *highlights* que são, não só desta fita, como de toda a incomensurável produção cinematográfica até hoje desenrolada pelas penumbras da terra.

Em primeiro lugar, toda a firme, inexcedível atuação de Bette Davis e Leslie Howard, que culmina na cena esplendidamente brutal do rompimento:

---

356 *Servidão humana* (1934), dirigido por John Cromwell, que além de Bette Davis traz no elenco Leslie Howard, mais conhecido por seu papel de Ashley Wilkes em ... *E o vento levou* (1939).

a mais corajosa sequência até hoje filmada no mundo. Bette pintou, certamente, sem visível esforço, a figura mais impressionante de cinismo trágico que o cinema-arte há de conservar na sua amplíssima galeria. O seu desnorteante poder de transfiguração e de fazer flutuar alma e nervos – alma negra e frios nervos – à flor da pele, é uma glória para o cinema. Leslie Howard, o Sensitivo, na figura de resignado acabrunhamento daquele Carey que um "complexo de inferioridade" escravizou irremediavelmente a um amor sem dignidade, atinge – não tenho disso a dúvida mínima – ao *hit* da sua comovedora carreira artística.

Outro esplendor da fita é a soberba direção de John Cromwell. As "transições" de uma a outra sequência – que ele obtém por dois processos: pela desfocalização lenta e refocalização (licença para esta liberdade!) sobre outra cena; ou por uma vertiginosíssima corrida da câmera de um para outro *décor* – são de uma estranha, deliciosa novidade. E aquele *fade-out* com o trânsito parado para dar passagem a qualquer coisa de lindamente humano através das brutalidades da vida, tem, depois de toda a brusca tragédia, a consoladora doçura de mãos que baixam para perdoar e acariciar...

Também é felicíssimo o *screenplay*. Se ele não manteve todo o sério amargor da novela de Somerset Maugham (o que, em cinema, nem sempre é possível nem aconselhável), em todo caso, não desvairou e não traiu, como em *Véu pintado*, o pensamento do grande autor. Conservou-lhe, intacto, o agudíssimo poder de penetração, de profunda sondagem aos lamentáveis abismos da alma e do coração humanos.

E, afinal, um "bravo!" ao pequeno mas interessantíssimo *score* musical que enche os ligeiros silêncios da ação: um leve pontilhado que se funde magnificamente com a fotografia e o movimento (por exemplo: cada vez que a música acompanha os passos de pés disformes do pobre Carey).

G.

# Quinta-feira, 27 de junho de 1935
# CINEMATOGRAPHOS

## *La Cucaracha*

Imaginem que o arco-íris fosse preto e branco; que, em vez daquela violeta que passa para o anil, ilumina-se em azul, dissolvendo-se logo no amarelo, depois de produzir o verde, e alaranjando-se pouco a pouco até chegar ao vermelho; em vez dessa calma e brilhante metamorfose de matizes, o arco-íris fosse apenas um triste *dégradé* do preto ao branco. Que pobre horror! Ele seria como um traço grosso e curvo de carvão escorrido, varrido, esfumado sobre um muro de cal...

Pois é isto, exatamente e apenas isto, o que tem sido, até hoje, o cinema. Mas, agora, um raio estranho e forte de luz atravessou o sombrio prisma de celuloide suspenso sobre o mundo: e o espectro desdobrou as suas cores legítimas e puras. É a Era da Cor que logicamente deriva da Era do Som, como esta descendera da Era do Silêncio.

*

Esse súbito, deslumbrante milagre eu vi acontecer anteontem, alta hora da noite, depois da última sessão na tela do Alhambra: uma delicada, amável *avant-première*, que me foi oferecida, de *La Cucaracha*,[357] da RKO-Radio.

---

357 Filme dirigido por Lloyd Corrigan, com participação não creditada de Judy Garland. É o primeiro filme, com atores, totalmente rodado a cores, pelo processo Technicolor.

Vinte minutos – vinte minutos, não mais – de projeção. No entanto, esses vinte minutos resumem todo um longo passado de tentativas, todo um imenso futuro de realizações: esse *two-reeler* que, em preto e branco, poderia ser apenas um simples *short*, um pobre "complemento" de programa – um traço grosso e curvo de carvão, varrido, escorrido, esfumado sobre um muro de cal... – e um grande filme, é Arco da Aliança entre duas eras; pórtico, no céu, para um tempo novo: é espectro solar, íris vibrante e colorido.

Vibrante e colorido como... como o próprio México de *La Cucaracha* – a canção política, popular e guerreira do bando épico de Pancho Villa. Esmigalhada sob ela, a tela pobre e nua torna-se, magicamente, um painel de azulejos de Puebla, uma fresca argila pintada de Tonalá, uma índia vestida de *china poblana*, um *sarape*, uma *mantilla*.

*La Cucaracha* é a primeira experiência, pela RKO-Radio, da nova técnica da cor: o surpreendente processo de John Hay Whitney (que nada de nada tem que ver com aquela Technicolor de cartão-postal ou de fotominiatura, tentada há pouco tempo). Eu escrevi: "a primeira experiência". Experiência só? Realizado como foi, eu vejo, nesse rápido celuloide, uma síntese do cinema todo: no seu passado remoto (simples movimento), na sua evolução rápida (o som), na sua atualidade (a cor) e também no seu futuro próximo (o relevo). Tudo está visível, audível e já quase tangível nesses vinte minutos de sonho. Quase tangível, sim. Estranho fenômeno esse: a cor – como já tenho observado nos mais recentes desenhos animados coloridos (*Ovos de Páscoa*, *A Canção dos Tangarás* etc.) – é já um ingresso para a suspirada terceira dimensão: ela consegue, se não "dar", pelo menos "insinuar" o relevo, a saliência das figuras e dos planos.

Diferentes, mas bem combinados valores juntaram-se, num exato entendimento, para o pleno êxito desta vitoriosa experiência, para dar ao surpreendente processo de John Hay Whitney o emprego mais eficiente: os autores do arranjo musical e do *screenplay*, John Twist e Jack Wagner, tirando do tema de uma simples canção toda a força dramática, cômica, musical e coreográfica que ela poderia conter; o diretor, Lloyde Corrigan, manejando a ação com fluência, logicidade e espírito; o cenógrafo e figurinista, Robert Edmond Jones, jogando com os mais variados materiais para a recepção da luz e transmissão de cor (inventando *backgrounds* foscos ou brilhantes, brincando com panejamentos de toda espécie – linho, algodão, lã, seda, veludo...), e com joias, lantejoulas, metais, cristais: o fotógrafo, Ray Rennahan, "humanizando" quanto possível os olhos mecânicos da sua câmera: os corpos musicais e de bailados, riscando com precisão a *Tehuana*, o *jarabe tapatio* e, afinal, *La Cucaracha*; e o motivo central de toda essa pirotecnia de cores, sons e gestos – o ótimo *cast* (Steffi Duna, *tamale*, índia, flor morena de "cantina"; Don Alvarado e Paul Porcasi), vivendo com harmonia a pequena, linda, ágil, adorável história...

*

A Nova Cor!

Jorrando, assim, do pensamento e do gesto de toda essa gente, a Nova Cor é um milagre.

E quando ela, atravessando o preto da sala escura, foi bater no branco da tela nua, transformando-a subitamente na *féerie* de um *chavo* asteca espetaculoso, eu tive a sensação de estar transpondo um limiar desconhecido: aquele mesmo estremecimento que tive, há uns sete anos, quando ouvi Emil Jannings gritar "*Pahlen! Pahlen!*" na solidão imensa do seu palácio maldito...

G.

# Domingo, 30 de junho de 1935

## O cinema colorido
## A propósito do filme *La Cucaracha* – Uma entrevista com Guilherme de Almeida[358]

Amanhã, como vem sendo anunciado, começará a ser exibida no Alhambra a primeira fita colorida pelo último processo americano. Tratando-se de uma absoluta novidade, de geral interesse, a RKO-Radio procurou ouvir o sr. Guilherme de Almeida, o grande escritor, membro da Academia Brasileira de Letras e crítico cinematográfico do *Estado de S. Paulo* onde, pela coluna "Cinematographos", há nove anos, sob a inicial "G.", vem acompanhando a rápida evolução da mais nova das artes.

Interrogado sobre o que pensa da utilidade da cor no cinema, o sr. Guilherme de Almeida disse:

— É tão indispensável quanto o som. É inconscientemente que o público tem prescindido da cor: com aquela mesma inconsciência com que, há sete anos, prescindia da voz humana. No entanto, agora, dificilmente poderá haver quem tolere um filme "realmente" silencioso. O mesmo, penso, se dará com relação ao colorido, dentro de pouco tempo.

— Que impressão lhe deixou *La Cucaracha*, quanto à técnica da cor?

---

358 Este texto não foi publicado na coluna "Cinematographos", mas o incluímos por se tratar das impressões críticas de Guilherme de Almeida.

# O CINEMA COLORIDO

## A proposito do filmé "La Cucaracha" — Uma entrevista com Guilherme de Almeida

Amanhan, como vem sendo annunciado, começará a ser exhibida, no "Alhambra", a primeira fita colorida pelo ultimo processo americano. Tratando-se de uma absoluta novidade, de geral interesse, a RKO-Radio procurou ouvir o sr. Guilherme de Almeida, o grande escriptor, membro da Academia Brasileira de Letras e critico cinematographico do "Estado de S. Paulo" onde, pela columna "Cinematographos", ha nove annos, sob a inicial "G", vem acompanhando a rapida evolução da mais nova das artes.

Interrogado sobre o que pensa da utilidade da cor no cinema, o sr. Guilherme de Almeida disse:

— E' tão indispensavel quanto o som. E' inconscientemente que o publico tem prescindido da côr: com aquella mesma inconsciencia com que ha sete annos, prescindia da voz humana. No entanto, agora, difficilmente poderá haver quem tolere um filme "realmente" silencioso. O mesmo, penso, se dará com relação ao colorido, dentro de pouco tempo.

— Que impressão lhe deixou "La Cucaracha", quanto á technica da cor?

— Considero, não simples "experiencia", mas já uma acabada realisação, o processo de Jack Whitney. A côr é "legitima": não dá impressão de "truc", de habilidade de laboratorio. Não é artificio: é arte, isto é, embellezamento da natureza. E, como já disse, no "Estado" na minha apreciação do dia 27 do corrente, a cor me parece um largo passo dado no caminho do tão desejado "relevo": ella salienta e illumina figuras e planos, determinando bem as sombras, criando, pois, as distancias e as approximações como só as sabe criar a visão humana.

— E o thema de "La Cucaracha"?

— Um lindo "pretexto", excellentemente extrahido pelos "scenario-writers" e conduzido pelo director, da popularissima canção guerreira mexicana. Além dos valores musical e choreographico, o filme da RKO-Radio tem emoção dramatica, levemente salpicada de "humour", e todo o movimento, todo o dynamismo indispensavel ao cinema.

— Quanto á interpretação...

— O primeiro logar é de Steffi Duna, incontestavelmente. E' uma pequena que tem "genero". Hungara — com certeza, cigana —, Steffi illude perfeitamente no seu "travesti" de mexicana morena. Canta com fogo e dansa como labareda. Prevejo, para ella, um grande brilho no "stardom" do celluloide.

— Acha que "La Cucaracha" agradará ao publico paulista?

— Não posso duvidar disso, porque não posso duvidar do bom gosto da minha gente. Esse filme tem tudo para nos deliciar: além da grande novidade da côr, que representa um momento decisivo na historia do cinema, tem o grande "It" da musica, que todo o mundo já anda cantando e dansando por ahi, e o enfeite delicado da exotica, nervosissima Steffi Duna.

---

— Considero, não simples "experiência", mas já uma acabada realização, o processo de Jack Whitney. A cor é "legítima": não dá impressão de truque, de habilidade de laboratório. Não é artifício; é arte, isto é, embelezamento da natureza. E, como já disse no *Estado*, na minha apreciação do dia 27 do corrente, a cor me parece um largo passo dado no caminho do tão desejado "relevo": ela salienta e ilumina figuras a planos, determinando bem as sombras, criando, pois, as distâncias e as aproximações como só as sabe criar a visão humana.

– E o tema de *La Cucaracha*?

– Um lindo "pretexto", excelentemente extraído pelos *scenario-writers* e conduzido pelo diretor, da popularíssima canção guerreira mexicana. Além dos valores musical e coreográfico, o filme da RKO-Radio tem emoção dramática, levemente salpicada de humor, e todo o movimento, todo o dinamismo indispensável ao cinema.

– Quanto à interpretação...

– O primeiro lugar é de Steffi Duna, incontestavelmente. É uma pequena que tem gênero. Húngara – com certeza cigana –, Steffi ilude perfeitamente no seu "travesti" de mexicana morena. Canta com fogo e dança como labareda. Prevejo, para ela, um grande brilho no *stardom*[359] do celuloide.

– Acha que *La Cucaracha* agradará ao público paulista?

– Não posso duvidar disso, porque não posso duvidar do bom gosto da minha gente. Esse filme tem tudo para nos deliciar: além da grande novidade da cor, que representa um momento decisivo na história do cinema, tem o grande *It* da música, que todo mundo já anda cantando e dançando por aí, e o enfeite delicado da exótica, nervosíssima Steffi Duna.

---

359  Expressão que designa a fama de uma estrela de cinema.

# Terça-feira, 13 de agosto de 1935
# CINEMATOGRAPHOS

## A semana

Se você gosta mesmo de cinema, você, esta semana, terá que recorrer, muito estoicamente, ao seu carnê social ou à sua imaginação. Vá a qualquer *bridge* ou a qualquer *party*; leia um último livro inglês, bem venenoso; assista a um concerto, a uma conferência ou a uma sessão da Assembleia Legislativa... Mas deixe, por sete dias, o cinema em paz. Ele está num daqueles instantes desfavoráveis da vida, em que as criaturas gostadas não devem ser vistas para não se tornarem desgostadas: o instante ingrato do cabeleireiro ou do massagista, por exemplo...

\*

E uma nota triste: quem for ao Paramount, esta semana, irá despedir-se desse adorável cinema da avenida Brigadeiro Luís Antônio; o Paramount, a melhor sala de São Paulo, indiscutivelmente; a penumbra onde definitivamente se quebrou o Silêncio do velho cinema; a tela tradicional, onde os nossos ouvidos ouviram a primeira voz humana que espiritualizou o Quadro Branco; o Paramount, segundo estou informado, vai descer à categoria de terceiro exibidor, de cinema de terceira ordem. Como? Por quê? "Sinais dos Tempos", como diz a solteirona sardenta e dentuça do Exército da Salvação, oferecendo o seu panfleto bíblico...

*Mississippi*[360] é o adeus do Paramount aos seus *habitués*, e vice-versa. E um lindo, comovedor adeus. Há uns quinze anos, Booth Tarkington escreveu uma peça teatral chamada *Magnolia*, explorando o ambiente poético do Sul dos Estados Unidos. Foi um sucesso na Broadway. Em 1924, o Famous-Player--Lasky[361] pôs isso em cinema, sob o título de *The Fighting Coward*. De novo, em 1929, para experimentar as possibilidades "sonoras" de Buddy Rogers, a Paramount filmou o mesmo *yarn*[362] sob o rótulo *River of Romance*. E agora, com um delicioso *score* musical de Dick Rogers e Larry Hart (notem bem a canção *Soon*), a presença altamente humorística de W. C. Fields, a voz milionária de Bing Crosby, a graça fina de Joan Bennett e a direção muito especializada de A. Edward Sutherland, reaparece o velho, mas sempre delicioso, tema de Booth Tarkington, altamente renovado, arejado, vivificado, veronifizado... J. Eugene Chrisman, conferindo três "A" (AAA, isto é, nota boa) a esta fita, escreve: "Se você pensa que W. C. Fields atingiu ao máximo da sua carreira no papel de Micawber, em *David Copperfield*, você precisa vê-lo em *Mississippi*. Fields é, aí, como comandante de um *showboat* do velho Mississippi, o cômico supremo". Outro crítico: "Cheias de lindas músicas, de cenários encantadores, uma história romântica e uma pitoresca atmosfera do Sul fazem de *Mississippi* um agradável divertimento".

[...]

G.

---

360 Filme de A. Edward Sutherland, rodado em 1935.

361 Empresa cinematográfica formada com a fusão da Famous Players Film Company, de Adolph Zuckor, e da Feature Play Company de Jesse Lasky, em 1916. Em 1927 passou por uma reestruturação que viria a dar origem à Paramount Pictures.

362 Termo em inglês: "Enredo."

# Sexta-feira, 20 de setembro de 1935
## CINEMATOGRAPHOS

## *O delator*

No novo caminho – o caminho da inteligência – pelo qual o cinema está afinal enveredando, *O delator* (*The Informer*), da RKO-Radio, que está em cartaz no Alhambra, é um passo dado com as "botas de sete léguas" do astucioso Pequeno Polegar. Um filme completamente superior: superior no seu tema, na sua direção, na sua fotografia e na sua interpretação.

O livro ruidoso do irlandês Liam O'Flaherty que reacende – e, reacendendo, ilumina – a rebelião dos *Irish Patriots* contra os *Black and Tans*, em 1922, mantém-se, graças ao límpido e fiel *screenplay* de Dudley Nichols, quase que intacto: o que é um raro, precioso milagre na sempre traiçoeira e corruptora prestidigitação do celuloide. A tela conserva, luminosíssimos, o espírito e as intenções do livro. E que belíssimo tema, esse meticuloso e profundo estudo sobre a traição embuçada nas dobras da alma obtusa de um bronco, um débil mental, um gigante com um cérebro de anão!

John Ford – o diretor – é um especialista na criação de ambiente, e um poderoso fazedor de grandes sínteses. As duas "atmosferas" – a psíquica e a material – fundem-se e completam-se maravilhosamente bem sob as suas ordens. Aquele cenário "é", não "parece": é Dublin, e Dublin de 1922, e Dublin com aquela sufocação na sua garganta oprimida e com aqueles anseios de autonomia e aqueles silêncios de conspiração que a gente respira no ar... E, nas doze horas, das 5 às 5, *"between twilight and dawn"* —[363] que é quanto dura toda a história —, John Ford soube sintetizar todo o incomensurável drama humano e político daquela noite de Dublin, intensificando de tal maneira a ação, que o espectador "pensa" que ela é rápida, quando ela é realmente vagarosa, quando ela tem necessariamente aquela monstruosa lentidão das coisas que acontecem nas tortuosas e escuras circunvoluções de um cérebro fraco.

Tortuosas e escuras circunvoluções de um cérebro fraco... Foi bem essa a ideia que Joseph August — um simbolista — conseguiu sugerir com a sua estupenda fotografia das ruas tortuosas e escuras de Dublin. Aquela cidade, vista pela sua câmera, naquela noite parda de névoa, parece mesmo o cérebro de Gypo Nolan: uma confusa massa ora atravessada de frouxos momentos lúcidos, como as luzes pingando aquele *fog* grisalho...

Mas, acima desta fotografia, acima daquela direção e acima até do próprio fortíssimo livro de Liam O'Flaherty, está a formidável caracterização de Victor McLaglen, *"magnificent is the word for this performance!"*[364] — exclamou, sem se poder conter, um crítico norte-americano, sempre excessivamente avaro de superlativos (principalmente para as produções da RKO...). Com uma compreensão larguíssima e um superagudo poder de penetração psicológica — que a gente não podia esperar do vulgar homenzarrão de *Cockeyed World* — Victor McLaglen retratou integralmente o ser físico, moral e intelectual de Gypo Nolan. Victor é irlandês: tem, pois, o sangue, a alma e o coração indispensáveis para "viver" de fato esse papel. Nunca se viu um homem sofrer mais em doze horas de vida como McLaglen nas doze horas dessa triste aventura. Por ele passam a mentira, o remorso, a vergonha, a inconsciência, a paixão, a embriaguez, o terror, a morte, num cortejo torvo, mas nítido como sombras fortes de condenados atirados pelo sol do último dia sobre o muro de cal de um presídio... Ele é, de fato, Judas ressuscitado para ir morrer de novo, mais miseravelmente ainda, aos pés do Crucificado...

G.

---

363 Em inglês no original: "Entre a aurora e o crepúsculo."
364 Idem. "Magnífica é a palavra para essa performance."

# Terça-feira, 29 de outubro de 1935
# CINEMATOGRAPHOS

## A semana

[...]

Não li apreciação alguma estrangeira sobre o filme que o Odeon oferece na sua Sala Vermelha: *Gólgota* (*Golgotha*),[365] produção francesa de Julien Duvivier, com música de Jacques Ibert. Mas os extraordinários esforços do produtor, que se transportou para Alger e aí reconstituiu os cenários da Terra Santa e filmou o doloroso e eterno drama do Gólgota; os nomes dos principais intérpretes (Harry Baur e Jean Gabin, já bem conhecidos das nossas plateias); principalmente a linda amostra que me deu o *trailer* exibido na passada semana – tudo isso me leva a crer que se trata, de fato, de um grande filme.

G.

---

365 *Gólgota* é o primeiro filme sobre a vida de Cristo realizado na era do cinema sonoro.

# Quinta-feira, 7 de novembro de 1935
# CINEMATOGRAPHOS

## *Abdul-Hamid*, no Broadway

Enfim, John Bull,[366] o discípulo, dá uma imprevista lição a Tio Sam, o mestre de cinema: como é perfeitamente possível fazer-se uma ótima fita histórica sem que o pequeno romance decorativo (o tal *love interest* da rotina californiana) assuma as importâncias de um "principal", em vez de se manter apenas um "acessório", e sem que em torno dele girem, em êxtase, magnetizadas, as atenções dos libretistas, diretores, fotógrafos e intérpretes...

E essa é, antes de mais nada, uma das notas mais salientes de *Abdul, The Dammed*,[367] o esplêndido filme da Associated British Pictures Corporation,[368] distribuído pelo Programa ART e que vem constituindo o espetáculo desta

---

366 John Bull é uma personificação da nação britânica, criada no século XVIII, a que se assemelha o Tio Sam americano. Aqui Guilherme de Almeida usa ambas as figuras para comparar as produções americanas, desde os primórdios na vanguarda da indústria, e as inglesas, que eram quase sempre inferiores.
367 Filme dirigido pelo austríaco Karl Grune.
368 Também conhecida como British International Pictures (B.I.P.), a ABPC foi um estúdio independente inglês que esteve em atividade entre 1927 e o início dos anos 1970, responsável por alguns dos mais importantes filmes britânicos ao longo de décadas. Foi com a B.I.P. que Alfred Hitchcock realizou vários de seus filmes da fase inglesa.

semana no Broadway.[369] O pequeno caso de amor entre Adrienne Ames e John Stuart – embora seja excitante a situação, linda a mulher e convincente o galã – é um episódio apenas eventual, poder-se-ia dizer mesmo dispensável, que o rigoroso filtro britânico do *"Don't show your feelings"* expurgou e controlou com elegância, e que, de maneira alguma, desvia ou perturba a finalidade do filme, que é expor o último ato do turvo e ensanguentado império otomano de Abdul-Hamid II.

\*

Outra fascinante dificuldade que o filme inglês venceu com dignidade e *smartness* perfeitas foi a perigosa reconstituição histórica. Justamente por se tratar de uma época ainda recente é que mais delicada se torna a sua exumação. Quanto mais recuado um passado, tanto mais fácil para a imaginação devanear e enfeitá-lo à vontade; na restauração do passado próximo há sempre a memória a controlar ironicamente a fantasia. E o filme de B.I.P. desenrola-se entre 1908 e 1909.

Todo o cenário e a ação de Abdul-Hamid – toda aquela teia traiçoeira de mosaicos e gelosias árabes e rocalhas ocidentais de ouro estofadas de pelúcia; de intrigas e perfídias, diamante e sangue...; toda a sinistra teia, em que se emaranhava a "Aranha Cinzenta", é apresentada de maneira discreta e sutil. E sem ênfase, isto é, com autoridade.

\*

Mas a beleza máxima desta fita é o trabalho todo – todo, sem exceção de um único gesto, uma única palavra, uma única expressão – de Fritz Kortner no *title role*. Espécie muito aperfeiçoada de Emil Jannings ("aperfeiçoada" quer dizer polida, alisada de todas as arestas do exagero teatral), Fritz Kortner vive, vive de fato, com sonolenta magnificência, a figura física e moral do último

---

369 Sala de cinema que se localizava no número 560 da av. São João.

sultão. A sua silenciosa lentidão oriental, os seus curvos movimentos de aranha, a sua tortura solene e sombria, o seu poder de insinuar sem dizer – são *touches* magistrais num retrato que só ele me parece capaz de pintar. Não sei destacar *highlights* no seu "jogo": ele é todo, de princípio a fim, um só, funesto clarão.

*

Nils Asther, Adrienne Ames e John Stuart sabem "suportar" com elegância o trabalho dominador, *accaparant*[370] de Fritz Kortner.

*

O filme da B.I.P. parece-me um filme perfeito.

G.

---

370 Em francês no original: "Monopolizador."

**1936**

# Quarta-feira, 15 de abril de 1936
# CINEMATOGRAPHOS

## *Anna Karenina*, no Odeon

Por causa de dois grandes nomes – o de um homem imortal (Leon Tolstoi), e o de uma imorredoura mulher (Greta Garbo) –, por causa desses dois nomes imperativos, o *"tout S. Paulo"* benzíssimo esteve, anteontem, enfeitando com a sua desdenhosa e, pois, invejada beleza, a imensidão, que se tornou pequenininha, da Sala Vermelha do Odeon. Gente *"qui a du flair"*,[371] que acerta sempre; a nova *Anna Karenina* é uma obra de arte séria e rara.

\*

Esta *Anna Karenina* da Era do Som (a gente tem que dizer assim, porque é inesquecível a outra, da Era do Silêncio, que Greta Garbo viveu ao lado de um homem que silenciou para sempre: John Gilbert...);[372] esta *Anna Kareni-*

---

371 Em francês no original: "Que tem faro."
372 Greta Garbo havia vivido o mesmo personagem em *Love* (1927), de Edmund Goulding, ao lado de John Gilbert, com quem ela teve uma relação afetiva tórrida fora das telas. Infelizmente Gilbert nunca superou o término da relação com Garbo e não conseguiu se adaptar aos novos padrões do cinema a partir da chegada do filme falado. Como consequência, entregou-se à bebida, vindo a falecer de ataque cardíaco aos 38 anos, em 9 de janeiro de 1936.

*na* da Era do Som, ao contrário de todos os grandes filmes, não é um filme de conjunto, integral, uma dessas indissolúveis unidades de tema, adaptação, direção, produção, interpretação e fotografia, de que a gente não pode nunca destacar detalhes, como não se podem separar peças de uma perfeita máquina. Não. É um filme "de partes". Pedaços magníficos: um aqui, outro ali, outro lá... No seu conjunto, ele não é bem o romance cativante de Tolstoi; o livro é um livro de paixão, de amor-amor; o filme é um filme de amor materno. Não é por Vronsky que, no celuloide, Anna Karenina se suicida; é por Sergei, seu filhinho. Aliás, os cartazes e *press sheets*[373] norte-americanos desta fita, como que prevenindo o espectador de que a fita é uma livre interpretação, pelo *screenplay* de Clemence Dane e Salka Viertel, do livro do Conde Santo, nem sequer nomeiam Tolstoi, mas unicamente colocam estes nomes – Greta Garbo, Fredric March e Freddie Bartholomew – em torno do título *Anna Karenina*. Aqui é que se falou de Tolstoi, na publicidade.

\*

Mas quantas, admiráveis coisas há ao longo desses carretéis de arte! Quantas! Por exemplo: em primeiro lugar, a cuidadosa produção de David O. Selznick e a conscienciosa direção de Clarence Brown, que não se acanharam de se submeter à supervisão do conde André Tolstoi, para garantirem a autenticidade dos detalhes russos. Depois, a palpitante fotografia de William Daniels, de uma inspiração às vezes luxuosa (como quando apresenta, logo no início, em deslize de câmera, aquela longa mesa dos oficiais russos), às vezes exaltada (como no *steeplechase*[374] trágico), às vezes serena (como no quarto do pequeno Sergei, com a lamparina dançando em frente do ícone), às vezes surpreendente (como na apresentação de Anna, que surge da lenta dissolução no ar de uma baforada de vapor da locomotiva)... E, afinal, a interpretação,

---

373 O mesmo que *press kit*, ou kit de imprensa, material de publicidade distribuído aos veículos de comunicação.

374 Chamam-se *steeplechase* as corridas com obstáculos tanto de atletas quanto de cavalos.

firmemente "suportada" por Basil Rathbone (indiscutivelmente, a melhor *performance* masculina do filme, na "alinhada" figura de Karenin); pelo portentoso menino Freddie Bartholomew (que já se havia excedido a si mesmo em *David Copperfield*, e agora apresenta um Sergei de pungente realidade); por Fredric March (que, sem aquele fogo de paixão de que tanto se inflamara para incendiar as plateias o saudosíssimo Jack Gilbert, apresenta, entretanto, um Vronsky exato, automático, mecânico, perfeitamente militar...); e por...

\*

Mas Greta Garbo merece um parágrafo à parte. Sempre.

Para se sentir a força emotiva, aceitar a estranha beleza e compreender a gloriosa fama dessa escandinava ninfática e preocupante, basta um momento seu em todo este filme: o seu momento final. É, para o espectador, a suprema angústia. A gente tem vertigens... Aí, no instante do suicídio, o seu corpo já não tem alma. É um farrapo humano. A gente "sente" que ela já está morta antes de morrer. Ela não precisava ter feito mais nada em toda a sua carreira, para se eternizar. Toda a beleza penetrante que ela soube pôr nesta sua segunda Anna Karenina – aquele seu jeito tão profundamente maternal de acariciar o seu Sergei; aquela convicção nos lábios, no espírito e no coração, com que, tão veladamente, ela sabe dizer: "*All that I know, I know by love alone*"[375] (e ela diz "*alone*" como ninguém, numa fuga enevoada de si mesma, de tudo e de todos...) – tudo isso parece nada, ao lado daquela sua expressão total de morte, nos gestos, na atitude, na máscara: morte em vida, que é mais morte ainda... Isso, esse só momento de Greta Garbo vale... – o quê? – Esta fita toda e muitas e muitas outras fitas inteirinhas...

G.

---

[375] Em inglês no original: "Tudo que sei, sei somente pelo amor."

# Sexta-feira, 12 de junho de 1936
## CINEMATOGRAPHOS

## Charlie Chaplin e Walt Disney

Dois gênios do celuloide – o gênio do velho cinema e o gênio do novo cinema: Charlie Chaplin e Walt Disney – encontram-se esta semana, programados lado a lado, na Sala Vermelha do Odeon. Um é a sátira; outro é a caricatura. Um é de todos os tempos que se foram; outro, de todos os tempos que virão.

E juntos, miraculosamente juntos num mesmo programa. Proposital essa aproximação? Com certeza que não. Só as coisas feitas inconscientemente é que são certas e interessantes.

\*

O último filme de Charlie Chaplin é, todo ele, pura e grande sátira.

Sátira, em primeiro lugar e acima de tudo, contra o próprio cinema. A começar pelo título – *Os tempos modernos* (*Modern Times*) – dado a um filme de técnica franca e intencionalmente antiquada. Antiquada pelo processo de exposição: a ausência daquela unidade que provém da *continuity* que lubrifica e engrena a sequências esbatendo as transições (Charlie Chaplin confessa, aliás, que nunca escreve o *scenario* das suas fitas, que são, por isso, uma série de quase improvisações, uma enfiada de episódios mais ou menos independentes uns dos outros). Antiquada pela qualidade da fotografia (chata, de luz crua, fortemente branca e preta, sem aquele esfumado cinzento nas desfocalizações dos segundos planos que, contrastando com o detalhado brilhante dos primeiros planos, dão ideia de relevo; e parada, sem deslocamentos da câmera paralítica, como era a fotografia dos tempos da Keystone ou da Essanay). Antiquada, também, pelo critério na composição do *cast*: figuras (como o velho Chester Conklin, por exemplo, já passadas no cinema *yankee*)...

A tal ponto leva Charlie Chaplin a sua sátira contra o cinema de hoje que, excluída de sua pantomima, a voz humana, negando, pois, peremptoriamente *o talkie*, inventou, entretanto, aquela interpretação do *Je cherche après Titine* que ele canta (?) com palavras que não são de língua nenhuma, que não querem dizer coisa alguma, mas que ele consegue exprimir só por gestos, apenas mimicamente, para provar que o velho Silêncio estava certo, pois a atitude e a máscara são capazes de dizer mais, muito mais do que a pobre palavra humana...

E tudo mais em *Os tempos modernos* é sátira contra os tempos modernos. Sátira contra a máquina (episódios do "alimentador automático" e do velho mecânico – Chester Conklin – atrapalhado dentro da própria máquina); contra instituições sociais (a Lei, intervindo para impedir sempre a felicidade de dois; o equívoco com a bandeira vermelha no *meeting* de operários e, consequentemente, a falibilidade da Justiça); contra a pseudossublimidade do sacrifício ou do heroísmo (o incidente com o pão que a *gamine* furta); contra as mulheres (aquela transeunte puritana que insiste em acusar a pequena ladra faminta; e a caprichosa senhora que, no grande magazine, entre milhares de panos de toda espécie, vai escolher justamente um que não podia nem devia escolher...); contra o amor (que Charlie apresenta, no seu "caso" com a lindíssima e excitantíssima Paulette Goddard, como puro lirismo em que não há o mais leve toque de sensualidade, mas apenas um sonho irônico, meloso e ridículo); contra tudo e contra todos...

Mas, assistindo-se a tanta sátira assim, tão demolidora assim, a gente, afinal, sente e diz:

— Sim, é a Vida, ainda... Ainda a Vida... Má, ingrata, pérfida, desencantadora... A horrível Vida! Mas, bendita seja a Vida, enquanto ela for capaz de sugerir, a homens (será possível este plural?) como Charlie Chaplin, fitas (será possível este plural?) como esta fita!

\*

Do *Mickey, campeão de polo*, de Walt Disney — o gênio do novo cinema — não é possível dizer senão esta inutilidade:

— É preciso ver esta maravilha! É o virtuosismo na técnica do *talkartoon* levado a um máximo nunca sequer sonhado! Jack Holt, Greta Garbo, Clark Gable, Shirley Temple, Charlie Chaplin, Stan Laurel, Oliver Hardy (este, principalmente), em caricatura... E em torno dessa caricatura, a imaginação, o engenho, a poesia, a graça, o espírito, a ironia... é preciso ver essa maravilha!

G.

# Quinta-feira, 12 de novembro de 1936
# CINEMATOGRAPHOS

## O UFA Palacio

Ali, no velho Paiçandu, onde a avenida São João arqueia a sua primeira corcova já toda eriçada de arranha-céus; ali erguerá amanhã, para o grande público, as suas cortinas de aço o mais moderno cinema da cidade.

"Moderno", aqui, neste caso, tem um sentido total, quer dizer grande como São Paulo, bom como São Paulo, útil como São Paulo, discreto como São Paulo, acolhedor como São Paulo, lindo como São Paulo.

É o cinema "para" São Paulo.

*

Estive vendo – isto é, prevendo – outro dia, o UFA Palacio, já nos seus últimos remates, recebendo já a derradeira, estilizadora *touche* das luzes, dos espelhos e dos tapetes.

Logo à entrada, o pórtico, no curioso atualismo das suas colunas ovaladas vestidas de mármore negro e cimento escamado de mica, já é um abraço agradável de amigo acolhimento. É um *welcome* que faz a gente penetrar sorrindo nas límpidas larguezas do *hall* todo *greige* nas suas argamassas nítidas, e grená na pelúcia dos seus sofás molengos.

*Greige* e grená – são os dois repousantes semitons que, daí, desse generoso vestíbulo, se estiram por escadas, corredores e galerias até a imensa sala de projeções, criando para as duas humanidades – a de luz e sombras da tela, e a de carne e osso dos 4 mil *fauteuils...* – um pano de fundo muito propício, ou um *passe-partout* como esses, neutros, levemente riscados *ton-sur-ton*, que tanto valorizam a estampa fina que enquadram.

A enorme, quase infinita sala, onde a gente fica pequena, pequenina, pequenininha... Poltronas cômodas de madeira laminada, clara e vergada, galgando uma rampa longa e suave que sobe, imperceptivelmente, dez por cento... E os balcões, lá em cima, amplos e bons como uma segunda plateia... E – utilidade e beleza – os feixes colossais de barras de duralumínio da ventilação, estendidos contra a aspereza atualíssima das paredes... E os altos arcos abatidos da *avant-scène*, desdobrando-se, alargados, pela sala e desprendendo o clarão forte e branco das luzes invisíveis... E...

*

... Mas basta.

Este é mesmo o cinema "para" São Paulo.

G.

1937

# Sexta-feira, 1º de janeiro de 1937
# CINEMATOGRAPHOS

## O pai do cinema falado

Neste momento comemoram-se por toda parte 25 anos de atividades cinematográficas de Adolph Zukor, o homem que está à frente da Paramount. A ser exato, a sua atividade no cinema começou muito antes. Num salão de Nova York, com janelas para a Broadway, surgiu, nos primeiros anos do século, uma instituição apagada que, mais tarde, deveria chegar a ser a Paramount de hoje, que estende as suas ramificações sobre o mundo inteiro, da Broadway a Bombaim.

Na rua 14 de Nova York, naquele tempo, havia um cinema instalado numa saleta, junto a uma casa de cômodos, onde se exibiam filmes como *A moça subindo na macieira* etc. Um fonógrafo fanhoso animava as sessões.[376]

O proprietário dessa empresa de pequenos fonógrafos cinematográficos era, em 1903, Adolph Zukor. Os filmes estavam ainda na sua fase inicial, prejudicado o seu atrativo de novidade por dez anos de desinteligente exploração.

---

376 Guilherme de Almeida faz referência ao que os teóricos chamam de "pré-cinema", quando os filmes ainda não tinham propriamente um título e o conteúdo desses trabalhos mostrava apenas situações cotidianas ou curiosas, que serviam para exibições nos chamados "Nickelodeons", salas de projeção comuns e pouco confortáveis frequentadas por pessoas de classes mais baixas.

Mas justamente então, nessa maré da evolução cinematográfica, nasceu a arte de contar histórias na tela.

Descobriu-se que a câmera podia fazer argumentos fotográficos, que eram notavelmente interessantes, comparados aos que até então haviam mostrado os *écrans*[377] nos pequenos teatros de variedades.

Quando a câmera organizou, finalmente, a arte da narrativa, a cinematografia entrou a aproximar-se da sua carreira independente. O movimento de cinematógrafos começou em 1905, em circunstâncias sociais geográficas exatamente iguais às que haviam presidido ao nascimento dos teatros de Arcada, dez anos atrás, e Adolph Zukor fazia parte desse movimento, abrindo o Comedy Theatre, na mesma rua 14, em 1906.

No Comedy, Zukor ia estudando o público e a mercadoria cinematográfica, que lhe propinava. Ele percebeu o interesse de sua clientela pelos ensaios mais aprimorados dos produtores de filmes, ousados esforços, tais como uma interpretação, em três partes, da peça *Paixão*, da Pathé de Paris.[378] Ao mesmo tempo anotava o vivo prazer da assistência ante os grosseiros, mas movimentados filmes dos *cowboys* do rude faroeste.

Quando, em 1912, Zukor teve notícia da produção de um verdadeiro drama em quatro partes, com Sarah Bernhardt no papel de Rainha Elizabeth, que dava nome ao filme,[379] o seu interesse foi despertado pela perspectiva de promissoras possibilidades. Pois não estava aí Sarah Bernhardt, o símbolo proclamado da grandeza, da culminância na arte cênica, emprestando o seu nome, a sua fama e cooperação à arte inferior do filme? Aí estava a promessa de dias melhores para o *écran*.

---

377 Antigo nome dado à tela de cinema, derivado do francês, e até hoje utilizado com certa regularidade em Portugal.

378 Produtora francesa fundada pelos irmãos Charles, Émile, Théophile e Jacques Pathé, em 1896, e que antes do final da década de 1900 já era a maior empresa cinematográfica e fonográfica da Europa. A Pathé foi pioneira na produção de documentários, séries cinematográficas e épicos bíblicos, como *A paixão de Cristo*, cuja realização data de 1903.

379 *Les amours de la reine Élisabeth* (1912) é um filme dirigido por Henri Desfontaines e Louis Mercaton, estrelado por Sarah Bernhardt (1844-1923), respeitada atriz dos palcos franceses, que desde 1900 fez esporádicas aparições também no cinema.

Com um grupo de associados, em que figuravam Porter, de *The Great Train Robbery*,[380] e Daniel Trohan, cujo nome patrocinava o que havia de melhor no teatro americano, e Elex Ludoig, então e ainda hoje consultor da companhia, Adolph Zukor adquiriu os direitos da *Rainha Elizabeth* para os Estados Unidos, pelo preço desesperadamente arriscado de 18 mil dólares.

Quando esse filme, em quatro partes, saiu da alfândega e foi entregue nos escritórios da Engadme Company, os acionistas da empresa ficaram perplexos, a contemplar o caixote que continha aquela preciosidade, duvidosos de que um volume tão pequeno pudesse representar uma despesa tão grande.

Ninguém se sentia com coragem de abri-lo. O filme podia ter-se estragado em viagem, podia estar completamente inutilizado...

Momento tremendo! Todos se sentiam hesitantes: chamaram um empregado do escritório para abrir a caixa de mau augúrio.

Compare-se o contraste dessa situação de 1912 com a de agora. Não há muitos meses realizava-se uma conferência dos diretores da Paramount para tratar da produção de 1937, e sobrepairava em alguns um espírito de dúvida e incerteza.

– Se fizermos isso – observava um chefe de departamento, referindo-se a uma medida da proposta – arriscar-nos-emos a perder um milhão de dólares!

– Pois então – disse Adolph Zukor, calmamente – faça; podemos perder perfeitamente esse dinheiro.

E a sessão foi encerrada.

Mas a verdade talvez seja esta: a empresa daquele tempo dependia mais de 18 mil dólares do que hoje a Paramount de 18... milhões.

---

380 Edwin S. Porter (1870-1941) trabalhou com Thomas Edison na invenção do Kinetoscópio e desenvolveu uma bem-sucedida carreira como diretor no início do cinema. O filme citado por Guilherme de Almeida é considerado sua obra mais importante para o desenvolvimento da narrativa cinematográfica em seus primórdios.

# Quarta-feira, 13 de janeiro de 1937
## CINEMATOGRAPHOS

## *O grito da mocidade*, no Odeon

Depois de uma porção de barbas postiças, na Era do Silêncio, e de alguns "*OK*", "*Darling*" e "*So long!*" ditos por mulatinhas e mulatinhos nesta Era do Som, o cinema nacional, arrancando as barbas falsas e falando a língua que aqui se fala, apresenta, afinal, um celuloide límpido e agradável: *O grito da mocidade*.

Perfeito? "Perfeito" quer dizer: bem amadurecido, bastante experimentado, muito vivido. E este filme é apenas um "grito de mocidade". Tem todos os invejáveis, lindos defeitos da mocidade. Exigir que ele fosse perfeito, seria o mesmo que obrigar um moço a ser velho...

\*

Raul Roulien trouxe de Hollywood as duas melhores coisas que Hollywood lhe poderia ter dado: prática e Conchita. Uma proveitosa e bem aproveitada prática; uma inspirada e inspiradora Conchita. Em torno disso, todos os nossos recursos cinematográficos – a nossa gente, os nossos cenários, os nossos *cameramen*, os nossos técnicos de luz e som – forçosamente haviam de se tornar aproveitáveis e cheios de inspiração.

E assim foi. Vejam só *O grito da mocidade*: nunca imaginamos que a nossa gente, os nossos cenários, os nossos *cameramen*, os nossos técnicos de luz e som fossem capazes de dar de si o que de si acabam de dar. A prática de Roulien fez com que se tornasse fotogênico o que é nosso; ensinou as nossas câmeras a ver e andar; temperou o humor com o *pathos*; criou sequências excitantes e idílios enternecedores; revelou-nos, enfim, um mundo no nosso mundo. A presença de Conchita fez com que a nossa gente, imitando-a, parecesse gente de verdade, bem educada e controlada, com elegante *restraint*, sem olheiras, nem costeletas, nem ênfases, nem gesticulações. E isso, para nós, é, por enquanto, o essencial.

*

As interpretações...

Raul Roulien vive perto demais de nós para que possamos julgar sem *parti pris*. Os olhos precisam de certa distância para ver bem... E a gente não sabe ouvir bater o próprio coração... Consultei, a propósito, aquele *L'Etranger* que Sully Prudhomme descobriu no fundo de cada um de nós, o "*qui m'a toujours caché sa patrie et son nom*".[381] E ele me disse:

– O principal, na glória, é começar. E este rapaz já era um glorioso no teatro. Abriu mão dessa glória. Trocou o palco fácil pelo cinema difícil. Está "começando", quando ele poderia apenas "continuar". Não é corajoso isso? E, principalmente, não é lindo?...

Conchita Montenegro, figura habitual das fitas de Hollywood, conseguiu um quase impossível: transplantar-se, "aclimar" a sua arte. Não se ressentiu da mudança: "pegou" aqui, como planta nossa. E mais: age como criatura nossa, ensinando as nossas a agir. A sua simplicidade – quase humildade mesmo – poderosamente contagiosa, cai leve, sobre o filme, como uma folhazinha salta sobre uma água quieta, abrindo em torno de si círculos concêntricos que animam todo o líquido espelho... Aquele seu instante da renúncia, aquela sua

---

381 Em francês no original: "Que sempre me escondeu sua pátria e seu nome."

tristeza de "enfermeira enferma" no leito, cercada de amigos – eis uma fecunda lição de cinema para o nosso cinema.

\*

Uma única restrição séria eu posso fazer a esta fita. E é quanto ao argumento, que é do sr. Emílio Pongetti. Excessivamente patético. Todo um rosário de *sensibleries*.[382] Tem-se a impressão de que produtor, diretor e *cast* de *O grito da mocidade* não trabalharam "com" ele: trabalharam "contra" ele. E venceram, graças a Deus e para maior glória do cinema nacional.

G.

---

382  Em francês no original: "Sentimentalidades."

# Quarta-feira, 10 de março de 1937
# CINEMA

## *O Jardim de Allah*

Um filme todo feito das mais excelentes, desconcertantes surpresas.

*

Primeira surpresa: a linda coragem de filmar o deserto, o Grande Incolor, em Technicolor. Ali, tudo é tom morto. Entre as nuances neutras dos dois infinitos – o do céu esmaecido e o da areia desbotada – a semicor de ferrugem das tamareiras torradas, o voo descolorido dos albornozes, o castanho vago dos camelos cor de capacho... Enquanto as outras fitas, até hoje, têm procurado ambiente de fortes tintas para "justificar" o Technicolor, esta passeou por aí, por esse *flou* dos matizes, a sua câmera paradoxal... E que maravilhas não descobriu e revelou!

*

Segunda surpresa: a "insolução" do conflito de sentimentos que o filme oferece. Não li o livro de Robert Hichens. Apenas vi o silencioso e incolor *O Jardim de Allah*, que Rex Ingram dirigiu, há uns dez anos, e que Alice Terry e

Ivan Petrovich interpretaram; e vi este, sonoro e colorido, que Selznick produziu. No cinema, e também em quase toda a literatura, procura-se sempre resolver por uma conciliação as desinteligências entre a alma e o corpo, entre a honra e o amor. Este filme não "resolve"; apenas adia a solução. É cômodo? Não. É apenas humano.

\*

Terceira surpresa: a explicação da designação *O Jardim de Allah*, dada pelos árabes sutis ao deserto, e que o filme delicadamente insinua. É o jardim de Deus, porque só aí, sobre a terra, florescem as mesmas flores do céu: o silêncio, a paz, o mistério, a imensidão... É a filmagem da Poesia...

\*

Quarta surpresa: Tilly Losch. A bailarina da ópera de Viena que este filme, lançando, consagra. Ela é toda de fogo: suas mãos são de labareda, sua boca é de brasa, seu corpo é de fumaça, seu olhar é de faíscas. Uma almenara acesa no deserto... Quando ela dançou, no bazar sórdido de Beni Mora, eu pensei: "Eis aí uma dessas concepções otimistas que a gente faz, às vezes, do demônio...".

\*

Quinta surpresa: Marlene Dietrich "esfriada". Ao lado dessa chamazinha louca, que é Tilly Losch, Marlene chega a parecer um desses cubos de gelo de *Frigidaire*. Mas... Poderá ser bom um bom uísque sem gelo? Um crítico estrangeiro escreveu que esta "é a menos afetada das caracterizações de Marlene". Está certo. Mas, por quê? Porque é este o primeiro filme que focalizou não a sua máscara, mas a sua alma. E é inteira, em todos os ângulos, que, sob o nome de "Domini Enfilder", aparece, aí, a alma de Marlene.

\*

Sexta surpresa: o filme, que devia ser "de" Marlene Dietrich, ficou sendo todo "de" Charles Boyer. "Boris Androvsky", o Trapista apóstata de El Lagarni, o que traiu o seu juramento de pobreza, castidade e silêncio, é, no filme, um "quase tudo" glorioso. Sombrio e calado, ele é a luz e a eloquência deste celuloide.

\*

Sétima e última surpresa: a desoladora notícia da morte, há pouco ocorrida, de Richard Boleslawski, o diretor que com tanta inspiração, delicadeza e segurança soube tratar esta magnífica produção.

G.

# Sexta-feira, 12 de março de 1937
# CINEMA

## A propósito de *Koenigsmark*

França: a pátria do teatro.

Sim. Mas esse título glorificador tem sido, entretanto, um *handicap* para o cinema, nos muito intelectualizados domínios de Marianne. Artes, não inimigas, mas diversas, que deveriam sempre *"hurler de se trouver ensemble"*,[383] elas aí se têm misturado um pouco, bastante mesmo, às vezes até demais. A grande maioria dos filmes franceses tem sido o quê? Teatro posto em filme. E já uma boa parte do último teatro francês, o de vanguarda (por exemplo: *Crime e castigo* de Dostoiévski, arranjo cênico de Gaston Baty), com a sua infinita sucessão de quadros, a ampliação do seu campo, as suas cenas simultâneas etc., está parecendo o quê? Cinema posto em palco.

Mas, com Abel Gance, Jacques Feyder, Maurice Tourneur e outros, uma reação forte se tem feito sentir em prol da emancipação do cinema. E desse oportuno movimento resultaram já três obras de valor: em primeiro lugar, *Mayerling*,[384] que revelou ao mundo a melhor figura feminina do cinema euro-

---
383 Expressão que pode ser traduzida por "clamar por serem reunidas".
384 Filme de Anatole Litvak, de 1935, com Charles Boyer no elenco.

peu – Danielle Darrieux;[385] em segundo lugar, *A batalha*, de Claude Farrère, que "fixou" definitivamente o tipo esplêndido de Charles Boyer; e em terceiro lugar, *Koenigsmark*, "aproveitando" bem Elissa Landi, e que o UFA-Palacio está exibindo.

\*

Como os dois primeiros destes três filmes, que se desenrolam em meios estrangeiros, entre controladas gentes de poucos gestos, medidas palavras e rígida disciplina (na Áustria um, e o outro no Japão), este *Koenigsmark* teve também a sorte de desenvolver-se num grão-ducado austríaco, isto é, de escapar aos excessos latinos a que os ambientes mediterrâneos, com sua insubordinada gente, costumam arrastar autores, atores, diretores e produtores.

Faz bem, age com sabedoria e prudência o cinema francês preferindo, de propósito, aqueles costumes comedidos e reservados cenários para neles aprender e praticar a difícil virtude saxônica do *restraint*.

Quem não faz bem, nem age com sabedoria e prudência, são os srs. exibidores e anunciantes de filmes, deixando de consignar nos seus anúncios, não só os nomes de diretores, do *supporting cast* (que muitas vezes supera o "fogo" das "estrelas"), o título original, como até mesmo a marca da fábrica, o nome dos produtores...

\*

*Koenigsmark* – realização cinematográfica, por Maurice Tourneur,[386] do romance de Pierre Benoit – tem qualidades excepcionais. Ente elas: um sá-

---

385 Danielle Darrieux nasceu em 1917 e fez longa carreira nas telas e nos palcos franceses e americanos. Uma de suas últimas participações foi a dublagem de um personagem do famoso desenho animado *Persépolis*, em 2007.

386 Tourneur (1876-1961) nasceu em Paris e foi soldado nas colônias da África. Iniciou sua carreira nas artes como assistente do escultor Auguste Rodin. Mais tarde, como ator, excursionou pela Inglaterra e foi convidado a comandar a sucursal de uma produtora local

bio encadeamento entre as sequências, que logicamente se sucedem, criando aquela *continuity* que é lubrificante macio de todo bom filme; um luxo de detalhes nos *settings* sempre opulentos, sem a miséria dos panos pintados e das maquetes irrisórias; a perfeita criação do clímax, que mantém o espectador sempre *aux aguets*[387] para tudo o que se passa na tela; a justa medida nos diálogos sem eloquência e nos gestos sem exorbitâncias; o bonito *score* musical de Jacques Ibert; alguns *thrills* provocados com grande habilidade, como, por exemplo, a cena da sala de armas, quando a patrulha noturna ronda entre armaduras, enquanto o *petit professeur* está agindo "sherlockianamente"; e, afinal, virtude máxima do filme, a presença de Elissa Landi no *stellar role*, indicadíssima para viver de verdade, no cinema, a áspera heroína de Pierre Benoit, por causa: 1º) da sua origem aristocrática; 2º) do seu sangue austríaco; 3º) do seu longo treino em Hollywood; 4º) do seu talento maleável que *O marido da guerreira* afirmou ao mundo e que *Koenigsmark* acaba de reafirmar.

G.

---

nos Estados Unidos, onde aprendeu tudo sobre o ofício do cinema. Realizou diversas obras importantes, como *O barba azul* (1918) e *O último dos moicanos* (1920).
387 Em francês no original: "Alerta."

# Quarta-feira, 24 de março de 1937
# CINEMA

## Crítica

★★ *Ramona* – Por enquanto, a Cor teve apenas duas autênticas "realizações" no cinema: *O pirata dançarino* e *O Jardim de Allah*.

No cinema, não é só pela capacidade de reproduzir a suntuosidade policrômica dos vestiários ou dos *décors* que se pode julgar a Cor; mas principalmente pela fiel reprodução do complexo simples que é a carnação humana. Vivem, na nossa pele, sutilmente, em jogos sábios e discretos, todas as mais caprichosas variações do íris. Surpreender-lhes as cambiantes combinações, quando brincam com a luz, a sombra e o movimento – isso é o que deveria conseguir a câmera da Technicolor. E conseguiu-o relativamente bem em *O pirata dançarino*; e quase perfeitamente em *O Jardim de Allah*.

Mas não, em *Ramona*. A não ser em Katherine DeMille (papel da mexicana Margarita), de um moreno quente de cerâmica asteca (parece que a Technicolor tem notáveis preferências pela chamada "cor de jambo"; não se lembram de Steffi Duna em *La Cucaracha*?), as outras carnações parecem, em *Ramona*, bastante falseadas. Com Loretta Young, sobretudo – na sua nova cabeleira azul, no seu rosto escurecido a ocre – a fotografia colorida operou milagres bonitos, não resta dúvida, mas traiçoeiras contrafações.

Em compensação, é deslumbrante a apresentação, neste celuloide, dos largos quadros pastoris de ar livre. A cor não os falsifica, interpreta-os. Dá, por exemplo, aos rebanhos sobre os relvados, aos frutos empilhados nos cestos, aos trigais de ouro claro contra o céu azul, uma realidade delicada às vezes, sempre deliciosa, que os sentidos aceitam e gozam e que é, para eles, o que são, para um corpo cansado, os linhos frescos de um leito fofo...

\*

Muito mais fiel ao livro de Helen Hunt Jackson, do que o fora o seu antecessor com Dolores del Rio, este filme é, por isso mesmo, muito mais vagaroso. Tem-se a impressão de estar "lendo", e não "assistindo", uma história. É uma história triste, com um único momento de bom humor: Victor Kilian (papel de Padre Gaspara), glutão e desabrido, enxotando moscas com um jornal, na sua mesa "rabelaisiana", sob as sombras dançantes do pomar.

Loretta Young tem lindas atitudes. Com seu tipo, uma criancinha adorável nos braços, as suas cores de imagem de santa "encarnada" de novo, Loretta parece, às vezes, uma esplêndida Madona da Renascença. Don Ameche, discreto, talvez venha a se fixar no cinema. Pauline Frederick, *dueña* quase feroz, apresenta uma caracterização de indiscutível dignidade. Mas, sem querer, os olhos da gente fogem sempre para aquele ombro moreno e liso de Katherine DeMille, que o decote *en bateau* da blusa campesina descobre de vez em quando...

(Os letreiros em português estão a exigir uma cautelosa revisão.)

G.

# Sexta-feira, 2 de abril de 1937
# CINEMA

# Passadismo

Tive, ontem, uma saudade igualzinha a outra saudade que eu tivera, faz uns oito anos, certa noite, quando o cinema começou apenas a falar... Eram nove horas da noite (as pessoas dóceis e sensatas dizem "21 horas", mas não faz mal...). E eu fiquei com vontade de ir a um cinema, ver uma fita...

– Que cinema?

– Oh! Um cinema bem longínquo, muito triste, quase vazio, com uma orquestrazinha infeliz afinando os instrumentos antes de começar a sessão...; e que não tivesse filas de automóveis à porta, nem "*placeuses*" fardados de gabardine e botões de ouro, a lanterna elétrica na mão e o *chewing gum*[388] grudado no céu da boca...; nem alto-falantes atrás de tela...

– Que fita?

– Oh! Uma fita bem silenciosa, muito velha, quase péssima, nada *sexy*, que não tivesse "fraudismos", nem vestidos de Adrian, nem tribunais de júri, nem sabidos diretores, graúdos produtores, sutis supervisores... Só Oeste, muito Oeste, com bombachas de couro galopando e dando tiros, e Mabel

---

388 Termo em inglês para goma de mascar.

Normand, de vestido de xadrezinho e avental branco (como as americanas dos anúncios de geladeira elétrica...) fritando *custard pies*[389] na cozinha...

— Mas, você parece um velho!

— Não pareço, sou. Sou velho como a humanidade; esta sempre igual humanidade, invariável sempre, que só gosta do que já não tem, só deseja o que já perdeu, só ama o que não é seu...

— Então, você não é um fã? Um "cineasta", como dizem algumas pessoas que eu, felizmente, não conheço?...

— Sou. E humana, humanissimamente. O cinema é uma das minhas loucuras: o meu "*béguin*" mais perigoso... E, por isso mesmo, tenho às vezes vontade de... Não sei! Um poeta que adoro, um poeta sincero, gostava de dizer: "*j'ai le besoin profond d'avilir ce que j'aime*"...[390] Ou então: "*Le vulgaire m'attire aussi bien que le rare*"[391]... Ou mesmo: "*J'ai besoin de laideur et de vulgarité*"...[392]

— Ora, um poeta!

— Poeta... Você não sabe o que isso, às vezes, quase sempre mesmo, quer dizer? Apenas isto: homem...

---

389  Torta de creme, típica da culinária tradicional americana.

390  "Eu tenho profunda necessidade de rebaixar o que gosto".

391  "O vulgar, assim como o raro, me atrai".

392  "Preciso da feiura e da vulgaridade".

# Quinta-feira, 8 de abril de 1937
# CINEMA

## As minhas "estrelinhas"

Referindo-se a essa minha (feliz? infeliz?) ideia de dar às fitas por mim criticadas uma cotação (de "medíocre" a "ótima") representada por estrelinhas, "Fan Tasma", um meu leitor muito amigo, tem a amabilidade de me chamar a atenção para uma coisa extraordinariamente imprevista que eu nunca, nunca, nunca seria capaz de imaginar que pudesse acontecer.

Nem todos os dias faço "crítica" (hummmm!). Aos domingos, por exemplo, só aparecem aqui os "Rótulos de Amanhã"; às terças, um *Preview* da semana" etc. Ora, sabe você o que está acontecendo? – escreve-me o amigo "Fan Tasma". E espanta-me com esta revelação: "Muita gente está julgando 'medíocres' todos os filmes, em virtude da estrela única que aparece nas entrelinhas separando os comentários e as apreciações da crítica estrangeira que você tem feito publicar"... Parece incrível! Incrível que, por maior astrônomo que seja, possa alguém confundir um simples asterisco (sinal tipográfico convencional de remissão ou de separação de tópicos) com as "minhas estrelinhas", explicadas diariamente num quadradinho que aparece aí embaixo do "G.", no final desta coluna. – "Todos os filmes criticados nesta seção receberam, colocadas antes do título, as seguintes cotações"... etc.

"COLOCADAS ANTES DO TÍTULO" dos filmes criticados e, portanto, só quando houver "crítica", meus senhores!

Haverá, mesmo, "fãs" assim, amigo "Fan Tasma"? Não será fantasia? Fantástico!

G.

# Sábado, 10 de julho de 1937
# CINEMA

# Alma

É toda cheia de cansaço – do irremediável cansaço dos que vieram cedo demais do céu, onde deviam viver mais tempo, para este mundo, onde não vivem; recordam... – a carta desbotada e dolente que me escreve "Alma".

Adivinho a sua mão fatigada e branca – flexuosa, plangente e fina como o salgueiro de Musset[393] – toda desfalecida sobre o papel de marfim antigo em que me vai dizendo com a sua letra apagada, leve e longa:

"... Eu pensei que o cinema soubesse as coisas que a vida não sabe; o sonho, o espírito, o ideal, a ilusão, a beleza... Não sabe nada. É vida, ainda vida, apenas vida, sempre vida. Para que vida? Não irei, nunca mais, ao cinema"...

*

"Alma" tem razão. Tem tristemente razão.

Mas "Alma" esquece-se de que o cinema não foi feito para ela: foi feito somente para as criaturas humanas. E estas – volúpia doentia, sadismo, dege-

---

[393] Referência a Alfred de Musset (1810-1857), um dos mais importantes escritores do romantismo francês.

nerescência… – gostam particularmente de assistir ao espetáculo desgraçado da sua própria desgraça.

O homem é o animal que inventou o espelho…

E o mais atual de todos os espelhos é esse, falante – a *silver screen* – que é todo trêmulo e só reflete no escuro. Trêmulo, porque não pode deixar de estremecer de horror diante de vida; no escuro, porque não pode deixar de ter vergonha da vida…

\*

Mas você, "Alma", não é parte dessa humanidade. Você é aquela que os homens esqueceram dentro de si mesmos, como se esquece uma pérola no fundo de uma taça de *champagne*… É aquela, tão transparente da sua própria pureza, que passa despercebida invisível, pela terra, entre a inutilidade da luz e a inutilidade da sombra… É aquela, simplesmente aquela que se escreve com as quatro letras do nome que você assina, mas sem maiúscula nem aspas: alma…

G.

# Sexta-feira, 13 de agosto de 1937
# CINEMA

## Walt Disney

Notícias fresquinhas sobre as atividades de grande "animador":

Walt Disney está agora com RKO-Radio. Anda uma atrapalhação no seu novo estúdio. Os desenhistas – aqueles rapazes encarregados de "desenvolver" os movimentos das figurinhas de Disney – não têm descanso. Estudam, experimentam, repetem, fazem, desfazem e refazem gestos e expressões. Começam uma "série"; interrompem; recomeçam...

É que apareceu "gente nova" por ali. Não são mais apenas "Mickey", "Minnie", "Pluto", "Donald Duck"... Walt Disney está preparando o seu primeiro filme de longa metragem: *Snow White and the Seven Dwarfs* (*Branca de Neve e os sete anõezinhos*). Realização do lindo conto de Andersen: a história da princesinha vítima da vaidade e da inveja maternas que engasgou com um pedacinho de maçã envenenada, caiu numa espécie de morte, foi encerrada pelos sete anões mineradores num sarcófago de cristal, exposta à lua no cume de uma colina, e aí descoberta pelo Príncipe que, sem querer, a despertou para a vida e para o amor...

Andam atrapalhados os "animadores" com os sete tão diferentes caracteres dos sete anões tão diferentes. Têm que "criar", e não apenas repetir os movimentos e expressões – já conhecidos e com os quais já estavam acostumados – dos outros "artistas" de Disney... É o diabo!

Sabem como se chamam os anõezinhos? "Doc", "Grumpy", "Bashful", "Dopey", "Sneezy", "Sleepy" e "Happy". São muito diversos uns dos outros e muito complicados. Por exemplo: "Dopey" é o que tem cabeça mais dura: não é um idiota, mas é "tapadinho", e suas roupas devem ser grandes demais para as suas medidas, e estar sempre escorregando, mas voltando depressa ao lugar, num assobio... "Grumpy" caracteriza-se pelo tamanho bastante exagerado do nariz... "Doc" usa óculos enormes, é muito nervoso e nunca sabe o que fazer de suas mãos... "Sleepy", o dorminhoco, não está ainda com o seu "tipo" bem assentado... "Sneezy" tem que estar todo o tempo com *hay fever* (febre do feno)... "Happy" tem umas frondosas sobrancelhas – verdadeiras florestas virgens – que se mexem a cada instante, franzem e desfranzem, ninguém sabe por quê... Quanto a "Bashful",[394] nada se conhece ainda ao certo...

Por enquanto, é tudo o que posso adiantar sobre a nova produção de Walt Disney. Não ousaria dizer mais, porque bem sei que "imaginar" é melhor do que "saber"; e não seria eu quem tentasse desencantar as encantadas imaginações que aqui, neste ar fosco de garoa e fumaça de café queimado, lembrando-se da sua infância já longe, começam a sonhar com Branca de Neve, primeiro amor de nós todos, amor último de todos nós...

G.

---

394  O anão Bashful ficaria conhecido no Brasil por "Dengoso".

# Quinta-feira, 19 de agosto de 1937
# CINEMA

## Na Sala Vermelha do Odeon

★★★ *Bocage* – conheço bem Leitão de Barros: o homem e o artista. E, por bem conhecê-lo – todo finura de gosto, ideias e atitudes –, sei e sinto que ele não quis fazer um *Bocage* que fosse apenas a biografia triste do árcade Elmano Sadino; guarda-marinha desertor em Damão; peralvilho das ruelas escuras de uma Lisboa que o tira-linhas arbitrário, mas sábio, do Marquês de Pombal não havia ainda arejado de retas e de larguezas; vate de botequim, esbanjador de talento, tipicamente esse a que Baudelaire deu um nome científico de micróbio: "*estamientus crapulosus pedantissimus*"; libertino genial; ímpio desrespeitoso da "Pavorosa ilusão da eternidade"; hóspede cínico do Limoeiro, de São Bento da Saúde e de S. Philippe Nery; fazedor de anedotas inconfessáveis e bem rimadas pornografias; mas poeta, no fundo, tão poeta que foi, entre as mulheres, um motivo de suspiros e, entre os homens, um pretexto para risotas…

Compreendo que Leitão de Barros não tenha querido, como um realista, descrever a vidinha pobre e tormentosa de Manuel Maria Barbosa Du Bocage, arrastado como um molambo triste entre o botequim, a alcova, a mansarda e o cárcere, evaporando o seu ser na lida insana do tropel de paixões que o arrastava…; fazer uma fita triste, mórbida, fuliginosa, com um coitado de talento,

*... Magro, de olhos azuis, carão moreno,*
*bem servido de pés, meão na altura,*
*triste de facha e o mesmo de figura,*
*nariz alto no meio e não pequeno...,*[395]

morrendo cedo, aos 40 anos, antes do tempo dos inevitáveis remorsos e já se arrependendo de si mesmo, dizendo ao mundo mais ímpio que ele:

*Rasga meus versos, crê na eternidade!*

\*

Compreendo...

E, porque compreendo, passo a ver, no seu *Bocage*, apenas o bom gosto de patrioticamente querer mostrar luxo, *rafinement*, esplendor. Beleza, enfim; a linda intenção de exaltar o seu admirável Portugal; de mostrar do que ele foi e do que ele é capaz; de negar o fator Tempo, exprimindo numa linguagem magnífica de hoje – o cinema – uma pura magnificência de ontem...

E nisso, no sentido "espetáculo", a fita de Leitão de Barros é de um perfeito acabamento. Coisas que a gente vê, admira e grava: o friso de marujos sobre as vergas que o Tejo balança; toda a reconstituição da velha Lisboa, inteligentemente ressuscitada com *touches* sensitivos que transformam o que poderia ser apenas um frio documento histórico, numa inspirada estampa de galeria de arte; Queluz, o Versalhes português, com um preciosíssimo rococó retorcendo-se pelos seus salões, pelo seu parque e pelo seu canal; toda a fabulosa riqueza do período, brilhando em sedas e faias, ou empetecando-se em *coiffures* arquitetônicas; as danças, a chegada da Imperatriz de França, a entrada (como muito bem observou o crítico de *Cinearte*) de Diogo Ignacio de Pina Monique, muito à la Lubitsch,[396] atravessando portas e portas, *parquets*

---

395 Soneto "Magro, de olhos azuis, carão moreno" de autoria do poeta Bocage (1765-1805).
396 Referência à estética dos filmes do alemão Ernst Lubitsch (1892-1947), conhecido por sua sofisticação visual e dramatúrgica.

e *parquets*, para se avistar com a gorda e dorminhoca majestade; o conflito pitoresco no arraial; aquela festa da vindima, com o seu Baco e os seus odres coroados de rosas rebolando-se entre as olaias na estrada de Odivelas... Mas, para que citar? Pictoricamente, tudo em *Bocage* é uma pura maravilha.

E a música de Affonso Corrêa Leite, um sublinhado felicíssimo que realça finamente toda a lúcida beleza plástica deste celuloide.

G.

# Quinta-feira, 2 de setembro de 1937
## CINEMA

## Uma carta, uma errata e uma saudade...

É com prazer que publico a seguinte carta (carta? – um precioso documento para uma futura "História do Cinema de São Paulo"), que me dirigiu o meu amigo Quadros Jr.:

*

"São Paulo, 31-8-937.

Meu caro G.,

Na tua seção do *Estado*, ontem, ou melhor, domingo, respondendo a uma consulta, disseste que o primeiro *all talkie* lançado em São Paulo foi *Anjo pecador*, da Paramount, em 1928. Há nisso um engano que me apresso em corrigir, para que a 'verdade histórica' não se desfigure...

O primeiro filme AT (*all talkie*) lançado em São Paulo foi *Interference*, com William Powell, Evelyn Brent e Clive Brook, no cinema Paramount, a 7 de julho de 1929. Era um filme da Paramount. Para exibi-lo e não chocar o público, tivemos que fazer uns folhetos com o resumo da peça, inclusive, os diálogos principais. Não fez sucesso de bilheteria, a não ser nos dois primeiros dias, porque o público entendedor do idioma inglês era, àquele tempo, muito diminuto em São Paulo.

O filme *Anjo pecador*, com Gary Cooper, Nancy Carroll e Paul Lukas, não era um filme AT, mas apenas um filme PT (*part talking*).[397] Tinha como intérpretes principais Nancy Carroll, Charles Rogers e Jean Hersholt. Fez sucesso grande o *Abie's Irish Rose*, destacando umas lindas canções que Nancy Carroll cantava. Este filme foi lançado a 12 de maio de 1929.

Noto que julgas o Paramount inaugurado em 1928, mas, na verdade, o foi a 13 de abril de 1929, numa sexta-feira. O filme principal do programa foi *The Patriot*, que tomou o nome de *Alta traição* na versão brasileira. Tinha como principais figuras Emil Jannings (no rei Pedro da Rússia) e Lewis Stone (na figura dominante do Conde Pahlen). Era um filme apenas sincronizado, com ruídos e algumas poucas exclamações. Este filme foi precedido de um *short* de *movietone* que fiz tomar de um discurso brevíssimo do nosso cônsul em Nova York. Foi uma maneira prática de mostrar toda a beleza da novidade ao nosso público, que com ele ouviu a nossa língua falada na tela pela primeira vez. Aliás, o 'falado' em cinema deve-se à Paramount não só no Brasil, mas na América do Sul, pois o nosso aparelho (que me custou uma luta tremenda, em Nova York, para obtê-lo) 'foi o primeiro que falou em todo o continente'. Reivindico, pois, para mim, um pouco dessa glória...

O Cine Paramount exibiu alguns filmes silenciosos, na sua primeira fase; outros apenas sincronizados, até que se tomou a iniciativa de uma experiência com o 100% falado, que foi *Interferência*. Tratava-se de uma peça teatral, e a monotonia do filme, com a fala permanente que o público não entendia, acabou por dar com ele no porão...

Entre outros, da classe PT, tivemos *Canção do lobo*, com Lupe Vélez e Gary Cooper, que foi também um ótimo faroeste entremeado de lindas canções e para cuja apresentação eu arrumei uma orquestra com bandolins e vio-

---

397 Parcialmente falado, assim como *O cantor de jazz*, com diálogos esparsos e música ao longo de todo o filme.

lões. Tivemos também *Marcha Nupcial*, com sequências ricamente coloridas, além de algumas produções regulares da United Artists.

Aí vão esses esclarecimentos apenas para o teu arquivo. Contento-me de com eles reviver um passado saudoso do qual os dias me vão afastando irremediavelmente...

Um abraço do teu
QUADROS JR."

*

Muito grato pela tão boa informação e pela tão boa saudade.

G.

# Sábado, 4 de setembro de 1937
# CINEMA

## Perguntas e respostas

… perguntas que muitos fazem; respostas que poucos sabem dar…

Por exemplo:

– Quantos diretores existem em Hollywood?

– 281 diretores.

– E quantos autores de argumentos?

– Há, em Hollywood, 809 autores de argumentos cinematográficos.

– E adaptadores?

– É de 635 o número dos *screenplay adaptators*.

Mas é preciso notar: esses algarismos referem-se apenas aos diretores, autores e adaptadores de sucesso, isto é, "*who get screen credit*".[398] Porque, se se fossem nomear todos, indistintamente, a população de Hollywood não bastaria para encher a lista…

\*

– Que vem a ser um *stand in*?

---

398 Em inglês no original: "Quem é citado nos créditos."

— *Stand in* é um substituto do artista, que os estúdios empregam para tomar o lugar da "estrela" enquanto esta repousa ou está por qualquer motivo impedida, durante a composição e focalização de uma cena.

— É preciso que o *stand in* seja totalmente parecido com o artista, em tudo: corpo, cara, coloração etc.?

— Não. Basta que o *stand in* tenha a mesma aparência geral, isto é, a mesma estatura e silhueta da "estrela" que ele substitui enquanto se ajustam as luzes. Basta que, de longe, possa se "confundir" com o artista.

— Há algum *stand in* famoso em Hollywood?

— Carl Andre, um ex-dentista, é o melhor e mais conhecido. Tem 6 pés de altura e pesa 190 libras.

\*

— Como é que as principais "estrelas" se preparam para as cenas de amor?

— Greta Garbo, por exemplo, aparentemente, só exige uma coisa: ser apresentada oficialmente ao seu *leading man*. Robert Taylor, durante a filmagem de *Camille*, tinha que se isolar, alguns momentos, e ficar falando sozinho, consigo mesmo, antes de vir, sob as luzes, tomar a Garbo nos seus braços... Bette Davis e Kay Francis, antes de "amar" sob o olhar das câmeras e ao ouvido dos *mikes*, retiram-se ao seu *dressing-room* e ficam ouvindo música por alguns segundos. O mesmo costuma fazer Luise Rainer. Myrna Loy fica a um canto fazendo tricô furiosamente! Rosalind Russell concentra-se olhando para si mesma, fixamente, num espelho, como Narciso... Joan Crawford pede uma xícara de chá, Robert Montgomery começa a dar voltinhas, andar à roda, uma porção de vezes, olhando para o chão... Spencer Tracy ensaia, antes, o idílio com uma *script-girl*. E, finalmente, William Powell dispensa estimulantes, não usa aperitivos; vem, quando é chamado, entra em cena, ama com calma e vai-se embora fleumaticamente...

G.

**1938**

# Quarta-feira, 11 de maio de 1938
# CINEMA

## Diz que diz de Hollywood[399]

[...]

Consta que, afinal, está definitivamente assentada a escolha da futura "Scarlett O'Hara" de *Gone With The Wind* – a fita encantada que não quer desencantar. Trata-se de uma pequena manicure de um salão de Hollywood, chamada Arleen Whelan e descoberta pela 20th Century-Fox. Selznick deseja que ela faça o papel de Scarlett; mas parece que Zanuck está opondo dificuldades.

---

399 Algumas vezes Guilherme de Almeida costumava traduzir notas publicadas em colunas sociais das revistas de cinema editadas nos Estados Unidos. Optamos, nesta edição, quando isso ocorre, por escolher somente aquelas que apresentem dados importantes à historicidade dos fatos, de acordo com nosso critério de seleção.

# METRO

AV. S. JOÃO — TELS. 4-7030-7051

**HOJE** ½ DIA · 4 e 8 HORAS | **HOJE** ½ DIA · 4 e 8 HORAS

## ...E O VENTO LEVOU
### (GONE WITH THE WIND)
(PROHIBIDO ATÉ 14 ANNOS)

Uma producção
SELZNICK-INTERNATIONAL PICTURE
distribuida pela
METRO-GOLDWYN-MAYR
Scenario de Sidney Howard - Musica de Max Steiner

EM TECHNICOLOR
*figurando*
CLARK GABLE
*como Rhett Butler*
LESLIE HOWARD
OLIVIA de HAVILLAND
*e apresentando*
VIVIEN LEIGH
*como Scarlett O'Hara*

IMPORTANTE: ESTE FILM NÃO SERÁ EXHIBIDO EM PARTE ALGUMA, EXCEPTO A PREÇOS AUGMENTADOS, DURANTE PELO MENOS UM ANNO.

CINE JORNAL BRASILEIRO 136 (S.D.L.B.)

---

Luce Jornal de ROMA • Ufa de BERLIM • Olimpic de LONDRES e Fox Movietone num programma de novidades, com POPEYE e o PATO DONALD

## COMO SERÁ O MUNDO EM 1960?
UM FILM SENSACIONAL COM A REVELAÇÃO DAS MARAVILHAS DO MUNDO DE AMANHÃ
O UNICO PROGRAMMA COMPLETO DE JORNAES INEDITOS recebidos directamente DOS PAIZES BELIGERANTES • Nac. Parada da Mocidade - Cinefia

**CINEAC** — HOJE

---

## FLORESTANO
*A TURNER INSOSTENIBLE*

José Florestano Felice, leiloeiro official com escriptorio á rua Consolação, 532, tel. 4-6021 resisto importante

### LEILÃO
HOJE, 20 E AMANHÃ, 21 — Ás 20 hrs. — 9 horas da noite

**401 - RUA SERGIPE - 401**

consta de optimo mobiliario de jacarandá e imbuia para sala de visitas, dormitorios de casal e solteiro, "hall", escriptorio, etc.; moveis finos de autor allemão, apparelho de radio-vitrola, geladeira electrica, finos tapetes de lan francezes e orientaes, geraria, porcelanas, finissimas crystaes, bronzes firmados, jarrões, columnas de marmore e bronze, galerias de quadros a oleo de pintores notados, grupos de bronze firmados, peças de arte e adorno em geral, encaradeira e espiradore Electrolux, machina de costura Singer e tudo que guarnece residencia de fino gosto e luxo.

Os leilões de Florestano são frequentados pela elite

---

## REBECCA
LAURENCE OLIVIER
JOAN FONTAINE
com
LEON ERROL

**2 SESSÕES**

PAULISTANO

---

## THEATRO MUNICIPAL - Grande Companhia Lyrica Official
Auctuanca do Capital sr S. Paulo, sob os auspicios da Prefeitura Municipal — Organisador geral; maestro SILVIO PIEMOLLI

**HOJE**, ás 21 horas — A sensação maxima da temporada de 1940 — Unica recita extraordinaria de

### BOHÊME
com
**MARTHA EGGERTH
JAN KIEPURA**
com
MATHILDA APRILETO — G. MARCHIONI — G. BARIONTI — GROTTI — Regente: ARTURO DE ANGELIS

### RIGOLETTO
THOMAS ALCAIDE — MARIA RO-
DRIGUEZ — ROBERTO WEEDE — G.
BARONTI — VERA SLITKOWA — G.
ALBUQ. M. MAGRONI — R. GALEF-
FO — G. GIORI — L. FERROTTA — J. RAGATELI - Regente: ARTURO DE ANGELIS

### CARMEN
Bruna Castagna, Mathilde Arbufo, Domenico Mastronardi, Daniella Borros, C. Manachini, Vera Shizowa, J. Abina, S. Pergotta, C. Giusti, J. Gaudioni. Regente? Arturo de Angelis. Poltronas, 30$000.

AMANHÃ, ás 15 horas. Unica vesperal de

BILHETES JÁ' A VENDA PARA OS ESPECTACULOS ABAIXO CITADOS, A PARTIR DAS 10 HORAS

---

Secção Classificados d' "O Estado de S. Paulo" São efficientes

---

## ::GLORIA::

**REBECCA,** a mulher inesquecivel
LAURENCE OLIVIER
JOAN FONTAINE

---

## DELORGES
no SANT'ANNA
**HOJE**
Em sessão unica
ás 20 hs.
1.a representação annunciada de GASTÃO TOJEIRO.

### O SYMPATHICO JEREMIAS
PREÇOS DO COSTUME

AMANHÃ — ULTIMO VESPERAL DAS MOÇAS, com

### Senhorita Vitamina

Quarta-feira — Festa de DELORGES, com a comedia de fino humor *anrigor* Abedid Feria Ross:

### LONGE DOS OLHOS

Quarta-feira: DESPEDIDA DA COMPANHIA

Esta Cia. Recuciona com a comedia e está a completar do Secção Nacional do Theatro, do Ministerio da Educação.

---

## S. PAULO

Secções corridas ás 14 horas. A R X O. apresenta:

### ESCRAVOS DO DESEJO
com BETTE DAVIS e LESLIE HOWARD

ACTUALIDADES GLOBO N.° 15 —
Complemento nacional.

### CAÇADORES SEM SORTE — de W. Disney. A FAZENDEIRA, desenho.

### QUERIDINHO DAS TITIAS
com DICK POWELL e ANN SHERIDAN.

Aguarde do elevado poses dias: REBECCA. A mulher inesquecivel Dois, a Empresa conservará seus preços de costume.

---

## RIALTO

Hoje — Sessões giest, 2 sega 2 of 87.

## O DIREITO DE PECCAR
Cumade, com Omar Ann Letirn, TOM SARELHAM.

Proximas, 20, 2fras., a ar't:

## VOLTA ABERTA

---

## NÃO TUSSA / TOME O CONTRATOSSE
O MELHOR E O MAIS BARATO

**Molestias dos rins e coração**
O DIURETOROL, a base dos Chá de 35 medicinais, a maior e mais efficaz...

**Bombas sobre Londres**

Phra de actualidades.
LONDRES

**Remedios das senhoras**
A regras pertinente SEDALYTO, em capiutare. Filho de José de Janeiro, para serviços...

**Lesões do coração é asinma**
OD ASSITAMENTA, Expeeches do Dr. Wilhelm Eblert, a...

**Aos fracos e convalescentes**
O tonico por EXCELLENCIA, com...

**Syphilis - Pelle - Rheumatismo**
ANTIEPHILITICA (Elixir de Cunha), de su Milha...

---

## MARCONI

### Alarme na Linha Maginot
com George Victor Francen

### MULHERES

---

## Theatro COLOMBO
R. A. Esperos Corrente — Lar, do Creação — Tel.: 1-407

HOJE — Sessões, 20,30 hrs.

CIA. DE COMEDIA E VARIEDADES JOÃO ROSS, ás 21 hs.

### O HOMEM QUE FICA

4.° ACTO DE VARIEDADES — A otto hora com a grande attracção

**JARARACA** e **RATINHO**

---

## COMPANHIA NACIONAL DE NAVEGAÇÃO
LISBOA
O RAPIDO PAQUETE
**"ANGOLA"**
Sahirá de Santos, a 27 de Setembro, p/ Rio, S. Vicente, Lisboa e Leixões, em 23 de Setembro, f. de Novembro e 22 de Dezembro.
Passagens e informações com os Agentes:
**COMPANHIA COMMERCIAL E MARITIMA**
Rua José Bonifacio n.° 288 — Tel., 8-3195 — SÃO PAULO
Praça da Republica n.° 39 — Tel., 8214 — SANTOS

---

## MOORE-McCORMACK LINES INC.
★ A FROTA DA BÔA VISINHANÇA ★

### SERVIÇO RAPIDO DE PASSAGEIROS
PARA O SUL
**S.S URUGUAY** — Esperado em Santos no dia 28 de Setembro, sahirá a 21 para: Montevideu e Buenos Aires.

PARA O NORTE
**S.S URUGUAY** — Esperado em Santos no dia 22 de Setembro, sahirá a 23 deste para: Rio, Trinidad e Nova York.

### Serviço de cargas para portos do Atlantico
(*) M/V **MORMACMAR** — No porto, sabe hoje para: Rio, Bahia, Recife, Nova York, Philadelphia, Norfolk e Baltimore.
**S.S SEAFOX** — Esperado hoje, em amanhã para: Boston, Nova York, Philadelphia e Baltimore.
**S.S MORMACSUN** — Partirá de Santos a 22 de Setembro para: Rio, Victoria, Para, Nova York, Philadelphia, Charleston, Jacksonville e Savannah.
**S.S LIGHTNING** — Partira de Santos a 15 de Setembro para: Berlim, S. Luiz, Rio de Porto Rico, Nova York, Philadelphia e Norfolk.

PARA O SUL
**S.S MORMACRIO** — Vindo de Nova York, partirá de Santos a 21 de Setembro.
(*) **S.S MORMACLARK** — Vindo de Nova York, partirá de Santos a 21 de Setembro para: Rio Grande e Buenos Aires.
**M/V DONALD MCKAY** — Vindo de Nova York, partirá de Santos a 29 de Setembro para: Montevideu e Buenos Aires.

### Serviço de cargas para portos do Pacifico
**CITY OF FLINT** — No Rio, sahe para: Santos no dia 18 de Setembro, via Angra dos Reis, sahi sendo nos portos do Norte do Brasil, Venezuela, Colombia, Canal do Panamá, Los Angeles, São Francisco, etc.
**S.S COLLAMER** — Sabirá de Santos a 21 de Outubro via Angra dos Reis, Rio, São José de Janeiro, porto nortes do Brasil, Venezuela, Colombia, Canal do Panamá, Los Angeles, S. Francisco, etc.
(*) Só transporta carga.

**MOORE McCORMACK**
*Navegação S/A*

| RIO DE JANEIRO | SÃO PAULO | SANTOS | BAHIA |
|---|---|---|---|
| Pr. Mauá 7-7 and (Ed. A. Noite) - Tel. 43-0916 | R. Barão de Itapetininga, 3-A (Ed. Esplanada)-Tel. 4-1722 | Praça da Republica, 4 - Cx. Postal, 365 - Tel. 2184 | Edificio Cruz Ribeiro Sala, 10 - Caixa Postal, 659 |

# Sábado, 23 de julho de 1938
# CINEMA

## Assim falou Walt Disney...

Dir-se-ia que, já enjoada de si mesma, a humanidade procura agora, para desfastio dos seus sentidos e conforto do seu espírito, fora da sua mortal realidade, a imortal irrealidade do sonho. Procura enxergar-se a si mesma num punhado de figurinhas imaginárias, intangíveis: essas que perpassam ao longo dos celuloides dos desenhos animados...

O mundo está todo, neste instante, de olhos fixos numa impossível princesinha de conto de fada (Branca de Neve) e nos seus impossíveis companheirinhos de aventura (os sete anões).

Ora, referindo-se a essa maravilhosa *Snow White and the Seven Dwarfs*, que neste momento faz sonhar todas as gentes de todas as latitudes, e seu genial criador, Walt Disney, nos falou por um comunicado da RKO.

*

"Várias razões me levaram a adaptar a famosa fábula dos irmãos Grimm, *Branca de Neve e os sete anões*, para o cinema. Uma destas razões era sentimental, as outras eram práticas. Em primeiro lugar, lembro-me de que, quando era menino, tive que fazer grandes sacrifícios, juntando todo o dinheiro que eu ganhava vendendo jornais, para assistir num teatro a uma peça baseada neste belíssimo conto. Foi tão grande e tão forte a impressão que ela me causou, que, se eu pudesse, a teria assistido muitas vezes mais. Agora, as razões práticas: *Branca de Neve e os sete anões* é uma fábula conhecida e idolatrada em toda parte do mundo. Os sete anões eram caracteres naturais para a cinematografia animada. Além disso, como a maior parte da ação se desenrola dentro e ao redor da casa dos anões, no bosque, achamos que poderíamos introduzir preciosos pássaros e animais, do mesmo tipo dos que temos apresentado nas *Sinfonias coloridas*. E por fim, os caracteres eram suficientemente fantásticos para permitir um tratamento especial. Posso dizer com segurança que a ideia de filmar esta obra se cristalizou em 1933; mas, francamente, não me recordo desde quando ela se instalara em minha mente. Durante vários anos, nós recebíamos cartas de pessoas interessadas em desenho animado, perguntando-nos por que não produzíamos películas de longa-metragem. Naturalmente este interesse por parte do público influiu bastante na minha decisão, pois mostrava claramente que a época era propícia para uma empresa de tal quilate. Nem sequer reuni os meus colaboradores para pô-los a par da minha resolução, como costumo fazer quando penso em dar um passo radical, pois queria para mim apenas a responsabilidade do passo revolucionário que ia dar. Assim é que, sem dar grande importância no caso, lhes comuniquei de maneira superficial a minha ideia. Como os meus associados são homens de larga visão e de espírito arrojado, não tardamos muito em empreender esta produção. Em 1934, tínhamos a adaptação da famosa fábula quase completa, assim como milhares de desenhos, modelos, diálogos, cenários etc. Sendo esta a primeira obra cinematográfica desta índole, e havendo sido muitos os trabalhos experimentais, grande parte desse trabalho teve que ser destruído, apesar de significarem muitas horas de labor e sacrifício. Mais tarde começou a tarefa mais difícil: a de selecionar as vozes que deveriam corresponder aos caracteres que havíamos criado. Foi necessário ouvirmos milhares de vozes. Em 1935, tínhamos este problema completamente resolvido, e depois de uma preparação detalhada, começamos a trabalhar com afinco. Por fim, os caracteres e suas respectivas personalidades estavam definidos, e pôde ser iniciada a confecção de película. A animação final principiou em 1936. Dos nossos melhores colaboradores, escolhemos os que se deviam responsabilizar pela produção de *Branca de Neve e os setes anões*, e, trabalhando durante um ano sem pouparmos esforços, conseguimos terminar a nossa obra. Pela aceitação que *Branca de Neve e os sete anões* tem recebido nos Estados Unidos e na Inglaterra, onde já foi exibido, parece que os nossos esforços foram coroados de êxito. Há ainda um ponto curioso ao qual quero me referir: *Branca de Neve e os sete anões* será apresentado, em cada país, no idioma nacional. E, possivelmente, esses mesmos países se encarregarão de encontrar vozes que se adaptem aos caracteres por nós criados, isto, naturalmente, sob a orientação de um meu agente. Estou certo de que assim o sucesso de *Branca de Neve* será muito maior, e sendo um filme para adultos e crianças, estas últimas compreenderão facilmente a história, pelo seu diálogo. E, assim, tenho realizado o meu mais ardente sonho..."

# Quarta-feira, 3 de agosto de 1938
# CINEMA

## Scarlett O'Hara

Um simples, simplíssimo "Diz que diz de Hollywood", aqui publicado sábado último, trouxe como agradabilíssima consequência uma carta do meu amigo E. C., dono de uma cultura que me encanta e de uma sensibilidade que me cativa. O despretensioso *gossip*,[400] que apareceu, aliás, suficientemente "empastelado", dizia no meu apressado original: "Diz-se, afinal, que vai ser desencantada a dificílima escolha para o encantado papel de Scarlett O'Hara em *Gone With the Wind*. O nome de Katharine Hepburn é lançado como balão de ensaio. Se o público aceitar, a coisa ficará decidida".

E diz-me agora a bem-vinda carta de E. C.:

"Meu caro G. – fã de cinema, e principalmente... (vêm aqui umas delicadas mentirinhas que eu não posso transcrever)..., li entre os 'Diz que diz de Hollywood' de sábado uma notícia referente à grandemente esperada filmagem de *Gone With the Wind*, o romance de Margaret Mitchell, que li com tanta dificuldade quanto prazer. Fazia, entretanto, poucas horas que eu acabara de descobrir outra notícia no *Time*, de 4 de julho, agora chegado a São Paulo. Para

---
400 Em inglês no original: "Fofoca."

seu governo – se é que já a não conhece – tomo a liberdade de traduzir '*à la diable*' a citada notícia, publicada na página 18 daquela revista:

A SURPRESA DE SELZNICK – Quando, em 1936, D. O. Selznick comprou os direitos de filmagem de *Gone With the Wind*, o romance de Margaret Mitchell, de que foram vendidos 1,52 milhões de exemplares, os fãs de cinema tiraram a conclusão seguinte: desde que Louis Mayer, vice-presidente da Metro-Goldwyn-Mayer, é sogro de Selznick, este aproveitaria duas 'estrelas' da Metro – provavelmente Clark Gable e Norma Shearer – para os papéis de Rhett Butler e Scarlett O'Hara. No entanto, ao contrário, Selznick anunciou não ter ainda ideia alguma a respeito e que provavelmente esperaria 'descobrir' novos artistas para aqueles papéis. Durante dois anos, a questão vital da interpretação desses papéis foi assunto de todos os bares, salões e mesas de jantar na Norte América. Eram apontados para o papel de Scarlett O'Hara os nomes de Tallulah Bankhead, Paulette Goddard e outros desconhecidos. Na última semana, no entanto, Selznick revelou, finalmente, seus planos para *Gone With the Wind*, produção a se iniciar no próximo inverno, que será distribuída pela MGM a 1º de setembro de 1939, e que custará 1,5 milhões de dólares. Rhett Butler e Scarlett O'Hara interpretados, respectivamente, por Clark Gable e Norma Shearer!

Esplêndida esta surpresa de Selznick, não acha? Desculpando-se da liberdade, com um abraço do E. C."

\*

Ah! Como eu gostaria de "achar" o que o meu excelente amigo achou nessa notícia!

Mas um bem conduzido e argumentado artigo de Adelheid Kaufmann, publicado no número já de agosto corrente no *Photoplay*, convenceu-me plenamente de que só pode haver, no cinema *yankee*, uma artista com probabilidades práticas e com *physique du rôle*[401] para encarnar Scarlett O'Hara: Katharine Hepburn. Eis os "indícios" revelados pela penetrante articulista:

---

401 Expressão em francês: a atriz é adequada ao papel.

1º) Sabe-se bem que a Hepburn nunca deixou de conseguir o que deseja; e esse papel foi sempre o seu desejo mais veemente;

2º) George Cukor, escolhido para dirigir *Gone With the Wind*, foi quem trouxe Hepburn para Hollywood e quem dirigiu os seus filmes de maior sucesso; ora, Cukor e Hepburn vivem, nestes últimos tempos, em constantes conferências;

3º) O tipo físico de Katharine é o que mais se aproxima do desenhado por Vicentini, o ilustrador do livro *Gone With the Wind*;

4º) Os que acham Katharine muito "menino" (*boyish*) para o papel de Scarlett devem lembrar-se de *Little Women* e de *Quality Street*;

5º) Os que a acham muito fininha, de corpo pouco voluptuoso, não se devem esquecer de que os figurinistas e costureiros são sempre capazes de produzir todas as ilusões de ótica que quiserem;

6º) Falou-se, primeiro, em Paulette Goddard; mas é sabido que os testes a que se submeteu para esse papel não deram bons resultados, e que Charlie Chaplin se opôs a que sua esposa interpretasse "tão repugnante personagem" (!)...

\*

Você, E. C., e o *Time* me falam agora de Norma Shearer. Sim. Uma grande artista, não resta dúvida. Mas é do Norte, muito do Norte demais! É canadense! Não pode ter o temperamento do Sul, indispensável para aquele papel. Ouça só o que disse George Cukor: "Scarlett é tipicamente sulista. Aliás, essa espécie de mulher não poderia 'acontecer' em nenhuma outra parte do mundo... Conheço pelo menos cinco artistas no palco e no cinema norte-americanos, não tão grosseiras quanto Scarlett, mas com um temperamento igual ao seu: todas vieram do Sul"...

\*

E por falar em Sul: eu também andei fazendo, há pouco, por aqui, uma espécie de enquete descuidosa e íntima entre adoráveis mulherinhas paulistas ("morenas filhas do país do Sul" – como as harmonizou Castro Alves...), que leram o romance de Margaret Mitchell, sobre as suas preferências, no cinema, para o difícil papel da "*Southern vixen*".[402] E nenhuma delas, nem uma única, me deixou sequer terminar a pergunta. Todas, invariavelmente, com aquela convicção rápida e especialíssima que só as mulheres possuem, porque é uma convicção que vem dessa "inteligência dos sentidos" que os homens não têm; todas elas, invariavelmente, me respondiam:

– Katharine Hepburn, naturalmente!

Ora, meu caro, caríssimo E. C., pode ser que elas errem. E eu, com elas, gostosissimamente (porque você sabe que errar em tal companhia é melhor, muito melhor do que acertar, não é mesmo?).

Mas, não se importe! Continue a acreditar, firme, na sua tão adorada Norma Shearer. E deixe esta minha folha de papel, como uma pobre folha de outono, esvoaçar e sumir esquecida, por aí, *gone with the wind...*

G.

---

402 Em inglês no original: "Raposa sulista."

# Sábado, 10 de setembro de 1938
## CINEMA

## A lição de Disney

Dizem as revistas norte-americanas que Walt Disney é dos poucos gênios que ainda não se deixaram inchar pela adulação.

Há oito anos apenas, Disney era um ilustre desconhecido que resolveu, um belo dia, fazer um *Silly Symphony cartoon*[403] para deixar boquiabertos, uma bela noite, todos os incontáveis frequentadores do Chinese Theater. O jornalista "encarregado de descobri-lo" (isto parece esquisito, mas assim é na Samuelândia...), pois que ninguém o conhecia, foi surpreendê-lo no modesto quarto de uma modestíssima casa da Hyperion Street, em Los Angeles, onde vivia em companhia de um irmão. Walt era um rapaz magro, fino, com um ar preocupado, que mostrou com a maior simplicidade ao jornalista todo o seu trabalho; contou-lhe, mais, que tinha feito caricaturas para vários jornais e para um grande estúdio, que tinha tido muitos aborrecimentos na vida, mas que afinal sentia-se contente por ver que havia conseguido produzir qualquer

---

403 *Silly Symphonies* é o nome de uma série de desenhos produzida por Walt Disney entre 1929 e 1939, na qual apareceram pela primeira vez diversos personagens do cartunista, como o cão Pluto e o Pato Donald.

coisa que parecia aos outros interessante. E perguntou ao jornalista se achava que os seus desenhos teriam probabilidade de "pegar"...

Foi, no entanto, a esse tímido rapaz que, não faz muito tempo, a Universidade de Harvard, pelo seu presidente Conant, conferiu o título de doutor *honoris causa*; a esse humilde trabalhador foi que se ofereceu, há pouco, no Radio City Music Hall de Nova York, uma estrondosa recepção, onde todas as celebridades, medalhões e *bigwigs* o cercaram dando-lhe palmadinhas nos ombros, já com pretensiosa intimidade... E é a esse singelo desconhecido de há oito anos que, hoje, todos chamam de "gênio", "Artista" (com "A" maiúsculo), "profundo pensador", "psicólogo", etc., descobrindo, nos seus desenhos deliciosos de despreocupação e de simplicidade, complicadas intenções, "mensagens" apostólicas, maliciosos subtendidos... Na Rússia, interpretam-se os Três Leitõezinhos como uma sutil mas poderosa sátira contra o capitalismo...; nos Estados Unidos, os porquinhos são uma lição de bom humor, de coragem ante a crise...

*Hail*, Disney!

Mas, apesar de todas essas glorificações, Disney continua a morar no mesmo apartamento da rua Hyperion: apenas os móveis foram substituídos e há, cobrindo o *parquet*, um espesso tapete oriental. O jornalista notou estes melhoramentos – e demonstrou que os tinha notado. Disney explicou:

– Meu irmão acha que eu preciso, para o meu trabalho, de um ambiente bonito. Eu, por mim, pouco "ligo" a essas coisas... Enfim... Quando os meus *cartoons* começaram a agradar, fiquei muito surpreendido... Depois, comecei a acreditar um pouco neles... E a cada desenho que eu terminava, dirigia sempre esta pergunta: "Isto será mesmo Arte? Será que os críticos gostarão disto?"... Depois de uma meia dúzia de fitas más, aprendi e fiquei mais "sabido"... Qual era a minha intenção primitiva? Divertir. Apenas isso. Fazer cócegas no público. Nada mais. Se quiser continuar a fazer sucesso, terei que fazer apenas isso, nada mais... Terei que esquecer que existe uma coisa que se chama Arte, com "A" maiúsculo... A minha única indagação tem que ser esta: "Será engraçado? Ter-se-á divertido o público?".

\*

Que admirável lição da simplicidade, isto é, de valor, não dá Walt Disney ao mundo, ao complicado e pretensioso mundo de hoje! Em vez de *pathos*, ele lhe dá o pato... Donald...

G.

## Correspondência

SCARLETT (Capital) — Um pseudônimo que estava custando a aparecer: "Scarlett"... O nome do dia, no mundo do cinema... Bastavam essas oito letras sob uma carta, para que ela logo merecesse uma atenção minha muito especial. Gostei de ter você gostado do *best-seller* de Margaret Mitchell. Sabe que o assunto já foi "imitado" – e adoravelmente! – em duas fitas? *Jezebel*, com a prodigiosa Bette Davis, que São Paulo todo já teve a sorte de ver; e *Topy Wife*, com Luise Rainer, que ainda não apareceu por aqui. Presto a informação solicitada: os direitos de *Gone With The Wind* foram adquiridos por David O. Selznick, em 1936, que ora se vê abarbado na escolha da artista que deve fazer a verdadeira Scarlett O'Hara. Nomes surgem, como bolhas de sabão, e sobem, e estalam no ar... Tallullah Bankhead, Paulette Goddard, Norma Shearer, Katharine Hepburn... Ainda nada se sabe. Só se sabe, por enquanto, que o filme está orçado, pela Metro, em 1,5 milhões de dólares, que George Cukor será o diretor e que, muito provavelmente, Clark Gable fará o papel de Rhett Butler. Muito grato pelo encanto que me trouxe com a sua presença epistolar e com a gentileza do seu oferecimento.

G.

# 1939

# Sábado, 14 de janeiro de 1939
# CINEMA

## A encantada "Scarlett"

Narra e comenta uma recente crônica de Hollywood:

*

"Para quantos se interessam casualmente pelo cinema, deve ter causado estranheza o mistério em torno da inabilidade da Selznick International na escolha de um tipo conveniente que encarne o papel da Scarlett O'Hara de *Gone With the Wind*. Com uma meia dúzia de atrizes capazes no seu *lot*, ninguém compreendia essa demora na eleição da atriz; a não ser que houvesse, entre os bastidores, 'razões' de peso, ou manejos inconfessáveis...

Com o início da filmagem, marcado para o dia 6 de janeiro corrente, a imprensa conseguiu obter de fonte autorizada, muito chegada ao estúdio, algumas informações autorizadas sobre o mistério. Assegurou o informante que, se não sobrevier qualquer contratempo, as câmeras começarão a rodar, sob a direção de Victor Fleming, em torno de Clark Gable no papel de Rhett Butler e Carole Lombard no da discutidíssima Scarlett O'Hara...

*

Como se sabe, Clark Gable, desde o início das 'acomodações', estava já escalado para esse papel. Tinha, pois, um certo direito de primazia. E a grande atrapalhação surgiu quanto à questão do diretor. Gable opôs-se formalmente ao nome de George Cukor. E o seu ponto de vista venceu. Escolheu-se Fleming.

Nessa ocasião, o nome que veio à baila para *leading-woman* de Gable foi o de Norma Shearer, posto logo de lado. David O. Selznick, que é o cabeça pensante da Selznick International, estava convencido de que só Paulette Goddard seria capaz de interpretar a figura de Scarlett. Mas Cukor, que 'torcia' por Katharine Hepburn, opôs-se ao potentado. A Metro não tomou parte na discussão, convencida como estava de que a Hepburn é o que se chama '*a box-office poison*' ('péssima bilheteria'). E, enquanto ia acesa a luta, a Metro foi aos poucos sustentando o nome de Fleming, na direção, como solução para todas as dificuldades.

Clark Gable 'insinuou' qualquer coisa, e a Metro começou a olhar com bons olhos para Carole Lombard. Ora, como esses dois nomes eram muito explorados pelas tagarelices da imprensa, o estúdio viu possibilidades de boa exploração comercial, excelente motivo de propaganda na junção dos dois falados artistas no *cast*. Mas as coisas continuavam assim: Cukor, firme ao lado de Katharine Hepburn; Selznick, sustentando inabalavelmente Paulette Goddard; e Gable, intransigentemente contra George Cukor. E só duas soluções poderia ter o caso: ou Gable afastado do elenco; ou Cukor, da direção. E parece, afinal, que o resultado vai ser este: *Gone With the Wind* assentará sobre esta tripeça: Lombard-Gable-Fleming.

Mas... Será mesmo uma boa solução para... para os espectadores?"

*

Traduzido por G.

# Sábado, 4 de março de 1939
# CINEMA

## Falta de escritores

Comenta um recente comunicado de Nova York:

*

Há em Hollywood, presentemente, grande escassez de bons escritores.

É mais fácil encontrar bons atores, diretores ou produtores. Não têm conta os técnicos habilitados. Artistas típicos há aos montes... Mas escritores... Eis o que falta ao cinema.

Tal é a opinião recentemente expressa e sustentada pelo diretor Andrew Stone,[404] que há cerca de um quarto de século conhece a fundo a indústria cinematográfica.

— Dois fatores contribuem para isso — declarou Stone, que neste momento está vivamente empenhado na direção de *Say it in French*.[405] Comédia ro-

---

404 Andrew L. Stone (1902-1999) foi um típico exemplo de profissional que se fez ao mesmo tempo que evoluía seu ofício, já que entrou para a indústria do cinema aos 17 anos como assistente de laboratório e aprendeu a fazer cinema trabalhando em diversos dos principais estúdios de sua época. Como cineasta dirigiu alguns filmes de suspense e *noirs*, sem muita projeção.
405 Em português o filme foi lançado com o título *Dize-mo em francês*. A produção data de 1938.

mântica de Jacques Deval (o autor de *Tovarich*), em que "estrelam" Ray Milland e Olympe Bradna.

– Pode-se dizer – prossegue Stone – que, no cinema, quase todos os papéis são imaginados e escritos sob medida para este ou aquele artista. Quero com isto dizer que são raras as películas cujo argumento tenha sido escrito "antes" de serem distribuídos os papéis. É precisamente o contrário o que sucede: já se tem em mente o nome e tipo dos intérpretes antes de escrever a primeira linha do *screenplay*, e é em torno do caráter de cada um destes que vão sendo delineadas as cenas. Isso significa que grande parte da boa literatura, que poderia ser adaptada ao cinema, é simplesmente desprezada ante as dificuldades da distribuição de papéis. Esta distribuição, às vezes, só pode ser feita com o auxílio de vários escritores que se veem obrigados a modificar até os caracteres da peça... Uma ou outra vez, excepcionalmente, encontra-se uma obra cujas personagens coincidam com os "tipos" de Hollywood. É um acaso. Mas foi o que aconteceu com *Say it in French*, na qual os dois papéis originais se adaptam admiravelmente ao "gênero" de Ray Milland e Olympe Bradna. Basta, por exemplo, considerar o seguinte: Olympe tem um ligeiro sotaque francês – e o papel exige até essa particularidade... Outro fator que contribui para a falta de escritores em Hollywood é que a maioria destes adquiriu em outros ambientes literários a sua prática; não são "especializados" em escrever "para o cinema". Eu diria mesmo que 75% dos escritores de Hollywood foram antes romancistas, novelistas, contistas. Os 25% restantes foram, todos eles, autores teatrais. O ideal seria que o escritor se ocupasse, não só do argumento original, como também da adaptação, do *screenplay*, para que fosse uniforme, homogênea a obra cinematográfica...

*

Tais são os tópicos essenciais da curiosa entrevista concedida à imprensa pelo diretor Andrew Stone e que traduzo ligeiramente para os leitores de hoje deste rodapé do *Estado*.

G.

## Quarta-feira, 28 de junho de 1939
## CINEMA

### *Wuthering Heights*

Quem já não conhece um livro famosíssimo, que fez a volta ao mundo e que traz na capa esse título – *Wuthering Heights* (*O morro dos ventos uivantes*) – sob o nome da autora, Emily Brontë?

Ora, essa obra – como todas as coisas sensacionais da literatura universal – tinha que acabar mesmo posta em fita. E já apareceu nos Estados Unidos a "edição em celuloide" do livro popularíssimo.

A respeito do filme de Samuel Goldwyn, trago hoje para aqui um punhado de informações interessantes mandadas de Nova York por Samuel Cohen. Dizem elas:

\*

"Diante de uma das assembleias mais seletas e numerosas já presenciadas em Londres, em matéria de cinema, na qual se viam celebridades de todos os campos sociais, desde senhoras da alta nobreza até personalidades oficiais e diplomáticas, é que se fez a estreia de *O morro dos ventos uivantes*, produção de Samuel Goldwyn. O Gaumont Theatre de Londres oferecia, na noite do lançamento, na tela inglesa, do romance de Emily Brontë, um aspecto deslumbrante. O triunfo de Merle Oberon, Laurence Olivier e David Niven foi notável.

Entre as personalidades americanas que assistiram a esse magnífico espetáculo, encontravam-se, além da heroína mesma do filme, o embaixador dos Estados Unidos, Joseph P. Kennedy e James Roosevelt, vice-presidente da Samuel Goldwyn Productions.

A crítica londrina, do mesmo modo que a de Nova York, foi unânime em fazer o elogio entusiástico da película, digna tradução cinematográfica do imortal livro de Emily Brontë."

*

Entre os que contribuíram para a criação de *O morro dos ventos uivantes*, ninguém merece mais atenção do que esse mestre na sua profissão, que é Alfred Newman. Newman, que durante muitos anos fez o acompanhamento musical para as películas de Goldwyn, distingue-se pela importância extrema que dá à partitura do filme. Para ele, a música deve ser o complemento do diálogo e não apenas um acompanhamento da ação.

A sua orquestração é extremamente rica, e acompanha de perto o desenvolvimento da trama dramática: cada caráter é representado por um *leitmotiv*: o tema central representa a velha casa de pedra cinzenta do morro devastado pela ventania, mansão de tragédia e infelicidade, enquanto um tema exótico, mourisco, a cargo dos violinos e instrumentos de sopro, parece exprimir toda a inospitalidade sombria do Yorkshire.

A atmosfera século XIX é dada pela adaptação à orquestra da dança de *Sir Roger de Coverly*, que a gente associa imediatamente àquele período de pompas e curvaturas.

Um toque novo, feliz invenção de Newman, foi a inclusão de um coro de sessenta vozes infantis para acompanhar toda a tocante cena da morte de Merle Oberon, nos braços de Laurence Olivier.

O emprego das vozes como complemento da orquestra deu à partitura um efeito profundo, espiritual, comparável a um canto litúrgico ouvido a grande distância.

Já sagrado com a vigorosa partitura de *Gunga Din*,[406] Newman demonstrou agora a sua versatilidade artística com a música de *O morro dos ventos uivantes*, que tem acentos de infinita delicadeza e sonoridades vibrantes de tempestade.

Compondo a sua partitura à medida que o próprio entrecho se ia catalisando, Newman pôde capturar e reproduzir fielmente aquele estado de espírito, aquele calor que é um dos segredos de *O morro dos ventos uivantes*. A sua orquestra conta um amor sobrenatural que não encontra compensação neste lado da vida, e passa sem transição à grande paz consoladora de um dia de primavera nos campos agrestes do norte da Inglaterra.

---

406 Filme de 1939, dirigido por George Stevens, com Cary Grant, Victor McLaglen e Douglas Fairbanks Jr. no elenco.

# Domingo, 19 de novembro de 1939
# CINEMA

## No Metro

★★★ *O mágico de Oz* (*The Wizard of Oz*) – Já faz quase vinte e quatro horas que saí do Metro, onde vi *O mágico de Oz* – e ainda não voltei bem a mim do doce encantamento em que me retive, fora da vida, longe da terra e distanciado dos homens, o estranho sortilégio da produção histórica de Mervyn LeRoy. Como a pequena Dorothy daquela [vila] pacata do Kansas, minha vida não tornou ainda ao branco e preto da realidade: continua na Technicolor do sonho. De sorte que nesse estado de meio-sonambulismo é que vou tentar dizer umas coisas sobre este filme. Por isso, não estranhem o desconexo das minhas ideias e das minhas palavras: elas têm que ser como as de quem "sonha alto", de quem fala dormindo...

*

"*Omnis definitio periculosa est*"...[407] Verdade. Mas não é menos verdade que a gente gosta do perigo. Assim, como eu também sou gente, vou definir

---

[407] Em latim no original: "Qualquer definição é perigosa."

(hum!). Eis a minha definição para *O mágico de Oz*: um *lullaby* que [trecho ilegível].

Esquisitíssima definição: uma [trecho ilegível] palavra estrangeira e um verbo vernáculo entre aspas. Com isso, o leitor fica mais ou menos na [trecho ilegível]. Entretanto, eu explico, uma cantiga de ninar ilustrada, que continuasse e se desenvolvesse no sonho do leitor adormecido. A [ilegível] está cantando o seu acalanto; [trecho ilegível] um país além das [trecho ilegível]... A criancinha vai ouvindo e entendendo cada vez menos... A palavra dissolve-se, esfumada no sono... A realidade esbate-se, diluída, no sonho... Uma ascensão... As nuvens... Treva... Depois, aos poucos, uma claridade irisada... Cada vez mais forte... Ficaram lá embaixo os novelos brumosos... Um arco-íris se acende, deslumbrante... Pronto! É o País Além das Nuvens. Onde tudo é feliz. As criaturas de lá de baixo renascem transfiguradas, sedutoras... Um *Pays de Cocagne* infantil. Uma *Abbaye de Thélème* "ad usum Delphini", uma *Shangri-La* criancinha...

É isso *O mágico de Oz*.

E, nessa realização cinematográfica de uma simples cantiga de ninar, nessa transposição do papel para a imaginação e da imaginação para a tela das histórias maravilhosas de L. Frank Baum, a fita do Metro é, indiscutivelmente, uma pura obra-prima. Não sei o que é melhor, o que é mais lindo, nesta tira de celuloide que parece cortada de um arco-íris e desenrolada do céu... Tenho a impressão de um desenho animado que paradoxalmente se humanizasse: em vez de gente transformada em figurinhas arbitrárias, desenhos caprichosos que virassem gente. Não sei...

Acho um assombro a ideia do diretor – Victor Fleming – de apresentar em branco e preto o prólogo e o epílogo, isto é, a Realidade; e deixar as cores só para o que é Sonho. É um símbolo certo e adorável.

Pareceu-me pasmoso de exatidão o trabalho inteligentíssimo para estabelecer as "correspondências", os "pontos de contato" que o sonho mantém sempre com a realidade. Devem ser profundos em Freud os realizadores dessa experiência nesta fita. Todos os recalques (a inevitável palavra!) da atormentada Dorothy, no seu estado de vigília, marcaram-se depois no sonho. Enjoada daquela paisagem pobre, quase estéril, do Kansas, era natural que sonhasse com uma natureza exuberante, prodigiosa: que aí encontrasse, transformada em bruxa péssima, aquela velhota vizinha que queria liquidar com o seu Totó; que o bruxo de Oz fosse precisamente aquele mesmo ilusionista e vidente que ela encontrara no caminho e consultara, no carroção de saltimbanco...

Considero uma das coisas mais finas vistas até hoje no cinema aquelas sátiras, aquelas ironias – delicadas, embora ferinas – do *Mágico de Oz*: basta um diploma para fazer inteligência; uma medalha, para fazer coragem; um testemunho, para fazer coração...

Nem em *Alice in Wonderland*, nem em *Midsummer Night's Dream* a arte da caracterização chegou à perfeição a que neste filme se atinge. O *makeup* do Espantalho (Ray Bolger), do Lenhador de Lata (Jack Haley) e do Leão Covarde (Bert Lahr) – é coisa inimaginável. O brilho metálico do rosto do Lenhador de Lata, por exemplo, mostrado mesmo em *close-up*, é absolutamente desnorteante...

E, como técnica cinematográfica pura, que dizer daquele ciclone no Kansas, que levou pelos ares a casa da Tia Ema?

E da parte fantasmagórica, como descrever ou comentar aquela Cidade dos Anões? E o aparecimento da Boa Fada dentro de uma bolha de sabão? E aquelas árvores falando e gesticulando como gente? E os voos da Bruxa Má e dos seus vampiros e abutres e duendes? E o campo das papoulas? E a caleidoscópica cidade de Oz, com aquele cavalinho que, mordido por um camaleão, deu para mudar de cor? E o Palácio de Esmeraldas do grande mágico? E o laboratório alquímico da Feiticeira, com aquele tremendo *thrill* da ampulheta? E...

... E o resto, é tudo mais de que você, leitor, só poderá fazer uma ideia, vendo com seus próprios olhos e ficando, como fiquei, retido naquele doce encantamento, fora da vida, longe da terra e distanciado dos homens, ao estranho sortilégio da produção técnica de Mervyn LeRoy...

*

Num pequeno capítulo à parte precisam ser sublinhadas as interpretações de algumas figuras do formidável *cast* que, apesar do poder dissolvente ou nivelante da fantasia e da cor, assim mesmo conseguem se impor.

Primeiro, Judy Garland. Adorável, com aquele seu arzinho de colegial, de menina que a gente conhece do *Sion* ou do *Des Oiseaux*, cantando, como ninguém será capaz de cantar, o tema inicial, encostada à roda de uma charrua...

Depois, Bert Lahr – o Leão Covarde – que "rouba" milímetro por milímetro os pedaços de fita que lhe caíram nas garras... afeminadas.

E, a seguir, essa antipaticíssima Margaret Hamilton (a Bruxa Má), insuperável na sua "vilania" demoníaca, muito superior – acho eu – à Feiticeira da *Branca de Neve* de Walt Disney; e, finalmente, Frank Morgan, Ray Bolger (magnífico no Espantalho), Jack Haley (dulcíssimo, no Lenhador de Lata) e... e a maravilha das maravilhas que é o vira-lata que interpretou Totó.

G.

# 1940

# Domingo, 21 de janeiro de 1940
# CINEMA

## No Bandeirantes[408] e no Alhambra

*Laranja da China*.[409] A ausência das costumeiras "estrelinhas", aí, à margem esquerda desse título, não quer absolutamente dizer que eu julgue *Laranja da China* indigna de uma cotação, ou que eu considere insuficientes e inexpressivos esses meus signos tipográficos para premiar o valor altíssimo da fita (como já pratiquei com uma ou duas produções estrangeiras).

Nada disso. A ausência das tais "estrelinhas" quer apenas dizer isto: essa minha astronomia jornalística tem um caráter universal (ou internacional, se quiserem). Ora, por enquanto, o cinema nacional (feitos embora os devidos descontos patrióticos...) não pode, sob qualquer aspecto que seja, competir com o estrangeiro. Assim, para julgar um filme *crioulo*,[410] eu teria que inventar uma astronomia indígena também. E Deus me livre do pecado de mexer no nosso céu (conquanto tenha ele "mais estrelas"), de tentar mutilar o Cruzeiro do Sul, por exemplo, ou qualquer outro símbolo nosso.

\*

---
408 Sala inaugurada no largo do Paissandu em 1939.
409 Filme dirigido por Ruy Costa (1909-1980), nascido em Portugal, que também dirigiu *Banana da terra* (1939).
410 O termo é empregado aqui no sentido de mestiço, colonizado.

Se *Laranja da China*, comparada a outra fruta nacional, sua predecessora, isto é, a *Banana da Terra*, não representa propriamente um progresso do cinema brasileiro, na sua técnica, conta, entretanto, com um tema, um "motivo", um assuntozinho que se desenrola com certa logicidade – a descoberta do "micróbio da orgia" pelo "Professor Salsich de Viena"... – coisa que faltava à fita inspirada na nossa *musa paradisíaca*. Assim, *Laranja da China* tem, pelo menos, um argumento, quer dizer, uma razão de ser. É bastante engraçado, dando margem a *gags* mais ou menos novas e justificando, pela sua natureza musical, a intromissão constante de números de canto e dança carnavalescos.

\*

Do ponto de vista técnico, o divertido filme do Bandeirantes e do Alhambra tem ainda (até quando durará este "ainda" no cinema nacional?) seus altos e baixos.

Os "altos" são: uma fotografia geralmente melhorada, que atinge mesmo em certas sequências (como, por exemplo, a das Irmãs Pagãs) uma quase perfeição; o som também já estudado e gravado com maior perícia (coisa que se nota nitidamente, pela comparação com os trechos de passados filmes, quando se tenta descrever retrospectivamente a história de Carmen Miranda[411] no cinema); a arte do *make-up*, já bastante evoluída, já libertada daquelas costeletas vilãs e daquelas olheiras tísicas que vinham deprimindo tanto o "tipo" nacional aos olhos dos *moviegoers*[412] estrangeiros; um gosto um pouquinho mais apurado nos cenários, já mais ou menos verossímeis alguns deles etc.

Os "baixos" são: principal, principalissimamente, a falta de "continuidade", de "conclusão" de certas cenas – o que faz com que a ação ande aos pulos, como um canguru; o descaso da linguagem nos diálogos; a falta de coragem

---

411 Maria do Carmo Miranda da Cunha nasceu em 1909 em Portugal e faleceu em Los Angeles, Estados Unidos, em 1955. Após meteórica carreira nas rádios brasileiras e nas primeiras chanchadas, foi convidada a atuar em Hollywood, conquistando carreira internacional.

412 Termo que pode ser traduzido por "cinéfilo".

em "sustentar" a ação até o fim, criando o interesse constante pelo desfecho; a luz deficientíssima às vezes, às vezes exagerada na sua crueza; a intercalação, no elenco, de algumas figuras perfeitamente dispensáveis e, de outro lado, o não aproveitamento total e condigno de alguns intérpretes de real valor (como, por exemplo, o pretinho Grande Otelo) etc.

*

Mas, assim ou assado, o engraçado espetáculo carnavalesco da Sono Filmes para 1940 traz à tela um punhado de artistas populares, verdadeiramente merecedores do favor público.

Dentre esses, ponho em primeiro lugar o Grande Otelo. É o nosso Stepin Fetchit.[413] Tem um desembaraço e uma naturalidade e uma expressão e um "gênero" que lhe dariam lugar à parte em qualquer cinema, desde que os seus diretores soubessem "aproveitá-lo" devidamente.

Depois de Grande Otelo, salienta-se Lauro Borges, como o "Professor Salsich, de Viena", papel que soube sustentar com espírito e desenvoltura.

Segue-se-lhe Barbosa Júnior, com as suas habituais maneiras, interpretando "Ferdinando".

Dyrce Baptista, Arnaldo Amaral e Nair Alves vão bem.

*

Muito bem escolhida a mancheia de músicas do pobre Carnaval de 1940, que ilustram e justificam esta fita. Além da já muito popular *Despedida de Mangueira*, de *Vírgula* (a melhor letra, na minha opinião, das canções carnavalescas do ano), de *Cai, cai*, de *Solteiro é melhor* etc., destaca-se a maliciosíssima *Quan-*

---

413 Stepin Fetchit (1902-1985) foi um famoso ator negro de comédias conhecido pela *gags* que fazia principalmente por meio de sua expressão corporal. No entanto, seu estereótipo acabou se tornando ofensivo entre os afro-americanos, que não o admiravam.

*do Violeta se casou*, inevitavelmente destinada ao sucesso máximo da folia que aí vem.

\*

Uma ligeira observação.

Curioso! O melhor quadro de *Laranja da China* não é de *Laranja da China*: é de *Banana da Terra*. É aquela *Rua dos Sapateiros*, de Salvador, com Carmen Miranda – para mim, a única legítima realização do cinema nacional, que há de ficar perpetuamente pendurada sobre as nossas atônitas cabeças como uma constante interrogação: mas por que é que quem fez esse quadro não faz outros iguais, assim tão exatos em tudo?

Apesar de reprise – coisa sempre perigosa – é ainda deliciadamente que a gente vê e ouve de novo Carmen, a glorificadora da "cor morena do Brasil fagueiro"...

G.

1941

# Domingo, 3 de agosto de 1941
# CINEMA

# No Opera[414]

★★★ ½ *O ladrão de Badgá* (*The Thief of Bagdad*) – Desde sexta-feira última que, na tela enfeitiçada do Opera, ao sortilégio de um jato de luz despejado dos projetores e roçando o quadro branco como uma varinha de condão, vem "acontecendo" a mágica mais desnorteante que o Cinema das Cores – o Ilusionista Vestido de Arco-Íris – até hoje operou nas trepidantes penumbras em que desfere os seus passes de encantamento a Última Arte. Essa fantasmagoria fantástica (o pleonasmo, aqui, é até obrigatório) chama-se *O ladrão de Bagdá*.

Um sonho. Puramente um sonho. E, como não é possível criticar-se um sonho (podem os sábios modernos apenas "freudianamente" analisá-lo... para certos feitos), a apreciação desta fita, que foge a todas as fórmulas estabelecidas pelo cinema, não pode ser senão... o quê? Apenas a rememoração daqueles episódios febris, alucinantes que, em estado de vigília, [deixam] ante o psicanalista o paciente. Ora, no caso, o paciente é o cronista, que "sonhou" essa fita, uma noite destas; e o doutor discípulo de Sigmund Freud é o leitor. Desta vez – que remédio? – invertem-se os papéis: o amável leitor, que costuma ser

---

414  Sala inaugurada em 1939, localizada à rua D. José de Barros, 505.

a paciente vítima do jornalista, é que vai ouvir, impaciente, o depoimento do paciente. Paciência!

*

Seria possível filmar-se um sonho?

Tenho a impressão de que foi essa a pergunta que se faz Alexander Korda quando imaginou a aventura de "realizar" a história de *O ladrão de Bagdá* e comprou ao finado Douglas Fairbanks os direitos sobre este conto das *Mil e uma noites*. E tenho a impressão de que foi a vontade firme de poder responder "Sim" àquela interrogação que o sustentou durante a filmagem, que durou um ano, em Londres, e que deveria terminar na África, mas veio simplesmente acabar na América do Norte (o infalível Grand Canyon está patente nas sequências que "fingem" o Tibete). E Korda conseguiu – concluído o filme – responder o suspirado "Sim". Sim: é possível filmar-se um sonho.

O maravilhoso espetáculo do Opera é um sonho e não pretende ser mais do que isso. Entre a tela e os olhos do espectador distende-se um Impossível misterioso: essa névoa distanciadora que se interpõe entre a realidade e a irrealidade, quando, sob cortinados e edredons, a gente se entrega ao pequeno deus sutil "que vem pôr transparências delicadas 'nas nossas pálpebras fechadas'"...

O Impossível é a delícia máxima deste *show*. Enquanto há um cavalo que voa; uma Deusa de Prata que se move, abraça com seus cem braços e mata; um Gênio gigantesco que sai de dentro de uma garrafa, num vapor sibilante, e pouco a pouco se corporifica e fala, e ri, e voa, e transporta a gente em segundos de um fim de mundo a outro fim de mundo; e um Olho Que Vê Tudo furtado a um ídolo, e cintilante como um rubi; e um tapete mágico que plana no ar alto como uma folhazinha ajuizada levada por um vento educado...; enquanto há, na tela, um desses portentos "acontecendo", o filme é preciosíssimo Sonho, incalculável Irrealidade indispensável para amenizar as tão calculadas realidades da vida e do mundo quotidianos...

Outro elemento de sonho que *O ladrão de Bagdá* registra é o pesadelo. Ainda não se viu pintado ante olhos abertos, com tanta... como direi?... com tanta superverdade o pesadelo do que naquela sequência angustiante em que o pequeno Abu se vê "em palpos de aranha" caído na teia do muito carnívoro aracnídeo que tramava as suas perfídias no bojo oco do imenso ídolo...

Fora da Irrealidade, ou, por outra, da Super-Realidade, o filme não tem mais interesse do que qualquer outro, senão em algumas passagens de alta poesia, como, por exemplo, o idílio da princesinha com o reflexo do seu "*Prince Charmant*" boiando como uma flor de lótus no nível da água quieta de um açude...

\*

Para que o sonho fosse mais sonho (dizem os entendidos que no sonho tudo é só branco e preto), Alexander Korda quis dar cor ao seu filme. E a Cor, aí, então, aparece com "C" maiúsculo. Dominante, Soberana, Irresistível. É O Reino da Cor. Tudo foi arranjado com uma caprichosa sabedoria para que as lentes da Technicolor tivessem o máximo com que brincar. É o mar verde; são as altas velas cor de açafrão; são as quilhas pintadas de zarcão e azul ultramar; é a lendária Bagdá dos zimbórios de coral; são os albornozes de lãs torcidas e tintas de maravilha; são os frutos polpudos estatelados nos bazares baralhados; são as cortes de mármores, pórfiras, marfins, jades, povoadas de sultões e guerreiros policrômicos; são os serralhos, os gineceus fechados, onde se pavoneiam *huris* vestidas de véus tecidos pelas fadas, em teares de cristal, com fios desenrolados do arco-íris...

\*

E para que o elemento "gente" fosse também o mais irreal possível, Alexander Korda escalou um elenco estranho e lindo, em que Sabu[415] domina

---

415 Sabu Dastagir (1924-1963) nasceu na Índia e iniciou sua carreira cinematográfica cedo. Um de seus papéis mais marcantes foi o menino lobo Mowgli, em *Jungle Book*, de Zoltan Korda, feito em 1942. Em 1947 atuou com a brasileira Bibi Ferreira no filme *O fim do rio*. Morreu prematuramente, aos 39 anos, de ataque cardíaco em sua casa no sul da Califórnia.

com sua semi-infantilidade de principezinho incógnito do Oriente; e June Duprez, com sua beleza de estampa de livro de histórias; e Conrad Veidt, com seus ares sinistros de abutre mágico; e Rex Ingram, com sua nudez escultórica de Gênio; e até mesmo John Justin, "lindo demais para ser um príncipe" e ator demais para ser um bom ator...

G.

# Quarta-feira, 6 de agosto de 1941
# CINEMA

## Crítica?

Dizem muitos:

— Não gostei da sua crítica a tal fita, sr. G.

Dizem poucos:

— Gostei muito da sua crítica a tal fita, caro G.

Ora, tanto aqueles muitos como estes poucos estão todos melancolicamente equivocados. Eu nunca pretendi fazer "crítica" de cinema. Eu, crítico? Jamais! Deus me livre e guarde!

Praticada como costuma ser por aí além, a crítica é um simples processo de destruição. E destruir não é trabalho que me seduza. Os críticos, em geral, são os homens que "explicam". E explicar é completar. Ora, somente as coisas incompletas é que são belas, porque não satisfazem totalmente. E as coisas realmente belas não precisam ser explicadas. Um arco-íris, uma rosa, uma lágrima são belos enquanto não aparece um meteorologista que explica o fenômeno da refração e reflexão dos raios solares nas nuvens; ou não aparece um botânico que explica o espécime, classificando-o devidamente na numerosa família das rosáceas; ou não aparece um anatomista que explica o efeito físico em virtude do qual as glândulas lacrimais vertem o seu humor... É o que distingue a ciência da arte: aquela explica, esta sugere.

Eu só compreendo a Crítica (assim, com C maiúsculo), como o sugeriu Oscar Wilde numa das suas deleitosas divagações sobre "A Grécia considerada com um país de Críticos de Arte". Não houve críticos na Grécia: por isso houve arte. Ou antes, houve o verdadeiro Crítico. Toda obra de arte é, em última análise, uma obra de autocrítica. O artista vai "criticando" – quer dizer: aperfeiçoando – a sua obra, até chegar a um ponto em que nada mais encontra a criticar nela. É quando a dá por concluída. Então, surge a crítica; e continua a obra do artista, a fazer aquilo que este não pôde mais fazer. Assim entendido, o crítico é um continuador do artista. E, portanto, um construtor. Nesse sentido, eu compreendo a crítica. Mas... quantos críticos, no mundo, até hoje têm feito isso?

\*

Eu não faço crítica de cinema. Eu apenas alinho alguns comentários à margem de algumas fitas. Não pretendo, nunca pretendi descer à análise técnica e explicação dos filmes. Vejo no cinema, como em qualquer arte, uma ilusão dos sentidos. E tento auxiliar, reforçar entre os espectadores o efeito da ilusão. Estou na plateia, assistindo a um espetáculo de mágica, de prestidigitação, de ilusionismo. Vejo, como todos veem, o ilusionista tirar um coelho de dentro de uma cartola, um baralho de dentro de um ovo. E, mesmo percebendo os truques, não me apetece revelá-los aos meus vizinhos de plateia. Para quê? Por quê? Para desmoralizar a mágica? Com que interesse para o bruxo, para o público e para mim? O bruxo ficaria sendo um coitado a mais neste mundo de coitados, o público, arrependido de haver gasto a importância da entrada numa pachouchada infantil; e eu... eu, moralmente obrigado a subir ao palco e apresentar coisa melhor, menos "explicável" do que a pobre mágica desfeita...

\*

Geralmente, o crítico vulgar não procura o bom, mas o mau. É um movimento psíquico que a teoria de Freud explica suficientemente... Ora, não é o defeito, mas a perfeição que me interessa. Quando, uma ou outra vez, me acontece descer involuntariamente, na minha observação, ao fundo de um filme, o que me lembro de trazer à tona não é o que de feio, ou inconfessável, encontrei, mas apenas o que de belo, ou consolador, descobri. É um *métier* de pescador de pérolas. Imagine-se um mergulhador do Golfo Pérsico que, em vez de pescar no fundo do mar as ostras com o seu pequenino tesouro, só se interessasse em trazer à superfície monstros marinhos, detritos repugnantes...

G.

# Domingo, 10 de agosto de 1941
## CINEMA

## Tópicos...

... extraídos do último comunicado que nos envia Samuel Cohen, diretamente do departamento de Publicidade da United Artists, em Nova York:

\*

O famoso crocodilo de John Barrymore vai fazer a sua estreia num filme.

Alexander Korda completou um acordo com o conhecido ator, para que o gigantesco réptil apareça com Sabu, na realização cinematográfica da obra de Rudyard Kipling, *The Jungle Book*, que breve será filmada sob a direção de Zoltan Korda.

O importante jacaré ocupa o lugar de honra na sala de troféus de Barrymore, pois que por ele foi morto, durante uma caçada no México, há já alguns anos; devido ao seu enorme tamanho, foi empalhado e assim conservado.

Sendo um espécime extraordinário, servirá de modelo para que outros de proporções menos gigantescas – mas igualmente "impressivos" – sejam construídos segundo as suas especificações. O crocodilo representa um importante papel nesse filme, que retrata a vida de animais selvagens numa escala jamais vista na tela.

O moço que permaneceu no seu posto, envolto em chamas, no tombadilho do seu navio – segundo os versos de um famoso poema – nada mais teve de herói que Victor McLaglen e Eddie Acuff, um dos seus colegas atores.

McLaglen e Acuff permaneceram nos seus postos, envoltos em chamas, na cabina de uma locomotiva, e conduziram o seu "ginete de ferro" através de uma perigosa viagem, até que atingiram o seu objetivo, pois que a filmagem não devia ser interrompida...

Isso aconteceu nos estúdios Hal Roach, durante a filmagem de uma das cenas de *Trem de Luxo*.[416]

McLaglen e Acuff, representando respectivamente o engenheiro e o foguista, achavam-se na cabina da locomotiva – uma reprodução exata das que são usadas para puxar os famosos comboios Trem de Luxo, da estrada de ferro Pennsylvania, entre Nova York e Chicago.

A locomotiva estava parada: mas, para todos os efeitos, parecia estar em ação... com os seus roucos assobios, sibilante vapor e ardente fornalha.

O diretor Gordon Douglas queria completar a cena final da filmagem do dia; depois disso, não precisariam mais da locomotiva; ela seria desmontada e devolvida à Estação.

O cinegrafista pediu que pusessem mais carvão na fornalha, pois queria uma forte labareda para obter uma filmagem impressionante. Os trabalhadores assim o fizeram... e, enquanto ele filmava e McLaglen e Acuff representavam os seus papéis, o fogo alastrou-se!

O bombeiro do estúdio ia buscar o seu aparelho, quando Douglas o deteve com um gesto. McLaglen, Acuff e todos os outros no cenário sabiam perfeitamente o perigo que estavam correndo, mas... o trabalho continuou!

Era semelhante a um navio cargueiro, com a sua carga em chamas no porão, com as escotilhas fechadas e navegando a toda velocidade rumo ao porto mais próximo...

---

416 *Broadway Limited* (1941), dirigido por Gordon Douglas.

Finalmente, Douglas gritou: "Corte!". McLaglen e Acuff saltaram da cabina; e, logo que o fizeram, as chamas rebentaram através do soalho! "Puxa" — foi tudo o que McLaglen e Acuff souberam dizer.

Quando apagaram o fogo, a locomotiva estava arruinada; mas… que importava? Já não precisavam dela.

E a cena saiu uma verdadeira obra de arte…!

*

As damas do século XVIII eram, geralmente, de proporções volumosas, e isso compreende-se…

Nesses tempos, nada se sabia de "dietética" nem de "calorias", e a quantidade de alimentos consumida por essas belezas era tal que bem pode ser chamada de "inacreditável", nestes dias de almoços de "torradas secas" com "café sem açúcar"…

Um dos almoços servidos à bela Emma Hamilton (Vivien Leigh) numa das cenas de *Lady Hamilton* (*A divina dama*), a produção de Alexander Korda, e que, segundo o Departamento de Pesquisas, é absolutamente exato, é o seguinte:

Compota de uvas e ameixas frescas;

Duas maçãs grandes, assadas, com crosta de açúcar;

Guisado irlandês (um tributo à linhagem de Emma);

Pão italiano de milho;

Pão branco fofo;

Favos de mel;

Manteiga sem sal;

Café com creme e açúcar mascavo;

Pastéis italianos…

# Domingo, 24 de agosto de 1941
# CINEMA

## Nas vésperas de *Fantasia*

Na ansiosa antevéspera do lançamento, em São Paulo, de uma das mais importantes realizações do cinema – talvez mesmo a obra que entreabre cortinas para uma Nova Arte ainda inédita e apenas levemente suspeitada –; nesta inquieta espera de *Fantasia*, quero alinhar aqui uma ou outra pequena consideração à margem da ousadíssima criação de Walt Disney.

\*

Não vou fazer apreciações. No meu *preview* de terça-feira próxima darei, como de costume, a opinião da imprensa estrangeira sobre esse filme único; e, no correr da semana, a minha habitual impressão semipessoal (sim, porque eu procuro sempre, antes, traduzir nos meus pobres grifos as reações do filme sobre os espectadores, a impressão da sala). Também não quero repetir aqui os conhecidos *slogans* comerciais da propaganda: que *Fantasia* custou 3 anos de trabalho e 2 milhões e meio de dólares de despesa; que ela é um "Concerto ilustrado" por Walt Disney e executado pela Orquestra da Filadélfia, sob a regência do mestre Leopold Stokowski, composto de páginas de Bach, Beethoven, Tchaikovsky, Stravinsky, Schubert, Mussorgsky etc.; que a narrativa é feita pelo famosíssimo locutor Deems Taylor; que a sua apresentação exige disposições técnicas especiais de acústica, iluminação etc., motivo pelo qual foi escolhida, em São Paulo, a sala do Rosário para a importantíssima estreia; etc. etc. etc.

*

Nada disso. O que pretendo, nesta antevéspera do auspicioso acontecimento artístico e social, deixar consignado neste meu rasteiro rodapé do *Estado*, é, antes e acima de tudo, o sentido moral do espetáculo de terça-feira próxima: a sua finalidade altruística.

A senhora Fernando Costa, à frente de uma comissão composta das senhoras Fábio Prado, Horácio Lafer, Alcides de Nova Gomes, Décio Novais e da exma. sra. d. Albertina Prado Spengler, em boa hora pensou em reservar a *avant-première* de *Fantasia* para com seu produto beneficiar quinze instituições de caridade e de assistência social que são atestados vivos do exato espírito de previdência, de organização e de caridade da compreensiva gente paulistana. São elas: a "Casa da Criança", a "Assistência Vicentina aos Mendigos", a "Associação Cívica Feminina", e "Associação das Damas de Caridade", a "Associação Sanatório Santa Clara", o "Centro de Assistência Social Brás-Mooca", o "Centro de Estudos e Ação Social", a "Clínica Infantil do Ipiranga", a "Cruzada Pró-Infância", a "Fundação Paulista de Assistência à Infância", a "Juventude Cívica Feminina", o "Instituto Profissional Padre Chico", a "Liga das Senhoras Católicas", a "Obra de Preservação dos Filhos de Tuberculosos Pobres" e o "Círculo Operário do Ipiranga".

Ao justo e inspirado apelo da nobre comissão, respondeu, como de costume, aberto sempre a tudo o que é bom, o boníssimo coração paulista. E o resultado é isso que aí está: a lotação toda do Rosário, para a apresentação prévia, de gala, de *Fantasia*, já esgotada. E, consequentemente, aquelas casas de caridade todas, a ponto de receber mais um precioso auxílio para o seu desenvolvimento e sua subsistência; o *carnet* mundano de São Paulo registrando uma das mais lindas, originais e significativas reuniões da nossa vida social; e a generosa gente de Piratininga assentando, na coluna do "Haver" de sua escrituração para com... com... para consigo mesma, uma parcela importante que só Deus saberá e poderá pagar.

G.

# Quarta-feira, 27 de agosto de 1941
# CINEMA

## No Art Palacio[417]

★★★ ½ *Uma noite no Rio* (*That Night In Rio*) – Peço licença a quem de direito para considerar esta peça linda e alegre a primeira sensível e sensibilizadora manifestação da camada Política de Boa Vizinhança, que tem que ser mesmo o precioso fator de coesão das Américas.

Arre, até que enfim! Agora, sim, estamos sendo bem tratados... Não mais aqueles *dons* de *sombreros* e *sarapes*, olhos pestanudos e quebrados de volúpia na cara cor de Havana, mamando grossos charutos na sombra de frondosos bigodes e costeletas e entre dedos de nababo constelados de brilhantes enormes... Não mais aquelas *señoritas* (com til no "n") geniosíssimas, de dentes de açúcar, rindo risos cortantes como nunca; ou aquelas *dames créoles* todas quebradas de languidez e balançadas em redes, sob voos de papagaios e soltando gritinhos histéricos cada vez que um coquinho cai dos coqueiros e vara a folhagem molenga, morna e aromática... Nada disso! Agora somos *gentlemen* como todos os *gentlemen*, *ladies* como todas as *ladies*. Estamos estandardizados, somos Humanidade.

Ó doce, primeiro milagre da Boa Vizinhança! Ao ver aquela baronesa carioca virtuosíssima, embora "ultrassocialite", e embora cantando também,

---

417 Antigo UFA Palacio, localizado na av. São João, 419, desde 1936.

por um capricho de grande dama, num cassino elegante; e aquele barão tão alinhado, cercado de sócios e amigos pitorescos, sim, porém bem vestidos e discretos; e aqueles interiores corretos, luxuosíssimos mesmo (como, por exemplo, os aposentos da baronesa, todos de cetim em tons doces e suaves de *dragées* e com o detalhe requintadíssimo do telefone de cristal...); e a explosiva Carmen Miranda com *toilettes* "mais que suntuosas" e tomando parte evidente na fita; e a nossa língua falada, e as nossas toadas contadas na nossa língua até mesmo por Don Ameche...; ao ver todas essas reconfortantes e tranquiliza-doras atenções da grande república do Norte para com a sua coirmã do Sul, aplaudimos freneticamente o princípio pan-americanista da Boa Vizinhança. Boa até demais! Temos a impressão de estar ouvindo vizinhos gentilíssimos dizendo uns aos outros: "Oh! Quão galante é o seu filhinho que ontem acertou uma pedrada na minha vidraça!"; "É muita delicadeza de sua parte! Que ma-viosos que são os latidos do seu cão, alta noite, pulando o muro e vindo, com encantadora sem-cerimônia, perseguir as minhas galinhas!"; "Ah! Quanto eu soube apreciar a finura do seu gesto devolvendo-me devidamente quebrado o meu *vacuum cleaner*, que eu lhe havia emprestado, como querendo significar que a minha casa é limpa e não precisa desses aparelhos!" etc. etc. etc.

\*

Mas não é preciso a gente ser brasileira para apreciar devidamente o filme convidativo, limpo, alegre, feliz, bem feito, da 20th Century-Fox, que o Art Palacio está desde ontem exibindo.

Embora o argumento, extraído pelos *scenario-writers* George Seaton, Bess Meredyth e Hans Adler de uma peça de Rudolph Lothar e Hans Soler, não seja novo no cinema (já o vi filmado, há tempos, nos seus mínimos detalhes), a maneira de tratá-lo é, entretanto, nova. E embora não se tenham os produ-tores lembrado de "autenticar" a localização da ação – Rio de Janeiro – com alguns metros de filme natural da belíssima pérola da Guanabara, a sugestão do ambiente carioca está, tanto quanto possível, aceitável.

Para mim, o principal elemento desta fita é a Technicolor. Essas mesmas gentes e coisas filmadas em branco e preto seriam apenas sofríveis. Mas a mágica da fotografia das cores soube dar a tudo – maquiagens, *toilettes*, cenários, móveis, tapeçarias... – um encanto irresistível. O Rio, à noite, sob fogos de artifício (entrada do filme) é uma das coisas mais sedutoras que a tela até hoje mostrou. Idem quanto ao bailado inicial e final, com aqueles costumes, metade índio, metade baiana, numa farândola caleidoscópica verdadeiramente desnorteante. Mas o campo em que primou a Technicolor foi, em primeiro lugar, o oferecido pela pele cor de canela e pelos balangandãs de Carmen Miranda, e pelo Bando da Lua esquisitamente batido de tons vermelhos de refletores que dão à cuíca e à tez tisnada dos músicos um extravagante fascínio.

Outro valor de *Uma noite no Rio* é a interpretação geral. Carmen Miranda não é a primeira no elenco. O filme não é, como se anunciou, "de" Carmen Miranda. Mas o seu papel (terceiro na lista) é importante e ela o desempenha com naturalidade e bom gosto, quer dançando, quer cantando, quer "jogando". Menos afetada (os seus olhos já não têm aqueles requebros exageradíssimos de *Down Argentine Way*),[418] e embora com uma gesticulação que exprime sempre exatamente o contrário daquilo que ela está dizendo, ou cantando, Carmen é uma figura atraentíssima que em qualquer filme estaria bem. Don Ameche dá a impressão de haver representado com prazer, gostando de ser Larry Martin e Barão Manuel Duarte, ao mesmo tempo. Alice Faye aparece revestida de muita distinção e irradiante simpatia, mas necessitando muito reduzir bastante certas opulências de seu busto, que lhe dão um ar de *prima donna* que ela não é, nem quer, nem deve, nem pode ser. Impagáveis, S. Z. Sakall e Curt Bois (respectivamente, o gordo Pena e o nervoso Sales, sócios do barão); e também Leonid Kinskey, o infeliz gigolô de sempre, segunda edição de Mischa Auer.

A direção de Irving Cummings soube criar excelentes cenas de *vaudeville* como, por exemplo, a dos sorrisos forçados, na Bolsa do Rio, e a do biombo misterioso, com Machado, nos escritórios do barão.

Os diálogos são bons. Uma piada de sucesso é aquela com que um dos sócios do barão tenta consolá-lo: "Você não foi enganado; ela é que foi enganada"...

G.

---

418 Filme dirigido também por Irving Cummings (1888-1959), que traz no elenco Carmen Miranda e Don Ameche.

# Quarta-feira, 3 de setembro de 1941
# CINEMA

## *Fantasia*

N.B. – As minhas quase sempre desastrosas "estrelinhas" eclipsaram-se hoje, aqui muito prudentemente. Elas foram inventadas para condecorar fitas de cinema, e não qualquer outra manifestação de outra qualquer arte. Ora, acontece que *Fantasia* é um OUTRO CINEMA. Distingui-la, pois, com esses meus frívolos *crachats* tipográficos seria o mesmo que tentar agraciar, por atos de bravura, um militar com o Mérito Agrícola, ou, vice-versa, por uma vitória leguminosa, um agricultor com o Mérito Militar...

... Começo citando Baudelaire:

*Les parfums, les couleurs et les sons se répondent...*[419]

Já no velho Paname[420] dos "poetas malditos" – quando o *navire équipé d'argent* de Paris ameaçava naufragar no absinto literário do século XIX – o demoníaco dândi, ao compor o perfumado, colorido e sonoro ramalhete das *Flores*

---

419 "O perfume, as cores e os sons se correspondem", verso retirado do poema "Correspondências", de Charles Baudelaire.
420 "Paname" é uma gíria usada na virada do século, pelo franceses, para designar Paris.

*do Mal*, parecia saber que as artes sendo, na sua expressão, essencialmente sensoriais, dirigindo-se aos sentidos, têm que existir numa interdependência, como se entrecorrespondem a vista, o ouvido, o olfato, o tato e o paladar. Charles Baudelaire já compreendia que músicos, pintores, escultores, poetas, arquitetos, atores, dançarinos pudessem entre si, trocar frases como estas: "Ouça só o colorido deste acorde!"; "Prove a harmonia deste volume!"; "Veja a maciez e o perfume deste verso!" etc.

Pois bem. Quase um século depois de Baudelaire, uma Nova Arte apareceu, impressionantemente maleável, acolhedora, escancarada a todas as possibilidades de todas as outras artes: o Cinema. Nasceu mudo – mas não insensível –, vista, ouvido, olfato, tato e paladar abertos a todas as impressões. As exigências mais ou menos mesquinhas da indústria e do comércio fizeram-no, em nome da Ciência, perder o material de arte absolutamente novo com que viera ao mundo: o Silêncio. Deram-lhe voz. Depois, deram-lhe cor, para maior satisfação dos olhos. Amanhã, dar-lhe-ão a ilusão do relevo para os reclamos materiais do tato. Depois de amanhã, talvez, perfume e gosto, para atender aos apelos do olfato e do paladar...

Por enquanto, entretanto – e contentemo-nos com isso – o Cinema vive apenas em duas dimensões sensoriais: vista e ouvido. E, com isso, já capaz de receber e transmitir todos os vários valores de todas as várias artes. Ele pode, ao mesmo tempo, ser música, pintura, escultura, poesia, arquitetura, teatro, dança... Pode – ele sozinho – deixar de ser "uma" Arte, para ser "a" Arte! Afirmo isso sem medo... sem medo nem sequer dos "entendidos" furibundos, mas unilaterais, que negam ao Cinema essa sua capacidade absorvente, esquecidos, *et pour cause*, de que, por exemplo, numa ópera ("*Horresco referens*"!),[421] pode haver, e quase sempre há, uma combinação mais ou menos harmoniosa de música, poesia, teatro, dança, pintura, escultura, quando a orquestra toca e os atores cantam versos e representam papéis, com poses escultóricas, entre bailados e cenários pintado ou arquitetonicamente armados... Tanto quanto

---

421 "Tremo ao referir!", frase proferida por Eneias, em latim, para narrar a morte de Laocoonte.

a ópera (repito: "*Horresco referens*"!), o Cinema (repito, também, mas sem me horrorizar) pode, a um mesmo tempo, ser música, pintura, escultura, poesia, arquitetura, teatro, dança, sendo Cinema *tout court*! Pode – ele sozinho – deixar de ser "uma" Arte para ser "a" Arte.

\*

Ora, por enquanto, a mais elevada, na sua concepção, a mais bem-sucedida na sua realização, prova dessa multiforme capacidade do Cinema é *Fantasia*.

Embora apresentada em São Paulo numa sala, como é a do Rosário, boa, sem dúvida, mas não devidamente aparelhada para o justo efeito do *Fantasound* (a tentativa de dar ao som uma terceira dimensão, tornando-o corpóreo, como um líquido que invadisse toda a sala e em que naufragasse em melodias a alucinada assistência), a ousada experiência de Walt Disney deixa, em quantos a presenciam, uma inédita, estranha, imperecível impressão.

*Fantasia* é um concerto ilustrado. Grande concerto e grandes ilustrações.

A chamada "visualização da música" não é uma novidade no Cinema. E muito menos no mais interessante dos seus ramos: o desenho animado. Há uns dois anos, vi, no Metro, a "visualização" de uma das *Rapsódias Húngaras*, de Liszt, na qual se tentava dar às notas forma e cor: a forma dessas tentativas trazia em si a métrica euclidiana; e cores primárias do espectro solar. Faz pouco tempo, nessa mesma tela, impressionou-me um *talkartoon* que contava a lenda do *Danúbio Azul*, ilustrando com muita inspiração a conhecida página de Strauss. Mas, evidentemente, nenhuma dessas tentativas trazia em si a intenção séria e a mensagem de beleza que animaram Walt Disney e Leopold Stokowski – dois "nomes feitos" que não hesitaram em arriscar a sua popularidade numa aventura perigosíssima. E este é justamente o primeiro valor de *Fantasia*. Ele chama-se, simplesmente, Coragem.

Perfeita a realização? Graças a Deus, não. Se a perfeição fosse possível sob o sol, que bocejante monotonia a deste mundo! O próprio Deus, cheio de tédio, arrepender-se-ia por certo de havê-lo criado assim tão divinamente insuportável! Não vou – porque não sei e porque não posso – comentar a organização do programa musical e a sua execução pela Orquestra Sinfônica da Filadélfia, sob a regência do maestro Leopold Stokowski. Deixo tal especial tarefa aos especialistas, conservando-me, como todo prudente macaco, "no meu galho". Quero tão somente dizer umas coisas "minhas" em torno da arte de Walt Disney.

*

Walt Disney é o fabulista do nosso século. Século necessariamente diferente dos anteriores, ele é necessariamente diferente dos anteriores fabulistas. O seu "movimento" psíquico é precisamente antagônico, contrário, oposto aos dos seus antecessores. Para Esopo, Fedro, La Fontaine, os homens eram como os bichos. Para Walt Disney, os bichos é que são como os homens. Em Luís XIV, por exemplo, La Fontaine descobriu *un lion décrepit, goutteux, n'en pouvant plus*;[422] ao passo que Walt Disney inventou um "Patinho Donald" arbitrário, e só depois a gente começou a achar outras gentes parecidas com ele. A "coisa" acontece assim: "Como este retrato está parecido com você!" (isto é, Esopo, Fedro, La Fontaine); ou então: "Como você está parecido com aquele seu retrato!" (isto é, Walt Disney). *Voilà!*

Assim, descobrindo que os bichos – e também as coisas; uma caçarola, um palito, uma flor, uma vassoura... – são ou podem ser parecidos com os homens, Walt Disney é o antropomorfista por excelência. Sua arte resume-se nisto: o Antropomorfismo.

Tudo, na natureza, é capaz de tomar a forma humana e agir como gente. Ponham-se esse pensamento e essa sensação ao serviço da mais universalizável de todas as artes – a música – e ter-se-á a explicação e justificação de *Fantasia*. Oito grandes páginas musicais, dentro das quais Walt Disney via inumeráveis coisas e bichos. Bichos e coisas inumeráveis nos quais o gênio do artista descobriu formas ou atos humanos. Um "meio de expressão", ou veículo maleabilís-

---

422 "Um leão decrépito, doente (gotoso), incapaz de fazer mais." Referência à fábula do leão e da raposa, de La Fontaine.

simo – o Cinema na sua manifestação mais livre, isto é, no desenho animado... Resultado: *Fantasia*.

Enquanto Walt Disney pratica o seu antropomorfismo puro, isto é, enquanto se limita à fantasia, enquanto transforma em gente as coisas e os bichos, está certo. Quando se reporta à forma humana natural, simples, está errado. Lembram-se daquele horror que foram a "Princesinha", o "Príncipe Encantado" etc., quer dizer, as criaturas humanas, em "Branca de Neve"? Pois vejam só o mesmo horror que são, em *Fantasia*, as "Fadas do Orvalho" (de *Quebra-nozes*, de Tchaikovsky), ou as metades homem e mulher dos Centauros e Centauras (da *Sinfonia Pastoral*, de Beethoven): parecem *girls* de qualquer *show* da Broadway. No entanto, que puras maravilhas que são os cogumelos "sugerindo" chineses (no citado *Quebra-nozes*), ou a família toda dos Pégasos (na *Sinfonia Pastoral*), agindo como... como a *Família Hardy*, por exemplo!

\*

Mas essas imperfeições de *Fantasia* são até úteis ao conjunto maravilhoso: elas fazem realçar, pelo contraste, a excelência do todo.

A gente pode não concordar, de maneira alguma – e eu sou certamente dos que menos concordam – com a monstruosa, satírica, quase perversa interpretação dada por Disney à *Dança das Horas*, de Ponchielli, transformando o gracioso no desgracioso, o que há de mais leve (e diáfano das *Horas*) no que há de mais pesado (um bate-pé grotesco de avestruzes, hipopótamos e crocodilos), ou com a absurda transposição, para as paragens clássicas do Olimpo, da simplíssima inspiração e humaníssima intenção de Beethoven na sua muito terrena *Sinfonia Pastoral*. Mas não pode, de maneira alguma, deixar de achar um portento de sonho – discutível, arbitrário, sim, como tudo o que é sonho; mas, como o próprio sonho, fascinante – tudo o mais de que é feito *Fantasia*. Tudo o mais! A atrevida, estranha e impetuosa experiência feita com a *Tocata e Fuga*, de Bach, em desenhos a cores metafísicas, como que escapados, em estilhaços, da solene arquitetura musical, quando, por exemplo, aquela "fuga", representada por uma onda de sangue grosso e morno, se precipita como um tapete de púrpura por uma escadaria de mármore alvo e sobre ele vão pingando estrelas loucas... Ou, então, a suíte de Tchaikovsky, *Quebra-nozes*, quando as volantes e matutinas Fadas de Orvalho enfiam suas miçangas nas teias de aranha e despejam o seu aljôfar no cálice das flores, para que o sol tenha onde brilhar sobre a terra triste dos tristes homens... Ou então, a mais "walt-disneyana" composição de *Fantasia – O Aprendiz de Feiticeiro*, de Dukas – quando Mickey Mouse resolve ilustrar, muito à sua maneira, aquela história do pequeno serviçal de um grande mágico, que Luciano sonhara na velha Grécia, Goethe pusera em poema na Alemanha romântica de faiança e lúpulo, e Dukas transformara em música na França sensitiva de ontem... Ou então, aquela formação do mundo, 100% Pascal, Darwin e Wells, com todos os seus cataclismos formidandos que Disney entreviu nas dissonâncias da hecatombe de que é feita a *Rito da Primavera*,[423] de Stravinsky... Ou então, o demoníaco ofício da morte, que ele fez nascer daquele sabá infernal no cume lívido do *Monte Calvo*, iluminando com imagens de pesadelo a página satânica de Mussorgsky... Ou, finalmente, a calma lirial, azul e branca, da *Ave Maria* de Schubert, quando a floresta sobe para o céu em fustes finos que se curvam e se tocam no alto em ogivas góticas, transformando a natureza numa catedral de Paz erguida em mãos postas para Deus...

Um *intermezzo*, muito oportunamente colocado depois da trágica e asfixiante "visualização" dada à violenta música de Stravinsky (*Sagração da Primavera*), percorre, como uma corrente de ar, fresca e saudável, a sala. É a apresentação do "Senhor Som". Na tela escura, um fiozinho luminoso e vertical se insinua. Dir-se-ia um tubo fino de gás neon, aceso. Entra, tímido, da esquerda. Hesita, recua. Mas, a um convite animoso do locutor, ganha o centro da tela – e começa a exibir as suas "habilidades". É uma tentativa esquisita, engraçada e, principalmente, preocupante de estabelecer-se um "gráfico de Som". De todos os sons: dos instrumentos de corda, de sopro, de percussão. Ele descreve plasticamente a voz de um violino, de um fagote, de uma bateria. É divertido, sim: mas, principalmente, como eu já disse, preocupante. A gen-

---

423 Trata-se da consagrada *Sagração da Primavera*, ou *Le Sacre du Printemps*, no original.

te começa a cismar, a pensar numa porção de coisas que daí podem surgir… É uma brincadeira? Um passatempo? Uma simples curiosidade? Mas não foram brincadeiras, passatempos, curiosidades, que originaram as grandes descobertas que fizeram Stephenson divertir-se com uma chaleira fervendo e Franklin empinar o seu papagaio de papel de seda?…

*

Aí estão as tão desalinhavadas quanto sinceras coisas que eu precisei dizer à margem de *Fantasia*.

Podem os muito exigentes, ou muito maliciosos, querer insinuar que esta última experiência de Walt Disney é um "feitiço contra o feiticeiro": a fábula contra o fabulista. Podem pensar que, tentando agradar a gregos e troianos, às elites e ao grosso público, com uma Grande Música e uns infantis desenhos animados, Walt Disney e a sua *Fantasia* apenas ilustraram a moralidade daquela fábula do moleiro que quis *contenter tout le monde et son père*.[424] Mas o que nem mesmo os mais exigentes e mais maliciosos poderão jamais, em boa-fé, negar é que, paradoxalmente, *Fantasia* é uma realidade. Esta realidade: a dignificação e glorificação do Cinema num Outro Cinema.

G.

---

424 Expressão equivalente a "tentar agradar a todos".

# Domingo, 21 de setembro de 1941
# CINEMA

## A experiência *Citizen Kane*

O discutibilíssimo filme totalmente de Orson Welles, *Citizen Kane* (*Cidadão Kane*), foi feito para escandalizar. Mas confesso que o que realmente me escandalizou não foi o filme, e sim a precipitada atitude do público, que enchia completamente a sala do Bandeirantes na noite da estreia, retirando-se aos poucos, 20 minutos depois de iniciado o curioso espetáculo, até que, nos derradeiros lampejos da projeção talvez não restasse, presente, sequer a metade dos Trezentos de Gideão.

Esta obra cinematográfica é um ensaio. E, como tal, exige do assistente bastante paciência. É preciso a gente imaginar que está num laboratório, presenciando uma experiência; e não num teatro, assistindo a um espetáculo. É preciso "aguentar firme". Orson Welles é um rapaz de 26 anos, escritor e *showman* popularíssimo no rádio e no teatro, rico, inteligente, trabalhador, corajoso. E principalmente moço. Ora, a irreverência e a audácia são próprias da mocidade. Por isso, quando Orson Welles resolveu escrever, produzir, dirigir e representar o seu primeiro filme, vinha para os estúdios da RKO armado de um palpitante espírito de rebelião disposto a revoltar-se contra todos, a negar tudo.

Pisava os tablados dos laboratórios de Gower Street[425] repetindo aquele lema do famoso espanhol foragido da guerra civil que, vindo para as Américas, ao tocar o navio os diversos portos dos diversos países, desembarcava, chamava no cais o primeiro guarda que via e travava com ele, invariavelmente, este diálogo:

— *Hay gobierno en esta tierra?*
— *Si.*
— *Soy contra!*

Orson Welles "é contra". Contra tudo, contra todos no cinema. Não aceita os artistas convencionais contratados pelos estúdios; e traz consigo o seu pessoal do chamado "Grupo Mercury",[426] do rádio, que nunca enfrentou uma câmera. Não se conforma com os *sets* costumeiros bem arranjadinhos; e

---

425  Endereço em Los Angeles famoso pela concentração de estúdios.

426  O grupo foi formado por Orson Welles em Nova York, em 1937. Faziam parte dele, além de seu fundador, Ray Collins, Joseph Cotten, Agnes Moorehead e outros. Entre os principais trabalhos do grupo destacaram-se as adaptações de peças de Shakespeare (como *Richard III* e *The Tragedy of Julius Caesar*). A partir de 1938, o Mercury passou a apresentar peças radiofônicas pela CBS Radio, das quais a mais famosa foi a adaptação de *War of the Worlds*, de H. G. Wells. A comoção que se alastrou pelos Estados Unidos com essa adaptação fez de Orson Welles um jovem prodígio no meio artístico, o que lhe rendeu convites para passar a dirigir e atuar no cinema.

arma cenários "diferentes", vagos, sem "fundo" nem detalhes. Não concorda com a técnica rotineira da fotografia; e inventa ângulos esdrúxulos, movimentos de câmera desacostumados, luzes contrariantes, maquiagens arrevesadas, forçando o exímio operador Gregg Toland a esquisitas acrobacias. Não tolera a habitual "maneira de contar" do *scenario-writer* e do diretor; e tenta uma fabulação retrospectiva muito variada, numa estranha "enquadração", com interrupções e reencetamentos aparentemente absurdos das sequências, e passagens de tempo desconcertantes. Não suporta o estabelecido dos diálogos teatrais e da gravação de som exata, "dirigida"; e entretece conversas confusas, com superposição de vozes, mantendo, por assim dizer, o microfone no lugar dos ouvintes e não dos locutores, isto é, sem fazê-lo esvoaçar na ponta das "girafas" para ir ouvir o que está dizendo este artista aqui ou aquele lá, o que, às vezes, produz o efeito de reboo, de ressonância, de corporização ou terceira dimensão do som, que sob a designação de "Fantasound" Walt Disney tentou em *Fantasia*. Etc. etc. etc.

Orson Welles "é contra". É desse seu irreverente espírito de contradição o que resultou em *Citizen Kane*?

Ouço dezenas de respostas diferentes na forma, porém mais ou menos análogas no fundo:

— Um filme preocupado, pretensioso, pernóstico, pedante...

— Espetáculo para esnobes...

— Fita contraproducente, afirmando que o cinema está errado e só ela está certa, e conseguindo provar exatamente o contrário...

— A exasperação da *artistry*, do artificialismo...

E assim por diante.

Irreflexões.

Evidentemente, muita coisa não "deu certo" no primeiro filme de Orson Welles. Ele é, sem dúvida, uma "obra primeira", mas não uma "obra-prima". Isso é indiscutível. Mas – que diabo! – *Citizen Kane* é apenas uma experiência. É preciso não esquecer-se a gente, de que foi, por exemplo, só depois de 606 experiências que o doutor Ehrlich chegou a um primeiro resultado prático com as suas "ampolas mágicas";[427] e depois de mais 308 que ele conseguiu fixar o "914"... Tenhamos paciência. A fórmula de Orson Welles ainda há de, um dia, firmar-se para chegar a "depurar" o cinema...

\*

De lado certas infantilidades (como, por exemplo, aquela ideia de pôr no fim do filme, depois do "*The End*" clássico, os letreiros iniciais, "*pour épater le bourgeois*"),[428] e certas excessivas preocupações técnicas que dão ao todo uma angustiante impressão de pesadelo; de lado o que de lado deve ser posto, resta em *Citizen Kane* um estupendo buquê de imarcescíveis flores de inalterável beleza e imperecível perfume, que há de enfeitar e estontear decisiva e perenemente todo o Reino do Celuloide.

Neste momento de remodelações, de implantações de "novas ordens" em tudo – principalmente no cinema; neste instante renovador em que *Carícia fatal*,[429] *Vinhas da ira*,[430] *A longa viagem de volta*,[431] *Caminho áspero* (*Tobacco Road*)[432] e *Fantasia*,[433] tão auspiciosamente anunciam as decididas intenções de "*algo nuevo*" de que se vêm tomando os industriais do cinema; neste propício período de reconstrução, a semente de *Citizen Kane* cai como uma bênção das mãos do semeador. Ela traz em si, sintetizados, comprimidos, uma porção de milagres que amanhã rebentarão por aí tudo, numa portentosa multiplicação. Aquele prólogo apresentado como fita de cinema, com a fotografia primária,

---

427 Referência ao bacteriologista alemão Paul Ehrlich (1854-1915), que realizou diversas pesquisas no tratamento da sífilis e é considerado pai da quimioterapia. Recebeu o Prêmio Nobel de Medicina em 1908.

428 Expressão francesa que pode ser traduzida por "para impressionar os burgueses".

429 *Of Mice and Men* (1939), filme de Lewis Milestone, com Burgess Meredith e Lon Chaney Jr.

430 *The Grapes of Wrath* (1940), filme de John Ford, com John Carradine e Henry Fonda.

431 *The Long Voyage Home* (1940), filme de John Ford, com John Wayne.

432 *Tobacco Road* (1941), filme de John Ford, com Gene Tierney no elenco.

433 *Fantasia* (1940), produção de Walt Disney. A crítica específica a este desenho de longa-metragem, escrita por Guilherme de Almeida, encontra-se logo acima, neste volume.

incipiente dos primeiros dias da Última Arte; aquele voo da câmera passando entre as letras de vidro de gás neon do cabaré e varando a claraboia remendada para ir apanhar embaixo, vista de cima, a pobre "Susan Alexander" viciosa e decadente; aquela outra ascensão da objetiva, durante a representação da ópera, subindo como a voz dos cantores para os maquinários da carpintaria teatral encarapitados no forro da caixa do palco; aquela *prise* tomada do palco iluminado para a sala escura, com toda a alucinação das luzes da ribalta ofuscando o fundo; aquela grandiosidade incrível de Xanadu, o El Dorado, o Shangri-La do cidadão Kane, e os estranhos recursos que essas imensidões oferecem para uma nova técnica do som; e, principalmente, aquela fotografia das obras de arte encaixotadas, apanhada do alto, sugerindo com a impressionantíssima exatidão a vista aérea de uma grande metrópole e significando, simbolicamente, a capital do império que o pobre Kane construiu para seu uso e gozo; isso tudo e, mais ainda, o espiritual sentido de "Rosebud" – a peça que ficou de lado, que faltou ou que não serviu no *puzzle* de uma vida – e o magnífico comentário musical de Bernard Herrmann, e, acima de tudo, o trabalho magistral de Orson Welles – audacioso "homem dos sete instrumentos" numa época de especializações... – quer como escritor, quer como produtor, quer como diretor, quer como ator; isso tudo e tudo o mais que não sei dizer ou que já não cabe nas estreitezas deste simples rodapé de jornal – isso tudo que fez quinta-feira última, à noite, esvaziar-se quase, em 20 minutos de projeção, a sala do Bandeirantes, isso mesmo há de fazer, num futuro que não tarda, encher-se e transbordar milhares e milhares de salas de um cinema que há de vir.

G.

# Domingo, 9 de novembro de 1941
# CINEMA

# Aniversários

Esta seção de cinema do *Estado* completa amanhã quinze[434] anos de existência.

Foi no dia 10 de novembro de 1926 que, na clássica sisudez deste jornal, apareceu uma primeira dispensável frivolidade sobre gentes e coisas do Reino do Celuloide. Vinha, muito seriamente, encabeçado o palminho de coluna por este título desajeitado e comprido: CINEMATOGRAPHOS (com "ph" e tudo...). E foi-se repetindo todos os dias úteis e inúteis, com uma constância desesperadora, uma regularidade intolerável. Pudera! Se trazia como assinatura uma antipática letra que tem a forma de um gancho, parece que de propósito, para poder se enroscar com segurança e ficar sem-vergonhamente onde quer que se enrosque: a letra G.

Sofreu, com o correr dos tempos, a imperceptível seção algumas modificações: alguns anos depois passou a ser impressa em grifo, porque tais eram os estrangeirismos de que usava o seu redator, que os tipógrafos acharam melhor compor logo tudo em itálico; muitos anos depois, resolveu submeter-se passi-

---

434 Por erro de composição tipográfica, consta no jornal "dez anos", e não "quinze", apenas nesta primeira linha.

vamente a uma dolorosa amputação, deixando que lhe cortassem o "tographos" e contentando-se só com o "Cinema"; e ao mesmo tempo que sofria essa *capitis diminutio*, rodava do pináculo da sua coluna para rastejar num rodapé terreno...

E aqui está agora, nesse estado e nessa posição, com a tremenda responsabilidade de quinze anos de inutilidade no seu lombo.

Quinze anos de crônicas!! Quinze anos, com uma média de trezentas crônicas por ano, perfazem o total de 4.500 (quatro mil e quinhentas) crônicas! Já é moléstia crônica...

\*

Ora, aconteceu que certa vez – há dois anos – este CINEMA do *Estado* ganhou, neste dia, um presente de aniversário: a auspiciosa coincidência da inauguração de um novo cinema nesta velha Cidade de Anchieta.

Há dois anos, no "Coração da Cinelândia", ali, naquele quarteirão boêmio da rua Dom José de Barros, entre São João e 24 de Maio: ali, "*ubi fuit*" o velho Casino Apolo, se rasgaram para o público as cortinas pesadas e boas sobre as argamassas modernas e claras do Opera. Muito vaidosamente, este meu "Cinema" ficou pensando que aquilo não era uma simples coincidência, mas uma homenagem intencional, um presente mesmo de aniversário. E o novo Opera, por isso, começou a existir, não só no "Coração da Cinelândia", como também no meu próprio coração. Ficou sendo, sentimentalmente, "o meu cinema"...

Eis que, este ano, comemorando o seu segundo aniversário, o simpaticíssimo Opera estreou, anteontem, um filme de delicada beleza: *Serenata do amor* (*New Wine*). Já no meu último *preview*, resumi, mais ou menos, o que disse desse celuloide a crítica norte-americana. Mas não resumi o que ele é, de fato. *Serenata do amor* é um filme da Gloria Productions, distribuído pela United Artists, desenvolvendo um *screenplay* original de Howard Estabrook e Nicholas Jory, e sob a direção de Reinhold Schunzel. Recentíssimo (foi *reviewed*[435]

---

[435] Em inglês, a crítica – seja cinematográfica, seja referente a outro produto ou serviço – é chamada de "review".

nos Estados Unidos em outubro último), ele conta um romance de amor entre Franz Schubert e a cantora Anna. Schubert é Alan Curtis; e Anna, Ilona Massey. Ora, Curtis, faz pouco tempo, levou Ilona ao altar; quer dizer que a fita "aconteceu" na vida real, e que há de, portanto, revestir-se de um caráter de forte autenticidade a história por eles vivida na tela. Mas essa história não é o principal, na fita do Opera. O principal é o elemento musical. É a voz de ouro, raríssima, de Ilona Massey e são as páginas escolhidas da obra de Schubert para espiritualizar o celuloide: é a *Serenata*, é a *Marcha Militar*, é a *Ave Maria*, é o *Bailado Rosamunda*, é a *Sinfonia Inacabada*... E é também o trabalho de interpretação exato de Ilona Massey, de Alan Curtis e, principalmente, desse artista finíssimo que é Albert Basserman, vivendo a figura sempre impressionante de Beethoven...

*
* *

Dois aniversários: um, com um sentido muito limitado e muito pessoal; outro, com um sentido público, muito importante. E, entre eles, a minha alegria sem sentido...

G.

# Sexta-feira, 12 de dezembro de 1941
## CINEMA

## No Art Palacio

★★★ *Sangue e areia* (*Blood and Sand*) – Por mais avesso que eu seja – e faço questão de ser – a esses odiosos processos de comparações em crítica de arte, essa incompreensiva redução de valores a simples sinais aritméticos (maior que, menor que, igual a, está para, assim como etc.), não posso, entretanto, no caso de *Sangue e areia*, furtar-me à evocação da primeira versão cinematográfica do grande romance de Blasco Ibáñez. É que o filme de Rudolph Valentino (Valentino fez vários filmes, mas *Sangue e areia* foi "o" seu filme) foi tão marcante, tão emotivo, tão sincero, tão apaixonado e apaixonante, que vive ainda, intacto, na minha memória sentimental. Vive, como vive a Saudade, dormindo o sono de legenda da Bela Adormecida: o sono encantado que só o beijo do seu Príncipe seria capaz de quebrar. Ora, o Príncipe é a Realidade. Qualquer leve contato da Realidade basta para despertar a Saudade: o roçar de um perfume, a carícia de uma palavra, o toque de asa de uma luz... E foi um forte contato de cores, sons e movimentos a Realidade que, uma noite destas, na tela do Art Palacio, veio romper o encantamento da minha Bela Adormecida. Foi a visão lindíssima que oferece a produção da Twentieth Century-Fox, o segundo *Sangue e areia*, o filme de Tyrone Power.

Rudolph Valentino… Tyrone Power… Feita a aproximação, as comparações tornaram-se inevitáveis. Valentino viveu um filme silencioso e branco e preto; Tyrone, um filme sonoro e colorido. Mas o poder expressivo de Valentino, o prestígio dos seus olhos mediterrâneos de tâmara e sol, souberam tornar sonoro aquele silêncio, e colorido aquele branco e preto; ao passo que a insignificância de Tyrone como que tornou quase silencioso o som e quase branco e preto o colorido. O Juan de Valentino era a Paixão; o de Tyrone é o Medo. Sentia-se Paixão mesmo, de verdade, em cada mínimo gesto, em cada mínima expressão com que Valentino envolvia Nita Naldi. Sente-se Medo, um irreprimível Medo de tudo (das mulheres, do amor, da vida, menos dos loiros…) em todas as atitudes físicas e espirituais de Tyrone, desde o primeiro lampejo em que aparece no trem que o traz de Madri a Sevilha. Há uma incapacidade, de fato, uma irremediável incapacidade nesse moço bonito, talvez até inteligente, a quem o cinema vem tão generosamente oferecendo tantas e tantas ótimas oportunidades. E essa incapacidade cresce de vulto quando a gente observa o trabalho do pequeno Rex Downing, que, vivendo a figura de Juan quando rapazinho, soube dar ao papel um vigor excepcional, um "sentido" perfeito que Tyrone, depois, não conseguiu sustentar, nem sequer por sombras sublinhar. É pena.

\*

É pena, porque a maravilhosa e miliardolária produção bem que merecia um novo Rudolph Valentino, isto é, um impossível.

Este *Sangue e areia* de 1941 é – não resta a menor dúvida – um puro esplendor de composição e de cor. Para os olhos simplórios dos "coloristas", que infantilmente se embasbacam com vitrinas, caleidoscópios, vitrais etc., esta policrômica Espanha de sangue e areia, de capas e mantilhas, de rendas e aços, de galões e lantejoulas, de mosaicos e cravos, de peles morenas e cabelos negros, de terraços mouriscos e repuxos lânguidos, de guitarras e vinhos, de capelas supersticiosas com velas acesas e palmas de ouro em torno de imagens "encarnadas"… não pode deixar de ser uma festa maravilhosa, incomparavelmente sugestiva. Para os mais exigentes, para os que, passando além da superfície da cor, chegam ao valor do volume, também esta fita belíssima deve ser um encanto pelas maravilhosas encenações que inventou o diretor Rouben Mamoulian, mestre das composições, revelando quadros inesquecíveis, como, por exemplo, a vista de conjunto da "*plaza de toros*", com os detalhes quase repugnantes da tourada; os aposentos de Doña Sol, incrivelmente (porque isso não poderia existir em nenhuma Sevilha de nenhum século!) modernos no seu neoclássico de cetins e cristais; e, principalmente, a estampa maior e melhor desta fita e talvez a mais magnífica que o cinema das cores até hoje apresentou: a *toilette* do "matador", sentado, recebendo seus fãs, e, depois de paramentado, erguendo-se majestosamente ao lado da poltrona, como um rei ao lado do seu trono, em dia de coroação...

\*

Mas, para os mais exigentes ainda – para os que vão além da superfície da cor e do valor dos volumes; para os que chegam à alma, ao sentido íntimo das coisas – o filme do Art Palacio não pode deixar de ser um desapontamento. Principalmente por causa da interpretação dada ao já clássico romance espanhol, à carniceira história contada por Blasco Ibáñez. O tema do romancista ibérico ficou, em síntese, transformado nisto:

– Um sermão *yankee* contra o analfabetismo na Espanha!...

\*

Mas, além dos nada exigentes, dos mais exigentes e dos muito exigentes, há os *s'en-fichistes* (e eu, neste caso, faço questão de me colocar neste grupo) que, em certo gênero de fitas, só procuram o agradável. E o agradável, para o critério masculino, tem que ser, naturalmente, as mulherinhas...

As duas agradáveis visões deste *Sangue e areia* – Linda Darnell e Rita Hayworth – são dois deliciosos extremos: a Boniteza e a Beleza. Com a Boniteza (Linda Darnell) a Technicolor e o diretor foram muito amáveis: ela está extraordinariamente favorecida, em todos os sentidos. Com a Beleza (Rita Hayworth), a Technicolor e o diretor foram gritantemente injustos. A Technicolor, por não ter sabido compreender que Rita é, antes e acima de tudo, uma mulher "arquitetônica", isto é, em que a proporção é tudo. Rita é, mais ou menos, como a Estação da Luz, o Museu do Ipiranga, a Light ou o Matarazzo: o que temos de melhor em arquitetura. A questão "cor" pouco importa, como pouco importaria fosse aquela estação pintada de verde-mar, aquele museu revestido de "*findjimento* mármore", aquela *Light* decorada de *andjinhos* cor-de-rosa, aquele *palazzo* pintalgado de "esponjado futurista"... Essas coisas — como aquela mulher — valem pela "linha". Desta "linha" é que deveriam os olhos da câmera e do diretor tirar o máximo proveito; e não de qualquer maquiagem, ou quaisquer panos coloridos sacrilegamente aplicados sobre aquelas purezas plásticas... E não contente com essa blasfêmia, mestre Rouben Mamoulian inventou para a bailarina e atriz Rita Hayworth (*née* Margarita Cansino) um "*findjimento* voz": obrigou-a a fingir que estava cantando, fazendo com que uma dublê, uma prima-dona qualquer, cantasse por ela. É incrível! Nunca que, de dentro daquele monumento feminino, poderia aceitavelmente sair aquela voz. É como se de dentro da citada Estação da Luz, em vez de apitos e resfolegar de locomotivas, saíssem trinados de canários; ou de dentro do citado Museu do Ipiranga, em vez da voz de um velho professor de história fazendo uma preleção, saíssem vagidos de recém-nascido; ou de dentro da citada Light, em vez de martelar de máquinas de escrever, saíssem os batidos espeloteados de um sapateado de *music hall*; ou de dentro do citado Edifício Matarazzo, em vez de tilintar de moedas de ouro, saísse um *Ora pro nobis* de procissão...

G.

# Domingo, 14 de dezembro de 1941
# CINEMA

## Pelo Natal das crianças pobres

Sob o alto patrocínio da exma. Senhora Fernando Costa – o que vale dizer: de toda a sociedade paulista, que certamente lhe secundará o gesto nobilíssimo – o Natal das Crianças Pobres, de São Paulo, vai ter, este ano, uma nota nova e característica de rara beleza e inestimável valor. É que a Columbia Pictures, em colaboração com a Empresa Serrador,[436] resolveu, prestando delicada homenagem ao sr. Interventor Federal[437] e exma. Senhora, oferecer a renda total da *avant-première* de um grande filme em benefício do Natal dos pobrezinhos.

Ora, esse filme não é apenas "um grande filme". É qualquer coisa mais. É *A Marquesa de Santos*, produção argentina da Lumiton,[438] de Buenos Aires. É o gesto inteligente e amigo da grande República do Prata, fazendo um palpitante motivo histórico, essencialmente brasileiro, a razão de ser de uma

---

[436] Produtora e distribuidora de filmes fundada por volta de 1907 por Francisco Serrador, pioneiro vindo de Curitiba que se estabeleceu em São Paulo e montou várias salas de espetáculos que incluíam o Cinematógrafo como uma das atrações.

[437] Fernando de Sousa Costa (1886-1946) foi governador (cargo chamado à época de Interventor Federal) entre 1941 e 1945.

[438] Primeira produtora de filmes criada na Argentina, em 1931.

importantíssima produção cinematográfica. É Enrique T. Susini e Pedro Miguel Obligado escrevendo a *screen play*, a Lumiton produzindo e os artistas Georges Rigaud, Pepita Serrador e Alice Barrie[439] interpretando uma linda fantasia histórica em torno do imperial idílio entre Pedro I e Domitila de Castro, Marquesa de Santos. São momentos máximos de nossa história – desde o Grito do Ipiranga até a mansa e heroica renúncia daquela que não quis ser rival da Pátria no coração do Imperador – e máximas figuras desses momentos (D. Pedro, a Imperatriz, a Marquesa, o Patriarca, o Chalaça...) revivendo na tela as suas lutas e as suas paixões, os seus beijos e as suas intrigas, os seus sorrisos e as suas lágrimas, magicamente ressuscitadas num estúdio argentino para virem dizer ao Brasil, neste instante trágico da vida do mundo, que as nações americanas pensam, entre si, umas nas outras, intensamente, sentindo-se e compreendendo-se reciprocamente, unindo-se assim, pelo espírito, bela e indissoluvelmente...

É no Rosário – a tradicional *boîte*[440] de púrpura *fleurdelysée* de ouro – que na próxima terça-feira, depois de amanhã, 16 do corrente, às 21 horas, se dará a apresentação, em *avant-première* de caridade, desse filme assim tão altamente significativo.

Ali, no querido cinema em que, sob os 24 andares do Edifício Martinelli, tantas e tantas vezes se tem reunido em encontros de fina elegância a nossa fidalga sociedade; ali mais uma vez irá palpitar, com a palpitação do filme argentino, o generoso coração paulistano. Dali sairá o precioso auxílio que levará às crianças pobres de São Paulo um pouquinho das alegrias do Natal: todas essas pequenas causas lindas e boas, capazes de fazer sorrir para a vida aqueles pobrezinhos para os quais a vida não soube sorrir...

\*

---

439 Entre os nomes dos diretores, atores e atrizes citados por Guilherme de Almeida, somente George Rigaud parece ter feito uma longa e internacional carreira no cinema e na TV.

440 A palavra francesa "boîte", aqui, é empregada em seu significado original de "caixa", para caracterizar a sala de cinema fechada.

Este pensamento só bastaria para levar ao Rosário, depois de amanhã, toda a nossa compreensiva e magnânima gente. É a feição moral do espetáculo do dia 16.

Ao lado dessa, há também a feição social: o prestigioso patrocínio à exma. Senhora Fernando Costa, que muito gentilmente tomou a si, este ano, a tarefa de zelar pelo Natal das Crianças Pobres – patrocínio esse que, desde logo, mal foi anunciada a ideia, recebeu a espontânea e pronta adesão de inúmeros elementos da nossa melhor sociedade.

E há além da social, a feição artística desse fascinante *preview*: o indiscutível valor cinematográfico do filme argentino, em cuja confecção não poupou a Lumiton os maiores e melhores esforços para apresentar um quadro digno, em todos os sentidos, dos episódios históricos que focaliza.

Feição moral, social e artística – eis as três facetas que darão brilho esplêndido de diamante puro à sessão especial do Rosário, na noite de terça-feira próxima.

G.

## Ecos de Hollywood

HOLLYWOOD, 11 (R.) – De Maria Isabel Martinez – Greta Garbo, em sua próxima película da Metro-Goldwin-Mayer, não será aquela Greta Garbo "diferente" que lhe granjeou renome universal, isto é, será diferente... Compreendem? Nada de atitudes impassíveis, esfíngicas, quase sonambúlicas...

Acredite quem quiser: a imaterial, a espiritualíssima estrela vai rir às gargalhadas; vai dançar, ou melhor, saracotear; vai praticar violentamente os esportes; enfim, vai aderir. Não quero apresentar pormenores acerca dessa metamorfose sensacional. Vocês verão para crer, apesar dos protestos da Liga da Decência...

Sim, senhores! A Liga da Decência, austeríssima, franziu o sobrolho virtuoso e, alegando que tanto os trajes como os "modos" da Greta são "demasiadamente sugestivos", opinou pela proibição do filme. Os produtores fizeram ver que tal apreciação constituía o maior elogio ao trabalho da artista e protestaram contra qualquer insinuação de imoralidade.

Em Hollywood, a impressão é a de que, na realidade, o que escandalizou a Liga foi ver a Greta naquele dinamismo trepidante. Fosse outra a intérprete, e nada objetaria, com certeza. Pareceu-lhe, talvez, excessivamente perigoso para as plateias o exemplo da sereníssima criatura no uso e gozo de tantas sensações humanas...

E Greta? Recuperou, diante da sentença ferina, a sua calma hierática. E deve ter sorrido (um sorriso que não se viu, lá dentro dela, como é de costume).

Entretanto, vocês vão ver – e vão julgar. Mas, enquanto esperam, quero dar-lhes outra notícia, pela qual continuarão a reconhecer que Greta é mesmo "diferente".

A Metro-Goldwyn-Mayer paga à grande intérprete, por semana, 7.500 dólares. Pois bem: considerando que, em consequência da guerra, a empresa tem perdido muitos mercados estrangeiros, e portanto, a receita, Greta propôs que sua remuneração fosse reduzida para 5 mil dólares semanais! Note-se que, desde 1939 está terminado seu contrato com a Metro e que várias concorrentes, com ofertas sedutoras, vêm disputando o concurso da gloriosa estrela. Que dirá a isto a Liga da Decência?!...

G.

# Quinta-feira, 18 de dezembro de 1941
# CINEMA

## Argentina-Brasil

Porque eu sabia encontrar-se de passagem por esta ex-cidadela mameluca de Anchieta (hoje metrópole moderna de Prestes Maia) o meu *"muy distinguido amigo"* Alfonso Weissmann, representante da EFA (Estabelecimentos Filmadores Argentinos, S/A); [441] e porque este momento histórico é o *big moment* do congraçamento pan-americano; e porque aquele meu amigo é homem de cinema; e porque o cinema é o veículo melhor para a intercompreensão dos povos; e porque eu penso que sou também, um pouquinho, gente de cinema (pelo menos do CINEMA do *Estado*) – eis-nos, o sr. Alfonso Weissmann e eu, batendo um papo displicente, entre os lambris de mogno do Automóvel Clube e ante dois altos cilindros de cristal em que espumava em bolinhas de soda o efervescente espírito gaélico de um atrevido *whisky* que ainda recentemente ousou singrar os mares hoje pouco navegados...

Cinema... Argentina... Brasil...

---

441 Empresa cinematográfica argentina fundada em 1937 por Julio Jolly, Alfredo Wilson e Clemente Lococo. A EFA produziu filmes de importantes diretores argentinos, como Leopoldo Torres Ríos e Luis Bayón Herrera. Terminou suas atividades em 1955 e seu prédio foi utilizado pelas instalações do Canal 13 de televisão.

— Então, como é?

Uma ruga séria na testa, o amigo Weissmann foi falando...

\*

... foi falando, em português (em português, amigos!), mais ou menos isto:

— Pois é. O cinema argentino progrediu sensivelmente nestes últimos dois anos. Graças às possibilidades que o idioma castelhano lhe abre em todos os países da América Latina, os produtores argentinos têm podido inverter capitais que geralmente excedem de mil contos de réis para cada um de seus filmes... São quatro, no momento, as grandes produtoras argentinas: a Argentina Sono Film, que já nos brindou com várias fitas de Libertad Lamarque (tais como *Porta fechada, Madreselva, Romance no Rio* etc.); a Lumiton (de que ainda agora acaba de ser apresentada, em *avant-première,* a sua *A Marquesa de Santos,* que custou cerca de 1.500 contos de réis; e *Assim é a vida,* encantadora comédia premiada pela municipalidade de Buenos Aires); a EFA (de que São Paulo já conhece *O astro do tango,* com Hugo del Carril, artista exclusivo dos seus estúdios, e *Candida,* com Nini Marshall, a mais cara das modernas artistas argentinas); e a Baires Films, nova entidade fundada por D. Eduardo Bedoya, subdiretor do grande diário portenho *Crítica,* e a cujos estúdios, em D. Torquato, nada falta dos mais importantes estúdios de Hollywood... Outras empresas, de produção menos regular mas também importantes, existem, dentre as quais os Estúdios San Miguel, do milionário argentino D. Miguel Machinandiarena, e que este ano parecem dispostos a grandes realizações, pois chegaram a contratar Libertad Lamarque para dois filmes, pela importância de 850 contos de réis...

— Mas, quanto à "sua" EFA?

— A "minha" EFA está, neste momento, de olhos amigos voltados para vocês, brasileiros. Entidade organizada com um capital de 7.500 contos, é das mais importantes e eficientes realizadoras, tendo já produzido, em quatro anos de existência, quarenta filmes! Pois a EFA aceitou a sugestão deste seu criado, velho conhecedor das coisas e gentes do Brasil, de "rodar" um filme que possa interessar igualmente às duas Pátrias — Brasil e Argentina. E, portanto, aos demais países da América Latina, bem entendido. Nesse filme, tanto o elenco, como a direção, seriam repartidos igualmente: metade de artistas e diretores brasileiros, metade de argentinos.

— Mas, nesse caso, o capital também teria que ser repartido?...

— Claro! Para a realização de tal empreendimento, a EFA, na pessoa do seu gerente, D. Julio Joly, votou a verba de 500 contos de réis, esperando que capitalistas brasileiros cubram a segunda metade, associando-se assim à produtora argentina. A colaboração e exploração do filme em toda a América ficariam a cargo da EFA, que já dispõe de organização técnica eficiente e perfeito conhecimento do mercado; mas os lucros seriam divididos em partes iguais entre os financiadores da película...

— Sabe se já existem, entre nós, interessados na ideia?

— Interessados?... Artistas, sim, naturalmente ansiosos de "passar as fronteiras", de se tornarem conhecidos no Continente...

— E capitalistas?

— Consta que... Não sei... Você saberá logo, tão bem quanto eu...

Mas... eu já sei. Sei — porque conheço a minha gente — que tal lindo e empolgante apelo não pode, não poderia nunca, morrer sem eco nestas minhas imensas e reboantes plagas, onde todos os altos ideais sempre encontraram o anteparo propício que sempre os multiplicou em ressonâncias longas...

G.

**1942**

# Terça-feira, 20 de janeiro de 1942
# CINEMA

## *Preview* da semana
## (Resumo da crítica estrangeira)

Foram-se as pobres férias: esses avaros trinta dias, durante os quais deixei de ser cronista de cinema para ser simples *moviegoer*; pratiquei deleitosamente o Cinema-Prazer, em vez do Cinema-Obrigação; tive o bem humano direito de ir ver uma ou outra fita, sem ideias preconcebidas nem preocupações técnicas; de entrar no cinema como entram vocês todos – mais ou menos por acaso e por desfastio, sem nada saber do filme, nem sequer os nomes dos artistas, e principalmente "tomar notas", sem sublinhar mentalmente isto ou aquilo para, no dia seguinte, bater à máquina as minhas emoções, as personalíssimas impressões que deviam ser só minhas, para divulgá-las, banalizá-las, entregá--las ao ruinoso Todo-O-Mundo que tudo estraga, tudo destrói...

Ai ai!

E, com esse suspiro, toca a recomeçar. "*Et si celle chanson vous embête*"...,[442] paciência para vocês, coragem para mim!

\*
\*  \*

---

442 Em francês no original: "E se essa canção o incomoda."

Cinematograficamente, a semana que corre começou... começou na semana passada. Porque continua, por estes sete dias, o espetáculo sensacional que, desde o dia 12 do corrente, está, com calor e tudo, lotando integralmente a amplíssima sala do Art Palacio: esse *The Little Foxes*, que o indígena verteu para *Pérfida!*. Eis algumas referências da crítica norte-americana a essa grande fita: "a melancólica e emotiva narrativa das lutas da pérfida e cobiçosa família dos Hubbards é apresentada na tela com uma perfeição raríssimas vezes alcançada no cinema. É possível que o grande público não concorde com a crueldade e o peso do 'caso'; mas ninguém poderá negar a magnificência da interpretação, do libreto e da direção. Em todos os sentidos, um filme perfeito: muito mais poderoso que a peça de teatro que o inspirou. Indiscutivelmente, um candidato ao prêmio da Academia de 1941"... Palavras de Delight Evans; "Para sensibilidades amadurecidas, capazes de achar encanto no 'desagradável', esta fita há de representar o máximo de *artistry*... Samuel Goldwyn produz pouco; mas o pouco que produz é sempre uma joia de fino polimento, sempre perfeita nos seus mínimos detalhes... A direção de William Wyler é penetrante e inteligente, meticulosa e espiritual... A fotografia de Gregg Toland é tão boa quanto a do seu *Cidadão Kane*... Para Bette Davis, o seu maior sucesso depois de *Of Human Bondage*. Patricia Colling repete na tela o triunfo que obtivera no mesmo papel nos palcos da Broadway. Herbert Marshall, excelente. E a novata, Teresa Wright, é, indiscutivelmente, a futura, nova e grande 'descoberta' de Hollywood...". E, para rematar, mais esta opinião: "Uma história de ódio. Mas, não resta a menor dúvida, uma das melhores fitas que Hollywood nos tem dado nestes últimos anos. Não poderia ser mais feliz a transcrição para a tela, a direção e a interpretação da famosa peça teatral de Lillian Hellman. Bette Davis é talvez mais 'odiosa', na tela, do que foi Tallulah Bankhead, no palco, no papel de Regina... É dessas fitas que, como *Cidadão Kane*, têm que ser amplamente discutidas. E é preciso não se esquecer a gente de que, por detrás da câmera está esse mesmo Gregg Tolland que fotografou as inesquecíveis emoções e intenções de Orson Welles"...

\*

\* \*

Vem também da semana passada o filme de Wallace Beery.[443] *Bandido romântico* (*The Band Man*), na tela do Metro. "Os fãs de Wallace Beery — escreve um comentador de Nova York — vão ficar terrivelmente desapontados com esta sua nova encarnação, sob a personalidade muito discutível de um bandido mexicano. E a falência de Beery, incapaz de viver com verossimilhança um papel como esse, perfeitamente inverossímil... Nem mesmo o forte e notável elenco suplementar consegue salvar da mediocridade esta fita. Lionel Barrymore, Ronald Reagan e Loraine Day esforçam-se em vão, com suas muito bem estilizadas interpretações, por elevar o conjunto. Fita positivamente má"...

\*

\* \*

Uns lançamentos de pouca importância, em dois cinemas do velho Triângulo, marcam o início da semana. São eles, entre outros, *Senhorita grã-fina* (*A Very Young Lady*) e *Linda impostora* (*Ellery Queen Master Detective*), ambos no programa duplo do Alhambra. A respeito do primeiro — filme de Jane Withers — escreve um crítico norte-americano: "Lembram-se de Simone Simon em *Girls' Dormitory*, seu primeiro trabalho na América? Pois bem, imaginem Jane Withers numa reedição dessa mesma história e perguntem conosco: Por que teimam 'eles' em reproduzir coisas como esta?... É verdade que a pequena Jane, cuja feminilidade se vai assinalando assustadoramente, faz a plateia divertir-se à vontade com seus namoricos com seu professor (John Sutton). Nancy Kelly é a rival que 'pesca' o professor...".[444]

---

443 Wallace Beery (1885-1949) foi artista de circo e muito cedo passou a atuar em filmes de aventura. Nos anos 1920 consolidou-se como ator desse gênero atuando em produções como *Os quatro cavaleiros do apocalipse* (1921) e *Robin Hood* (1922). Com a chegada do cinema sonoro Beery foi um dos que não conseguiu se adaptar aos novos tempos por conta de sua dicção, o que fez sua carreira entrar em declínio. Ao final da vida, atuava em uma ou duas produções por ano, apenas.

444 *Senhorita grã-fina* é uma refilmagem de *Girls' Dormitory* (1936), que trazia no elenco Tyrone Power.

A segunda fita do Alhambra – *Linda impostora* – é já um tanto velhusca: de janeiro do ano passado... Uma opinião da imprensa nova-iorquina: "Esta é a primeira de uma nova série, com Ralph Bellamy[445] no papel central, vivendo a figura de Ellery Queen, o detetive cujas façanhas o povo todo dos Estados Unidos já conhece através do rádio. É um bom começo de série, embora uma grande parte do filme se gaste em apresentar os caracteres que mais tarde irão continuar a história. Ralph Bellamy apresenta um bom retrato do detetive que descobre Margaret Lindsay na cena do crime... Um filme que há de agradar"...

*

\* \*

O Broadway anuncia para amanhã uma fita de muita importância: *Último refúgio* (*High Sierra*). "Há muito, muito tempo – escreve Wolfe Kaufman – que não temos visto um *thriller* de tão alta tensão como este. É um arrepiante espetáculo tão poderoso talvez quanto aquele inesquecível *Little Caesar*[446] que, faz alguns anos já, inaugurou no cinema o ciclo original das fitas de *gangsters*. *High Sierra* foi escrito pelos mesmos autores que escreveram o libreto de *Little Caesar*. E, quanto mais não fosse, bastaria para dar importância a este filme o fato de ser ele o veículo que, finalmente, eleva à categoria de estrelas dois artistas há muito favoritos do público: Humphrey Bogart e Ida Lupino. Dificílimo o papel que a Warner confiou a Humphrey Bogart: um dos mais temíveis *gunmen*[447] que já existiram, mas um bandido que é um ser humano, que é capaz de ações nobres, de gostar de um cão, de respeitar uma mulher. E Humphrey venceu estupendamente todas as dificuldades... E – o que é mais – soube

---

445  Ator muito conhecido por atuar em diversas séries para o cinema e para a TV. Especializou-se em papéis de detetives, mas sua versatilidade e reputação na cena cinematográfica o levaram a participar de produções como *O bebê de Rosemary* (1968) e *Uma linda mulher* (1990), seu último filme, já que faleceu no ano seguinte. Em 1987 ganhou um Oscar honorário por sua contribuição à arte da interpretação.

446  *Alma no lodo* (1931), de Mervyn LeRoy, com Edward G. Robinson e Douglas Fairbanks Jr., é um dos mais importantes trabalhos realizados durante o ciclo de filmes de *gangsters*.

447  Em inglês no original: "pistoleiros".

repartir equitativamente com Ida Lupino as glórias da interpretação... O diretor Raoul Walsh soube combinar bem o sentimento com a ação dramática. Move-se o filme com facilidade, embora por vezes num ritmo letárgico, mas conseguindo sempre interessar"... Outro comentador, depois de tecer elogios idênticos, ressalta a eficiência de todo o elenco complementar, composto de nomes como Donald MacBride, Alan Curtis, Arthur Kennedy, Henry Travers e, principalmente, Joan Leslie. "Uma pequena que aos 16 anos de idade – escreve o cronista – já era feita estrela. É preciso compreender que ela está fazendo, nesta fita, o seu primeiro papel; e perdoar o seu nervosismo natural e a sua inexperiência. Mas não se pode negar que é uma ótima esperança...".

*
\* \*

Filme novíssimo, *reviewed* nos Estados Unidos em dezembro último, é o que nos promete o Bandeirantes para quinta-feira próxima: *Suspeita* (*Suspicion*). Uma nova *Rebeca*.[448] Leiam, por exemplo, o que escreve o redator de um importante magazine americano de cinema: "Todas as desnorteantes e magnéticas qualidades de *Rebeca* – fita que tornou famosos todos os que nela trabalharam, notadamente o seu diretor, Alfred Hitchcock – concentram-se nesta emocionante obra-prima, trazida à tela pelo mesmo diretor, um mestre insuperável na arte de impressionar... Aqui está o que se entende por cinema inteligente, inteligentemente executado. Isto prova o que se pode conseguir quando se aliam a técnica e o talento...". De outro observador são as seguintes palavras: "Cary Grant e Joan Fontaine estrelando, juntos, um maravilhoso drama de mistério, que é tão tenso e excitante, que há de conservar o espectador arrepiado do princípio ao fim. O diretor Alfred Hitchcock é um especialista no gênero: e ei-lo aqui trabalhando melhor do que nunca. Os dois principais

---

[448] Referência ao filme *Rebecca* (1940), primeira produção americana de Alfred Hitchcock, também com Joan Fontaine no papel principal.

intérpretes estão insuperáveis; e, como eles, representam os demais: *Sir* Cedric Hardwicke, *Dame* May Whitty, Nigel Bruce…".

\*
\* \*

O Opera encerrará, sexta-feira próxima, os lançamentos da semana com a apresentação de *Sedutora intrigante*, que, sob o anunciado título original – *International Lady* –,[449] não encontrei catalogada pela imprensa que costumo consultar para este *Preview*.

\*
\* \*

…E, como antigamente, isto é, como antes das minhas férias, as teimosas "estrelinhas" do costume, deduzidas das opiniões alheias que acabo de resumir:

*Pérfida* …………………… ★★★★
*Suspeita* ………………… ★★★★
*Último refúgio* …………… ★★★½
*Linda impostora* ………… ★★
*Senhorita grã-fina* ……… ★½
*Bandido romântico* ……… ★

G.

---

449 Filme produzido pelo veterano Edward Small para sua própria produtora, com direção de Tim Whelan, tendo no elenco, entre outros, George Brent, Ilona Massey e Basil Rathbone. Trata-se de um filme de aventura e suspense sobre dois agentes, um americano e outro inglês, durante a Segunda Guerra Mundial, que tentam capturar uma espiã nazista.

# Domingo, 25 de janeiro de 1942
# CINEMA

## No Bandeirantes

★★★ *Suspeita* (*Suspicion*) — Um estudo sobre o Terror. Não esse terror barato da literatura de cordel do sr. Edgar Wallace, ou dos filmes tragicômicos dos srs. Frankenstein & Cia.; mas o Terror com "T" maiúsculo, "*à la*" Edgar Poe, todo mental, todo "de dentro para fora", isto é, defluindo das gentes para as coisas, e não "de fora para dentro", das coisas para as gentes, como naquela dita literatura e naqueles ditos filmes que precisam de casas mal-assombradas, esconderijos, alçapões, subterrâneos, noites de tempestade, esqueletos, corujas e gorilas para criar a psicose do Medo. Além de inteligente, um Terror bem-educado. Pudera, se é na velha Inglaterra dos bons costumes que ele acontece; no pequeno condado de Wickstead, no Sussex, entre gente de um "*well appointed hunt team*",[450] amazonas e cavaleiros de *drap* bege e escarlate, puros-sangues estilizados e matilhas de *pointers* colorindo os gramados, como aqueles adoráveis "motivos" de caça de certa rústica faiança inglesa.

Aí localizou Francis Iles, autor da novela original de que Samson Raphaelson, Joan Harrison e Alma Reville extraíram o *screenplay* deste filme; o seu muito atento e penetrante estudo, que Alfred Hitchcock dirigiu e Joan Fontai-

---

450  Em inglês no original: "Equipe de caça bem composta."

ne, Cary Grant, Nigel Bruce, Auriol Lee, Sir Cedric Hardwicke, Dame May Whitty e outros viveram intensamente na tela.

É, no gênero, uma coisa nova no cinema. Causa-me espanto a referência a uma "segunda *Rebeca*", que faz, unânime e infantilmente, toda a ingênua crítica norte-americana. De *Rebeca* o filme do Bandeirantes só tem os nomes do diretor (Alfred Hitchcock) e da principal intérprete (Joan Fontaine)! E é uma coisa nova no cinema, por causa justamente da direção e da interpretação.

\*

Alguém poderá acoimar de "um tanto fastidioso" o estilo de Alfred Hitchcock. Mas é justamente a clássica lentidão britânica, a fleuma, o refrigerante *control* da gente vagarosa do Arquipélago que o hábil *metteur en scène* quis e conseguiu exprimir com esse seu propositado ritmo lento. Mas, dentro dessa arrastada cadência, Alfred Hitchcock soube magistralmente armar a indispensável atmosfera de angústia, de pesadelo criada pela "suspeita" que a gente sabe, adivinha infundada, mas gosta de acreditar legítima. Com detalhes, rápido uns, outros insistidos, o grande *régisseur*[451] ultrapassa tudo quanto, nessa espécie, têm conseguido outros colegas seus. Cito, eventualmente, como tipo de detalhe rápido a imprevista associação de ideias que ele consegue poderosamente provocar no espectador, quando, no jantar em casa da escritora Isobel Sedbusk, seu irmão, especialista em necropsias, discorre sobre uma autópsia, enquanto o displicente e suspeito Johnnie vai languidamente trinchando um frango assado... E, como exemplo de detalhe insistido, a lenta e apavorante entrada de Lina na casa noturna e deserta, onde o silêncio, o velho Silêncio da Grande Era, tem um papel importantíssimo... Perito na criação de *thrillers* — virtude que ele já havia fartamente demonstrado em *Rebeca* — mr. Hitchcock lavra um tento com as sequências da disparada do auto ao longo das *falaises* abruptas das costas da Inglaterra, quando a neurose do pavor, a tal terrível

---

451   Em francês no original: "diretor."

*Suspeita*, leva a pobre Lina a um quase suicídio, que é um dos momentos mais fortes que tenho visto ultimamente numa tela.

Único defeito que se poderia atribuir ao filme – culpa da direção – é o final brusco, repentino demais, talvez em desacordo com a situação, insuficiente, talvez, para justificar o tão alto clímax até então armado.

Os intérpretes...

Joan Fontaine está precisamente "*comme il faut*":[452] fina, excitável, no papel da esposa sem atrativos, com a minúcia interessante daquela necessidade de óculos para ler (vista cansada); a mulher apaixonada mas desconfiada, a pobre cobaia de laboratório para todas as experiências do Terror. O seu trabalho, sobretudo na cena do copo de leite, na cama, é de uma exatidão rara e linda.

Cary Grant é exatamente o *scoundrel*[453] da história: um mentiroso cheio de lábia, um crápula simpático na sua inconsciência e irresponsabilidade.

Grande figura no elenco é Nigel Bruce. Ele é o responsável pelo primeiro "arrepio" que marca o verdadeiro início da história: a ameaça de angina do peito ao tomar o grande gole de conhaque. Cem por cento britânico, Nigel Bruce é, sem dúvida, a figura mais artisticamente "marcada" de todo o filme.

Também uma artista muito interessante é Auriol Lee (papel da novelista, autora de contos policiais, Isobel Sedbusk). Um *portrayal*[454] inesquecível.

O muito original e pessoal Sir Cedric Hardwicke, como também a atriz de gênero Dame May Whitty, têm pouco que fazer; mas o fazem irrepreensivelmente.

Um encontro agradável, embora decepcionante, é o que a gente tem com Heather Angel (lembram-se dela?), aqui relegada para um papel muito secundário: o da criadinha do casal trágico.

\*

---

452  Em francês no original: "Como se deve."
453  Em inglês no original: "Canalha."
454  Idem. "Representação."

As palmas finais dirigem-se ao fotógrafo de *Suspeita* (cujo nome não pude reter).[455] O seu *camera work* é, todo ele, magnífico. Sublinho uma passagem que me pareceu altamente artística: quando a sua câmera, durante o primeiro verdadeiro beijo entre Lina e Johnnie, faz a volta toda dos apaixonados amantes, como aqueles *tziganes* dos restaurantes do século XIX, que, com seus violinos, rodeavam de ondas de harmonia os namoros românticos...

G.

---

455  O fotógrafo de *Suspeita* é Harry Stradling, Sr.

# Quarta-feira, 4 de março de 1942
## CINEMA

## O heroico cinema francês

Um recente comunicado de autoria de Jean des Brosses, divulgado pela Havas-Telemondial e proveniente de Lyon traz-nos, na sua comovedora simplicidade, uma visão da angustiosa, porém heroica resistência do cinema francês à desgraça que se abateu sobre a grande Pátria do Espírito. Aí vai, textualmente transcrito, o interessante relatório:

\*

"Francês de nascimento, o cinema apareceu em Lyon em 1894. Teve dois pais: Auguste e Louis Lumière. Um deles, o segundo, ainda vive e conta hoje 77 anos. É membro da Academia de Ciências e Grã-Cruz da Legião da Honra.

Fiel no seu posto, permanece a serviço da sua grande invenção, e, se for possível, em 1942, estabelecer o balanço positivo da atividade cinematográfica francesa, desde a derrocada, pode afirmar-se que Louis Lumière nele há de figurar, e por muito.

De volta ao seu laboratório não tem contribuído pouco, graças às suas pesquisas e às suas experiências, para resolver a questão do fornecimento de películas ao mercado.

Depois dos dias sombrios de junho de 1940, que aconteceu ao cinema em França? A produção estava completamente bloqueada; os estúdios achavam-se fechados; a matéria-prima não se encontrava em parte nenhuma; técnicos, autores, artistas, todos se haviam dispersado, sem nenhum contato uns com os outros.

Na zona ocupada, as autoridades alemãs deixaram abertas algumas salas em que as casas de distribuição faziam passar os velhos estoques.

Na zona não ocupada, criavam-se apressadamente na Côte d'Azur, centros de produção que trabalhavam durante alguns meses em condições materiais quase dramáticas. À raridade da película acrescia a falta de aparelhos de tomada de vistas e de registro sonoro. A quase totalidade desse material achava-se além da linha de demarcação que não podia ser atravessada.

Marcel Pagnol, que possuía, desde longos anos, uma instalação completa nos subúrbios de Paris, foi o primeiro a produzir filmes. O primeiro da série foi a *Filha do poceiro*.[456] Outras produções entre as quais *Os pequenos nadas*, de Yves Mirande, marcaram o início dessa reatividade. Não seria possível dizer que essas películas de após guerra fossem, de modo geral, perfeitas. Nelas devemos ver, antes, uma transição entre um passado, por vezes brilhante para os autores, produtores, encenadores e artistas franceses, e um futuro que já se apresenta cheio de promessas.

Desde a criação, em dezembro de 1940, do Comitê de Organização da Indústria Cinematográfica, todos os membros da corporação readquiriram confiança. Assim que os projetos foram concebidos, os filmes passaram a ser estudados, e as realizações, a ser empreendidas.

No plano financeiro, o Estado, por intermédio do Crédito Nacional, outorgou ao Comitê um primeiro empréstimo que tirou de dificuldades numerosos produtores. Enfim, a gente do cinema pôde, graças ao seu Comitê de Organização, resolver todos os problemas criados pela ocupação de duas terças partes do território nacional.

---

456  *La Fille du puisatier*, datado de 1940.

Assim logrou ser assegurado o fornecimento das matérias-primas indispensáveis.

Há um ano e algumas semanas, o cinema francês tornava-se uma verdadeira profissão. Durante esse lapso de tempo foram realizados cerca de cinquenta filmes nos estúdios parisienses, e vinte nos de Nice e Marselha. Em 1938, a produção nacional não foi além de cem fitas. Merece, portanto, elogios, o resultado obtido em 1941.

Não discutamos, por enquanto, a qualidade dos filmes apresentados. Assinalemos, somente, que 50 mil profissionais, dos quais 20 mil haviam sido forçados a inscrever-se nas listas dos desempregados, puderam ganhar o pão cotidiano.

Assim, na França empobrecida e ferida, os produtores, autores, encenadores, artistas e técnicos acabam de mostrar ao mundo inteiro de que realizações é capaz o espírito de reerguimento que anima o país. Certamente, os filmes produzidos estão longe de constituir todos obras-primas. Numerosos deles contêm fraquezas ou banalidades de que os autores e os encenadores são os primeiros responsáveis, por permanecerem por demais apegados a certas fórmulas fáceis de antes da guerra com que o público se satisfazia.

Os produtores franceses quando tentam afastar-se dessas fórmulas fazem-no apenas com extrema prudência. E se por acaso arriscam, aqui ou ali, nos seus afrescos filmados, alguns toques de cor, a verdadeira massa continua a faltar. Nem por isso deixaremos de notar, entre as produções dos últimos meses, alguns resultados de bela originalidade.

Assim, por exemplo, devemos a Jacques Christiany duas autênticas novidades, dois bons filmes de imagens impecáveis e ideias felizes – *O assassínio do pai Noel* e *O primeiro baile*. Essas duas películas têm certo valor dramático e contêm achados cheios de encanto e fantasia; *Nós, garotos*,[457] de Louis Daquin, alcança também êxito excepcional do mesmo modo que *O último dos seis*[458] de

---

457  *Nous les gosses* (1941).
458  *Le Dernier de six* (1941).

Georges Lacombe, filme policial no qual há muita coisa mais do que simples espírito inventivo.

Inscrevamos ainda entre os títulos a reter *História para rir*,[459] de Marcel L'Herbier e *Uma mulher na noite*,[460] de Edmond Gréville.

O Comitê de Organização da Indústria Cinematográfica dá a entender que a produção de 1942 será de grande qualidade. Podemos aceitar o vaticínio desejando aos autores e encenadores, que já deram sobejas provas, e que dispõem de intérpretes de talentos tão variados, que silenciem os seus escrúpulos a respeito das velhas rotinas do público, cujo espírito não aspira senão a ser rejuvenescido.

Os produtores podem lançar-se ousadamente na novidade. Os espectadores demonstram de modo superabundante que, segundo as circunstâncias, são capazes de vibrar com as grandes e belas evocações que lhes são apresentadas, do que dão testemunho algumas películas de curta-metragem, produzidas sob o título genérico *A França em marcha*. Trata-se de pequenos filmes documentários semanais bem concebidos, e que refletem, todos, um aspecto de reerguimento nacional.

Que o cinema seja uma indústria nacional, é fato incontestável. Mas o seu alcance é internacional e os profissionais franceses não o ignoram. Prevê-se, portanto, que na produção do ano corrente seis ou oito filmes tratem dos temas humanos de interesse francês, mas especialmente concebidos para reter a atenção dos públicos estrangeiros.

A invenção francesa, o cinema de Louis Lumière, tão doente há poucos meses ainda, deitou-se de novo corajosamente à tarefa. É hoje em dia uma indústria bem organizada, nas mãos de técnicos e artistas nacionais, cujo objetivo essencial é, na hora presente, mais do que nunca, a glória de seu país."

---

459 *Histoire de rire* (1941).

460 *Une femme dans le nuit* (1943).

# Quinta-feira, 26 de março de 1942
# CINEMA

## No Metro

★★★ *O médico e o monstro* (*Dr. Jekyll and Mr. Hyde*) – A gente está farta, fartíssima de conhecer e, mais do que isso, de lidar mesmo estranhamente com o tema desta história d'*O Médico e o Monstro*, eterno conflito entre o Bem e o Mal; está farta, fartíssima de conhecer, através da literatura e do cinema, essa história de Robert Louis Stevenson; está farta, fartíssima de conhecer Spencer Tracy como um grande ator, Ingrid Bergman como, indiscutivelmente, a maior revelação da tela, depois de Greta Garbo e Lana Turner, como uma menina mesmo muito [bonita]. Mas, o que a gente não sabe, e somente vendo esta fita poderá ficar sabendo – é o farto punhado de novidades em todos os sentidos, que se contam nesta nova versão da popular novela, cuidadosamente "cinegrafada" por John Lee Mahin e dirigida por Victor Fleming.

*

Primeira e principal novidade: os enxertos "freudianos". Este *Dr. Jekyll and Mr. Hyde* não é mais apenas o "caso" de um cientista que resolveu ultrapassar os limites da sabedoria humana para invadir os domínios de Deus, a alma humana. Não é mais apenas o desenvolvimento e a ilustração daquele terceto popular do soneto Dualismo, de Olavo Bilac:

*E no perpétuo ideal que te devora,*
*Residem juntamente no teu peito*
*Um demônio que ruge e um deus que chora.*

Não é mais apenas um poderoso "[ilegível]" cinematográfico, uma peça do gênero *Grand Guignol*, [ilegível] (como no velho filme de John Barrymore) ou com muito de *artistry*, de acabamento "diretorial" de requinte, de técnica cinematográfica (como no filme o [ilegível] de Fredric March). Não. Há aqui, na nova produção da Metro-Goldwyn-Mayer, uma intenção vigorosamente manifestada e plenamente *réussie* de apresentar um estudo psíquico moderno, segundo as muito faladas, muito na moda e pouco compreendidas teorias do dr. Sigmund Freud. O Amor como espectador constante da luta Bem *versus* Mal predomina, é mais importante, no filme, do que a intriga e mesmo do que o próprio tema primitivo. A obsessão erótica, desde o momento em que o dr. Jekyll encontra entre os seus guardados a liga da Ivy e resolve submeter-se à experiência do "desdobramento de personalidade": a repetição, durante a vertigem de [ilegível] entre o dr. Jekyll e mr. Hyde, das imagens dos seus dois anjos (Beatrix, o Anjo Bom, e Ivy, o Anjo Mau); a funda análise do sadismo na índole do monstruoso cientista... tudo isso são acréscimos lindíssimos que dão à fita do Metro o maior e melhor do seu valor.

\*

Outra extraordinária novidade contida neste celuloide é Ingrid Bergman. Ninguém, até hoje, senão Greta Garbo na sua estreia, conseguiu como Ingrid fazer estremecer, com um novo *frisson*, o quadro branco. Cada vez que Ingrid está *in focus*, o filme é uma obra-prima. A gente vai, desde os primeiros lampejos, gostando de Spencer Tracy: vai achando Lana Turner "uma gracinha", "um amorico" (como dizem as Flores de *Swing* destes tremelicantes dias), vai gozando Donald Crisp, Ian Hunter & cia., a satirizar, de propósito, ou não, a pomposa hipocrisia da sociedade vitoriana... Mas, assim que Ingrid aparece, pobre, mal vestida, [viciosa], repulsiva quase no seu papel de mulher fácil, toda aquela gente, com tudo que a cerca, desaparece definitivamente, para que Ingrid exista por virtude própria, por si mesma, sem depender de ordens do diretor, nem complacências ao *makeup expert*, nem generosidades do *cameraman* ou dos eletricistas. A cena com dr. Jekyll no seu quarto humilde (ponto alto desta fita, e que seria o ponto alto de qualquer fita em que fosse incluída); a outra, no consultório do funesto clínico; e finalmente a sua derradeira aparição, antes, durante e depois daquele brinde com champanhe diante do espelho — essas sequências, pelo muito, muitíssimo de alma que as ilumina, pelo infinito de ternura, pela imensidão de humanismo que nelas destila a impressionantíssima artista, não me parecem fixadas superficialmente no celuloide efêmero, mas "*aere perennius*",[461] no bronze eterno.

*

Também a Victor Fleming, o diretor, se devem excelentes novidades que os dois anteriores *O médico e o monstro* não tiveram: nem mesmo o de Fredric March, que teve ao megafone o grande Rouben Mamoulian. Fleming consegue apresentar composições magníficas na sua forma e no seu ritmo, como por exemplo a cena, na igreja, com o louco endemoninhado; e a do cabaré, quando se dá o grande "fecho" geral nos primeiros planos, enquanto no último plano, no palco, uns malabaristas jogam, muito despreocupados, as suas garrafas de pau...

*

Estupenda a fotografia toda desta fita. Londres enfeitado pelos modos emperiquitados de 1887 e dissolvido, à noite, no *fog*, com suas luzes aureola-

---

461 "Mais durável que o bronze."

das – eis aí uma bela coleção de gravuras da época que não desmereceriam se figurassem nas paredes da National Gallery. Nota curiosa: faz parte dessa fita o mais longo *close-up* de toda a história do cinema (o da primeira transformação do Médico no Monstro, que gastou 250 pés de filme!).

*

O defeito sério desta fita é, para mim, a caracterização de Spencer Tracy. Ela é mais obra de um dentista do que de um grande ator ou de um *makeup expert*. Tenho a impressão de que Tracy não precisava disso para ser dr. Jekyll e mr. Hyde. Talvez uma simples mudança radical de expressão, sem artifícios de camarim ou de... de gabinete de dentista lhe bastaria.

G.

# Domingo, 5 de abril de 1942
## CINEMA

### *Todos somos americanos*

Solicita-nos o sr. Albert Deane, em nome do Coordenador de Assuntos Americanos, de Nova York, a publicação da notícia abaixo, a que gostosamente damos a divulgação que merece e que o momento exige:

\*

"Um dos documentários cinematográficos mais importantes que já se produziram no Continente Americano é o que muito em breve será exibido a milhões de habitantes dos Estados Unidos, em milhares de milhares de escolas, igrejas e outras instituições educativas. Esse filme, que se intitula *Todos somos americanos*, mostra aos 130 milhões de habitantes dos Estados Unidos os seus vizinhos das repúblicas da América do Sul e da Central, assim como os do México, no hemisfério do Norte.

*Todos somos americanos* é um dos assuntos mais interessantes até hoje filmados, pois em quarenta e cinco minutos, que é quanto dura a projeção, nos mostra não só todos os povos das Américas, como também seu lugar na história, sua mútua dependência, suas grandes contribuições à civilização moderna, e o papel que estão desempenhando na direção dos assuntos mundiais.

A filmagem de *Todos somos americanos*, que se deu *in loco*, nas vinte repúblicas americanas que ficam ao sul dos Estados Unidos, esteve a cargo de Julien Bryan, que também tomou a si o trabalho de editar a fita com descrição em inglês para o público norte-americano. Graças ao seu esforço, foi produzida uma fita educativa de grande penetração e esclarecido escopo, a qual tem merecido os maiores elogios das altas autoridades de educação dos Estados Unidos. Essas autoridades decidiram que *Todos somos americanos* será a primeira fita que se distribuirá em todas as escolas, igrejas e demais instituições educativas da nação que possuam aparelhos de projeção cinematográfica. Isto representa dezenas de milhares de exibições para dezenas de milhões de norte-americanos que estão verdadeiramente ansiosos de conhecer os povos do Continente Americano e seus costumes.

O filme *Todos somos americanos* já foi exibido no University Club de Nova York, ao terminar um banquete e reunião celebrados pelo Conselho de Administração da Juventude Católica, na noite de 20 de janeiro último. Falou nessa ocasião o Rev. John F. O'Hara, antigo presidente da Universidade de Notre Dame. O bispo O'Hara havia visto o filme numa exibição particular e solicitou que a fita fosse exibida no banquete, a fim de inculcar no agrupamento de jovens as diversas fases das relações intercontinentais. Outros eminentes personagens católicos assistiram à exibição e mais tarde, reunidos em conselho, tomaram as medidas necessárias a fim de que o filme seja exibido em todos os grupos católicos da zona de Nova York.

A publicação americana *Reader's Digest*, cuja edição em português se intitula *Seleções*, publica todos os meses um 'guia' de futuros artigos que aparecerão na revista. Na sua edição de fevereiro esse guia chama a atenção dos leitores, como especial interesse, para a importância de *Todos somos americanos* e pede a todos os leitores interessados que se informem a respeito desse filme, dirigindo-se ao escritório do coordenador de Assuntos Interamericanos, 444 Madison Avenue, Nova York.

*Todos somos americanos* é apenas a primeira de uma série de fitas referentes às Américas, que o Gabinete do Coordenador de Assuntos Interamericanos tem em vista distribuir em todo o território dos Estados Unidos da América.

A maioria dessas fitas será em cores, pois é natural que as belezas reais e os padrões de glória dessas repúblicas exigirão os coloridos para o seu justo realce.

Mr. Nelson Rockefeller é o diretor geral do Gabinete do Coordenador de Assuntos Interamericanos, estando a cargo da seção de cinematografia mr. John Hay Whitney. Phil Reisman, vice-presidente da RKO-Radio Corporation, está encarregado da distribuição de todos os filmes que a seção de cinematografia distribui nos Estados Unidos e manda aos países centro e sul-americanos."

# Quinta-feira, 21 de maio de 1942
# CINEMA

## À margem de *O grande ditador*

Coisas que me fui dizendo, ao longo das ruas já sem gente, na noite enjoada de Noroeste, quando saí do Opera anteontem:

\*

... Charles Chaplin?

Não. Ele é apenas Charlie, em inglês, Charlot, em francês, Carlito, em português... Todos os povos se acharam com direito de lhe dar um nome, porque ele é de todos os povos. Pertence à humanidade. Não se parece "especialmente" com ninguém, porque se parece "geralmente" com todos. E para ser mesmo assim de todo o mundo, ele sempre usou a linguagem de todo o mundo, que todo o mundo compreende: a linguagem do silêncio. E para ser mesmo assim como todo o mundo, que vive se desconjuntando entre dois extremos (o sublime e o ridículo), ele também acomodou a sua desengonçada personalidade de vagabundo familiar entre extremados aumentativos (calções e sapatões) e diminutivos (bigodinho, bengalinha e cartolinha)...

Assim, como a vida que se espreguiça ou contorce entre extremos (o nascimento e a morte; o riso e a lágrima; o sublime e o ridículo...), Carlito é a própria melancolia da vida. É o humor: esse complexo feito de mansa aceitação ou total desilusão, sem qualquer depósito amargo (absinto ou fel, isto é, encanto ou desencanto, saudade ou remorso, esperança ou desespero...) no fundo ou na superfície. O humor: essa convicção serena e sábia do "assim mesmo"; o mundo é assim mesmo, a vida é assim mesmo, os homens são assim mesmo, tudo é assim mesmo... O humor: o *fairplay*, o espírito esportivo. Enfim, "*a melancholy of mine own, compounded of many simples, extracted from many subjects*" – essa mesma melancolia de Shakespeare, que era só dele, composta de muitas simplices e extraída de muitas coisas...

\*

Ora, essa quintessência patética da vida coube, inteirinha, em dois "momentos" – para mim, os dois máximos momentos – de *O Grande Ditador*. Dois momentos em que Carlito é ele mesmo: o grande pantomimista. Dois momentos da vida real e, portanto, dois momentos universais, que todos os pobres homens da terra sempre tiveram, sempre hão de ter: o momento do ridículo e o momento do sublime.

O ridículo: o barbeiro judeu é atacado sob a janela de Hannah. A heroica rosa do Gueto, com uma enorme caçarola, errando a pontaria, desfere-lhe um golpe timpânico no "alto da sinagoga"... Carlito, aterrado, tonteia, cambaleia, tropeça, apruma-se, gira, vai rodando como um pião ao longo da calçada; revoluteia, volta, bambo, rolando, rolando... Vai cair, esborrachar-se... É a "coisa" da terra. É a gravitação terrestre. É o ridículo...

O sublime: há paz no Gueto. Hannah e o seu barbeirinho, endomingados, vão passear. É o parzinho mais lírico que já se viu neste mundo. Dois bonequinhos de bazar. Toda a Israel vem à rua, assoma às janelas para vê-los passar. Rosa de Jericó, nunca Hannah esteve mais enfeitada e mais linda. Carneirinho frisado, nunca o barbeiro pareceu mais tratado a cosméticos e loções. De repente, alarme no quarteirão judeu. O Povo de Deus esgueira-se, foge, debanda, enfurna-se todo, como bichinhos tímidos nas suas tocas. E, no Gueto deserto, só Hannah e o seu barbeirinho existem, pateticamente indiferentes, inconscientes, sozinhos no tempo e no espaço, perdidos no seu sonho, fora da vida e longe do mundo... É aquele instante único, que é de todos, em que a vida e o mundo se acabam, porque uma coisa muito maior e melhor começa... É o Amor... É o sublime...

*

Essas, as coisas que me fui dizendo, ao longo das ruas já sem gente, na noite enjoada de Noroeste, quando saí do Opera, anteontem...

G.

# Domingo, 31 de maio de 1942
# CINEMA

## Morte de John Barrymore

HOLLYWOOD, 30 (U.P.) – Faleceu na madrugada de hoje o célebre astro do cinema John Barrymore.

### Os últimos momentos do consagrado artista

HOLLYWOOD, 30 (U.P.) – Acaba de desaparecer o conhecido ator cinematográfico John Barrymore, que atingiu o ápice da fama graças à naturalidade de seu desempenho em tantos filmes de sucesso. O desenlace ocorreu esta madrugada no Presbyterian Hospital.

Ao anoitecer de ontem, seu irmão Lionel, que passou a maior parte da enfermidade na cabeceira do leito de John, solicitou a presença de um sacerdote para dar-lhe a Extrema Unção, ao perceber que se aproximava o derradeiro momento. Lionel também se achava adoentado, porém, esqueceu-se de seus males e durante mais de uma semana esteve junto ao seu irmão.

John, que recobrou a lucidez nos últimos momentos, fez gesto para abraçar a sua filha Diana, a quem beijou, numa dramática e silenciosa cena de despedida. Seu médico assistente se mantinha um pouco afastado, contemplando visivelmente emocionado o patético quadro. Compreendia que esses eram os últimos gestos do grande ator.

Ao ser conhecida a iminência do desenlace, um numeroso grupo de amigos e admiradores do artista se aglomerou em frente ao hospital, pedindo pormenores do seu estado de saúde, de minuto a minuto, enquanto os telefones tilintavam constantemente. Eram seus companheiros do trabalho e diretores que solicitavam informações. Misturadas na multidão anônima figuravam personalidades literárias, artísticas e executivas. O novelista Gene Fowler, o artista John Becker e o ator Alan Mowbray, formando um pequeno círculo, conversavam. Diziam eles que a morte de John Barrymore, mais que uma questão pessoal, era uma sensível perda para o cinema.

A vida de John, de contornos variados e novelescos, sempre atraiu a atenção geral. Seu nome figurou em mais títulos que qualquer outro ator, pois sua atividade e seu gênio proporcionavam constante material à imprensa e aos leitores.

## Dados biográficos de John Barrymore

HOLLYWOOD, 30 (H.T.M.) – O veterano astro do teatro, do cinema e do rádio, John Barrymore, faleceu hoje, aos 60 anos de idade. Sua morte foi atribuída a um mal interno, complicado por uma pneumonia e fraqueza do coração.

Ainda que a geração mais nova tenha conhecido Barrymore em papéis humorísticos, em filmes falados e no rádio, os admiradores mais velhos do teatro e do cinema recordam-no como "o maior Hamlet do seu tempo", na qualidade de brilhante ator dramático. Há vinte anos, Barrymore era conhecido em todo o mundo como "o grande amante" do teatro e do cinema silencioso. Seu perfil perfeito fez dele o ídolo de milhões de membros do exército feminino de admiradores do cinema, encantados pelos seus papéis inimitáveis em grandes filmes como *Sea Beast*, *Beau Brummel* e *Don Juan*.

Barrymore veio ao mundo trazendo atrás de si uma grande tradição de teatro. Era filho de Maurice Barrymore e de Georgina Brew, irmã do famoso John Brew. Seu irmão, Lionel Barrymore, é geralmente considerado o maior ator característico do cinema, e sua irmã, Ethel, foi por muito tempo reconhecida como uma das primeiras damas do teatro norte-americano. Os três Barrymore eram conhecidos como a família real do teatro.

John Barrymore começou a vida exercendo funções de caricaturista de jornal. Mais tarde, a tradição da família impeliu-o para o palco, onde fez a sua estreia, em 1903, em Cleveland. O jovem e elegante Barrymore se tornou o maior astro da comédia; em seguida se entregou ao drama, de caráter geralmente mais sério, sob o ponto de vista da interpretação. Obteve grande êxito, em 1920, no papel de Ricardo III, e deu a sua maior contribuição para o teatro no papel de Hamlet, em 1924.

O grande comediante obteve brilhante êxito no cinema silencioso e nos primeiros dias do cinema falado, mas a sua paixão pelo "vinho generoso e os seus pecadilhos românticos causaram o eclipse do seu sol, nos dias posteriores". Há pouco tempo, Barrymore voltou à estima do público pelo seu papel em *My dear children*, em que criou a caricatura de um grande ator. Após *My dear children*, Barrymore voltou a tentar novas glórias em Hollywood e se tornou um astro característico. O seu forte, então, eram as interpretações burlescas.

A vida privada de John Barrymore foi ainda mais cheia de colorido do que a sua carreira teatral. Casou-se quatro vezes. Foram suas esposas Katherine Harris, Mrs. Leonard Thomaz, que é a poetisa Michael Strange e mãe de sua filha Diana; Dolores Costello, que lhe deu dois filhos; e Blaine Harris, que lhe deu grande publicidade com o romance *Ariel e Caliban*, no qual ela o persegue de avião por todos os recantos do país.

A morte de John Barrymore foi estranhamente silenciosa. Somente seu irmão Lionel e sua filha Diana se encontravam ao lado do leito. Barrymore morreu calmamente, após permanecer durante horas em estado de coma.

Pouco antes de sua morte, foram-lhe ministrados os últimos sacramentos da Igreja Católica.

# Quinta-feira, 2 de julho de 1942
# CINEMA

# No Art Palacio

★★★★ *Como era verde o meu vale* (*How Green Was My Valley*) – História de uma gente que foi feliz num vale que foi verde. Um dia, o progresso colheu aquele côncavo fresco de paisagem. E o verde tornou-se preto. Fuligens pretas das minas de carvão enlutaram os verdores do vale silvestre; voos de crepe preto enlutaram as esperanças verdes da gente simples... É como quando a mão sentimental, que colhera, num velho dia, uma folha singela de malva, o encontra, muito tempo depois, entre as páginas de um álbum de lembranças; e passeando os dedos por aquele verde escurecido e por aquelas nervuras ressequidas, tudo se perde numa carícia retrospectiva. E vai sentindo como era verde aquela folha! E – todos os sentidos milagrosamente resumidos naquele tato leve – vai vendo, ouvindo, provando, aspirando o antigo encanto da antiga folha de malva... e vai também aquela mão compreendendo o quanto se confundiram as linhas do seu destino com as veias daquela folha...

Essa finura de concepção, só mesmo a poderia entender e realizar em cinema a gente que fez esta fita: esta fita que não é de A ou de B, mas de todos ao mesmo tempo.

John Ford, o diretor, elevou aqui ao máximo da perfeição aquelas suas esplêndidas e personalíssimas qualidades técnicas que *The Informer*, *Grapes of*

*Wrath*, *Stagecoach*, *The Long Voyage Home* e *Tobacco Road* já tão altamente haviam fixado. Os seus passes de magia sabem sempre surpreender. Os caracteres que ele trata deixam de ser simples sombras, para ser os próprios corpos que as projetam. O processo do *flashback* – o retrospecto, a recapitulação, a narrativa de trás para diante no tempo – de que tanto tem abusado o cinema atual, surge como uma coisa nova: porque ele é aqui apenas "verbal", apenas "falado" e não "representado".

Os cenários e decorações interiores de Thomas Little traduzem toda a peculiar atmosfera daquele torturado cantinho do País de Gales; e toda a poesia que emana do livro, tão finamente sentido, tão fundamente pensado e tão lindamente escrito, de Richard Llewellyn.

Fotografando em branco e preto esses cenários e esses interiores, e essa gente e esses costumes, o *cameraman* Arthur Miller dá ao branco e preto todos os matemáticos valores que a ótica neles reconhece: a fusão de todas as cores (branco) e a negação de todas as cores (preto). E essa fotografia simples convence a gente de que, em Technicolor, este filme seria um desastre.

Vive esta história o mais impressionante elenco até hoje escalado em Hollywood. Primeiro, por todos os motivos, é o pequeno Roddy McDowall. Há nos olhos desse artista soberbo uma grande e legítima Dor Humana que não pode haver em olhos de 11 anos. Li, por acaso, que Roddy é um refugiado da guerra; que saiu de Londres durante a *blitzkrieg* – e compreendi esse dolorido mistério... Depois, Donald Crisp; depois, Sara Allgood; depois, Ann Todd; depois, Maureen O'Hara; depois, Walter Pidgeon; depois... Mas, haverá mesmo "depois" para esses artistas? Não estarão todos eles juntos, inseparavelmente certos, fundidos, sem se confundirem, num mesmo plano?

\*

Disse um comentarista de Nova York que, "diante desta fita a crítica tem que se calar para que possa ouvir os corações que pulsam na tela e na plateia". Está certo. Mas, antes de fazer o meu respeitoso silêncio, eu quero apenas afirmar aqui que a Academia de Artes e Ciências Cinematográficas da América, concedendo a *Como era verde o meu vale* quase todos os seus Oscars de 1941; premiando nele "o melhor filme do ano", "a melhor direção" (John Ford), "a melhor fotografia em branco e preto" (Arthur Miller), "a melhor direção artística" (Richard Day e Nathan Juran), "a melhor decoração interior" (Thomas Little) e "o melhor desempenho secundário" (Donald Crisp); pensando premiar isso, a Academia apenas se premiou a si mesma.

G.

# Quarta-feira, 22 de julho de 1942
# CINEMA

## No Art Palacio

★★★ ½ *Dumbo* (*Dumbo*) – O que me faz confirmar as três "estrelinhas" e meia, que eu havia palpitado, no meu *preview* de ontem, para esta deliciosa fábula disneyana, é a santa ideia que tive de tapar os ouvidos, mal começaram as adoráveis figurinhas a falar a minha tão linda e tão maltratada língua com aquelas execradas inflexões do teatro de revista nacional.

A dublagem sonora nacional – único defeito, graças a Deus extrínseco de *Dumbo* – é simplesmente péssima. Não me refiro à qualidade do som, mas à qualidade do recitativo. Tecnicamente, só merece louvor o que vêm fazendo os esforçadíssimos laboratórios da Sono Films, do Rio de Janeiro, que, com os parcos recursos de que dispomos o neste momento dificílimo da vida do mundo, chega quase a emparelhar, miraculosamente, o seu som ao som dos *miliardolários* laboratórios estrangeiros. As vozes é que são o diabo! Ninguém fala como gente, mas como ator de companhia mambembe. Declarações forçadas, pedantescas, inteiramente contrárias à índole da nossa língua falada, perfeitamente negativas da nossa musicalidade natural, daquela linha sonora que tem cada idioma falado e que é muito mais importante do que a sua gramática, porque faz o seu verdadeiro, peculiar espírito. Fechando-se os olhos, durante a projeção do *Dumbo* no Brasil, tem-se a impressão de estar num desses nossos teatrinhos baratos de baratíssima prosódia, com todos os seus costumeiros "tipos", inclusive o clássico Zé Manéle, o infalível "português" de revista (voz do Diretor do Circo)!

Ora, isso é, francamente, um crime. Estragar-se assim uma fita de Walt Disney com o que pode haver de pior, em matéria de dicção, no Brasil! Patriotismo contraproducente esse. E patriotismo dessa espécie leva outro nome: patriotada. Muito menos impatriótico seria que nos deixassem ouvir as vozes estrangeiras de Cliff Edwards, por exemplo, fazendo "Jim Crow", o corvo malandro, ou de Sterling Holloway fazendo "A Cegonha". Aliás, citando Cliff Edwards, citei mal, porque o único intérprete nacional interessante, "certo", foi o que fez a voz do velho "Corvo". Não sei os nomes dos atores patrícios que consumaram esta façanha; mas garanto que o intérprete do "Corvo", falando com a naturalidade de um malandro dos morros, não é artista de teatro, nem mesmo de rádio, mas uma criatura como qualquer outra, simplesmente "gente".

Mas... tapo os ouvidos, abro os olhos e apenas "vejo" a nova e delicadíssima invenção de Walt Disney.

A primeira grande novidade de *Dumbo* – a que aparece [real] "apesar" das maravilhas da imaginação, das magias do desenho, dos esplendores do colorido, dos milagres da composição, das sabedorias de *humour* – é apenas isto: a [trecho ilegível]. Pela primeira vez um desenho animado é capaz de comover, até às lágrimas [trecho ilegível], uma assistência qualquer. A cena [comovente] da "Mamãe Dumbo" prisioneira, aquele verdadeiro hino ao amor materno, aquela cantiga de ninar animal, contagiosa, que se vai propagando de jaula em jaula, no grande Circo, é certa, certissimamente, até agora, a obra-prima da grande fábula norte-americana, aquela em que, pela primeira vez, ele deixou transparecer, sob [a sua pele], os seus músculos e os seus nervos, como uma luz fortíssima transparece sob os acumulados empetecamentos de um abajur, uma coisa que a gente era capaz de pensar que Disney não previa: coração.

Outra "novidade" em *Dumbo* é a criação de um rival de Mickey Mouse, de um novo camundongo: "Timothy Q. Mouse", o ratinho conselheiro, animador, o inspirador do [trecho ilegível] elefantezinho orelhudo. É um novo camundongo, sem nenhum dos detalhes de Mickey, completamente diferente, totalmente outro.

Sem ser novidade – pois que repete, mais ou menos, os processos de *Fantasia* – uma passagem, entretanto, se impõe em *Dumbo*: o debate alcoólico dos dois amigos – Dumbo e Timothy Mouse. É um [trecho ilegível] maravilhoso da alucinação.

G.

# Sábado, 12 de setembro de 1942
# CINEMA

# O que fez Orson Welles

Decididamente, o Brasil está na moda em Hollywood.

E isso, para nós, é altamente lisonjeiro. Porque "estar na moda em Hollywood" é estar na moda em todo o mundo. O quadro-branco do cinema é muito mais universalizador do que o eram as vitrinas parisienses da Rue de la Paix ou da Rue Royale. Muito mais rápidas e populares do que as fitas de seda e os fios de pérolas dos modistas de Paris, as tiras de celuloide enfaixam o mundo, impondo-lhe irresistivelmente novos meridianos e paralelos.

Se me não engano, os primeiros suspiros da "moda brasileira" na Capital do Cinema começaram com aquele *Flying Down to Rio*,[462] enervado pelo ritmo de uma dança chamada "The Carioca"... Depois, vieram algumas confusões hispano-brasileiras, em que se rimava "Rio de Janeiro" com *sombrero*... Depois, veio a "Política da Boa Vizinhança" com uma embaixatriz plenipotenciária vertendo *appeal* por todos os seus poros: Carmen Miranda, a *brazilian bombshell*... Depois...

---

462 Filme de 1933, dirigido por Thornton Freeland, com Fred Astaire, Ginger Rogers, Raul Roulien e Dolores del Rio.

Vejam, por exemplo: só nesta corrente semana cinematográfica, dois magníficos "brasileirismos" fazem furor em duas fitas de Hollywood: a imitação de Carmen Miranda, por Mickey Rooney, em *Calouros da Broadway*, na tela do *Metro*; e o lançamento de Zé Carioca, o papagaio nacional, nesse adorável roteiro de viagem que é o *Alô, Amigos*, de Walt Disney, no Broadway e no Rosário, simultaneamente.

E muito em breve...

\*

... muito em breve, teremos por aqui o grande filme *It's All True* (*Tudo é verdade*), em que se concretizarão as realizações da recente e famosa excursão do grande Orson Welles ao nosso país.

O que foi que fez por aqui o genial criador de *Cidadão Kane*?

A resposta a essa nossa ansiosa pergunta contém-se, nitidamente, num comunicado de Michael Hoffoy, Diretor da Publicidade para o Estrangeiro da RKO-Radio Pictures, irradiado pelas ondas curtas da NBC. Disse, textualmente, o locutor:

"Informando os nossos ouvintes, interessa-nos, neste momento, relatar o resultado da expedição de Orson Welles, de Hollywood ao Rio de Janeiro, para a filmagem das cenas brasileiras destinadas ao filme *It's All True*. A expedição, que se compunha de 26 pessoas, acrescida, de tempos em tempos, de técnicos e artistas locais, trabalhou no Rio de Janeiro desde a primeira semana de fevereiro deste ano. Durante toda a sua estadia no Brasil, a trupe filmou:

1. Três festejos antecarnavalescos, no Rio e seus subúrbios.
2. Quatro noites e três dias do Carnaval Carioca (filmados com grandes dificuldades pela insuficiência de luz e de gravação sonora, mas assim mesmo coroados de pleno êxito).
3. Vistas interessantes e espetaculares da cidade e das montanhas.
4. Testes de pescadores do Norte, em Fortaleza, a 1.800 milhas do Rio.

5. As celebrações religiosas da Semana Santa em Ouro Preto.
6. Todos os 'clubes de samba' do Rio, muitos dos quais encenados especialmente.
7. A reconstituição da chegada, ao porto do Rio, dos famosos jangadeiros, que percorreram 1.800 milhas marítimas para vir reclamar do governo a devida assistência social à sua classe.
8. Duas semanas de filmagem (*close-ups*), gravação de discos e cenários especiais no estúdio da Cinédia, alugado por Orson Welles. Durante quase todo esse período, a companhia trabalhou dia e noite, gravando à tarde e filmando à noite.

Depois que a maior parte da sua expedição voltou a Hollywood, Orson Welles, com três dos seus assistentes, ainda ficou no Brasil, para a filmagem, em branco e preto, de algumas sequências do sertão, a serem acrescentadas a *It's All True*, e que retratarão a vida do chefe dos quatro jangadeiros do Norte, que pereceu lamentavelmente enquanto representava, na reconstituição da sua ousada aventura: a viagem épica, de Fortaleza a Rio, na sua frágil jangada".

\*

E aqui estamos, à espera de *It's All True*.[463] E "torcendo" para que seja, mesmo, "tudo verdadeiro"...

G.

---

463 *It's All True* nunca foi concluído por Welles em razão dos muitos problemas durante a produção, em especial os gastos exagerados e a falta de organização da equipe. O golpe final, que interrompeu o projeto, foi a morte, por afogamento na baía de Guanabara, de um dos jangadeiros mencionados nesse texto, durante a reconstituição da viagem que fizeram ao Rio para apelar ao presidente Getúlio Vargas em favor da comunidade pesqueira à qual pertenciam. Após a tragédia, a RKO solicitou a Welles que voltasse imediatamente aos Estados Unidos, e o filme foi arquivado. Nos anos 1990 o material foi recuperado e lançado oficialmente, montado com base nas anotações que Welles deixara.

# Quinta-feira, 24 de setembro de 1942
# CINEMA

## No Broadway

★★★★ *O homem que quis matar Hitler* (*Man Hunt*) — Desta vez, neste rasteiro rodapé do *Estado*, deixam de ser apenas pessoais, individualistas, subjetivas, "minhas" só e, portanto, arbitrárias as costumeiras "estrelinhas" da costumeira cotação. Elas são, também, de... Sabem de quem? Da "torcida".

Uma senhora da minha maior e melhor admiração disse-me segunda-feira à noite ("*under the magic spell of midnight...*"),[464] à saída do Broadway:

— Em nome da "torcida", sr. G., dê quatro "estrelinhas" a esta fita!

Ela não quis pensar que eu também fazia parte da "torcida". Imaginou que um... um... (um o quê?) um crítico (vá lá!) é um juiz e, pois, um observador imparcial, um isento de ânimo, um alheio à competição. E não se lembrou de que acima do juiz está o homem; e que acima do homem está a Pátria; e que não pode haver um só brasileiro, neste momento, que não seja um "torcedor" do Capitão Thorndike, daquele puro símbolo da Inglaterra, caçador-paraquedista, descendo com seu fuzil de longo alcance, a matemática alça de mira devidamente ajustada e o pensamento esportivo, fleumático,

---

464 Em inglês no original: "Sob o mágico encanto da meia-noite."

superior também ajustado com exatidão ao sentido civilizado da caça, isto é, à ideia de que, para o verdadeiro caçador, "o que interessa não é matar, mas caçar"...

\*

Ora, essa ideia é justamente a grande alma desta fita. Se ela estava enunciada na novela original de Geoffrey Household e tecnicamente desenvolvida no *screenplay* de Dudley Nichols, só se completou e sublimou na magistral direção de Fritz Lang. Este pode, no assunto, falar *ex catedra*. Integralmente. Porque é alemão e porque é um grande diretor. Como alemão — filho enjeitado e órfão de uma velha Alemanha que não mais existe — pode, falando em causa própria, discorrer com autoridade, documentar, dar ao *plot* verossimilhança e poder de convicção. Como técnico — diretor daquela inesquecível obra-prima do antigo cinema germânico, que se chamou simplicissimamente *M* — Fritz Lang tem larga margem, nesse *Man Hunt*, para expor e desenvolver os seus muito peculiares, inexcedíveis processos. Fritz Lang é, positivamente, o gênio do suspense, dessa arte mágica, diabólica mesmo, da "levitação", que faz com que cada espectador, do primeiro ao último lampejo da projeção, vá erguendo a cabeça, espichando o pescoço, avançando o corpo, sentando-se na beirinha da poltrona, retendo a respiração, ansiando, arfando, asfixiando-se, mastigando e até engolindo chicletes, estraçalhando o programa entre os dedos, ou arrancando um botão do casaco, ou até mesmo... até mesmo torcendo, por engano, ou coisa que o valha, o dedinho mindinho da vizinha do lado, ou a mecha de cabelo morno da dita da frente...

Ao longo de todo este longo celuloide, Fritz Lang mantém, na assistência, essa história. Mas, variando-a sem bater na mesma tecla. Às vezes, a emoção, que provoca, é toda intelectual: como, por exemplo, quando põe face a face o Capitão Thorndike e o sr. Quive-Smith, da Gestapo, e, no conflito mental, irreconciliável, entre os dois homens das duas mentalidades opostas, os faz discutir o verdadeiro sentido da "caça"... Outras vezes, essa emoção é toda circunstancial, material mesmo: como, por exemplo, quando faz cair aquela folha sobre a alça de mira do fuzil do grande caçador, em Berchtesgaden; ou quando faz o velho comandante do navio dinamarquês abrir o guarda-roupa onde "devia" estar o passageiro clandestino; ou quando provoca a eletrocução daquele vago Mr. Jones, no túnel, entre os trilhos do *subway* londrino, ou quando faz Jerry, a pequena *cockney*, ao entrar no seu paupérrimo domicílio, deparar com aquele tribunal de espiões cinicamente armado contra ela; ou quando conduz a cena tremenda de Thorndike, preso na sua furna, improvisar o arco, a flecha e o tiro certeiro... Outras vezes, essa emoção é toda sentimental: como, por exemplo, quando cria a situação toda emocional entre o pequeno grumete Vaner e o grande caçador britânico, a bordo do cargueiro dinamarquês; ou, principalmente, quando inventa aquela doloridíssima separação entre Thorndike e Jerry, na ponte sobre o Tâmisa e sob o *fog*; aquele supremo adeus *Sans Adieu* (lembram-se deste simbólico perfume azul de Worth?...), sem beijo, para que fosse sobre-humano, e velado de neblina para que os olhos não se vissem chorar...

E, para dar mais emoção ainda a essas emoções, Fritz Lang, inspiradissimamente, se serve, com desnorteante frequência, dos longos silêncios cheios de coisas. Há cenas e cenas totalmente silenciosas. Mas silenciosas na tela, e não na imaginação dos espectadores... Ele sabe — o admirável diretor — que só o silêncio é reboante, ressonante, capaz de ecos, de desdobramentos infinitos... Ele sabe como é e por que é silencioso o bojo oco das guitarras, das alcovas, dos templos, das catacumbas, dos corações...

\*

... Mas este rodapé do *Estado* tem um limite. Tem que apenas calçar pés de colunas (não maliciem: são nove as colunas do *Estado*...). E não passe o sapateiro além dos sapatos... Vejo que já estou subindo ao domínio das meias. E antes que eu chegue ao das ligas, apresso-me em dizer que...

... que a fotografia de Arthur Miller, correspondendo exatissimamente ao pensamento do diretor, é, toda ela, também fundamente emotiva (quando, por exemplo, se compraz em pintar a beleza confusa dos vales e lodaçais; ou do mar noturno; ou das ruas de Londres veladas do *fog*)...

... e que Walter Pidgeon é simplesmente um monumento, persuasivo como nunca e como ninguém; e que esse grande artista que é George Sanders é o mais tremendo *menace* do cinema; e que o pequeno Roddy McDowell, que nesta fita estreou na América, é uma das mais convincentes revelações do moderno cinema; e que Joan Bennett, a *limey* desgraçadinha das calçadas londrinas, é mesmo, como artista, o que dela disse o seu herói: "direita e brilhante" como aquela pequena flecha de metal cromado – flecha simbólica que todas as mulheres do mundo civilizado, em luta contra um mundo bárbaro, deviam usar no seu gorro, porque ela é, exatissimamente, a bissetriz vertical desse ângulo forte, firme que é o "V" inevitável da nossa inevitável Vitória.

G.

# Sábado, 10 de outubro de 1942
## CINEMA

## A última sessão

Isso aí – A última sessão – parece título de fita. Não é. Infelizmente para mim, está muito difícil aparecer agora por aqui, como apareciam antes, quase todas as manhãs, títulos de fitas "*et le reste en consequence*" (o "resto" são as "estrelinhas", a crítica, os estrangeirismos, as bobagens e a assinatura).

Não tenho mais podido ir ao cinema. Porque a única sessão que eu – como bom proletário intelectual, ou não – podia frequentar era a das dez, isto é, das 22 horas. E essa sessão acabou. Pior do que isso: recuou. Recuou meia hora: passou a funcionar às 21h30min. Meia hora... Parece pouco, se a gente considerar a hora como unidade, isto é, como o Milréis ou Cruzeiro. Mas, como os tostões, ou os centavos, há os minutos, os segundos. São trinta minutos; são mil e oitocentos segundos, meus senhores! E é em segundos (e não em horas, dias, semanas, meses, anos ou séculos) que costumam acontecer as grandes, grandíssimas, grandessíssimas causas da vida: o percurso de uma bala de revólver; o raio fatal que cai do céu; o soco certo de um *knockout*; o pontapé glorioso que faz um gol; a bolinha decisiva que sai da urna para completar o número do grande prêmio de uma loteria; o "sim" pequenininho que escapa dos lábios bem-amados ante um altar ou sob cortinados; o colapso cardíaco; o escorregão na casca de banana etc.

Os relógios dos cinemas adiantaram-se de meia hora. E esse adiantamento atrasou a vida de muita gente. No princípio, a causa parecia ter certa razão de ser. A medida fora tomada pelos srs. exibidores em face da suspensão do tráfego de ônibus às 24 horas. A gente precisava, então, sair do cinema com tempo de "pegar" o último ônibus. Mas agora, certos ônibus de certas linhas (quase todos mesmo) desaparecem antes das 22 horas. Quer dizer que, para o *habitué* das sessões das 21h30min o ônibus ficou sendo um sonho. O bonde é que é a realidade. E o bonde é camarada: anda a noite toda. Portanto, por aí a "coisa" não pega.

Assim, excluída essa ex-razão, veja-se só o absurdo da irrefletida medida. Justamente no instante em que a locomoção cada vez mais se dificulta, cada vez se torna mais morosa, é que se apressa a última sessão dos cinemas. Antigamente, a gente saía do trabalho, fazia suas compras, tomava seu chá, jogava seu *bridge*, vivia suas aventuras crepusculares, batia seu "papinho" por aí etc.; e, calma, calmissimamente, tomava o seu bonde, o seu ônibus, o seu táxi ou o seu "*auto regio todo de un color*"[465] – e o mais tardar às 20 horas estava em casa para jantar, arranjar-se, sair e chegar ao cinema às 22 (simpático esse número 22 que os "cantadores" de víspora,[466] parodiando o soneto célebre do Júlio Salusse,[467] *Os cisnes*, chamam "dois patinhos na lagoa"…). Agora…

Ah! Agora é o diabo! O "pessoal" sai do trabalho, ou de casa, e cai no apertão, no empurra-empurra das ruas congestionadas. Vai, aos trambolhões, das 18 às 19 horas, fazer compras, namorar, engolir venenos – viver um pouquinho, afinal de contas. Depois, chega esbodegado à fila de ônibus, que tem já quase um quilômetro; ou ao ponto do bonde, que é sempre um motim público. Ou então, "passa a cantada" num *chauffeur* de táxi que, de cara amarrada, ameaçando tiros, com sotaque estrangeiro e com raiva da gente e da guerra, consente em fazer o cruzeiro por vinte ou quarenta Cruzeiros… Desta ou

---

465  Referência a um verso do tango *Sonsa*, gravado em 1925 por Raúl de los Hoyos.
466  Jogo de azar também conhecido como loto ou bingo.
467  Poeta brasileiro nascido em 1872 e falecido em 1948. O poema "Os cisnes" é um dos mais conhecidos de sua produção.

daquela maneira (de ônibus, de bonde, de táxi – quando não a pé), chega o coitado ao seu doce lar, nunca antes das 20 horas. Não tem sequer tempo de praticar o bom e confortável exemplo de Mestre Gouveia, de *Juca e Chico*:

> *Chegou. A roupa mudou.*
> *Da prateleira tirou*
> *O seu cachimbo adorado*
> *E disse refastelado:*
> *– Nessa vida não há nada*
> *Melhor que uma cachimbada!*[468]

Não. Senta-se depressa à mesa do jantar. Não come, engole. Deglute, num tranco, o bom pão que Deus lhe dá. E sai voando, às 21 horas, a ver se consegue alcançar a tal sessão das 21h30. Espera na esquina. Passam bondes e ônibus lotados. Um táxi desdenhoso, "comprado" por um multimilionário, surge e vai-se como um "carro de assalto", com a *faccia feroce* do cinesíforo[469] apontado como uma metralhadora de impropérios... Chega o fã às 21h45min ao guichê do cinema. Já desistiu dos "complementos": jornais, *trailers*, desenhos animados etc. Só quer ver a fita principal. Mas, diante da bilheteria, a mesma desesperante fila dos ônibus... Então, depois de tudo aquilo e ante tudo isto, o freguês começa a pensar e a dizer que...

......................................................................................................

(Linha suprimida pela minha autocensura: o meu Hays Office[470] interior.)

---

468 Trecho da obra de Wilhelm Busch, *Juca e Chico. História de Dois Meninos em Sete Travessuras.*

469 Aqui, Guilherme de Almeida usou o termo em português para *chauffeur*, palavra que logo caiu em desuso, mas que estabelece relação sonora com a expressão *"faccia feroce"*, algo como "cara amarrada".

470 Referência a Will H. Hays, conselheiro presbiteriano que nos anos 1920 foi contratado pelos estúdios americanos para formular um código moral dirigido à produção de filmes, para que se evitassem os crescentes escândalos envolvendo astros do cinema e para que os filmes passassem a ser mais comportados perante a moral da época. O Motion Picture Production Code é o primeiro documento de censura aplicada ao cinema.

\*
\*  \*

E se assim é com todo o bom e despreocupado freguês, o que não será com o coitado dos jornais, que ainda tem que escrever sobre a fita que não pôde ver?

Qual! Volte o antigo horário das 22 horas! Sou francamente pelos "dois patinhos na lagoa", pelo meu velho "manso lago azul"...

G.

# Domingo, 18 de outubro de 1942
## CINEMA

## No Art Palacio

★★★ *Aconteceu em Havana* (*Weekend in Havana*) – Uma *fiesta* cubana. E, naturalissimamente, em Technicolor.

Ora, a saborosa Cuba não poderia ter melhor ilustradora, principalmente num filme colorido, do que a nossa colorida Carmen Miranda. A lusa-carioca-baiana-havanesa, com seu tabuleiro de quitutes apimentados, tem na pele a cor morna dos charutos de *La Habana*; nos olhos rebolantes e nos dedos de labaredas o ritmo da rumba; no riso branco, a doçura do açúcar; e no rosto, o moreno oleoso e o efeito gostoso do "mandi", do amendoim vendido ao sol e comido na sombra da [cal] dos "soportales"[471]…

Assim, com essa nossa Carmen Miranda, e colorida assim, e "acontecendo em Havana", a fita do Art Palacio é, apesar de tudo e de todos, uma fita "de" Carmen Miranda. Embora faça ainda como de costume, apenas algumas "pontinhas", Carmen está "na ponta", neste delicioso celuloide

\*

---

471  O mesmo que "marquises".

Delicioso de ser visto e [revisto], e não de ser entendido.

Porque o "motivo" de *Aconteceu em Havana* é uma displicente fumarada de charutos – e nada mais. Desmancha-se, inconsistente, no ar, deleitando os olhos depois de haver deliciado o paladar. Filme, pois, puramente sensorial. Não tem, nele, importância alguma a história fragílima contada pelo argumento e *screenplay* originais de Karl Tunberg e Darrell Ware: a melancolia de umas certas hóspedes de um fim de semana decepcionante, de um desses *cruises* para climas tropicais, que se estiram num bocejo... um bocejo que seria completamente insuportável se não se transformasse (para que pudesse haver fita) num sorriso e num beijo...

O que importa nessa *fiesta* cubana é ser ela, de fato, uma festa. E o que ela contém de cor, dança e canto.

Cor: poucas vezes o Technicolor tem tido maiores e melhores chances de desdobrar a sua cauda de pavão, de armar numa tela o seu arco-íris, de espalhar os tons ricos da sua paleta, de bater o pó policrômico das suas asas, do que ao longo deste prestável e propício celuloide. É todo [trecho ilegível] do amável da objetiva fotográfica com a onda macia do mar das Caraíbas, com as palmas indolentes, com as fichas baralhadas dos cassinos, com os olhos azuis, os cabelos dourados e a carne cor-de-rosa de boneca de Alice Faye; com o samburá baiano, agora transformado em turbante de bugigangas e [trecho ilegível] coloridas de Carmen Miranda...

Dança: alguns números magníficos, com Alice Faye, às vezes, e quase sempre com Carmen. Mas, dentre todos, um há que é, para os olhos mais que para os ouvidos, uma pura maravilha – o *Nango*, com aqueles costumes púrpura, laranja e verde acendendo fogos de artifício na tela branca...

Canto: embora Carmen não tenha apresentado uma gritante novidade (o "Rebola-bola" para nós é coisa já apenas suportável), há em *Aconteceu em Havana* uma página de música popular que há de ficar: é aquele formosíssimo *Tropical Magic*, tão tropical e magicamente cantado por Alice Faye.

*
* *

Além de duas excelentes e opostas mulherinhas – a Carmen de canela e a Alice de porcelana –, há mais gente nesta fita. Há, por exemplo, Cesar Romero,[472] um gigolô da roleta, que vai magnificamente no seu equívoco papel. E há John Payne, bastante sacrificado, embora, pela personagem que encarna: um bobo, um autêntico bobo... triste. E há Cobina Wright esbanjando elegâncias aristocráticas, inúteis. E há o velho Billy Gilbert passando rasteiras. E há o russo Leonid Kinskey com suas gracinhas habituais "*à la*" [*Minha* – trecho ilegível]

G.

---

472 Embora um veterano com vasta filmografia no currículo, Cesar Romero (1907-1994) é até hoje lembrado pelo papel de Coringa, na série *Batman* dos anos 1960.

# Domingo, 8 de novembro de 1942
# CINEMA

## No Bandeirantes

★★ *Cavalgada de melodias* (*Syncopation*) – Desde o remoto dia (há 15 anos, já!) em que o *movietone* quebrou sacrilegamente o delicado silêncio da antiga Arte Muda, música e cinema vivem de mãos dadas: aquelas mãos espalmadas, vestidas de luvas de lã branca, na ponta dos braços abertos em cruz (a cruz em que morria crucificado o cinema silencioso), que Al Jolson atirou da tela, quando cantou "Mammy!", com uma lágrima na garganta, em *The Jazz Singer*. Nunca mais se separaram as duas artes, *musicals* e mais *musicals*, *follies* e mais *follies* têm saído dos laboratórios de Hollywood; mas a capital do cinema ainda não conseguiu prestar condigna homenagem à sua sonora aliada. *Tin Pan Alley* e, depois, *Birth of the Blue* (que São Paulo, inexplicavelmente, ainda não viu nem ouviu) e, agora, essa *Cavalgada de melodias* (*Syncopation*), da RKO, que o Bandeirantes mantém em cartaz – todas essas, e mais outras de que não me lembro, foram fitas que "tentaram" pintar a dramática história da música americana do Norte. Apenas "tentaram": nenhuma ainda o "conseguiu". Boas intenções, sim: mas de boas intenções está o inferno cheio. O inferno e a desapontada paciência do público...

\*

Tinha uma porção de coisas – senão mesmo tudo – para ser um bom espetáculo o filme do Bandeirantes. E, no entanto, não passa de um divertimento pouco acima de medíocre. Culpa exclusiva do diretor.

Não compreendo como é que William Dieterle – esse excelente *régisseur* que tem o caprichoso *raffinement* de usar sempre luvas brancas quando dirige suas fitas; e que já nos deu as excelências de *A História de Louis Pasteur*, *A Vida de Émile Zola*, *All That Money Can Buy* e outras –, não compreendo como é que esse técnico das fitas biográficas falhou tão completamente nesta... biografia do *jazz*. A desconexidade da ação, que chega a fazer a gente crer em desagradáveis intrometimentos da censura; a frouxidão da narrativa; a obscuridade e descontinuidade de várias sequências... – tudo isso estragou irremediavelmente o filme. Estragou irremediavelmente, não só o filme, como também (e isso é que é grave) a reputação de seus intérpretes.

No entanto...

\*

... no entanto, *Cavalgada de melodias* tinha magnífico material. Tão bom, que chegou a produzir cenas excelentes, como sejam, por exemplo, a da cerimônia religiosa da Igreja Negra de Memphis, quando, à invocação do reverendo, um Serafim cai do céu e vara o telhado tocando corneta...; ou então aquele profundo sentimento de nostalgia, aquela atmosfera tão bem criada de *spleen* incurável da família "Latimer", exilada da sua pitoresca Basin Street, em Nova Orleans, para as vertigens modernas de Chicago...; ou então aquela cena no tribunal enfeitiçado pela música nova, individual, "diferente"...

Como é que o mesmo diretor que dirigiu essas cenas, tão estranhamente se esqueceu de detalhar, por pouco que fosse, a "cavalgada" do *jazz*, de pintar o sugestivo ambiente do Congo, com os tambores negros criando o ritmo inicial, primário, da música norte-americana? De insistir um pouco mais naquele inspirador motivo de brigue negreiro? De esclarecer um bocado a transição cronológica dos *blues* para os *rags*, dos *rags* para os *stomps*, dos *stomps* para o *swing*? De aproveitar melhor os incidentes históricos interpostos entre 1907 e a atualidade (a Primeira Guerra Mundial, a Lei Seca etc.)?

E, especialissimamente, como é que deixou William Dieterle de tirar dos intérpretes à sua disposição o que de bom eles seriam capazes de dar?... Dentre esses artistas, há dois, *colored*, que são, de fato, dois achados: Todd Duncan (papel de "Reggie Tearbone") e Jessie Grayson (papel da ama "Ella"). Soubesse o diretor servir-se deles – e veríamos do que seriam capazes. O negro sempre deu as melhores provas no cinema *yankee*. Quem não se lembra ainda, não há de se lembrar sempre de *Aleluia*, de *Green Pastures*, ou daquela cena de igreja negra que Preston Sturges incluiu no seu magnífico *Viagens de Sullivan*?

Ao lado dos artistas de cor, que são, para mim, os principais nesta fita, estão: Bonita Granville, pela primeira vez justificado o seu primeiro nome (bonita, de fato; uma espécie de Norma Shearer adolescente); Jackie Cooper, perdendo um pouco, felizmente para ele e para o público, aquela sua enjoada cara de bebê chorão; Connie Boswell, que devia cantar... nos bastidores, porque a sua linda voz não se parece em nada com o seu rosto; George Bancroft, apenas "de passagem" pela fita; e, finalmente, Adolphe Menjou, muito incomodado numa parte negativa dos seus escritos (o elegante Menjou desta fita parece um *gentleman* sentado numa poltrona inconfortável, como costumam ser as poltronas dos nossos cinemas...).

*

Sei que William Dieterle confessou, em conversa com os rapazes da imprensa, em Hollywood, que esta era a sua fita querida, a sua filha predileta, o seu filme favorito, o melhor que até hoje dirigiu... Sei também a história da coruja e seus filhotes...

G.

# Quinta-feira, 31 de dezembro de 1942
# CINEMA

## No Art Palacio e no Broadway

★★★ ½ *Isto acima de tudo* (*This Above All*)[473] — Hitler tinha uma "arma secreta" contra a Inglaterra: o comodismo britânico. A Grande Ilha do conforto, da boa vida, das preguiças de *weekend* bem vestido esparramado pelos gramados verdes do golfe, galopando em casaco de *drop* escarlate pelos bosques da caça à raposa, tomando chá nos *living rooms* povoados de *librés*, cantando anedotas ou recitando *limericks* entre os couros e os mognos dos grandes clubes...; a Grande Ilha egoísta e abastada havia de esboroar-se de podridão elegante ao primeiro safanão nazista... E veio Dunquerque... E vieram os voos de morte da Luftwaffe sobre Londres... E vejo Cowanbay... Ninguém, no mundo, acreditava na possibilidade de uma reação útil. Ninguém, menos aqueles — pouquíssimos — que, em vez de raciocinar, apenas tiveram Fé.

E, dentre estes pouquíssimos, estava o escritor Eric Knight que, no seu livro *This Above All*, escreveu esta frase: "A fé consiste em acreditarmos 'além da razão'"... Essa verdade precisava ser sabida. E, para ser sabida, não bastava

---

473 Segundo o índice preparado por *O Estado de S. Paulo* de textos escritos por Guilherme de Almeida para aquele jornal, esta foi a última crítica do poeta para a coluna "Cinema", anteriormente chamada "Cinematographos".

ter sido escrita, não bastava ter sido lida, não bastava ter sido falada, não bastava ter sido ouvida. Precisava, principalmente, "ser vista". Os homens, como as crianças, precisam de imagens para compreender melhor... E o cinema é, sem dúvida, o mais eficiente ilustrador do Livro da Vida. Por isto e para aquilo, foi feito esse filme que, desde segunda-feira passada, vem animando as telas do Art Palacio e do Broadway, e animando a Fé em muitos frouxos corações.

*

Depois de *Rosa Esperança* (*Mrs. Miniver*),[474] dificilmente um filme de propaganda da Grã-Bretanha da Guerra poderia impor-se. E esse, aliás, é o único defeito de *Isto acima de tudo*: ter vindo "depois" de *Rosa Esperança*.

Mas há "isto", neste filme, "acima de tudo": uma confissão sincera; a apresentação de uma Inglaterra autêntica, possível, humana, com desertores e sem "patriotadas", e, por isso mesmo, mais gloriosa ainda na sua estupenda reação, porque teve que vencer a si mesma antes de vencer o inimigo!

Isto dito e ponderado, creio que estão definitivamente afastados quaisquer sombras de suspeita ou sofismas que poderiam pairar em torno do tema desta fita corajosa e simples.

*

*Isto acima de tudo*, no cinema, sob a direção inteligente de Anatole Litvak e com a atuação entusiástica dos seus intérpretes, reduziu-se a um constante *tête-à-tête* entre Clive Briggs e Prudence Cathaway; um idílio, uma conversa amorosa sobre o pano de fundo da Guerra. Eles são tudo: ele, um homem; ela uma bandeira. Nenhuma epopeia é mais do que isto: um homem e uma bandeira. Homem, Tyrone Power soube ser humanamente fraco para, afinal, só afinal, deixar que o Amor o divinizasse, revelando nele aquela "imagem e semelhança de Deus" que todos nós trouxemos do Paraíso… Bandeira, Joan Fontaine, a dulcíssima, soube ser um legítimo símbolo da Inglaterra, quando, por exemplo, recitou aquele mais que poema, verdadeiro salmo de Fé na sua Pátria – as palavras mais emotivas que, até hoje, uma mulher balbuciou numa tela de cinema…

Só por esses dois eternos "momentos" cinematográficos – o recitativo de Joan Fontaine e a reabilitação de Tyrone Power no seu leito de morte – o absorvente filme da Twentieth Century-Fox francamente merece, e urgentemente precisa, ser visto.

G.

---

474 Filme de William Wyler sobre uma família que luta para sobreviver nos primeiros meses da Segunda Guerra Mundial.

# Apêndices

# I. Memórias de um fã

Domingo, 19 de janeiro de 1936

Memórias de um fã

O mundo celebra, neste ano corrente de 1936, um jubileu importante: o 40º aniversário da descoberta do cinema. Parece-nos, pois, oportuno, neste momento, a publicação destas *Memórias de um fã*: depoimento simples e sincero de um observador que, há quase dez anos, sob a inicial "G.", vem fazendo a crônica e a crítica cinematográfica do *Estado*. Essas *Memórias* aparecerão, partidas em quatro capítulos, nesta página literária, durante quatro domingos consecutivos.

I

... Páginas soltas de um "diário íntimo", de um desses jornais secretos ou confessionários sinceros que a gente, um dia, resolve escrever, dizendo bem alto que é só para si mesmo, mas pensando baixinho que é para todo o mundo... Folhas de um caderno antigo, ao qual eu dei, com uma convicção extraordinariamente literária, este título literalmente ordinário: *Memórias de um fã...*

*

Ao iniciar estas simples reminiscências, tenho a calma sensação de paz e repouso que experimenta o caminhante das grandes jornadas, quando, ao murchar do dia, sentado à beira da estrada, olha para o horizonte percorrido, como que buscando aí consolo e estímulo. As sombras esparsas das coisas estiram-se pela terra palmilhada e confundem-se, lá longe, na grande sombra homogênea da noite que vem vindo. E ele revê apenas o que foi maior e melhor no caminho andado: certa árvore acolhedora e refrescante, que oferecera ao seu gosto a atração vermelha de um fruto, uma pedra brusca numa sombra alta, e que foi mole e suave como uma almofada para a fronte partida de cansaço, que sobre ela sonhou outro sonho de Jacó; aquele canto azul do pássaro solto e aquela cantiga líquida de águas limpas sobre musgos verdes, que mataram a sede dos seus ouvidos e dos seus lábios... Só isso – só o que foi bonito e bom – está vivo na sua lembrança otimista. O resto...

Assim, eu não vou fazer aqui uma história do cinema: eu vou fazer a "minha" história do cinema em São Paulo.

*

A primeira vez que assisti à exibição de um filme cinematográfico foi em Campinas, no ano de 1902. Eu era uma criança, e aquilo me foi mostrado como um brinquedo de criança.

1902... Campinas ainda fim de século... Campinas do gás de leque assobiando nos globos brancos; dos *landaux* decadentes do largo da Estação; dos doces de dona Lucinda; do bonde Aquidaban, que tinha só três bancos e dois burros... Campinas do Christofani, onde tios solteirões bebiam absinto, pensando na Exposição Universal de 1900, e cheios de cartões-postais da Torre Eiffel, de cosméticos, de água de Lubin, de *plastrons* e de saudades... Campinas religiosa das grandes Semanas Santas, com "passos" armados pelas ruas estreitas e garrafinhas de chocolate nas mãos dos meninos calçudos... Campinas dos *fichus*, das mangas-presunto, dos coletes Dupeyrat, das botinhas de cano alto entre rendas crespas... Campinas da Casa Genoud com vinhos e livros de Paris, e onde a gente comprava uma coisa que era uma profecia: uns livrinhos grossos, cortados em bisel, que se desfolhavam entre o polegar e o indicador e que iam mostrando, por sucessões de imagens, figurinhas moverem-se (um caçador atrás da lebre, um lenhador abatendo uma árvore)... Campinas...

Campinas do "Ao Livro Azul".

É verdade: "Ao Livro Azul"... foi ali, no sobrado daquela tipografia do sr. Castro Mendes, que me levaram e me mostraram, por uma noite do terceiro outono deste século, uma certa "lanterna mágica com movimentos". Três ou quatro famílias: quer dizer, quinze ou vinte crianças. E ali, numa escuridão de "alma do outro mundo", sobre um lençol branco esticado na parece, uma lanterna mágica projetou, primeiro, algumas vistas fotográficas, paradas, imóveis, da cidade de Vichy.[1] Depois, veio a grande novidade. Uma luz desconhecida, muito trêmula e barulhenta, produziu movimentos misteriosos no pano alvo. Era a chegada de um "expresso" numa *gare* de Paris.[2] E, afinal, veio uma vida de Joana D'Arc, toda colorida, que me pareceu uma coisa sem fim...[3]

Fora, entre a chuvinha miúda, os lampiões tiritavam nos braços de ferro e os carros pererecavam pelas pedras tortas das ruas...

Lembro-me de que aquele espetáculo me deixou apenas uma sensação desagradável de dor e de sono nos olhos fatigados.

\*

---

1   Lanterna mágica é um antigo aparato usado para projetar imagens estáticas numa parede. Por meio de um jogo de pequenos espelhos nesse aparato, as imagens iam mudando lentamente, dando a impressão de um movimento real.

2   Menção ao filme *L'Arrivée d'un train à la Ciotat*, de 1895, um dos primeiros filmes dos irmãos Lumière, que foi exibido na primeira sessão pública de cinema, em 28 de dezembro daquele ano. Diz-se que os espectadores presentes esconderam-se atrás das cadeiras ao verem o trem se movendo em direção à tela pela primeira vez.

3   O primeiro filme sobre Joana D'Arc de que se tem notícia é uma produção de Georges Méliès, e data de 1900. O colorido a que se refere Guilherme deve-se ao fato de que, na época, a maioria dos filmes era pintada à mão.

Tenho a impressão de que, entre esse primeiro filme, naquela noite campineira, e o primeiro que vi em São Paulo, tempos depois, não se encolheram apenas alguns anos, mas espreguiçaram-se vários séculos.

Aquela *Vida de Joana D'Arc* do "Ao Livro Azul" despertou-me uma saudade decrescente do estereoscópio estagnado que ficava sobre a toalhinha de crochê da mesa redonda, na sala de espera do dentista; e uma crescente admiração pelo "mutoscópio" ou "bioscópio" de Gaumont (espécie aperfeiçoada e velhaca de papa-níqueis infalível à entrada das confeitarias, ou nos saguões e corredores de teatros e estações, ou nos quiosques dos parques públicos). O bioscópio... Lembro-me bem: tinha dois buracos – um para a gente colocar a moeda de cem réis e outro para ajeitar os olhos. E a gente obedecia: gastava o seu tostão, espiava no ocular fascinante e via, lá dentro, acender-se uma luz mágica e aparecer uma bailarina que, de meias altas, corpo forte de deusa de reclame de Cerveja Antarctica, desconjuntando-se toda em pernadas atrevidas de *can-can*, com o biquinho envernizado do pé tirava a cartola da cabeça de um *noceur* de monóculo...[4]

Aquilo, aquele monstro, era o papai do cinema. A mamãe era a lanterna-mágica, triste e caseira, com seu cheiro forte de querosene. O filhinho começou mal: algumas travessuras de muito mau gosto. Para mim, a sua primeira, abominável reinação, fora aquela *Joana D'Arc*. Para o resto do mundo, parece que foi um filme cômico de 18 metros de extensão e um minuto de projeção. Chamava-se *L'Arroseur Arrosé*[5] (a historieta *a la* Benjamin Rabier, de um jardineiro que estava regando o seu jardim com uma mangueira e, graças à diabrura de um intruso, acabava regando-se a si mesmo). Adorável ingenuidade! Nascera esse assombro – contaram-me os magazines – num subsolo de Paris:

---

4 Antes da invenção do Cinematógrafo, por volta de 1894, Thomas Edison já havia criado uma maneira de projetar imagens em movimento em aparelhos como o Kinetoscópio ou o Bioscópio, da forma como descreve Guilherme. O espectador depositava uma moeda na máquina e assistia ao filmete por um monóculo.

5 *O jardineiro regado*, de 1895, é considerado a primeira experiência cinematográfica dos irmãos Lumière. Curiosamente, trata-se de uma "encenação" pré-planejada de uma cena cotidiana.

o subsolo do "Grand Café", no Boulevard des Capucines, na noite de 23 de dezembro de 1895.

Bonito Natal, aquele! Os eternos Irmãos Lumière presidiram, como a vaquinha e o burrinho do presépio, ao nascimento do pequenino deus, naquela sombra de um Paris de Maupassant, com fiacres despejando "leões da moda" frisadíssimos, derretidos em pomadas e galanteios a *des femmes espiègles à ceinture de guêpe*", assustadinhas, as mãos sumidas no regalo de lontra, as saias compridíssimas (mais compridas do que *L'Arroseur Arrosé*) e os tafetás folhudos dos *panthers* empetecados rangendo as elegâncias decadentes de um dos últimos invernos do insuportável século do velocípede, do gás e do suspensório...

Guilherme de Almeida

## DOMINGO, 26 DE JANEIRO DE 1936
### MEMÓRIAS DE UM FÃ II
### (CONTINUAÇÃO)

Cinco ou seis anos durou a minha saudade infantil do estereoscópio (aquele, anestésico, da sala de espera do dentista) e do bioscópio de Gaumont (aquele papa-níqueis dos logradouros públicos, que furtava todos os bons tostões do meu *alfeniz* cotidiano).

Cinco ou seis anos. Porque, um dia, em São Paulo, inaugurou-se o Bijou Theatre: sepultura, para mim, daquela saudade e berço desta linda ilusão de celuloide que anda brincando com a minha vida...

O Bijou Theatre!

Hoje, só a sombra civilizada do arranha-céu Martinelli já vai além do lugar *ubi fuit* do teatrinho da minha meninice ginasial. E aí, sobre a boa terra em que ele nasceu, viveu e morreu, um rígido casarão germânico – a Delegacia Fiscal – levanta, como lajes de um túmulo, os seus paredões pardos estilizados em Munique. À sua frente, já não há uma rua, há uma avenida. Parece que a velha rua São João, estreita demais para conter a vida crescida destes dias pletóricos, estufou, inchou como uma artéria congestionada, pulsando forte...

    Rua São João: montanha-russa dos meus sonhos... Tudo, ali, era acanhado e antigo. Pelo calçamento íngreme de paralelepípedos irregulares, subiam e desciam bondes elétricos com limpa-trilhos: aqueles *tramways* muito *yankees* que tinham, à frente, uma espécie de bigode aparado *en brosse*, à moda de Roosevelt, o Caçador de Leões. As ferraduras cansadas dos cavalos de tílburi tiravam faíscas da pedra estúpida. Lá em cima, pelo declive da ladeira, os engraxates abriam ainda os seus enormes guarda-sóis de lona colorida, ao longo dos passeios; e de um salão do barbeiro – o "Salão Inglês" – saíam nucas bem raspadas, num perfume de "Ambrerose", "Rêve Fleuri" ou "Fleur d'Amour". Aqui em baixo, o Mercadinho de S. João esquentava ao sol os seus zincos barulhentos. À frente, o Polytheama, de madeira e panos, provocava-me com a sua acidez noturna de fruto proibido... E foi ao lado desse barracão devasso, escarrapachado de pecados, que o sr. Francisco Serrador armou a inocência menina do Bijou. Claro, alegre, fresquinho, todo de tabiques de pinho pintados de azul, verde-mar, rosa e dourado, o Bijou era toda a preocupação da minha semana escolar, na torturante espera do meu domingo solto.

Matinês do Bijou, com distribuição de bombons às crianças... Trezentos réis a entrada... E a simpatia do sr. Salgado à porta, magro e *longheaded*, sorrindo sempre sob os seus bigodes sabidos... À espera ansiosa na sala cheia, agitadíssima; e os olhos já na tela irrigada por uma grande seringa, para evitar o brilho do foco na projeção por transparência; e a água descendo e formando estalactites prateadas sobre o pano branco; e os instrumentos afinando as cordas e pipilando como pintinhos em torno do piano maternal; e as cortinas pretas corridas, uma a uma, para fazer noite, num ruído áspero de argolas de metal enfiadas num cano... E vinha a escuridão atenta... E, depois, os intervalos lúcidos, barulhentos e adocicados: gritos, brigas, "pitos", balas e gasosas. Dez, doze, vinte fitas! Nós já dizíamos "cinematógrafo". Os papais diziam "animatógrafo". Os programas anunciavam com orgulho: "Aparelho Richebourg"...[6] E era de dentro dessa boa máquina que sabiam as inofensivas fitas de então: *O escaravelho de ouro*, espécie de *féerie* que eu vi pelo menos umas trinta vezes em trinta domingos consecutivos; a *Viagem à Lua*,[7] com nuvens perpassando, basaltos brilhando e selenitas pulando: a *Dança serpentina*,[8] com Loie Fuller coloridíssima, vestida em quilômetros e quilômetros de gaze, criando borboletas, labaredas, lírios, noites estreladas e abismos marítimos, ao gesto das varinhas de condão dos seus braços finos; a *Metamorfose*, com anõezinhos brotando do chão, como cogumelos, numa explosão súbita de fumaça azul; as vistas naturais e científicas: uma ascensão à Torre Eiffel, ou a vida silenciosa dos insetos e das flores; e, afinal, *Os dois órfãos*, a tragédia melosa de duas crianças desgraçadas, perdidas na floresta – coisa muito sentimental que punha lágrimas nos olhos das mamães de boá de penas de avestruz e fazia os meninos ficarem bonzinhos (isto é, deixarem de introduzir a folha de papel dos programas entre as asas dos ventiladores elétricos – o que produzia um barulho estraçalhado e inquietador...). No domingo seguinte, todas aquelas

---

6 Antiga marca de projetores cinematográficos.

7 Filme mais conhecido de Georges Méliès, realizado em 1902, inspirado na obra de Júlio Verne.

8 Possivelmente, filme dirigido por Segundo de Chomón, em 1902.

maravilhas se repetiam, com esta vaidosa declaração nos anúncios: "A pedido das exmas. famílias"...

*

*Le souvenir est un poète:*
*N'en fais pas un historien.*[9]

Ora, eu já estava com uma espécie de mapa, de quadro sinóptico das minhas recordações, prontinho para ser reproduzido e seguido à risca – uma classificação metódica, rigorosamente ordenada, quase científica da "minha" história de cinema em São Paulo, e na qual eu falava em "ciclos", "períodos", "fases" etc. –, quando, de repente, os versinhos frívolos da leviana canção do poeta parisiense vieram estragar e inutilizar o meu trabalho calmo de Lineu paciente...

*Le souvenir est un poète:*
*N'en fais pas un historien.*

Tem razão. Eu não posso compreender mesmo a saudade de sobrecasaca, fazendo uma conferência com copo de água e explosões de magnésio. Eu só posso compreender a saudade bem boemiamente *"mal fichue"* e *"s'en fichiste"*,[10] na sua água-furtada, entre gerânios e *poêles*,[11] e sozinha, toda sozinha, fazendo poemas.

Fora o mapa! Abaixo o quadro sinóptico! Morra o conferencista do Instituto Histórico! Apenas o poeta: a lembrança desordenada, comovida e simples das pobres coisas do passado, que são sempre simples, comovidas e desordenadas como a vida...

*

---

9 Versos escritos pelo poeta francês Paul Geraldy (1885-1983), que se referem ao lirismo das lembranças: "A memória é um poeta/ Não faça dela um historiador."
10 Em francês no original: "Desagradável, que não se importa."
11 "Panelas."

Sou incapaz de pensar no meu Bijou Theatre da rua São João e nos seus futuros, fatais desdobramentos pelo Triângulo (o Radium, muito *smart*, da rua São Bento; o Íris, muito *art nouveau*, da rua Quinze...) sem que uma porção de nomes franceses comece a dançar dentro de mim o seu *ragtime* e o seu *one step* de 1908: *Pathé... Gaumont... Eclair... Lux... Lubin...*

Nesse tempo, "*when players were nameless*",[12] quando os artistas de cinema ainda eram anônimos para todo o mundo, eu já começava, entretanto, a saber de cor os seus apelidos franceses: Max Linder, com as suas desgraças elegantes, de fraque e cartola (*je me tortille comme une anguille...*);[13] Prince,[14] vulgo "Rigadin" ou "Bigodinho", que se caracterizava por não ter bigode algum, cometendo despropósitos inofensivos, com uma cara de camarim de teatro francês; Polin, soldado anti-higiênico, "*plou-plou*", piolhento, insubordinado e embusteiro; Nick Winter, detetive perigoso, de bigodeiras frondosas, sobrancelhas a nanquim, *bulldog* e cachimbo...

Penso e concluo disso tudo: o cinema francês desse tempo era essencialmente masculino. Só se conheciam homens. Mulheres... Mulheres eram apenas pequenos acessórios bonitinhos, perfeitamente dispensáveis como os *chichis* frisados daquela dama escandalosamente branca que, um dia, colocou a sua nuca alva, toda movimentada de *frisons follets*, entre os meus olhos adolescentes e a tela adolescente daqueles cinemas longínquos...

(continua)

Guilherme de Almeida

---

12  "Quando atores não tinham nomes". Nas primeiras duas décadas do cinema, não se costumava creditar nos filmes a equipe técnica, tampouco o elenco.

13  Em francês no original: "Eu me contorço como uma enguia."

14  Charles Prince (1872-1933), outro cômico francês que vinha do teatro e disputava popularidade com Linder.

# Domingo, 2 de fevereiro de 1936

## Memórias de um fã III
## (continuação)

... Assim, o cinema, primeiro professor de vida que eu tive, provou-me e convenceu-me de que, na feminina França de Marianne e Madelon, paradoxalmente, só havia homens: Max, Prince, Polin, Nick Winter... Aí, *en ce beau pays de France*, cantava o *coq gaulois*, cantava *Chantecler*, cantava o galo de Pathé Frères...

Ora, contra essas primeiras fitas francesas, essencialmente masculinas, surgiram, nos panos brancos dos cinemas de há vinte e tantos anos, as primeiras fitas italianas, essencialmente femininas. "Cines", "Ambrosio", "Itala" disseram aos homens basbaques da primeira, assustada década deste século enervado uma coisa surpreendente e extraordinária: a sua divina costela também existia e era também capaz de caber numa faixa estreita de celuloide perfurado... E demonstraram o que disseram.

Mulheres fatais e legendárias, de grandes corpos lânguidos e ruinosos, arrastaram então caudas de veludo e espirraram repuxos de *aigrettes*[15] pelos nossos corações surpreendidos em flagrante delito de "schopenhauerismo". E os nossos corações bateram forte quando a Bertini assassina (Francesca de todos os Paolos...), saindo toda de dentro de um decote escaldante e de umas luvas de doze botões, passou, devastadora, mordendo, com um amor que parecia ódio, seus beiços meridionais de granada ao sol... E quando Leda Gys,[16] no giz liso da sua testa alvíssima, arqueou as sobrancelhas altas e finas, como arcos de uma deusa caçadora que se distendem para atirar flechas, isto é, olhares... E quando a Pina – a Pina Menichelli dos maxilares fortes de argentaria amorosa – recortou, vertiginosa e babilônica, sobre um *background* dannun-

---

15 Em francês no original: "Adorno de plumas."
16 Outra importante atriz italiana do começo do cinema, nascida em 1892 e falecida em 1957.

ziano, o seu perfil firme de águia apaixonada... E quando a Borelli – Lydia,[17] lírio de Florença... – levantou na ponta do seu pescoço dominador a pequena cabeça insolente e linda, com rolos pesados de ouro na nuca branca, e esmigalhou entre os seus dedos heráldicos um buquê de violetas de Parma parecido com um coração...

Que horror! Parece que estou ficando com saudades... Com saudades dessas italianas grandes e galgas, e mulheres, bem mulheres, que foram as primeiras mentiras que me fizeram acreditar na única verdade que os deuses esqueceram sobre a terra...

– O quê?

– Ora!

*

Coisas italianas... Cabe agora esta nota à margem: foi por essa minha época peninsular (Ah! É verdade! A Companhia Marchetti cantara a primeira *Viúva alegre* no São José de cimento e ferros poncianos... E eu ouvi a *Canção de Willy*... E havia certa corista... E o cinema quase que ia perdendo um fã paulistíssimo...); foi por essa minha época dantesca, petrarquiana ou dannunziana que eu vi e ouvi o precursor do cinema dos sons. A coisa aconteceu, numa confeitaria italiana da rua São Bento onde a gente ia beberar a decadência esmeraldina de um *Frezzomint* com sifão e gelo *pilé*, vendo fitas de cinema. Certa noite, foi anunciada "a projeção cantada de um dueto da *Carmen*"... E apareceram, na pequena tela muito alta, um tenorino de casaca e mãozinhas gordas segurando o coração melodioso, e uma contralto de *pendantif* que arfava, sobre o peito estufado, à altura das narinas palpitantes... Atrás da tela, escondidas e nervosíssimas, acompanhando mais ou menos os esgares do duo, cantavam "*Il flor ch'avevi a me tu dato*"[18] duas criaturas humanas (humanas?) de

---

17  Atriz com menor tempo de atuação dentre as que Guilherme destaca, é reconhecida por *Rapsódia satânica* (1917). Nasceu em 1884 e faleceu em 1959.

18  Em italiano no original: "As flores que você me deu."

sexo diferente e de caras, corpos e trajes mais diferentes ainda das sombras que gesticulavam na tela...

Isso foi o meu primeiro filme sonoro. "Meu"? – Não sei. Filme? – Não sei. "Sonoro"? – Não sei...

*

Daqui, deste ponto de vista tão agitado que é a quarta década (já?) deste nosso século – belvedere ruidoso, agitado, baralhado, mágico, louco como um Luna Park, todo atravessado de regougos roucos de klaxons,[19] trepidações metálicas de aviões, tempestades aéreas de ondas hertzianas, bamboleios e síncopes de rumbas... – daqui deste meu observatório absorvente, espio o passado. E, olhando para os últimos anos "pré-*war*", vejo, traçado a giz como um teorema geométrico, limpo e lógico, o simplicíssimo gráfico da evolução do cinema em relação aos seus artistas. E aparece-me assim enunciado o infantil, elementar problema: "Sendo dado um ângulo, achar a bissetriz". Ou, graficamente: vejo duas linhas cheias partindo de um mesmo ponto e afastando-se uma da outra cada vez mais (um ângulo); e, entre elas, dividindo-as exatamente em dois outros ângulos menores e iguais entre si, uma linha pontilhada (a bissetriz)... Ora, sobre a primeira linha cheia, eu leio: "Filme francês essencialmente masculino". E sobre a outra também cheia: "Filme italiano essencialmente feminino". Cavalheiros de um lado, damas do outro! – como nos antigos salões da nossa singela, pudica fidalguia imperial... Resultado dessas separações tirânicas: em geometria, uma bissetriz; em sociedade, vários casamentos...

E em cinema? Ora, em cinema! Em cinema, eu leio, sobre a linha pontilhada, estes dizeres: "Filme dinamarquês misto, para ambos os sexos"...

---

19 Klaxon é o termo em francês para "buzina". Foi também o nome do periódico modernista, publicado em 1922, do qual Guilherme de Almeida foi um dos editores.

Ah! A Nordisk! Primeiros filmes humanos, sem brinquedinhos, nem literaturas, que obrigaram a gente a pensar um pouco numa coisa tristíssima e inevitável que está em toda parte, para todo o mundo: a Vida...

O que eu descobri de vida, isto é, de amor, no enlace escandaloso de Asta Nielsen e Valdemar Psilander! Quem não se lembra daqueles beijos dinamarqueses – os chamados então "beijos da Nordisk" – que foram os primeiros frutos proibidos no Éden do Celuloide?! Se me lembro! As mamães abriam o leque nervoso sobre os olhos desviados; os papais colocavam depressa o *pince-nez* no nariz assanhado; e os filhotes sentiam os seus cinco sentidos pularem dentro de si como cinco diabinhos, e darem um nó seco na sua garganta, e fazerem os seus olhos escorregar obliquamente, na penumbra, para certa cabecinha morena que sacudia uma alegria livre de guiso sob o gorro de veludo preto, mordendo na boca paulista a florzinha vermelha de um sorriso, já quase amadurecida na frutinha vermelha de um beijo...

*

Aparecem agora, nas páginas brancas do caderno de memórias em que venho projetando o filme trêmulo da minha saudade, aqueles primeiros nomes "*Made in the USA*", que então me pareciam bárbaros, difíceis, ásperos, acres, ácidos, e que hoje, entretanto, eu pronuncio com naturalidade como se pronunciam os suaves nomes familiares, íntimos, adorados...

Por mais que eu me esforce em sondagens retrospectivas para descobrir onde, como, quando foi que vi o primeiro filme *yankee*; onde, quando, como começou a existir, para mim, esse cinema que ia ser o cinema de verdade; por mais que eu reflita, olhos fechados para ver dentro de mim alguma coisa, e em silêncio para ouvir o meu coração e o meu pensamento –, nada, absolutamente nada me ocorre de fixo, de nítido, de exato, de preciso. É como quando a gente gosta muito de alguém: nunca sabe dizer onde, como, quando começou aquilo... No entanto, dos outros filmes – o francês, o italiano, o dinamarquês – parece que me lembro bem, muito bem mesmo. Por quê? Com certeza, porque não gostei deles de verdade. Não foram "o meu amor":

foram apenas como essas *amourettes sans lendemain*[20]— as únicas que conseguem deixar na gente uma memória perfeita que o coração não tem... Memória que vive, às vezes, num risco de *rouge* que ficou no lenço, num claro *soupçon*[21] de pó de arroz que ficou na lapela, na sombra de um perfume que ficou numa luva...

Lembro-me, muito vagamente, de nomes. Não de nomes de artistas, mas nomes de fábricas: *Vitagraph... Biograph... Essanay... Triangle... Blue Bird...*[22] Mas todas essas marcas misturam-se, baralham-se, confundem-se, dançam nos meus olhos uma sarabanda tonta, vaga, esdrúxula, sem ritmo nem nitidez, fora do espaço e do tempo, loucamente... Sim, fora do espaço e do tempo: não posso marcar o local nem o momento em que apareceu aos meus olhos adolescentes essa adolescência estranha que tanto devia impressionar e completar a minha... Os cenários que essas fitas me mostravam eram cenários desacostumados, perfeitamente fora de qualquer literatura e de qualquer cartão-postal (o eterno Paris, a eterna Veneza, o eterno Monte Carlo, a eterna Roma eram simples literaturas e cartões-postais). A gente que essas fitas me mostravam era uma gente inédita, também desligada de qualquer romance ou de qualquer quadro célebre (os condes, as duquesas russas, os oficiais de Tonkim eram figuras de romance ou modelos de quadros do *Salon*). O que essas fitas me mostravam eram os desertos americanos arrepiados de cactos, índios vermelhos e penas pintadas; eram os *covered wagons* enfiados por areias surpreendentes e traiçoeiras; eram homens de couro e garrucha atacando diligências e malas-postais nas Gargantas do Diabo; eram fazendolas humildes e bem tratadinhas, com Minnies, Mabels ou Marys de avental e tranças louras, esperando no *porch* acolhedor o tropel suado e sadio dos *cowboys*; eram xerifes bonacheirões de peito estrelado; coronéis excelentes, bem-humorados, tirando a pitada longa nas varandas claras da Virgínia; eram tiroteios no bar

---

20 Expressão referente a "amores passageiros" ou "namoros sem futuro" (literalmente, "sem amanhã").
21 Em francês no original: "vestígio."
22 Produtoras americanas das primeiras décadas do cinema. Foram as primeiras empresas estabelecidas em Hollywood.

de madeira, explosões de minas, encontros de trens, demolições de florestas, jorros de petróleo... Eram... Era uma coisa tão diferente do cinema! Tão parecida com a vida!

(continua)

Guilherme de Almeida

## Domingo, 9 de fevereiro de 1936

### Memórias de um fã IV
### (conclusão)

*Biograph... Vitagraph... Triangle... Essanay... Blue Bird...*
Estes nomes apareciam, então, ora coloridos gritando nos cartazes, ora luminosos esmigalhados nas telas. E a gente ia, insensivelmente, decorando-os, classificando-os, caracterizando-os segundo o gênero que exploravam. Uma dessas fábricas reproduzia apenas os pequenos dramas sociais; outra, a vidinha curiosa e puritana das cidades de província; outra, as agitadíssimas aventuras policiais; outra, as façanhas espertas dos peles-vermelhas; outra, as correrias atropeladas no Texas, as nuvens de poeira do faroeste... E era, então, somente a "fábrica" – não ainda a "estrela" – que qualificava os filmes. Lembro-me bem. A gente dizia assim, por exemplo: "Hoje tem uma fita da Triangle no Radium"... Nada mais. E ia ver. Ia ver um romance agitado entre a filha do chefe da estação (menina loirinha, íntima, de tranças nas costas, vestido bem simplezinho de xadrez miúdo e avental branco) e o capataz do "rancho" ou da mina de petróleo (moço vibrante, ágil, com duas garruchas na cintura e uma tira de couro no chapelão de feltro)...

Faço um grande esforço de memória para lembrar-me do primeiro nome que guardei dessa gentinha diferente, adorável, encantada. E os ganchos mais distantes a que se vai prender a minha memória são os dois HH do nome de Helen Holmes.[23] (Suponho que este apelido me ficou apenas pelo seu aparente parentesco com o de Sherlock Holmes – o meu herói predileto desses tempos.) Helen Holmes... A "especialista em locomotivas"... A pequena que fazia os nervos da gente estraçalharem o programa entre os dedos, com os seus emocionantíssimos "*railroad* dramas". Todos os seus namoros tempestuosos desencadeavam-se em estações de estradas de ferro, com perigos, sinais fechados, bandeirinhas vermelhas, descarrilamentos, freios partidos num declive à beira de precipícios...

E iam assim, assustados mas ingênuos, os romances cinematográficos desses tempos BB (quer dizer, "*Before Bara*", antes da introdução da serpente no Paraíso de Celuloide: a vampira Theda Bara)...[24] Iam assim as coisas, quando, de repente...

*

De repente, a Guerra. A Grande Guerra...

A Europa sumiu. Parece que todas aquelas figurinhas requintadas do Velho Mundo ensanguentado morreram no fogo do *front*, ou afundaram-se na lama das trincheiras, ou despedaçaram-se no arame farpado como insetos frágeis na teia pérfida de uma aranha. Para elas, já não havia ar sobre a terra: havia gás asfixiante... E na América, só na América, podia existir gente.

E da América começaram, então, a vir, de cambulhada, confundidos, baralhados, batalhões e batalhões de soldadinhos de celuloide, com etiquetas, nomes, informações, identificações... George Walsh, Ruth Roland, Sessue Hayakawa, Pearl White, June Caprice, Maurice Costello, Marguerite Clark, Creighton Hale, Mollie King, William Farnum, Mabel Normand, Francis X. Bushman, Kathlyn Williams, Richard Barthelmass, Zoe Rae (a "menininha", a Shirley Temple desses tempos, e que nunca mais, nunca mais foi vista)...

---

23  Helen Holmes (1893-1950), ao lado de Pearl White, foi uma das mais importantes atrizes dos filmes de ferrovia, em que heroínas impetuosas acabavam presas em armadilhas nos trilhos do trem, para serem salvas no último segundo restante.

24  Theda Bara (1885-1955) ficou famosa pelos papéis de mulheres fatais que interpretou, destacando-se Cleópatra e Salomé.

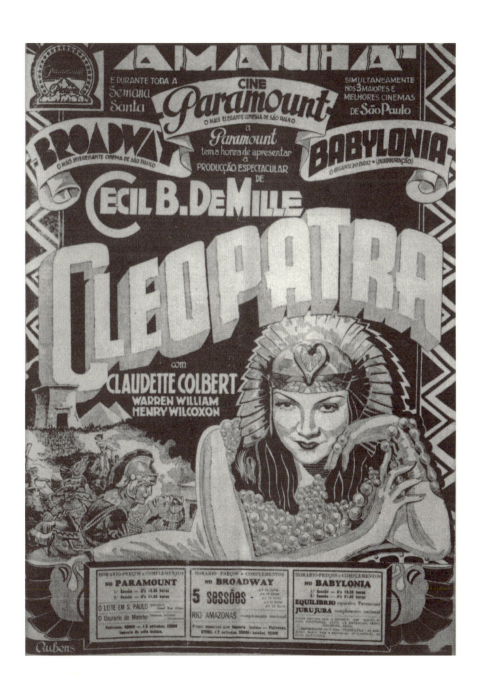

Já não era a fábrica que interessava tanto: começava a ser a "estrela". Mas, onde trabalhava essa gente, em que céu gravitavam essas constelações? Ainda não sabíamos. A Califórnia não tinha sido ainda descoberta pelos olhos de vidro das câmeras; Hollywood era ainda um projeto de engenheiro louco... Mas não importava! Contanto que o entrecho daquelas fitas fosse forte, *gripping*, arrastante, sanguinário... O aperitivo da Grande Guerra exigia desses pratos violentos. E vieram os grandes "filmes em séries". Dois episódios por semana. Folhetim cinematográfico. *Os mistérios de Nova York*, *O monstro encapuchado*, *A joia fatal*, *O fantasma pardo*... Isso era tudo para nós. Já nas duas telas de um cinema duplo (o melhor cinema que houve em São Paulo até agora – o Central, no edifício que é hoje, *hélas*!, a Delegacia Fiscal, e exatamente onde foi o meu Bijou, a joia mesmo da minha infância já "fanática"; o Central, que tinha um Salão Vermelho aristocrático e um Salão Verde plebeu, e que nas grandes noites era todo perfumado, como um *dandy*, com umas bombas parecidas com as de *flit*); já nas duas telas desse cinema duplo os meus olhos olhavam com desconfiança e ceticismo as coisas históricas, lentas e longas, que a Europa agonizante nos mandara: um *Quo Vadis*, uma *Cabíria* (a gente nem sabia que isto era escrito por D'Annunzio...), um *Os últimos dias de Pompeia*, uma porção de *Maciste*... O que os meus olhos, também americanos, queriam era só coisa americana. "A América aos Americanos" – era então um lema puro que a minha malícia ainda não havia estragado...

*

Então...

Foi então que David Griffith descobriu, entre os abacateiros mornos de sol da Califórnia, nos arredores da cidade de Los Angeles, à sombra das colinas de Beverly, um vale de lágrimas e de risco, um lugar de pecado e de glória, de ouro e de miséria, de louros e de lodo, ora igreja, ora cabaré, *grill-room* e hospital, trono e cárcere, Parnaso e Oblivion, berço e túmulo: Hollywood...

Griffith, o Descobridor, plantara já aí a sua bandeira branca e ouro: essa Mary Pickford branca dos cachos de ouro... Mary Pickford... A Namorada De Todo O Mundo... Nossa Senhora do Cinema... *Our Mary... America's Sweetheart...*[25]

Sim... A gente já ia começar a "falar americano", mastigando com força o seu *chewing gum*: já ia começar a falar em *fan*, em *it*, em *make-up*, em *cast*, em *gossip*, em *background*, em *sofistication*... Porque as geografias já começavam a ensinar assim: Mundo, capital Hollywood...

Hollywood... E tudo, aí, começou a ser "primeiro". Cecil B. DeMille (aparece já o primeiro nome de diretor...) inventara a primeira *bathroom beauty*: Gloria Swanson..., que já lançava, mais forte do que Paris, a primeira moda imposta pelo cinema: *Narcisse Noir*, o perfume de frasco esquisito que DeMille colocara na sua suntuosa sala de banhos... E houve a primeira "vampiro": Theda Bara, vulgo Cleópatra do Egito... E surgiu o primeiro *pathos*: uma figurinha sombria e pobre, *forty-dollar-a-week*, que trazia de um obscuro *music-hall* inglês para os estúdios da Keystone de Mack Sennett, o seu bigodinho inverossímil, a sua bengalinha incrível, a sua cartolinha impossível e os seus sapatões inadmissíveis: Charles Chaplin... E apareceu o primeiro *big boy* estouvado e bonito: Wallace Reid... E aconteceram, entre gargalhadas, a primeira gordura cômica e a primeira magreza cômica: as banhas de Fatty Arbuckle ("Chico Boia") e o *walrus* escocês de Chester Conklin... E sofreu doridamente, com atitudes de Sarah Bernhardt, a primeira intelectual: Norma Talmadge... De *maillot* decorativo e meias altas, riscou o cristal de uma piscina a primeira *bathing-girl*:[26] Marie Prevost... E, como um "lírio partido", murchou na sombra e no silêncio, como um verso de Samain, a primeira clorótica: Lillian Gish... E no silêncio e na sombra arderam e se apagaram os olhos de tigre amoroso do primeiro *sheik*: Valentino... E, numa capa de arminho, entre os castiçais de prata do Ritz, desfaleceu a primeira orquídea: Corinne Griffith... E contorceu-se entre os braços quentes do primeiro *latin lover* — John Gilbert — a primeira pálida labareda freudiana: Greta Garbo... E esperneou espeloteada a primeira *flapper* de cabelos vermelhos: Clara Bow... E, uma noite (não faz muito tempo), de cara

---

25 Em inglês no original: "Namoradinha da América."
26 Idem. "Banhista."

pintada de preto, beiços de *clown*, mãos espalmadas dentro de luvas de algodão branco e braços abertos para se crucificarem na própria sombra, como um *hoofer*[27] do Harlem, gritou "*Mammy!*" na tela o primeiro *jazz-singer*: Al Jolson... E desdobrou-se num conto de fada o primeiro *talkartoon* de Walt Disney... E escorreram do céu todas as cores do arco-íris para dançarem e cantarem *La Cucaracha* na tela incolor pela primeira vez autenticamente colorida... E...

*

... Mas, agora, já não é mais passado. É presente: o pobre, pobre presente que passa para ficar – para ficar, um dia, em outras memórias de outros fãs...

Guilherme de Almeida

---

27  Em inglês no original: "Dançarino profissional, sapateador."

# II. O "mito" de Olympio Guilherme

*Donny Correia*

Ao longo de sua atuação como crítico e cronista cinematográfico no jornal *O Estado de S. Paulo*, Guilherme de Almeida lançou luz sobre vários fatos e curiosidades relacionados ao tema. Um dos mais intrigantes objetos de sua escrita foi, sem dúvida, o jornalista Olympio Guilherme.

Olympio nasceu em Bragança Paulista, SP, e escreveu para vários periódicos de sua cidade. Em 1927 tomou parte num concurso nacional promovido diretamente pela Fox Films, um dos principais estúdios de Hollywood. O concurso previa a escolha de um homem e uma mulher, brasileiros, que se tornariam estrelas na América. Olympio, desejando se tornar o novo estereótipo de "*latin lover*", participou do certame e logo foi o escolhido. Já na categoria das mulheres, a carioca Lia Torá viria a vencer o tal concurso, deixando para trás uma iniciante Carmen Miranda e uma ainda desconhecida Patrícia Galvão, a Pagu.

Conta-se que em meio ao grande estardalhaço da imprensa nacional, o casal deixou o país para encontrar os principais executivos e artistas hollywoodianos. Já na Califórnia, frequentaram as mais luxuosas festas e recepções do meio, posaram para fotos ao lado de astros e deram entrevistas às publicações especializadas. Terminadas essas tarefas, os executivos, empresários, artistas e técnicos viraram-lhes as costas e pediram que fossem para uma pensão ou quarto alugado nos bairros mais baixos de Hollywood e aguardassem alguma convocação para atuarem. Tudo, na verdade, não passava de uma estratégia de marketing do estúdio para expandir seus negócios de distribuição de filmes no Brasil, o que explica o fato de os dois nunca terem sido convocados para papéis relevantes. Lia conseguiu tomar parte em alguns filmes relativamente importantes e casou-se com um executivo; tentou, até, gerir uma produtora que faria filmes apenas com artistas latinos, mas retornou ao Brasil nos anos 1930, tendo passado o resto da vida no anonimato.

Com Olympio Guilherme, o destino foi mais ingrato. Passava os dias batendo à porta dos estúdios para pedir emprego e, como nada lhe era oferecido, contentava-se em assistir às filmagens para, ao menos, aprender algumas técnicas cinematográficas. Vez ou outra era chamado a tomar parte, com outros figurantes, em cenas de multidões, nas quais seria impossível reconhecer seu rosto. Outras vezes fazia dublê de mãos, ou era mostrado de costas.

Por volta de 1929, Olympio já se encontrava desesperado, à beira da miséria. Mas recusava-se a retornar ao Brasil como fracassado.

Por aqui, a imprensa parecia acreditar que o jovem bragantino estava a ponto de estrelar seu primeiro filme e se tornar mais uma lenda internacional do cinema. Isso fica claro nas notícias dadas por Guilherme de Almeida e nas enquetes que promovia incitando os leitores da coluna "Cinematographos" a sugerirem nomes artísticos para um Olympio Guilherme que só existia no imaginário popular. É possível que até mesmo Guilherme de Almeida suspeitasse que algo não corria bem, considerando-se alguns comentários que deixava escapar em meio à sua escrita sobre o colega. Provavelmente a relação dos dois se dava por afinidades jornalísticas e literárias, e existia antes do tal concurso do qual Olympio tomou parte: no acervo bibliográfico do poeta há um exemplar de *Five Negro Poets* – antologia americana enviada desde os Estados Unidos a Guilherme, com longa dedicatória afetiva de Olympio. Sendo assim, é de se cogitar que o poeta conhecesse bem a forma como seu colega parecia se comportar diante de sua realidade. Mesmo assim, Guilherme de Almeida investia na imagem de promissor astro cinematográfico de Olympio Guilherme e, em 1929, anunciou com entusiasmo que em breve o mundo veria seu primeiro filme, que escrevera, dirigira e no qual atuara, *Fome*.

# VEM AHI...

scena tem o seu tamanho exacto, sem disfarço de especie alguma.

9 — "Quem custeou as despesas da pellicula"?
— Todas as despesas de "FOME" correram por conta exclusiva de Olympio Guilherme.

10 — "Qual foi o Laboratorio que revelou e imprimiu "FOME"?
— "Richter's Film Laboratories" — 7764. Sta. Monica Bld. — Hollywood.

11 — "Quaes as principaes localidades onde "FOME" foi filmada"?
— As scenas mais importantes foram filmadas em Broadway, no ponto mais central de Hollywood. Outros sitios importantes são os seguintes: Hollywood Bld; a flotilha de pesca do Pacifico; Yosemite Park, perto de S. Francisco; Dead Valley (Valle da Morte), a Este do Estado de California; Santa Monica Beach; West Lake Park, em Los Angeles e em Burbank.

12 — "Em que differe "FOME" de todas as peliculas americanas"?
— "FOME" é a primeira pellicula produzida, até hoje, baseada inteiramente no estylo realista. Todas as scenas foram cinematographadas com as "cameras" escondidas. Em outras palavras: "Fome" foi photographada ás escondidas do publico que nella representa.

13 — "Porque nenhuma grande companhia filmou até agora peliculas como "FOME" com as cameras escondidas"?

LÔLA SALVI, VENCEU O CONCURSO DA FOX NA ITALIA... MAS É A HEROINA DE "FOME".

OLYMPIO NÓS ESTAMOS ESPERANDO POR VOCÊ...
— Nenhum "studio" filmou, até agora, pellicula alguma com as "cameras" escondidas porque as difficuldades são quasi intransponiveis e o tempo que nellas se gasta desencoraja qualquer empresa.

14 — "Em que paizes "FOME" será distribuida para exhibição"?
— Provavelmente, no Brasil, Argentina, Chile, Uruguay, Paraguay, Equador, Bolivia, Colombia, Republicas da America Central, Mexico, Portugal, Hespanha, França Allemanha, Belgica, Italia, Grecia, Russia, etc.

15 — "Porque foi escolhido o ambiente americano e não o brasileiro para a acção de "FOME"?
— Pelo mesmo motivo porque não foi escolhida uma historia caracteristicamente brasileira: pois sendo os trabalhos de filmagem effectuados em Hollywood, qualquer adaptação de local, qualquer reproducção de costumes, qualquer imitação de usos ou atmosphera seria sempre imperfeita e falha.

16 — "Porque não foi "FOME" filmada nos moldes do livro "Fome" do noruegez Knut Hamsun"?
— "FOME", adaptação de "Scandal", nada tem com a obra prima de Hamsun. O livro de Knut Hamsun não poderá ser jamais filmado porque não possue acção cinematographica — mas sómente literatura. E phrases literarias não podem ser, desgraçadamente, photographadas no Cinema...

17 — "Que lingua falam os actores de "FOME"? (Termina no fim do numero)

UM ASPECTO DO "SET" DE OLYMPIO GUILHERME.

19 — VI — 1929        7        CINEARTE

O filme de fato existiu. Trata-se de um esforço extremo de Olympio Guilherme, que economizou cada centavo que conseguira ganhar com as parcas oportunidades em Hollywood. Como não podia pagar para ter artistas profissionais, decidiu filmar a vida dos que, como ele, viviam na marginalidade. Usou câmeras escondidas, filmou nas ruas e nos bares. Realizou um ensaio sobre os desprovidos que vivem iludidos na meca do cinema e, involuntariamente, deu vida ao primeiro filme neorrealista de que se tem notícia.

No entanto, a vida não deixaria de lhe ser amarga. Durante uma breve viagem até Pasadena, para verificar uma locação de *Fome*, Olympio dirigia por sobre uma ponte que ligava dois penhascos imensos e avistou uma jovem que parecia estar tentando se suicidar. O ator parou o veículo que dirigia na desesperada tentativa de salvá-la, mas não conseguiu. Na pista oposta, os ocupantes de outro carro viram a cena e entenderam que o rapaz havia empurrado a jovem. Chamaram a polícia e Olympio foi preso. Só não foi processado e deportado devido a uma milagrosa intervenção do cônsul brasileiro naquele país, que lhe deu a chance de se explicar em detalhes.

Embora não tenha entrado em circuito cinematográfico, *Fome* parece ter despertado interesse da imprensa brasileira, pois a revista *Cinearte*, em 1929, publicou um texto de três páginas redigido pelo próprio Olympio, com fotos e curiosidades sobre a produção em curso. Há informações de que o filme foi exibido em Bragança Paulista, mas hoje é considerado um filme perdido.

Finalmente, em 1932, Olympio Guilherme retornou ao Brasil e publicou o romance semibiográfico *Hollywood – novela da vida real*, em cuja trama o personagem Lúcio, alter-ego do autor, passa por situações que ilustram em detalhes o lado sórdido das aparências e das hipocrisias por trás da mágica hollywoodiana. Embora razoavelmente bem escrito e com uma trama dinâmica, não foi um *best-seller*.

Depois disso, pouco se conhece sobre o que ocorreu a Olympio. Sabe-se apenas que foi trabalhar no famigerado DIP (Departamento de Imprensa e Propaganda) do governo de Getúlio Vargas, e que, entre outras incumbências, tinha como prioridade monitorar jornais que falavam contra o regime.

Guilherme de Almeida não voltou a mencionar o colega em sua coluna sobre cinema, e as sugestões de nomes artísticos dadas pelos leitores de "Cinematographos" – a maioria delas esdrúxula – para nada serviu.

# POSFÁCIO
## *Cinematographos*, de Guilherme de Almeida: mediação do cinema como hábito cultural

*Erika Lopes Teixeira*

Em 2002, havia acabado de voltar ao Brasil, depois de concluir a parte curricular do mestrado em Jornalismo na Universidade de Coimbra, Portugal, e andava às voltas para encontrar o tema da dissertação. Sabia que seria sobre cinema no Brasil. Em meio à pesquisa, deparei-me com trechos de *Cinematographos*, crônicas sobre cinema de Guilherme de Almeida, que assinalavam a penetração e a força sedutora do cinematógrafo no processo de consumo das massas, influenciando, por meio dos filmes, toda uma gama de novos hábitos culturais. Nessas crônicas, Guilherme mostrava-se convencido: "Haverá ainda quem duvide da importância, da onipotência do cinema como instrumento de propaganda comercial?".[1] E eu, ao lê-las, fiquei fascinada pelo universo que este cronista me apresentava, mas principalmente pela maneira como o fazia.

Eram meados da década de 1920; o cinema, sendo um produto industrial, ainda lutava pela sua legitimação como a "sétima arte". Ao mesmo tempo, firmava-se como um eficiente veículo de comunicação e entretenimento

---

1 Cinematographos, *O Estado de S. Paulo*, 20 de maio de 1927.

das massas. E naquelas poucas crônicas, Guilherme apontava não apenas o fascínio que a nova arte despertava, como também sua formidável capacidade publicitária, de produtos a costumes.

Para mim, foi certeiro. *Cinematographos* seria meu tema. Concentrei a pesquisa nos primeiros sete anos da assinatura do cronista na coluna *Cinematographos*, de 1926 a 1932. Nesta fase, sua última crônica publicada foi em 8 de julho de 1932. No dia seguinte, Guilherme tomaria parte na Revolução Constitucionalista, o que lhe renderia o exílio em Portugal até 1933.

Imbuído pelo ideal modernista, Guilherme de Almeida esteve completamente conectado a estes novos modelos estéticos e percebia no cinema sua máxima expressão cultural. Das crônicas desta fase, procurei analisar a ocorrência de assuntos e sua relevância na história do cinema mundial, a fim de também perceber o próprio posicionamento de Guilherme como cronista. Para além dos aspectos cinematográficos referentes à sua história, mercado e linguagem, há em *Cinematographos* a percepção dos hábitos culturais de uma sociedade paulistana em pujante desenvolvimento, cuja inserção de novas tecnologias na vida cotidiana era tão rápida quanto sua transformação de uma cidade provinciana na maior capital industrial e urbana do país, a "São Paulo cinematográfica".

## Os anos precedentes: do "progresso moderno" à Semana de Arte Moderna

O surgimento do cinema como hábito cultural no Brasil e, especificamente na cidade de São Paulo, deve-se sobretudo ao célere desenvolvimento econômico e às grandes transformações na estrutura social e cultural da nova metrópole. "A Belle Époque brasileira, (...) de 1900 a 1920 assinala a introdução no país de novos padrões de consumo, instigados por uma nascente, mas agressiva onda publicitária, além desse extraordinário dínamo cultural representado pela interação entre as modernas revistas ilustradas, a difusão das práticas desportivas, a criação do mercado fonográfico voltado para as músicas ritmadas e danças sensuais e, por último mas não menos importante, a popularização do cinema."[2]

Desde o século anterior, a cidade de São Paulo protagonizava um movimento radical de crescimento econômico e populacional, especialmente em virtude do início do ciclo do café no interior paulista, estabelecendo-se como o polo financeiro, técnico e mercantil das atividades econômicas do estado. Foi o primeiro grande impacto do Brasil com o chamado "progresso moderno": crescem investimentos em infraestrutura técnica – estradas de ferro e outros meios de comunicação e transportes, mecanização das indústrias rurais, instalação de algumas primeiras manufaturas –, multiplicam-se os bancos, companhias de seguros, negócios de bolsa de valores. Ao mesmo tempo, tem-se o fim da política escravista e a intensificação da imigração europeia (a partir de 1850), o desgaste do Império e a Proclamação da República em 15 de novembro de 1889. Entre 1910 e 1929, registra-se que entraram no estado de São Paulo cerca de 930 mil imigrantes.[3] Cresce a população da cidade. O censo de 1890 registrava quase 65 mil habitantes na capital. Em 1908 contava com 270 mil, chegando a 578 mil em 1920, e 1 milhão e 120 mil habitantes em 1934.[4]

Guilherme de Almeida, sensível a essas modificações da vida citadina, durante oito domingos consecutivos – de 10 de março a 12 de maio de 1929 – publica no jornal *O Estado de S. Paulo* uma série de crônicas denominada "Cosmópolis" (compiladas em livro, em 1962), retratando essa população pitoresca que desenhava a geografia humana da nova metrópole: "São Paulo enorme de casas e gentes. Casas e gentes de todos os estilos. Cosmópolis. Resumo do mundo."

A motivar o nosso progresso, nos Estados Unidos e Europa dava-se a Revolução Científico-Tecnológica: descobertas científicas e desenvolvimento

---

2  Sevcenko, Introdução. O Prelúdio Republicano, astúcias da ordem e ilusões do progresso. In: Svecenko, *História da Vida Privada no Brasil*, v.3, p.37.

3  Fonte: Anuários Estatísticos do Brasil, IBGE, 1939-40 e 1953.

4  Sevcenko, *Orfeu Extático da Metrópole. São Paulo sociedade e cultura nos frementes anos 20*, p.108-9.

de novos potenciais energéticos – a eletricidade, fundamental ao cinema, e os derivados de petróleo – e exploração industrial nos segmentos da metalurgia, da bioquímica, da medicina, da farmacologia, da higiene, entre tantos outros. Fenômeno fruto desta revolução: a própria metrópole moderna.

No cotidiano da metrópole, o desenho de novos hábitos e avanços. A progressiva independência feminina: encurtam-se as saias, mostram-se os joelhos e descem as cinturas dos vestidos, uso de longos colares, silhueta tubular, corte de cabelo geométrico e a cinta-liga aparente da típica melindrosa, uma dama da crescente classe média que dançava *charleston* e maxixe. A seda toma lugar nas roupas íntimas e nas meias bege. As mulheres passam também a exigir os seus direitos: o mais emblemático deles é o voto, até então um privilégio masculino (direito conquistado no Brasil em 1932). Cresce o culto à beleza corporal: o tipo desportista, na preferência masculina. Aparecem os *sweaters* e *pullovers*. Os óculos substituem o *pince-nez*, bem como o relógio de pulso aposenta o de bolso. Raspam-se as barbas e os bigodes, as roupas tornam-se mais leves, assumindo inspirações entre fardamentos militares e trajes desportivos. Tudo em nome da elegância e da modernidade. Em São Paulo, o automobilismo surge como culto. Em contraponto ao estilo de vida saudável, mas igualmente transgressor, o vício: cigarro (que faria parte do visual da mulher moderna), alcoolismo, drogas (cocaína, morfina, ópio) e o jogo (no Brasil, além das apostas nos jogos de futebol, roleta e bacará, desenvolve-se o "jogo do bicho").

Na arte, os movimentos modernistas chegam da Europa: Futurismo (o Manifesto do italiano Marinetti), Cubismo (desconstrução da realidade em planos superpostos), Dadaísmo (o mais radical dos movimentos de vanguarda, que propõe a negação total e a defesa do absurdo), Surrealismo (o Manifesto do Surrealismo de André Breton, em que propõe a exploração do inconsciente, do sonho e do impulso. Na literatura, propõe a escrita automática, sem preocupação com a ordem e a lógica).

Membros da elite paulistana traziam estas informações e exposições da Europa, como a de 1919 no Theatro Municipal, "Exposição de Pinturas e Esculturas Francesas", que trouxe Rodin pela primeira vez ao Brasil; essa mesma aristocracia paulista que patrocinou a Semana de Arte Moderna realizada em fevereiro de 1922, o marco zero do Modernismo no Brasil. O evento surge como uma ruptura, o abandono crítico e consciente dos princípios, da técnica e da inteligência tradicionais.

Guilherme de Almeida, que já participara da Semana de Arte Moderna, envolve-se também na criação do primeiro periódico modernista, o primeiro esforço efetivo na tentativa de sistematizar os novos e conturbados ideais estéticos divulgados pela Semana: a revista *Klaxon*, com capa de sua autoria, publicada de 15 de maio de 1922 até janeiro de 1923. Posteriormente organiza a conferência "Revelação do Brasil Pela Poesia Moderna", a fim de divulgar o Modernismo pelo Brasil.

## GUILHERME DE ALMEIDA, CRÍTICO E CRONISTA SOBRE O CINEMA

O cinema, assim como o conhecemos, surge em 22 de março de 1895, com as cenas da saída dos operários da fábrica Lumière, captadas pelo Cinematógrafo, aparelho que era ao mesmo tempo câmera filmadora e projetor, patenteado pelos irmãos Auguste e Louis Lumière.

Desde estas imagens até a altura em que Guilherme de Almeida começa a assinar a coluna *Cinematographos*, muitos foram os artistas e movimentos que contribuíram para a criação e consolidação da linguagem cinematográfica. Para citar alguns: o ilusionista francês Georges Méliès, que percebeu (em 1896) a aproximação entre o cinema e a mágica, a possibilidade de criar situações inusitadas e surreais a partir de trucagens e efeitos na edição, pela sobreposição de imagens; Edwin Porter, cujas obras demonstram fluidez narrativa, a partir da utilização do plano como princípio básico da montagem, a montagem narrativa; D. W. Griffith, que desenvolve a gramática clássica do cinema, a montagem paralela e intercalada e os diferentes planos e enquadramentos; Charlie Chaplin, e sua imortal personagem do Vagabundo, utilizando o humor como crítica social e total domínio da linguagem cinematográfica; Sergei Eisenstein, da escola soviética, destacadamente interessado na questão da montagem, desenvolvendo o conceito da montagem dialética; e o Expressionismo alemão, movimento interessado numa narrativa mais fantástica, em que prevalecem cenários construídos em ângulos retos, fotografia acentuadamente dirigida e sombria, expressiva caracterização das personagens, tudo a expressar um conceito de remodelação da imagem real para a imagem fílmica.

Estes são alguns exemplos, mais representativos, que apontavam o potencial artístico do cinema. Para além de simples agente registrador, este possuía a capacidade de contar histórias e criar realidades a partir de uma linguagem e uma gramática particulares.

Necessariamente, o campo crítico-intelectual analisava conteúdos, formatos e mercados enquanto acompanhava a própria legitimidade do cinema como arte. No Brasil, espalhavam-se as revistas ilustradas sobre cinema. A partir de 1926, difunde-se a crítica de cinema com Guilherme de Almeida, em *O Estado de S. Paulo*, e tantos outros críticos nos jornais diários: Oduvaldo Viana, no *Correio da Manhã* (RJ); Paulo Duarte, o Saulo, no *Diário Nacional* (SP); Canuto Mendes de Almeida, no *Diário de São Paulo*; João Raymundo Ribeiro, o Fiteiro, no *Correio Paulistano* (SP); Jorge Martins Rodrigues, no *Diário da Noite* (SP).

Muito embora a coluna *Cinematographos* já existisse no jornal *O Estado de S. Paulo* antes do ingresso de Guilherme de Almeida, o cronista só passa a assiná-la sob o pseudônimo de "G." em 1927. Mas é a partir de 9 de novembro de 1926 que se torna nítida a mudança de tom, a abordagem dos assuntos, o lirismo peculiar do poeta, as figuras de linguagem, o ritmo encadeado das palavras – como se cada crônica fosse ela própria um filme – e por fim, mas igualmente importante, os preceitos modernistas.

E é o próprio cronista quem sugere a data do seu ingresso, quando em 10 de novembro de 1928 publica uma crônica comemorativa intitulada "Aniversário": "Ha dois annos que esta funccionando este cinema. Esquisito cinema! O seu proprietario invisivel e invisivel operador não costuma guardar os films que faz passar diariamente (ou quasi), diante de uma sala problematica, onde freguezes, tambem invisiveis, sorriem, talvez, com alternativas de váia e bocejo [...]".[5]

Nestas primeiras crônicas, procura trabalhar a legitimidade do cinema como arte, afirmando que sua pouca idade trazia a jovialidade dos novos tempos, rompia com preconceitos da academia, portava a técnica e a ciência da atualidade (industrialização, eletricidade, a química). Chegava, às vezes, a comparar a fotografia e enquadramentos de um filme a obras modernistas de Picasso, Léger ou Delanay. Cinema era a expressão cultural máxima do conceito de modernidade, tangenciado pela celeridade de atitudes e posturas sociais, onde eram ressaltados os valores da velocidade, do movimento, do novo, do jovem, da moda. Como representante do tempo da ciência e da industrialização, o cinema extinguia a era do indivíduo e da palavra e estabelecia a era das massas e da ação.

Nesse contexto, os recorrentes letreiros dos filmes eram, para ele, considerados interrupções explicativas redundantes da narrativa, uma nódoa a manchar sua total capacidade. A arte muda, sendo jovem e transgressora, deveria se distanciar das outras literaturas, porque a imagem carregava em si o potencial de dizer tudo.

O mesmo se passava com as anteriores expressões dramáticas, como o teatro e a ópera. O cinema surge como destruidor de cânones, mostrando, por exemplo, que um artista pode dar as costas ao público ou praticar uma atuação menos posada.

Para Guilherme de Almeida, a indústria cinematográfica de Hollywood (o "Bosque Sagrado") fabricava o modelo estético dessa nova arte, assim como, dizia ele, outras tantas invenções "perfeitas e inesperadas". Não ingenuamente, ele é explícito na constatação de que nao só "se vive cinematograficamente", como esta forma é absolutamente norte-americana, "'*Americanization*' de todo o mundo".[6]

---

5 Mantida a grafia original. Almeida, Cinematographos, *O Estado de S. Paulo*, 10 de novembro de 1928.

6 Mantida a grafia original. Ibid., sem data.

O cinema era maior que a vida, divinizado, quase como se fosse uma religião e sendo, nessa instância, um elemento de identificação arquetípico da vida humana. Em suas crônicas, assim como nas populares revistas ilustradas, há a sustentação de uma das ferramentas publicitárias mais eficazes da indústria hollywoodiana, o *star system*. Há um abundante contingente de publicações inteiramente dedicadas às celebridades, sobre suas vidas íntimas, enaltecendo a mítica em torno dessas figuras ou mesmo constatando a própria estratégia do "sistema de estrelas". Guilherme de Almeida conservava em sua mansarda ficheiros repletos de informações pessoais dos artistas cinematográficos e, em 1929, publica o livro *Gente de cinema*, digressão pessoal do cronista dedicada aos atores e atrizes que admira, expondo seus "perfis literários", acompanhados de fotografia e endereço. Sabe-se também da amigável relação que o cronista mantinha com as distribuidoras dos filmes estrangeiros. Quando ocupa a cadeira de número quinze da Academia Brasileira de Letras, foram estas empresas que financiaram o custoso "fardão da Imortalidade".[7]

No entanto, *Cinematographos* abriu espaço para outras cinematografias, muitas das quais figuram hoje como marcos importantes da história do cinema. Está lá Sergei Eisenstein, com *O encouraçado Potemkin*, de 1925. Para ele, "Eisenstein é a majestade do cinema", porque, entre outras qualidades, em seu filme a estrela é a massa, não tem planos estáticos ou "confecções de estúdio".

Do expressionismo alemão, consta F. W. Murnau, com o filme *Fausto*, de 1926, crônica tão positiva que se tornou anúncio publicitário da distribuidora no jornal *O Estado de S. Paulo*. Guilherme de Almeida ressalta a genialidade de Murnau, a nuance da fotografia e a disposição dos enquadramentos.

Charles Chaplin, que introduziu um estilo singular, caracterizado pelo despojamento e pelo predomínio da imagem apoiada pela mímica e expressão corporal, desmistificava a falsa dignidade burguesa e identificava-se com os humildes. Com o filme *Luzes da cidade*, de 1931, Guilherme ratifica o potencial destruidor do humor de Chaplin, a destruir inclusive o próprio cinema

---

7 Informação divulgada por Odylo Costa Filho, em seu discurso de posse na Academia Brasileira de Letras.

falado, "negando a necessidade de qualquer voz humana no filme", num momento em que os *"talkies"* já estavam implantados.

A resistência ao sistema sonoro e as reflexões sobre o que seria o verdadeiro cinema ocuparam algumas semanas da coluna *Cinematographos*. Desde 1927 nos Estados Unidos, a novidade chega ao Brasil apenas em 1929. Guilherme de Almeida, num primeiro momento, demonstra entusiasmo, que dura pouco e se transforma em nostalgia e desencanto – por um lado, mostra-se fiel à crença nas inúmeras possibilidades do cinema silencioso, da supremacia da imagem (a palavra pertencia, afinal, à literatura) e, por outro, o explícito aborrecimento pelas constantes falhas de sincronização de uma tecnologia ainda incipiente. Mas, vencidas as dificuldades técnicas iniciais, rende-se e declara que o som veio para ficar. Constata que é algo novo, e como tal, merece uma oportunidade, assim como ocorreu ao cinema em si, que destronou antigos brinquedos ópticos, como o kinetoscópio.

Uma das colunas mais interessantes deste período é a publicação da carta do cineasta Luiz de Barros, realizador de *Acabaram-se os otários* (1929), considerado o primeiro longa-metragem sonoro brasileiro, em que relata o processo de produção dos seus próprios mecanismos de som.

O cinema nacional, de produção precária e marginalizada frente à poderosa penetração do cinema estrangeiro, também não recebia em *Cinematographos* grande dedicação. Muito embora Guilherme de Almeida, credor no potencial brasileiro, esclareça sua posição de anseio pelo desenvolvimento do cinema nacional, adverte para a imitação malsucedida e para a má qualidade dos resultados. Entretanto, aponto duas produções representativas da história do cinema no Brasil que foram recebidas entusiasticamente pela coluna: *Fragmentos da vida* (1929), de José Medina, em que destaca a atualidade do filme e a economia da produção, e *São Paulo, Sinfonia da Metrópole* (1929), de Rudolph Rex Lustig e Adalberto Kemeny, que é para cronista o primeiro filme nacional que "não nos envergonha". Em ambos, a cidade de São Paulo como cenário.

Para o cronista, a "São Paulo cinematográfica", "reeuropeizada" na arquitetura e "americanizada" nos costumes e hábitos da vida cosmopolita, definia a imagem e identidade de um país moderno e, consequentemente, civilizado.

Num país ainda em desenvolvimento, uma cidade em vertiginoso crescimento como São Paulo, que passava a agrupar diferenças socioculturais numa escala sem precedentes (já que para ela convergiam pessoas de diversas nacionalidades e culturas), ao mesmo tempo vivenciando um processo de constante anulação de seu passado colonial, em que a consciência da vida privada confundia-se com a esfera pública, o cinema (assim como a publicidade e as revistas ilustradas) ocupou um lugar de significação e de valoração dessa mesma sociedade.

Por um lado, o cinema propagador de hábitos culturais; por outro, uma sociedade ansiosa por equiparação a metrópoles desenvolvidas, e que o buscava por meio do consumo – dos filmes, dos costumes e dos produtos relacionados a eles. Nas crônicas, por sua vez, é possível observar a promoção de uma identificação da nova sociedade paulistana com os tipos e histórias das telas.

Ao assumir a coluna *Cinematographos*, no jornal de maior circulação da época, Guilherme cumpre o papel de mediador da experiência cinematográfica como hábito cultural no início catalisador da formação da metrópole que, atualmente, é uma das maiores da América Latina: a cidade de São Paulo.

Durante todo o percurso da pesquisa, embarquei numa viagem no tempo pelas crônicas de *Cinematographos*. Fui transportada para os "anos loucos", para a época das melindrosas, do maxixe, dos automóveis e do fascínio pelo cinema. As palavras de Guilherme de Almeida, inspiradas pelo "espírito da época", foram as condutoras deste trajeto.

E é com muita honra e alegria que transmito aqui um pouco da minha experiência com *Cinematographos*. Que o resgate em livro dessa coluna conduza ainda mais leitores e leitoras a este fascinante passeio.

\*

**Erika Lopes Teixeira** é graduada em Publicidade pela Fundação Armando Alvares Penteado e mestre em Jornalismo pela Universidade de Coimbra, onde defendeu a dissertação *Cinematographos – coluna cinematográfica de G.*, uma investigação sobre as crônicas cinematográficas de Guilherme de Almeida. Também é pós-graduada em Cinema Documentário pela Fundação Getúlio

Vargas e Antropologia Visual pelo ISCTE, em Lisboa. Atuou como pesquisadora, produtora e curadora no campo do ensino e difusão de cinema em São Paulo e em Lisboa, onde reside atualmente.

## Referências bibliográficas

ADORNO, T.; HORKHEIMER, M. "Indústria Cultural – O Iluminismo como mistificação de massas". In: *Dialética do esclarecimento:* fragmentos filosóficos. Rio de Janeiro: Jorge Zahar Editor, 1985.

ALMEIDA, G. *Cosmópolis*. São Paulo: Companhia Editora Nacional, 1962.

_____. *Gente de cinema*. São Paulo: Sociedade Impressora Paulista, 1929.

ANDRADE, M. "Guilherme de Almeida. Meu – versos". *Revista Estética*, Rio de Janeiro, 1925.

ANTUNES, M. "O poeta e o cinema". Suplemento Literário de *O Estado de S. Paulo*. 9 nov. 1968.

ARAÚJO, V. P. *A Bela Época do cinema brasileiro*. São Paulo: Perspectiva, 1976.

AUTRAN, A. *A questão da indústria cinematográfica brasileira na primeira metade do século*. [Disponível em: http://mnemocine.com.br]

BARRO, M. "Moacyr Fenelon e a criação da Atlântida". *Catálogo da Exposição 60 Anos – Atlântida*. São Paulo: SESC-SP, s.d.

BARROS, F. O. P. *Guilherme de Almeida – Seleção de textos, notas, estudo biográfico, histórico e crítico e exercícios*. Literatura Comentada. São Paulo: Abril Educação, 1976.

_____. "Cinematographo de Almeida volta a funcionar". *O Estado de S. Paulo*, 30 set. 1995.

BENJAMIN, W. "A obra de arte na era de sua reprodutibilidade técnica". In: *Magia e técnica, arte e política*. São Paulo: Brasiliense, 1993.

BERNARDET, J.-C. *Cinema brasileiro:* propostas para uma história. Rio de Janeiro: Paz e Terra, 1979.

_____. *O que é cinema*. São Paulo: Brasiliense, 1991.

BOURDIEU, P. "Campo intelectual e projeto criador". In: POUILLON, J. (Org.). *Problemas do estruturalismo*. Rio de Janeiro: Zahar Editores, 1968.

BRITO, M. S. *O alegre combate de Klaxon*. [Edição Fac-similar.] São Paulo: Martins Editora/Secretaria da Cultura, Ciência e Tecnologia do Estado, 1976.

CAMARGOS, M. *Semana de 22 — entre vaias e aplausos*. São Paulo: Boitempo, 2002.

CAMPOS, R. *História do Brasil*. São Paulo: Atual Editora, 1983.

CAPELATO, M. H.; PRADO, M. L. *O bravo matutino*. São Paulo: Alfa-Omega, 1980.

CAPUZZO, H. (Org.). *O cinema segundo a crítica paulista*. São Paulo: Nova Stella Editorial, 1986.

_____. "Cinema – a aventura do sonho." São Paulo: Editora Nacional. In: CLARET, M. (Org.). *O poder do mito*. São Paulo: Martin Claret, 1986.

*Coleção Nosso Século*. [v.1-5.] São Paulo: Abril S.A. Cultural/Círculo do Livro, 1985.

CORNU, D. *Jornalismo e verdade*. Lisboa: Instituto Piaget, 1994.

DANTAS, M. "O poeta de São Paulo". Suplemento Literário de *O Estado de S. Paulo*, 2 de agosto de 1969.

EAGLETON, T. *A função da crítica*. São Paulo: Martins Fontes, 1991.

_____. *A ideologia da estética*. Rio de Janeiro: Jorge Zahar, 1993.

ECO, U. *Apocalípticos e integrados*. São Paulo: Perspectiva, 1970.

FABRINO, A. M. J. *Rubem Braga e a transfiguração do gênero:* a crônica poética. São Paulo, 2001. Dissertação (Mestrado em Letras). USP/ECA.

FILHO, O. C. *Discursos acadêmicos 1970 – 1971*, v.XXI. Rio de Janeiro: Publicações da Academia Brasileira, 1972.

FLOREAL, S. *Rondas da meia-noite* [1925]. In: PORTA, P. (Org.). Coleção São Paulo. São Paulo: Paz e Terra, 2003.

FREYRE, G. *Casa-grande e senzala*. Rio de Janeiro: Record, 1992.

GALVÃO, M. R. E. *Crônica do cinema paulistano*. São Paulo: Ática, 1975.

_____; BERNARDET, J.-C. *Cinema – repercussões em caixa de eco "ideológica" – As ideias de "nacional" e "popular" no pensamento cinematográfico brasileiro*. Rio de Janeiro: Brasiliense/Funarte/Embrafilme, 1983.

GARCIA, A. P. "Guilherme de Almeida, crítico de cinema e cronista da cidade". *Diário Oficial/Leitura*, São Paulo, 12 set. 1993.

GATTAI, Z. *Anarquistas, graças a Deus*. Rio de Janeiro: Record, 1979.

GOMBRICH. E. H. *A História da Arte*. Rio de Janeiro: Guanabara Koogan, 1993.

GOMES, P. E. S. *Cinema:* trajetória no subdesenvolvimento. Rio de Janeiro: Paz e Terra, 2001.

_____. *Humberto Mauro, Cataguases, Cinearte*. São Paulo: Perspectiva, 1974

HOLANDA, S. B. *Raízes do Brasil*. São Paulo: Companhia das Letras, 1999.

JOBIM, J. L.; SOUZA, R. A. *Introdução à Literatura brasileira*. Rio de Janeiro: Ao Livro Técnico, 1987.

*Klaxon*, n.1-9, mai. 1922 - jan. 1923.

LAMIZET, B. *La Mediation culturelle*. Paris: L'Harmattan, 2000.

MACHADO JR., R. L. R. *São Paulo em movimento:* a representação cinematográfica da metrópole nos anos 20. São Paulo, 1989. Dissertação (Mestrado em Cinema, TV e Rádio). ECA/USP.

MARQUES, O. "Guilherme de Almeida e a perícia criadora". Suplemento Literário de *O Estado de S. Paulo*. 2 ago. 1969.

MARTINS, A. L. *Revistas em revista*. São Paulo: USP/Fapesp/Imprensa Oficial do Estado, 2001.

MELO, J. M. *Jornalismo opinativo*. São Paulo: Mantiqueira, 2003.

MENEZES, J. R. *Caminhos do cinema*. Rio de Janeiro: Agir, 1958.

METZ, C. *Linguagem e cinema*. São Paulo: Perspectiva, 1971.

MICELI, S. *Intelectuais e classe dirigente no Brasil – 1930/1945*. São Paulo: Difel, 1979.

MORIN, E. *Cultura de massas no Século XX – O espírito do tempo*. Rio de Janeiro: Forense, 1969.

PRADO, P. *Retrato do Brasil*. São Paulo: Duprat-Mayença, 1928.

PRADO JR., C. *História econômica do Brasil*. São Paulo: Brasiliense, 1970.

PESSOA, A. *Carmem Santos:* O cinema dos anos 20. Rio de Janeiro: Aeroplano, 2002.

PINTO, M. I. B. *Encantos e dissonâncias da modernidade:* urbanização, cinema e literatura em São Paulo, 1920-1930. São Paulo, 2002. Tese (Livre Docência) – ECA/USP.

PIZA, D. *Jornalismo cultural*. São Paulo: Contexto, 2003.

REIS, C.; LOPES, A. C. M. *Dicionário de narratologia*. Coimbra: Almedina, 2000.

RIBEIRO, J. A. P. *Guilherme de Almeida – Poeta modernista*. São Paulo: Traço Editora, 1983.

SADOUL, G. *História do cinema mundial*, v.1-2. Lisboa: Livros Horizonte, 1983.

SILVEIRA, A. "Um Guilherme pouco conhecido". Suplemento Literário de *O Estado de S. Paulo*, 2 ago. 1969.

SIMÕES, I. *Roteiro da intolerância — A censura cinematográfica no Brasil*. São Paulo: Senac São Paulo, 1999.

SODRÉ, N. W. *História da imprensa no Brasil*. Rio de Janeiro: Mauad, 1999.

SEVCENKO, N. (Org.). *História da vida privada no Brasil. República: da Belle Époque à Era do rádio*. São Paulo: Companhia das Letras, 1998.

_____. *Orfeu extático na metrópole — São Paulo, sociedade e cultura nos frementes anos 20*. São Paulo: Companhia das Letras, 2003.

TEIXEIRA, F. M. P.; DANTAS, J. *História do Brasil — Da Colônia à República*. SP: Moderna, 1986.

THOMPSON, J. B. *Ideologia e cultura moderna*. Petrópolis: Vozes, 1995.

TURNER, G. *Cinema como prática social*. São Paulo: Summus, 1997.

WALKER, J. R. *Sala São Paulo — Café, ferrovia e a metrópole*. São Paulo: Retrato Imaginário, 2001.

WOLTON, D. *Pensar a comunicação*. Algés: Difel, 1999.

XAVIER, I. *Sétima Arte:* um culto moderno. São Paulo: Perspectiva, 1978.

XAVIER, R. "O Lirismo de Guilherme de Almeida". *Jornal de Letras*, Rio de Janeiro, Ago. 1969.

# Fontes de pesquisa para as notas

## Referências bibliográficas

ARAÚJO, V. de P. *Salões, circos e cinemas de São Paulo* São Paulo: Perspectiva, 1981.

BUSCH, W. *Juca e Chico. História de dois meninos em sete travessuras.* (Trad. Olavo Bilac). São Paulo: Melhoramentos, s.d.

CAMARGOS, M. *Belle Époque na garoa, São Paulo entre a tradição e a modernidade.* São Paulo: FES, 2013.

CASTRO, R. *Carmen:* uma biografia. São Paulo: Companhia das Letras, 2005.

GUILHERME, O. *Hollywood, novela da vida real.* São Paulo: Companhia Editora Nacional, 1932.

_____. "Fome". *Cinearte*, 19 junho 1929, p.6-7; p.32.

HERBERT, S. *When the Movies Begun... A Chronology of the World's Film Productions and Film Shows Before May, 1896.* Londres: Projection Box, 1994.

OLIVEIRA, P. E. "Escritor destrói mito de Olímpio Guilherme e mostra que ida de bragantino para Hollywood foi uma encenação". *Bragança Jornal Diário*, 11 set. 2011. [Edição online.]

## Sites consultados

International Movie Database: www.imdb.com
British Film Institute: www.bfi.org.uk
Cinemateca Brasileira: www.cinemateca.gov.br
Escola de Comunicação e Arte/ USP: www.eca.usp.br
Filmsite: www.filmsite.org
Film Reference: www.filmreference.com
Fundación Cinemateca Argentina: www.cinematecaargentina.org.ar
Fundação Armando Alvares Penteado: www.faap.br
História do Cinema: www.webcine.com.br
History Cooperative: www.historycooperative.org
Hollywood Film Office: www.hollywoodfilmoffice.org
Library of Congress: www.loc.gov
Ministério das Relações Exteriores (Departamento de Cultura): dc.itamaraty.gov.br/cinema-e-tv/historia-do-cinema-brasileiro
Mosfilm: www.mosfilm.ru
Moving Image Archive: www.archive.org
United States History: www.u-s-history.com

## Referências iconográficas

As imagens das salas de cinema, dos anúncios de *Alta traição*, *Cleópatra* e *O pagão* foram retiradas do livro *Salas de cinema em São Paulo*, de Inimá Simões (Secretaria Municipal de Cultura de São Paulo, 1990).

A matéria de Olympio Guilherme, sobre o filme *Fome*, publicada em *Cinearte*, a 19 de junho de 1929, foi retirada do acervo digital da Fundação Biblioteca Nacional.

Os cartazes dos filmes foram obtidos em diferentes arquivos digitais on-line.

# Índice dos textos escolhidos

**1926**

19 de março de 1926 – Novas e velhas .............................................. 22
9 de novembro de 1926 ...................................................................... 23
13 de novembro de 1926 – [Cinema como arte] ............................ 24
18 de novembro de 1926 – Rei morto, rei posto ............................ 27

**1927**

4 de janeiro de 1927 – Cinema = Cinema ....................................... 30
6 de janeiro de 1927 – Versos ........................................................... 32
20 de janeiro de 1927 – *Rien que les heures* ................................. 34
6 de fevereiro de 1927 – Dois filmes ............................................... 37
9 de março de 1927 – Cinematografia nacional ............................ 40
10 de março de 1927 – "Eppur si muove..." .................................. 42
12 de março de 1927 – "Nada novo sob o sol..." ......................... 44
18 de março de 1927 – A lição inglesa ............................................ 46
26 de abril de 1927 – *... Mais l'art est difficile* ............................. 49
18 de junho de 1927 – O cinema do futuro .................................. 52
23 de junho de 1927 – Independência ou morte! ......................... 54
7 de julho de 1927 – Ideia esquisitíssima ....................................... 56

| | |
|---|---|
| 12 de julho de 1927 – Literatura | 58 |
| 19 de julho de 1927 – *Ben Hur* | 61 |
| 9 de agosto de 1927 – Mais ideias | 65 |
| 20 de agosto de 1927 – Os retardatários | 67 |
| 27 de agosto de 1927 – Censura ao censor (I) | 70 |
| 28 de agosto de 1927 – Censura ao censor (II) | 72 |
| 30 de agosto de 1927 – Censura ao censor (III) | 74 |
| 31 de agosto de 1927 – Censura ao censor (IV) | 76 |
| 1º de setembro de 1927 – Censura ao censor (V) | 79 |
| 2 de setembro de 1927 – Censura ao censor (VI) | 81 |
| 10 de setembro de 1927 – Cinema – obsessão do século | 83 |
| 26 de novembro de 1927 – *Minas antiga* | 85 |

## 1928

| | |
|---|---|
| 26 de janeiro de 1928 – *Made in Brazil* | 90 |
| 28 de janeiro de 1928 – Filme nacional | 92 |
| 14 de março de 1928 – *O gato e o canário* | 94 |
| 25 de março de 1928 – *O rei dos reis* | 97 |
| 28 de março de 1928 – Os dez mandamentos de Hollywood | 99 |
| 5 de abril de 1928 – Ver para crer | 102 |
| 11 de abril de 1928 – *Fausto* | 104 |
| 18 de abril de 1928 – Filmagem nacional (*Sol e sombra*) | 107 |
| 26 de abril de 1928 – Jogo de empurra | 110 |
| 27 de abril de 1928 – A questão dos letreiros | 112 |
| 2 de maio de 1928 – *Brasil animado* | 114 |
| 6 de maio de 1928 – Celuloide | 116 |
| 17 de maio de 1928 – *Aurora* | 118 |
| 25 de maio de 1928 – Reclamação – Sugestão | 122 |
| 3 de junho de 1928 – Esperança | 124 |
| 5 de junho de 1928 – Incoerência | 126 |
| 10 de julho de 1928 – *Berlim – A sinfonia da metrópole* | 128 |
| 11 de julho de 1928 – O novo perigo | 131 |
| 17 de agosto de 1928 – *Tartufo* | 133 |

19 de agosto de 1928 – Quando a fita não presta ............................ 136
18 de setembro de 1928 – *Asas* ............................................................ 138
19 de setembro de 1928 – *O circo* ..................................................... 140
11 de novembro de 1928 – Sobre Ramón Novarro ....................... 142
6 de dezembro de 1928 – *Metropolis* ................................................. 144
9 de dezembro de 1928 – *Metropolis*, amanhã, no República, Santa Helena e Olympia................................................................................. 145
11 de dezembro de 1928 – Esperança ............................................... 149

**1929**
9 de janeiro de 1929 – O meu filme .................................................. 152
20 de janeiro de 1929 – No pequeno cinema de arrabalde ............. 154
24 de janeiro de 1929 – *Americanization* ......................................... 156
31 de janeiro de 1929 – Uma carta ..................................................... 159
5 de março de 1929 – O filme falante (uma enquete) ..................... 161
8 de março de 1929 – A enquete sobre o cinema falante (I)............ 165
9 de março de 1929 – A enquete sobre o cinema falante (II)........... 168
10 de março de 1929 – A enquete sobre o cinema falante (III) ........ 171
12 de março de 1929 – A enquete sobre o cinema falante (IV) ........ 173
13 de março de 1929 – A enquete sobre o cinema falante (V) ......... 177
14 de março de 1929 – A enquete sobre o cinema falante (VI) ........ 180
15 de março de 1929 – A enquete sobre o cinema falante (VII) ....... 182
17 de março de 1929 – A enquete sobre o cinema falante (VIII) ...... 184
20 de março de 1929 – A enquete sobre o cinema falante (IX) ........ 187
22 de março de 1929 – A enquete sobre o cinema falante (X) ......... 190
23 de março de 1929 – A enquete sobre o cinema falante (XI) ........ 195
24 de março de 1929 – A enquete sobre o cinema falante (XII) ....... 197
11 de abril de 1929 – Um caso "chaplinesco"................................... 200
13 de abril de 1929 – O Cine Paramount........................................ 202
16 de abril de 1929 – *Rua das lágrimas*............................................ 206
18 de abril de 1929 – Por que só Hollywood?................................. 209
21 de abril de 1929 – *Ridi, Pagliaccio*, amanhã, no Alhambra e no Odeon 211
23 de abril de 1929 – *O homem que ri*, no República e no Santa Helena 213

4 de maio de 1929 – Os horrores de Hollywood .................... 216
10 de maio de 1929 – Protesto ..................................... 219
23 de maio de 1929 – Afinal! ...................................... 221
1º de junho de 1929 – A grande reclamação ........................ 224
4 de junho de 1929 – *Dom Quixote* no São Bento .................. 226
12 de julho de 1929 – Ruídos nacionais............................ 228
14 de julho de 1929 – Boa notícia ................................ 230
18 de julho de 1929 – Epitáfio ................................... 233
30 de julho de 1929 – O filme de Olympio Guilherme ............... 235
19 de setembro de 1929 – Sobre *A escrava Isaura* ................ 238
27 de setembro de 1929 – *O cantor de jazz*, no República ........ 240
20 de outubro de 1929 – Capítulo quase sério ..................... 243
7 de novembro de 1929 – Mais um cinema ........................... 246
10 de novembro de 1929 – Três anos ............................... 249
19 de novembro de 1929 – A lei contra o filme falado (I) ......... 251
24 de novembro de 1929 – A lei contra o filme falado (II) ........ 253
26 de novembro de 1929 – A lei contra o filme falado (III) ....... 256
28 de novembro de 1929 – A lei contra o filme falado (IV) ........ 258
29 de novembro de 1929 – A lei contra o filme falado (V) ......... 261
1º de dezembro de 1929 – A lei contra o filme falado (VI) ........ 264
8 de dezembro de 1929 – *Fragmentos de vida*, no Odeon ........... 267
21 de dezembro de 1929 – *Volga-Volga* no Rosário ................ 270

**1930**

18 de janeiro de 1930 – Tupy ..................................... 274
24 de janeiro de 1930 – A minha crítica .......................... 276
30 de janeiro de 1930 – *Fome* ................................... 278
19 de fevereiro de 1930 – Carlito, no Rosário .................... 282
5 de julho de 1930 – Do passado .................................. 284
6 de julho de 1930 – Cinema improvisado .......................... 286
8 de julho de 1930 – O cisne e o telefone ........................ 288
9 de julho de 1930 – *O pão nosso de cada dia*, no Odeon ......... 290
11 de julho de 1930 – O Cine Santa Cecília ....................... 292

3 de agosto de 1930 – *Às armas*, no Odeon ................................................. 294

29 de agosto de 1930 – Lon Chaney ............................................................ 296

2 de setembro de 1930 – Brinde de aniversário ........................................ 298

7 de outubro de 1930 – Cinema e educação .............................................. 301

30 de outubro de 1930 – O "letreiroscópio" ............................................... 303

9 de novembro de 1930 – Quatro anos ...................................................... 305

22 de novembro de 1930 – Cinemofobia .................................................... 307

4 de dezembro de 1930 – *O anjo azul* no Paratodos ................................ 309

18 de dezembro de 1930 – Filmagem lusitana .......................................... 311

25 de dezembro de 1930 – O Natal do cinema ......................................... 314

## 1931

4 de janeiro de 1931 – *A aldeia do pecado*, amanhã no Alhambra ........ 318

10 de janeiro de 1931 – Igual ao resto ........................................................ 320

31 de janeiro de 1931 – O monstro .............................................................. 322

5 de fevereiro de 1931 – *Potemkin*, no Odeon .......................................... 324

26 de fevereiro de 1931 – Reivindicação .................................................... 326

11 de março de 1931 – *Atlantic*, no Odeon ............................................... 329

14 de março de 1931 – Murnau .................................................................... 331

21 de março de 1931 – Um problema "relevante" .................................... 333

21 de abril de 1931 – *Sem novidade no front*, no Rosário, Alhambra e Paratodos ........................................................................................................ 336

6 de maio de 1931 – *Fantasias de 1980*, no Odeon ................................. 339

7 de julho de 1931 – *Luzes da cidade* ....................................................... 341

8 de julho de 1931 – *Iracema*, no Odeon .................................................. 344

5 de agosto de 1931 – *Tabu* no Rosário .................................................... 346

30 de outubro de 1931 – Filmagem argentina ......................................... 348

22 de novembro de 1931 – *Coisas nossas* ................................................. 350

29 de novembro de 1931 – A crise no cinema ......................................... 353

## 1932

8 de janeiro de 1932 – A cidade sem cinema ........................................... 358

9 de janeiro de 1932 – A Convenção ........................................................... 362

16 de janeiro de 1932 – *Cinearte* ................................................................ 364

661

CINEMATOGRAPHOS

| | |
|---|---|
| 23 de janeiro de 1932 – O filme do momento | 366 |
| 15 de março de 1932 – O novo Alhambra e o seu filme | 368 |
| 16 de abril de 1932 – *Happy Ending* | 370 |
| 5 de maio de 1932 – *O médico e o monstro*, no Alhambra | 372 |
| 11 de maio de 1932 – "Cine Rádio Jornal" | 375 |
| 19 de maio de 1932 – Roulien | 377 |
| 8 de junho de 1932 – A locomotiva | 379 |
| 9 de junho de 1932 – Carta a Roulien | 381 |
| 08 de julho de 1932 – "Alma" | 383 |

## 1933

| | |
|---|---|
| 2 de julho de 1933 – Uma carta de Olympio Guilherme | 386 |
| 17 de agosto de 1933 – O filme sem homens | 388 |
| 31 de agosto de 1933 – *Made in Germany* | 391 |
| 17 de setembro de 1933 – Para as crianças | 393 |
| 13 de outubro de 1933 – O poema da máquina | 395 |
| 30 de novembro de 1933 – Amanhã, no Paramount | 397 |
| 8 de dezembro de 1933 – *O Cântico dos Cânticos* no Paramount | 399 |
| 28 de dezembro de 1933 – *A Canção de Lisboa*, no Odeon | 402 |

## 1934

| | |
|---|---|
| 28 de janeiro de 1934 – *O caçador de diamantes*, amanhã, no Paramount | 406 |
| 10 de abril de 1934 – *Amores de Henrique VIII* no Rosário | 409 |
| 19 de abril de 1934 – *SOS Iceberg*, no Rosário | 412 |
| 31 de maio de 1934 – *Rainha Christina*, no Paramount | 414 |
| 13 de junho de 1934 – *O homem invisível*, no Rosário | 416 |

## 1935

| | |
|---|---|
| 6 de abril de 1935 – *A Valsa do Adeus* | 420 |
| 4 de junho de 1935 – A semana | 423 |
| 20 de junho de 1935 – *Of Human Bondage* | 425 |
| 27 de junho de 1935 – *La Cucaracha* | 427 |
| 30 de junho de 1935 – O cinema colorido – A propósito do filme *La Cucaracha* – Uma entrevista com Guilherme de Almeida | 431 |
| 13 de agosto de 1935 – A semana | 434 |

20 de setembro de 1935 – *O delator* ................................................................ 436
29 de outubro de 1935 – A semana ................................................................. 438
7 de novembro de 1935 – *Abdul-Hamid*, no Broadway ...................... 439

**1936**
15 de abril de 1936 – *Anna Karenina*, no Odeon.................................... 444
12 de junho de 1936 – Charlie Chaplin e Walt Disney ......................... 447
12 de novembro de 1936 – O UFA Palacio................................................. 450

**1937**
1º de janeiro de 1937 – O pai do cinema falado ............................... 454
13 de janeiro de 1937 – *O grito da mocidade*, no Odeon .................. 457
10 de março de 1937 – *O Jardim de Allah*................................................ 460
12 de março de 1937 – A propósito de *Koenigsmark*......................... 463
24 de março de 1937 – Crítica ...................................................................... 466
2 de abril de 1937 – Passadismo ................................................................ 469
8 de abril de 1937 – As minhas "estrelinhas" ....................................... 471
10 de julho de 1937 – Alma............................................................................ 473
13 de agosto de 1937 – Walt Disney............................................................ 475
19 de agosto de 1937 – Na Sala Vermelha do Odeon....................... 477
2 de setembro de 1937 – Uma carta, uma errata e uma saudade...... 480
4 de setembro de 1937 – Perguntas e respostas .............................. 483

**1938**
11 de maio de 1938 – Diz que diz de Hollywood............................ 486
23 de julho de 1938 – Assim falou Walt Disney................................. 488
3 de agosto de 1938 – Scarlett O'Hara................................................... 491
10 de setembro de 1938 – A lição de Disney ...................................... 495

**1939**
14 de janeiro de 1939 – A encantada "Scarlett" ................................ 500
4 de março de 1939 – Falta de escritores ........................................... 502
28 de junho de 1939 – *Wuthering Heights* ............................................ 504
19 de novembro de 1939 – No Metro........................................................ 507

**1940**
21 de janeiro de 1940 – No Bandeirantes e no Alhambra................ 512

## 1941

3 de agosto de 1941 – No Opera ..................................................... 518

6 de agosto de 1941 – Crítica? ....................................................... 522

10 de agosto de 1941 – Tópicos ..................................................... 525

24 de agosto de 1941 – Nas vésperas de *Fantasia* ........................... 528

27 de agosto de 1941 – No Art Palacio .......................................... 530

3 de setembro de 1941 – *Fantasia* .................................................. 533

21 de setembro de 1941 – A experiência *Citizen Kane* .................... 540

9 de novembro de 1941 – Aniversários ........................................... 545

12 de dezembro de 1941 – No Art Palacio ..................................... 548

14 de dezembro de 1941 – Pelo Natal das crianças pobres ............. 552

18 de dezembro de 1941 – Argentina-Brasil .................................. 556

## 1942

20 de janeiro de 1942 – *Preview* da semana .................................... 560

25 de janeiro de 1942 – No Bandeirantes ....................................... 566

4 de março de 1942 – O heroico cinema francês ............................ 570

26 de março de 1942 – No Metro ................................................... 574

5 de abril de 1942 – *Todos somos americanos* .................................. 578

21 de maio de 1942 – À margem de *O grande ditador* ...................... 581

31 de maio de 1942 – Morte de John Barrymore ........................... 584

2 de julho de 1942 – No Art Palacio .............................................. 587

22 de julho de 1942 – No Art Palacio ............................................ 590

12 de setembro de 1942 – O que fez Orson Welles ........................ 593

24 de setembro de 1942 – No Broadway ......................................... 596

10 de outubro de 1942 – A última sessão ....................................... 601

18 de outubro de 1942 – No Art Palacio ........................................ 605

8 de novembro de 1942 – No Bandeirantes ..................................... 608

31 de dezembro de 1942 – No Art Palacio e no Broadway .............. 611

# Índice onomástico

**A**

Abel, Alfred, 206.

Acuff, Eddie, 526-7.

Adams, Carl B., 162.

Adler, Hans, 531.

Adorée, Renée, 45, 68, 111.

Aherne, Brian, 400.

Albers, Hans, 391.

Albertson, Frank, 340.

Alegrim, Silvestre, 312.

Alencar, José de, 344.

Alencar, Ronaldo de, 345.

Allgood, Sara, 588.

Alves, Castro, 494.

Alves, Nair, 514.

Amaral, Arnaldo, 514.

Ambra, Niraldo, 406.

Ameche, Don, 468, 531-2.

Ames, Adrienne, 440-1.

Angel, Heather, 568.

Arlen, Richard, 139.

Armstrong, John, 410.

Arruda, Genésio, 231.

Arruda, Sebastião, 351, 393-4.

Asther, Nils, 212, 295, 441.

Astor, Gertrude, 94.

August, Joseph, 437.

**B**

Bach, Johann Sebastian, 528, 537.

Baclanova, Olga, 214.

Balzac, Honoré de, 421.

Bancroft, George, 610.
Bankhead, Tallulah, 492, 497, 561.
Baptista, Dyrce, 514.
Barclay, Robert, 79.
Barreto, Romeu Muniz, 231.
Barrie, Alice, 553.
Barros, José Leitão de, 311-2, 477-8.
Barros, Luiz de, 230, 649.
Barrymore, Ethel, 586.
Barrymore, John, 49, 77, 108, 169, 196, 313, 374, 525, 575, 584-6.
Barrymore, Lionel, 562, 586.
Barrymore, Maurice, 586.
Barthelmess, Richard, 27, 68.
Bartholomew, Freddie, 445-6.
Basserman, Albert, 547.
Batista Junior, João, 351.
Baudelaire, Charles, 32, 421, 477, 533-4.
Baum, L. Frank, 508.
Baur, Harry, 438.
Beaton, Cecil, 287.
Bedoya, Eduardo, 557.
Beery, Wallace, 159, 562.
Beethoven, Ludwig van, 528, 537, 547.
Behrman, S. N., 414.
Belgain, Robert C., 234.
Bell, Graham, 37, 412.
Bell, Nelson, 162.
Bellamy, Madge, 166.

Bellamy, Ralph, 563.
Benhardt, Sarah, 455, 635.
Bennett, Constance, 353.
Bennett, Joan, 435, 600.
Benoit, Pierre, 464-5.
Bercovici, Konrad, 200.
Berlioz, Hector, 104.
Bernard, Augusta, 247.
Bernardes, Arthur, 92.
Bertini, Francesca, 25, 626.
Bilac, Olavo, 372, 406, 575.
Bill, Tom, 231.
Bíró, Lajos, 410.
Blinn, Holbrook, 38.
Boardman, Eleanor, 111.
Bocage, Manuel Maria Barbosa, 477-8.
Bogart, Humphrey, 563.
Bois, Curt, 532.
Boito, Arrigo, 104.
Boleslawski, Richard, 462.
Bolger, Ray, 509-10.
Bolváry, Géza, 420, 422.
Bonfioli, Igino, 85.
Borges, Lauro, 514.
Boswell, Connie, 610.
Botelho, Alberto, 90.
Bow, Clara, 75, 139, 217, 282, 635.
Boyd, William, 112.
Boyer, Charles, 462-4.

Bradna, Olympe, 503.

Brecheret, Victor, 47.

Brendel, Elmer (El), 340.

Brenon, Herbert, 212.

Brent, Evelyn, 480.

Brew, Georgina, 586.

Brew, John, 586.

Briggs, Clive, 613.

Bronson, Betty, 64.

Brontë, Emily, 504-5.

Brook, Clive, 369, 480.

Brown, Clarence, 445.

Bruce, Nigel, 565, 567-8.

Brulier, Nigel de, 64.

Bushman, Francis X., 64, 632.

Butler, David, 340.

Byington Jr., Alberto, 350.

## C

Calmon, Reginaldo, 407.

Capellaro, Vittorio, 17, 91, 407.

Caprice, June, 285, 632.

Carewe, Arthur Edmund, 94.

Carminati, Tullio, 204.

Carr, Mary, 196.

Carroll, Nancy, 481.

Catelain, Jaque, 207.

Cathaway, Prudence, 613.

Cavalcanti, Alberto, 34-5, 207.

Cavell, Edith, 132.

Ceballos, Larry, 339.

Chaney, Lon, 45, 111, 169, 212, 245, 296, 383.

Chaplin, Charles, 8, 14, 16, 25, 38, 140-1, 200-1, 217, 235-7, 282-3, 341-3, 392, 447-9, 493, 581, 635, 645, 648.

Chevalier, Maurice, 287.

Chopin, Frédéric, 225, 420-2.

Chrisman, J. Eugene, 435.

Claifontes, Elmo, 407.

Clark, Marguerite, 632.

Cocteau, Jean, 324.

Cohen, John S., 138.

Cohen, Samuel, 504, 525.

Cohn, Alfred, 95.

Colman, Ronald, 142.

Conklin, Chester, 448, 635.

Cooper, Gary, 139, 187, 481.

Cooper, George, 38.

Cooper, Jackie, 610.

Corelli, Marie, 84.

Corrigan, Lloyd, 429.

Cortez, Ricardo, 27, 68, 84.

Cosimi, Nelo, 349.

Costa, Augusto, 312

Costa, Anita (esposa de Fernando de Sousa Costa), 529, 552, 554

Costello, Dolores, 586.

Costello, Maurice, 632.

Crawford, Joan, 484.

Crisp, Donald, 576, 588-9.

Cromwell, John, 426.

Crosby, Bing, 435.

Crowell, Josephine, 214.

Cukor, George, 493, 497, 501.

Cummings, Irving, 532.

Cunha, Corita, 351, 407

Cunha, Euclides da, 281.

Curtis, Alan, 547, 564.

**D**

D'Annunzio, Gabriele, 41.

Da Vinci, Leonardo, 63.

Dane, Clemence, 445.

Daniels, Babe, 77, 159.

Daniels, William, 445.

Dantas, Júlio, 311.

Daquin, Louis, 572.

Darnell, Linda, 550.

Darrieux, Danielle, 464.

Darwin, Charles, 40, 538.

Dastagir, Sabu, 520.

Davies, Marion, 353.

Davis, Bette, 425, 484, 497, 561.

Day, Laraine, 562.

Day, Richard, 58.

Day Jr., John L., 205.

De Putti, Lya, 84.

De Sylva, Buddy, 340.

Deane, Albert, 578.

Del Carril, Hugo, 557.

del Picchia Filho, José, 231.

del Rio, Dolores, 14, 68, 150, 468.

Delacroix, Eugène, 104.

DeMille, Cecil B., 62, 97-8, 635.

DeMille, Katherine, 466-8.

Dempster, Carol, 84.

des Brosses, Jean, 570.

Deval, Jacques, 503.

Dieterle, William, 609-10.

Dietrich, Marlene, 310, 398, 400, 461-2.

Disney, Walt, 447-9, 475-6, 488, 495-7, 510, 528, 535-9, 542-3, 591-4, 636.

Dix, Richard, 68.

Doré, Gustave, 64, 226.

Dostoiévski, Fiodor, 206, 463.

Douglas, Gordon, 526-7.

Downey, Wallace, 351.

Downing, Rex, 549.

Dukas, Paul, 538.

Dumas, Alexandre, 324, 421.

Duna, Steffi, 430, 433, 466.

Duncan, Isadora, 175.

Duncan, Mary, 291.

Duncan, Todd, 610.

Duprez, June, 521.

Duvivier, Julien, 438.

**E**

Edeson, Arthur, 417.

Edwards, Cliff, 591.

Ehrlich, Paul, 542.

Einstein, Albert, 37.

Eisenstein, Sergei, 8, 16, 324-5, 330, 386-7, 646-8.

Ésquilo, 54.

Estabrook, Howard, 546.

Evans, Delight, 561.

**F**

Fagim, Antonio, 312.

Fairbanks, Douglas, 14, 59, 207, 519.

Farnum, William, 285, 632.

Farrell, Charles, 291.

Farrère, Claude, 464.

Faye, Alice, 532, 606.

Fenelon, Moacyr, 231.

Ferreira, Carlos, 269.

Ferreira, Procópio, 351.

Ferri, Enrico, 327.

Fetchit, Stepin, 514.

Feyder, Jacques, 463.

Fields, W. C., 435.

Finch, Flora, 94.

Flaherty, Robert, 347.

Fleming, Victor, 500-1, 508, 574, 576.

Fleury, Dora, 345.

Fonda, Henry, 543.

Fontaine, Joan, 564, 567-8, 613.

Ford, John, 436-7, 543, 587, 589.

Fortes, Nilo, 295.

Fowler, Gene, 585.

Fox, Georges, 79.

Francis, Kay, 369, 484.

Frederick, Pauline, 468.

Freitas, Américo de, 295.

Freud, Sigmund, 30, 37, 77, 282, 508, 518, 524, 575.

Fuller, Loie, 394, 623.

**G**

Gabin, Jean, 438.

Galilei, Galileu, 42, 73.

Gance, Abel, 52, 163, 463.

Gaó (Odmar do Amaral Gurgel), 351, 408.

Garbo, Greta, 14, 110, 150, 206-8, 212, 217, 282, 287, 299, 310, 383, 414-5, 444-6, 449, 484, 554, 574-5, 635.

Garland, Judy, 510.

Garnett, Tay, 413.

Garrick, John, 340.

Gaynor, Janet, 120.

Gerron, Kurt, 392.

Gilbert, Billy, 607

Gilbert, John, 110-1, 159, 181, 384, 414-5, 444, 635.

Gish, Lillian, 635.

Goddard, Paulette, 392, 448, 492-3, 497, 501.

Goethe, Johann Wolfgang von, 104, 324, 538.

Gonçalves Dias, Antonio, 229.

Gounod, Charles, 104.

Grande Otelo, 514.

Grant, Cary, 564, 567-8.

Gravina, Cesare, 214.

Gray, Lawrence, 287.

Grayson, Jessie, 610.

Gréville, Edmond, 573.

Grey, Lita, 38.

Griffith, Corinne, 218, 282, 635.

Griffith, D. W. 634, 645.

Guilherme, Olympio, 65-8, 124-5, 235-7, 278-81, 386, 637-40.

Gumpel, George, 390.

# H

Hackett, Francis, 410.

Haines, William, 111, 157-8.

Hale, Creighton, 94, 632.

Haley, Jack, 509-10.

Hamilton, Margaret, 510.

Hamilton, Neil, 204.

Harbou, Thea von, 145-6.

Hardwicke, Cedric, 565-8.

Hardy, Oliver, 282, 339, 449.

Harris, Blaine, 586.

Harrison, Joan, 566.

Hart, Bill S., 285.

Hart, Larry, 435.

Hayakawa, Sessue, 632.

Hays, Will H., 603.

Hayworth, Rita, 550-1.

Hellman, Lillian, 561.

Hepburn, Katharine, 491-7, 501.

Herrmann, Bernard, 544.

Hersholt, Jean, 481.

Hichens, Robert, 460.

Hitchcock, Alfred, 564, 566-7.

Hoffoy, Michael, 594.

Holbein, Hans, 410-1.

Holloway, Sterling, 591.

Holmes, Helen, 632.

Holmes, Stuart, 214.

Holt, Jack, 449.

Hopkins, Miriam, 369, 373.

Hopper, Hedda, 139.

Household, Geoffrey, 597.

Howard, Leslie, 425-6.

Hughes, Lloyd, 245.

Hughes, Rupert, 369.

Hugo, Victor, 213-4, 421.

Hunt Jackson, Helen, 468.

Hurst, Brandon, 214.

## I

Ibáñez, Blasco, 548, 550.

Ibert, Jacques, 438, 465.

Ihering, Herbert, 324.

Iles, Francis, 566.

Ingram, Rex, 142, 460, 521.

Irving, Mary Jane, 149.

Ivanoff, Leo, 62.

## J

Jannings, Emil, 38, 41, 133-4, 203-4, 207, 214, 309, 332, 397, 430, 440, 481.

Jolson, Al, 240, 249, 608, 636.

Jones, Buck, 103.

Jory, Nicholas, 546.

Juran, Nathan, 589.

Justin, John, 521.

## K

Kaufman, Wolfe, 563.

Kaufmann, Adelheid, 492.

Kemeny, Adalberto, 222, 351, 407, 649.

Kennedy, Arthur, 564.

Kennedy, Joseph P., 505.

Kilian, Victor, 468.

King, Mollie, 632.

Kinskey, Leonid, 532, 607.

Kipling, Rudyard, 525.

Knight, Eric, 611.

Konchin, Jorge S., 344.

Korda, Alexander, 410, 519-20, 525, 527.

Korda, Vicent, 410.

Korda, Zoltanm, 525.

Kortner, Fritz, 440-1.

Krauss, Werner, 206-8.

## L

L'Herbier, Marcel, 573.

La Fontaine, Jean de, 160, 536.

La Marr, Barbara, 68.

La Plante, Laura, 94, 159, 287.

La Rocque, Rod, 68.

Lacombe, Georges, 573.

Laemmle Jr., Carl, 412.

Lahr, Bert, 509-10.

Landi, Elissa, 464-5.

Lang, Fritz, 16, 146, 247-8, 597-8.

Lara, Zezé, 351.

Laughton, Charles, 409-10.

Laurel, Stan, 244, 282, 339, 449.

Lauritzen, Lau, 16, 226.

Lavradio, Antonio de Almeida, 312.

Lee, Auriol, 567-8.

Lee, Catherine, 149.

Lee, Jane, 149.

Léger, Fernand, 647.

Leigh, Vivien, 527.

Lenau, Nikolaus, 104.

Leni, Paul, 95-6, 213-5.

Lepage, Henry, 163.

LeRoy, Mervyn, 507, 509.

Leslie, Joan, 564.

Levino, Margaret P., 414.

Liebeneiner, Wolfgang, 422.

Lima, Pedro, 81.

Linder, Max, 25, 266, 393, 625.

Lisboa, Antônio Francisco (o Aleijadinho), 86.

Lissenko, Nathalie, 206.

Liszt, Franz, 421, 535.

Little, Thomas, 588-9.

Littlefield, Lucien, 94.

Litvak, Anatole, 613.

Llewellyn, Richard, 588.

Lombard, Carole, 500-1.

London, Jack, 173.

Loos, Anita, 286.

Lopes, Antonio Luiz, 312.

Lopes, Ribeiro, 312.

Lord Byron, 49.

Lorre, Peter, 391.

Losch, Tilly, 461.

Lothar, Rudolph, 531.

Loy, Myrna, 150, 484.

Lubitsch, Ernst, 478.

Lukas, Paul, 481.

Lupino, Ida, 563-4.

Lustig, Rodolpho, 222, 351, 407, 649.

Lutero, Martinho, 132.

Lyon, Ben, 38.


# M

MacBride, Donald, 564.

Macedo, Stefana de, 351.

Machinandiarena, Miguel, 557.

Madsen, Harold, 226-7.

Magre, Maurice, 285.

Mahin, John Lee, 574.

Mamoulian, Rouben, 373, 398, 400, 414, 550-1, 576.

Maraino, Iris, 93.

March, Fredric, 374, 445-6, 575-6.

Marchal, Arlette, 139.

Marischka, Ernst, 420.

Marlowe, Christopher, 104.

Marsh, W. Ward, 163.

Marshall, Herbert, 561.

Marshall, Nini, 557.

Marshall, Tully, 94.

Martin, Larry, 532.

Martin, Quinn, 162.

Massey, Ilona, 547.
Mastrangola, A., 93.
Mathis, June, 62.
Mattox, Martha, 94-5.
Maurus, Gerda, 391.
McAvoy, May, 64.
McDowall, Roddy, 588.
McLaglen, Victor, 437, 526-7.
Medina, José, 17, 81-2, 268, 649.
Melichar, Alois, 422.
Méliès, Georges, 645.
Melniker, William, 274, 363.
Menichelli, Pina, 25, 626.
Menjou, Adolphe, 84, 610.
Meredyth, Bess, 531.
Milestone, Lewis, 337-8, 543.
Milland, Ray, 503.
Miller, Arthur, 588-9, 599.
Mirande, Yves, 571.
Mitchell, Margaret, 491-4, 497.
Mix, Tom, 59.
Molière, 54, 133, 135.
Monique, Diogo Inácio de Pina, 478.
Montemor, Sérgio, 407.
Montenegro, Conchita, 458.
Montgomery, Robert, 301, 484.
Moody, Wilfred, 333.
Moreno, Antonio, 75, 111.
Morgan, Frank, 510.

Morgan, J. Pierpont, 307.
Mowbray, Alan, 585.
Murillo, Bartolomé E., 64.
Murnau, F. W., 16, 104-6, 118-21, 133-4, 282, 290-1, 331-2, 346-7, 648.
Murphy, Joe, 94.
Murray, Mae, 59.
Musset, Alfred de, 421, 473.
Mussorgsky, Modest, 528, 538.
Muzio, Claudia, 169.

N

Nacarato, Carmo, 93, 345.
Nagel, Conrad, 142.
Naldi, Nita, 549.
Newman, Alfred, 505-6.
Niblo, Fred, 62.
Nichols, Dudley, 436, 597.
Nielsen, Asta, 206, 208, 629.
Nietzsche, Friedrich, 174.
Nijinsky, Vaslav, 225.
Niven, David, 504.
Nolan, Gypo, 437.
Normand, Mabel, 470, 632.
Novaes, Guiomar, 47.
Novarro, Ramón, 27, 64, 142.

O

O'Flaherty, Liam, 436.

O'Hara, John F., 579.
O'Hara, Maureen, 588.
O'Sullivan, Maureen, 340.
Oberon, Merle, 504-5.
Obligado, Pedro Miguel, 553.
Olivier, Laurence, 504-5.
Orth, Marion, 291.
Osborne, Mary, 149-50.

**P**

Pascal, Blaise, 538.
Pasteur, Louis, 37.
Pavlova, Anna, 175.
Payne, John, 607.
Penn, William, 79.
Périnal, Georges, 411.
Perry, Harry, 138.
Pescuma, Arnaldo, 352.
Petrovich, Ivan, 461.
Philbin, Mary, 214.
Picasso, Pablo, 647.
Pickford, Mary, 217, 634.
Pidgeon, Walter, 588, 599.
Pilé, 351.
Ponchielli, Amilcare, 537.
Pongetti, Emílio, 459.
Porter, Edwin S., 456, 645.
Powell, William, 480, 484.
Power, Tyrone, 548-9, 613.

Preobrajenskaia, Olga, 319.
Prevost, Marie, 635.
Prince, Charles, 625-6.
Psilander, Valdemar, 629.

**R**

Rabier, Benjamin, 620.
Racine, J.-B., 54.
Rae, Zoe, 632.
Rainer, Luise, 484, 497.
Rains, Claude, 417.
Ralston, Jobyna, 139.
Raphaelson, Samson, 566.
Rathbone, Basil, 446.
Razin, Stenka, 270.
Reagan, Ronald, 562.
Redondo, Jaime, 351.
Reid, Margaret, 216, 218.
Reinach, Salomon, 42.
Reisman, Phil, 580.
Remarque, Erich Maria, 336-7.
Rennahan, Ray, 429.
Reville, Alma, 566.
Rey, Calvus, 295.
Ribeiro, Adhemar Leite, 363.
Rigaud, Georges, 553.
Rist, Sepp, 413.
Robinson, Arthur H., 46.
Rocco, Rubens, 407.

Rockefeller, Nelson, 580.
Rodin, Auguste, 191, 644.
Rodrigues, J. Wasth, 47.
Rogers, Buddy, 139, 435.
Rogers, Charles, 187, 481.
Rogers, Dick, 435.
Roland, Ruth, 632.
Romanowsky, Richard, 422.
Romero, Cesar, 607.
Rooney, Mickey, 594.
Roosevelt, James, 505.
Rossi, Gilberto, 269.
Rostand, Edmond, 300.
Roulien, Raul (Raul Pepe Acolti Gil), 377-8, 381-2, 457-8.
Roussy, Alfredo, 268
Rudner, Irene, 407.
Ruffo, Tita, 169.
Russell, Rosalind, 484.
Ruttmann, Walter, 128-9.
Rutzen, Milda, 93.

S

Sagan, Leontine, 389.
Sakall, S. Z., 532.
Salusse, Júlio, 298, 602.
Sampaio, Sebastião, 204.
Sand, George, 421.
Sanders, George, 599.

Saunders, John Monk, 139.
Scheffer, Ary, 104.
Schenstrom, Carl, 226.
Schmitz, Sybille, 422.
Schubert, Franz, 528, 538, 547.
Schunzel, Reinhold, 546.
Scolamieri, Francisco, 407.
Seaton, George, 531.
Seel, Luis, 115.
Selznick, David O., 445, 461, 486, 492, 497, 500-1.
Sennett, Mack, 635.
Serrador, Francisco, 12, 622.
Serrador, Pepita, 553.
Shakespeare, William, 54, 390, 582.
Shearer, Norma, 301, 492-4, 497, 501, 610.
Sherriff, R. C., 416.
Sherwood, Robert E., 162.
Siegmann, George, 94, 214.
Sills, Milton, 110.
Simon, Simone, 562.
Smith, Pete, 45.
Somerset Maugham, W., 425-6.
Spohr, Louis, 104.
Spoonable, E. I., 334.
Stanley, Forrest, 94.
Sternberg, Josef von, 309-10.
Stevenson, Robert Louis, 372, 574.

675

Stokowski, Leopold, 528, 535-6.
Stone, Andrew, 502-3.
Stone, Lewis, 203, 481.
Stravinsky, Igor, 528, 538.
Stroheim, Erich von, 397.
Stuart, John, 440-1.
Sudermann, Hermann, 121, 398-400.
Susini, Enrique T., 553.
Sutherland, A. Edward, 435.
Swanson, Gloria, 287, 345, 635.
Sweet, Blanche, 38.

**T**
Talmadge, Constance, 111.
Talmadge, Norma, 635.
Tarkington, Booth, 435.
Tavares, Napoleão, 351.
Taylor, Deems, 528.
Taylor, Estelle, 245.
Taylor, Robert, 484.
Tchaikovsky, Piotr I., 528, 537-8.
Terry, Alice, 142, 460
Thiele, Hertha, 389-90.
Todd, Ann, 588.
Tolstoi, Leon, 444-5.
Torres, Raquel, 274.
Tourneur, Maurice, 463-4.
Tracy, Spencer, 484, 574-7.
Travers, Henry, 564.

Tunberg, Karl, 606.
Turner, Lana, 574-5.

**U**
Udet, Ernst, 413.
Uzun, Sergio, 344.

**V**
Valentino, Rodolpho (ou Rudolph), 27, 32, 68, 196, 305, 548-9, 635.
Vargas, Getúlio, 640.
Veidt, Conrad, 207, 214, 521.
Vélez, Lupe, 150, 245, 481.
Verlaine, Paul, 119.
Verne, Júlio, 44.
Vidor, Florence, 204.
Viertel, Berthold, 291.
Viertel, Salka, 414, 445.
Vivien, Renée, 390.
Voronina, Vera, 204.

**W**
Waag, Hanna, 422.
Wallace, Edgar, 566.
Wallace, Lew, 62.
Walsh, George, 632.
Walsh, Raoul, 564.
Walthall, Henry, 139.
Ware, Darrell, 606.

676

Watts Jr., Richard, 162.

Wegener, Paul, 206.

Weill, Pierre, 163, 168.

Weissmann, Alfonso, 556-7.

Welles, Orson, 9, 540-4, 561, 593-5.

Wellman, William A., 139.

Wells, H. G., 44-5, 145, 266, 363, 416-7, 538.

Whale, James, 417.

Whelan, Arleen, 486.

White, Alice, 287.

White, Marjorie, 340.

White, Pearl, 285, 632.

Whiteman, Paul, 287, 305.

Whitney, Jack, 432.

Whitney, John Hay, 429, 580.

Whitty, May, 565, 567-8.

Wieck, Dorothea Olavia, 389.

Wilde, Oscar, 111, 276, 337, 372, 523.

Willard, John, 95.

Williams, Kathlyn, 632.

Wilner, Victor, 401.

Wimperis, Arthur, 410.

Winter, Nick, 625-6.

Withers, Jane, 562.

Wolheim, Louis, 112.

Wright, Cobina, 607.

Wright, Teresa, 561.

Wyler, William, 561.

## Y

Young, Loretta, 212, 466, 468.

## Z

Zieglitz, Gustavo, 114, 231.

Zukor, Adolph, 454-6.

# Os organizadores

**Donny Correia**, poeta e cineasta, é mestre e doutorando em Estética e História da Arte pela USP e bacharel em Letras – tradutor e intérprete pelo Centro Universitário Ibero-Americano (Unibero). Realizou alguns curtas-metragens experimentais e é autor dos livros de poesia *O eco do espelho* (2005), *Balletmanco* (2009), *Corpocárcere* (2013) e *Zero nas veias* (2015). É coordenador de programação da Casa Guilherme de Almeida.

**Marcelo Tápia**, poeta, tradutor, ensaísta e professor, é graduado em Letras (Português e Grego) e doutor em Teoria Literária e Literatura Comparada pela USP. Autor de cinco livros de poemas, traduziu, entre outras obras, o romance *Os passos perdidos* (2008), de Alejo Carpentier. Tem colaborado para a organização, edição e reedição de obras de Guilherme de Almeida, para as quais produziu textos de apreciação crítica: os volumes que reúnem traduções do poeta para poemas de autores franceses: Paul Verlaine – *A voz dos botequins e outros poemas* (2010), *Flores das "Flores do mal de Baudelaire"* (2010) e *Poetas de França* (2011); os livros *Margem* – poesia (2010), edição póstuma do último conjunto de poemas do autor, e *Poética de "Os sertões"*, que inclui um artigo de Guilherme antes publicado em jornal. É, atualmente, professor pleno do Tradusp – Programa de Pós-Graduação em Estudos da Tradução da FFLCH-USP. Dirige o museu Casa Guilherme de Almeida – Centro de Estudos de Tradução Literária, em São Paulo.

SOBRE O LIVRO

*Formato*: 16 x 23 cm
*Tipologia*: Perpetua 12/16
*Papel*: Off-white 80 g/m² (miolo)
Cartão Supremo 250 g/m² (capa)
*1ª edição*: 2016


EQUIPE DE REALIZAÇÃO

*Edição de texto*
Denise Soares e Gabriela Bassan (Digitação)
Armando Olivetti e Maria Claudia Martins Ribeiro (Revisão e cotejo dos originais)
Maria Angélica Beghini Morales (Copidesque)
Fábio Bonillo (Revisão)

*Capa*
Andrea Yanaguita

*Imagens de capa e miolo*
Casa Guilherme de Almeida

*Editoração eletrônica*
Eduardo Seiji Seki (Diagramação)

*Assistência editorial*
Jennifer Rangel de França

www.mundialgrafica.com.br